WALTER ROTTER
Der Charakterleser

W0196448

Ⓖ GOLDMANN
Lesen erleben

Walter Rotter

Der Charakterleser

Wer du bist und
wie du mehr aus dir machst

GOLDMANN

Der Goldmann Verlag weist ausdrücklich darauf hin, dass im Text
enthaltene externe Links vom Verlag nur bis zum Zeitpunkt der
Buchveröffentlichung eingesehen werden konnten.
Auf spätere Veränderungen hat der Verlag keinerlei Einfluss.
Eine Haftung des Verlags für externe Links ist stets ausgeschlossen.

MIX
Papier aus verantwor-
tungsvollen Quellen
FSC
www.fsc.org
FSC® C083411

Verlagsgruppe Random House FSC® N001967

1. Auflage

Originalausgabe November 2016
© 2016 Wilhelm Goldmann Verlag, München,
in der Verlagsgruppe Random House GmbH,
Neumarkter Str. 28, 81673 München
Umschlaggestaltung: UNO Werbeagentur, München
Umschlagfoto: © Heike Beyerlein, Wendelstein
Lektorat: Ralf Lay, Düsseldorf
fm · Herstellung: cb
Satz: Satzwerk Huber, Germering
Druck und Bindung: CPI books GmbH, Leck
Printed in Germany
ISBN 978-3-442-22188-2

www.goldmann-verlag.de

Inhalt

Die 288 Grundcharaktere

Über dieses Buch

Jeder Mensch bringt einen unveränderlichen Wesenskern mit auf die Welt – davon konnte ich mich in fünfzig Jahren der eingehenden Forschung überzeugen, in denen ich viele tausend Menschen analysiert und die Ergebnisse verglichen habe. Dabei zeichnete sich zunehmend eine sensationelle Erkenntnis ab, die sich bis heute ein ums andere Mal bestätigte: Die grundlegenden Charakterzüge einer jeden Person lassen sich anhand von Geburtstag und Geburtsstunde ermitteln. Daraus ergeben sich die 144 weiblichen und 144 männlichen Charakterbilder, die das Herzstück dieses Buches bilden.

Im Leben geht es darum, die Potenziale des mitgebrachten Charakters zu entfalten. Das beginnt bei Erziehung und Bildung und setzt sich fort in jeder Erfahrung, die ein Mensch in seinem Leben macht und verarbeiten muss. Mit den Jahren entwickelt sich eine Persönlichkeitsstruktur, die zu einem bestimmten Grad im Einklang mit den mitgebrachten Anlagen steht. Hieraus wiederum ergeben sich ein Dominanzverhalten und eine mehr oder weniger ausgeprägte emotionale Intelligenz. Aus diesen vier Bereichen entsteht also die Gesamtpersönlichkeit eines Menschen: die mitgebrachten Charaktereigenschaften, die Persönlichkeitsstruktur, das Dominanzverhalten und die emotionale Intelligenz.

Die meisten Menschen leben heute nicht im Einklang mit ihren charakterlichen Potenzialen und oft entgegen den eigenen Überzeugungen und Wünschen. Die unvermeidlich daraus folgenden Reibungsverluste führen zu Aggressionen, Minderwertigkeitsgefühlen,

Misserfolg in diversen Lebensbereichen – und nicht selten auch in den Burn-out. Mit meiner Methode, die ich und die von mir lizenzierten Trainer in meinem ganz besonderen Coaching vermitteln, zeige ich Wege auf, wie man Defizite abbaut, seine Potenziale entwickelt, die Persönlichkeit stärkt, Souveränität gewinnt und in jeder Situation angemessen reagiert. Denn eine charismatische, erfolgreiche und glückliche Persönlichkeit entwickelt sich aus dem Willen und der Bereitschaft, tagtäglich an sich zu arbeiten. Es ist jederzeit möglich für Sie, Ihre Gedanken und Ihr Verhalten positiv zu verändern!

Dieses Buch will Ihnen konkrete Anleitungen und Tipps an die Hand geben, aber es will vor allem zur Inspiration dienen, zum Erkennen und Entwickeln der eigenen Potenziale – und zum Überwinden von Hindernissen, die wir uns so oft selbst bauen. Die 288 Charakterbeschreibungen im Hauptteil sind ein spannender Leitfaden, um zu erkennen, was die Menschen in ihrem Innersten bewegt und warum sie so handeln, wie sie es eben tun. Dies soll Ihnen vielfältige – und sicher oft überraschende – Erkenntnisse über sich selbst und andere eröffnen.

Während sich die Welt in Krisen verfängt, Kriege sie erschüttern, Armut um sich greift und man sich inmitten großer Ereignisse im Kleinen verfängt, öffnen sich dennoch Horizonte für die eigene Zukunft. Denn während oftmals der eine Nachbar dem anderen nichts gönnt und einige Menschen oder Gruppierungen versuchen, uns nach ihren Vorstellungen zu formen, gibt es Möglichkeiten für die eigene Entwicklung.

Ich habe mich entschlossen, hierzu gedankliches Gut aus Wissenschaft und Forschung, aus geistigen und spirituellen Bereichen zu sammeln, zu sortieren und aus einer ganz neuen Perspektive zu betrachten. Das Ergebnis stelle ich Ihnen mit diesem Buch zur Verfügung.

Ich möchte Sie anregen, sich immer und überall Ihre eigene Meinung zu bilden, denn nur Sie entscheiden! Sie entscheiden, was Sie denken, Sie entscheiden über sich selbst und Ihren Weg. Mein Ziel ist es also nicht, irgendjemandem das Denken abzunehmen. Ich will niemandem Gedanken und Einsichten vorgeben oder gar aufdrängen. Vielmehr möchte ich zu einem bewussten und offenen Wahrnehmen und Denken hinführen, dessen Ziel es ist, das beste Ergebnis zu erreichen.

Sie entscheiden!

Wenn Sie studieren wollen, dann entscheiden Sie sich dazu. Wenn Sie in den Urlaub fahren wollen, entscheiden Sie, wohin die Reise gehen soll. Entscheiden Sie auch weiterhin auf all Ihren Wegen. Lassen Sie sich dabei nicht einengen von den Meinungen anderer. Seien Sie offen für deren Sichtweisen. Hören Sie zu und lassen Sie sich anregen. Aber treffen Sie selbst die Wahl!

Der Ganzheitsmediziner und spirituelle Autor Deepak Chopra sagt: »Es ist nicht das Unbekannte, vor dem wir Angst haben müssen, es ist das Bekannte, das wir fürchten sollten. Das Bekannte, das sind die rigiden Muster unserer vergangenen Konditionierung.«[1] Diese Muster haben vielleicht früher einmal gepasst. Doch jetzt versperren sie uns oft den Weg in eine neue, bessere Zukunft.

Wenn wir in jedem Augenblick unseres Lebens unvoreingenommen das Unbekannte annehmen, wenn wir jederzeit offen sind für neue Erfahrungen, dann sind wir frei. Denn das Unbekannte ist unser reines, natürliches Potenzial, das uns mit unserem Selbst, mit unserer Wirklichkeit zusammenbringt. Es ist, wie wenn wir nach einer langen Flussfahrt unser kleines Boot verlassen und durchs Gebüsch auf freies Feld treten: den weiten Himmel über uns und so viele Wege zur Auswahl.

---

1 Zitiert nach www.bleep.de/index.php?id=92.

Es gibt nicht den einen richtigen Weg, jeder Mensch hat seinen eigenen. Wir haben also weit über sieben Milliarden verschiedene Wege, und in jeder Sekunde werden es mehr.

Unter diesen Aspekten möchte ich dieses Buch wie auch meine Vorträge und Coachings mit meiner PQS®-Erfolgsmethode verstanden wissen. Ausdrücklich möchte ich auch darauf hinweisen, dass ich völlig unabhängig bin, keinerlei Vorgaben unterliege, seien sie geistiger, politischer oder wirtschaftlicher Natur. Ich bin unternehmerisch autark und unbeeinflusst und tue das, was ich tun möchte – ohne großes Budget, aber mit viel Engagement.

Die universellen Grundrechte auf Leben, auf Freiheit und auf eine eigene Meinung sind das höchste Gut eines jeden Menschen. Auf diesem Grundsatz basiert mein Handeln und Schaffen im Großen wie im Kleinen. Ich lade Sie ein, mit mir ein Stück weiter zu gehen auf Ihrem Weg. Es werden entscheidende Schritte sein.

Danksagung

Wenn ein Buch erscheint, so steht immer der Autor im Vordergrund. Das ist nicht besonders fair, weil es immer vieler Menschen bedarf, die eine solche Publikation überhaupt erst ermöglichen. Das war natürlich auch bei mir der Fall. Und die Menschen, die mir während des Schreibens einen Hilfe gewesen sind, sollen hier nun eine besondere Erwähnung finden. Ich hoffe, an alle gedacht zu haben.

Zunächst richtet sich mein Dank an den Verlag, insbesondere an Ulrich Ehrlenspiel, der mich ermutigt hat, dieses Buch zu schreiben. Ohne seine Bereitschaft gäbe es dieses Buch nicht.

Ich danke auch meinem Lektor Ralf Lay, der sorgfältig und sensibel die Redaktion meines Textes vorgenommen hat.

Und selbstverständlich geht der Dank auch an meine Familie, meine Frau Katharina und meinen Sohn Norman, die immer an mich glaubten und mir zur Seite standen.

Ein besonderer Dank geht auch an drei Unternehmer, die schon lange mit mir zusammenarbeiten, mein System seit Jahren intensiv nutzen und sehr großen Nutzen und Erfolg daraus ziehen.

Dr. Udo Richter, Ralf Jantschke und Ulrich Schorb danke ich dafür, dass sie von Anfang an mich glaubten und mich dabei unterstützt haben, dieses Buch zu schreiben.

Walter Rotter

Was wir mitbringen

Warum unterscheiden sich selbst Menschen, die in derselben Familie und demselben sozialen Umfeld aufgewachsen sind, so stark voneinander? Warum reagieren Menschen, die vor ähnliche Probleme gestellt werden, völlig unterschiedlich? Warum wachsen manche an schicksalhaften Ereignissen, an denen andere zerbrechen? Ich will versuchen, es zu erklären.

Die vier Bausteine der Persönlichkeit

Jeder Mensch kommt mit einem einzigartigen Charakter zur Welt – einer Prägung, die mit dem ersten Atemzug festgelegt ist und sich ein Leben lang nicht verändert. Wissenschaftliche Studien mit Kindern in unterschiedlichen Lebenszeiträumen haben dies eindrucksvoll bestätigt. Um den Wesenskern herum entwickelt sich ab der Geburt ein Gespinst aus den intensiven ersten Eindrücken von der Welt, später aus Erziehung, dann Bildung, besonderen Ereignissen und Erfahrungen sowie aus allen Begegnungen mit anderen. Daraus, wie der Mensch seine Erfahrungen verarbeitet, seine Neigungen und Fähigkeiten zur Entfaltung bringt und mit anderen in Kontakt tritt, entwickeln sich seine Persönlichkeitsstruktur, sein Dominanzverhalten und seine Gefühlswelt. Denn alles, was ein Mensch tut, findet seinen Widerhall in der Welt und wirkt sich so wiederum auf seine Persönlichkeit aus – dies ist der niemals innehaltende Kreislauf des Lebens.

Charaktereigenschaften

Ihr Charakter wird mit Ihrem Geburtstag und der Stunde Ihrer Geburt festgelegt. Ob Sie im Leben glücklich und erfolgreich werden, das kann Ihnen jedoch keine Kristallkugel und kein Horoskop verraten: Es ist maßgeblich davon bestimmt, wie gut Sie Ihren Charakter erkennen, ihn annehmen, seine Möglichkeiten entfalten und seine Herausforderungen meistern – sprich, wie sehr Sie im Einklang mit ihm leben und wachsen. Schätzen Sie Ihren ganz individuellen Charakter als Geschenk und als kostbaren Schatz! Er begleitet Sie auf all Ihren Wegen, auf ihn können Sie sich immer verlassen. Der Charakter eines Menschen gleicht einem Diamant, der auch aus Feuer, Eis, Schmutz und Chaos immer wieder hervorkommt, als sei nichts gewesen. Nicht einmal der Zahn der Zeit kann ihm etwas anhaben. Ist das nicht ein sehr schönes und beruhigendes Gefühl?

Persönlichkeitsstruktur

Um die Mitte des 20. Jahrhunderts begründete der US-amerikanische Psychiater Eric Berne die Transaktionsanalyse.[2] Seine Theorie der menschlichen Persönlichkeitsstruktur hat nichts von ihrer Gültigkeit verloren und wird bis heute ständig weiterentwickelt. Sie ist auch für mich eine der wichtigsten Grundlagen meiner erfolgreichen Arbeit mit Menschen.

Die Transaktionsanalyse bietet einen sehr lebensnahen Ansatz, um das eigene Erleben und Verhalten zu erkennen und zu analysieren – und es bei Bedarf verändern zu können. Berne beobachtete,

---

2   Vgl. https://de.wikipedia.org/wiki/Transaktionsanalyse; Eric Berne: *Die Transaktions-Analyse in der Psychotherapie: Eine systematische Individual- und Sozialpsychiatrie*, Junfermann, Paderborn 2006.

dass wir in unserem Erleben und Empfinden der Wirklichkeit zwischen drei Ich-Zuständen pendeln:

1. Das *Kindheits-Ich* ist aktiv, wenn früh abgespeicherte Erfahrungen, Eindrücke, Gefühle und Verhaltensweisen wiederaufleben.
2. Das *Erwachsenen-Ich* übernimmt das Steuer, wenn wir ganz im Hier und Jetzt leben und der aktuellen Situation angemessen begegnen.
3. Das *Eltern-Ich* tritt auf den Plan, wenn unser Denken, Fühlen und Handeln von Verhaltensweisen bestimmt ist, die wir von anderen übernommen haben.

Sie ahnen es bereits: Wirklich selbstbestimmt und mit voller Kraft leben wir, wenn unser Erwachsenen-Ich das Sagen hat und weder alte, meist unbrauchbar gewordene Muster aus der Kindheit noch die Orientierung am fremden Vorbild unnötiges Leid hervorrufen. Deshalb ist es so wichtig, das Potenzial, die Einzigartigkeit sowie auch die Stolperfallen des eigenen Charakters zu kennen.

Dominanzverhalten

Sind Sie der geborene Chef oder fügen Sie sich lieber ins Team ein? Liegt Ihnen die Rolle des Kapitäns oder entfalten Sie Ihre Fähigkeiten am besten unter kompetenter Führung? Geben Sie in Familie und Freundeskreis gern den Ton an oder schwimmen Sie lieber einfach mit? Oder sind Ihnen Hierarchien grundsätzlich fremd oder gar suspekt?

Wie sehr wir führen oder uns anpassen, wird durch das Gehirn geprägt. Hierbei ist wichtig, welcher Teil unseres Gehirns bei Handlungsbedarf zuerst aktiv wird: das Großhirn, das Stammhirn oder das Zwischenhirn. Die drei Teile sind mehr oder weniger selbstständig agierende und recht eigenwillige Organe, die oft in Konflikt miteinander geraten – was uns das Leben manchmal schwer machen kann. Dabei übernehmen sie folgende Aufgaben und bestimmen damit das individuelle Dominanzverhalten:

- Das *Großhirn* ist die Heimat unseres rationalen Verstands. Von ihm dominierte Menschen denken und handeln analytisch. Dabei können sie sich sowohl ein- oder unterordnen als auch selbst die Richtung vorgeben – sie sind da ganz sachlich und tun einfach, was nötig ist. Ihr Charakter ist grundsätzlich von Eigenständigkeit und Individualität geprägt, ebenso bauen sie auf die Einsicht und Intelligenz ihrer Mitmenschen.
- Das *Stammhirn* beherbergt Instinkt, Intuition und viel Fingerspitzengefühl. Menschen, bei denen dieser Gehirnteil zuerst »anspringt«, sind fantasiebegabt, fürsorglich und gefühlvoll und daher bei anderen oft beliebt. Eine Revolution werden sie eher nicht anzetteln, da ihnen Harmonie und Vertrautes besonders wichtig sind. Am liebsten arbeiten sie in einem Team mit festen Vorgaben.
- Im *Zwischenhirn* schwingen Emotionen und Dynamik das Zepter: Von diesem Gehirnbereich dominierte Menschen wollen führen, es sind impulsive Macher, die andere mitreißen können und über eine natürliche Autorität verfügen.

Was meinen Sie – welche Komponente ist bei Ihnen und Ihren Liebsten und Freunden am stärksten ausgeprägt, welche am zweitstärksten und welche am schwächsten?

- Bei der *stärksten Komponente* liegt der Schlüssel für Ihre Erfolge und Ihre Lebenszufriedenheit. In dieser Komponente liegt aber auch – wenn sie überbetont wird oder außer Kontrolle gerät –

die Ursache für Ihre Schwierigkeiten. Setzen Sie zuerst hier an, um noch erfolgreicher und glücklicher zu werden.

- Die *zweitstärkste Komponente* weist Sie auf andere in Ihrer Persönlichkeit liegende Möglichkeiten hin, die Sie in Kombination mit der stärksten Komponente weiter ausbauen können.

- Die *schwächste Komponente* zeigt Ihnen, in welcher Richtung Sie Ihre Ziele nicht suchen sollten, um Ihre Energie nicht für Aktivitäten zu verschwenden, die Ihnen einfach nicht liegen. Und doch kann diese Komponente wertvolle Hinweise darauf geben, in welchen Bereichen vielleicht noch unentdecktes Potenzial schlummert, um Ihre Gesamtpersönlichkeit harmonisch abzurunden. Immer wenn Sie »über sich hinauswachsen« oder »über Ihren Schatten springen« müssen, könnte hier der Schlüssel liegen!

Emotionale Intelligenz

Was haben die beliebte Hausärztin, der von allen geschätzte Vorarbeiter, die seit Jahren miteinander glücklichen Eheleute, die erfolgreiche Gastwirtin und der quotenbringende Quizmaster gemeinsam? Sie verfügen aller Wahrscheinlichkeit nach über eine hohe emotionale Intelligenz, die ihr Leben zur Erfolgsgeschichte macht – ob mit öffentlicher Wirkung oder im alltäglichen Umfeld.

Schon seit den zwanziger Jahren als »soziale Intelligenz« im Gespräch, gehören Begriffe wie »Soft Skills« und »emotionale Intelligenz« heute in einschlägigen Kreisen zum Standardvokabular. Im Gegensatz zu den objektiv messbaren »Hard Skills«, also Fachkompetenzen, bezeichnen wir so unsere Fähigkeiten im Umgang mit Gefühlen – mit unseren eigenen sowie mit denen anderer. Dazu gehören Selbsterkenntnis und Selbstbeherrschung, Empathie und Akzeptanz.

Der Psychologe John D. Mayer von der University of New Hampshire und der Sozialpsychologe Peter Salovey von der Yale University in den USA führten den Begriff der »emotionalen Intelligenz« im Jahr 1990 ein und gliederten ihn für Testzwecke in vier Bereiche:[3]

1. *Wahrnehmen von Emotionen:* Wie gut kann ich Emotionen anderer Menschen anhand ihrer Körpersprache und Stimme wahrnehmen?
2. *Nutzen von Emotionen:* Wie gut kann ich Probleme lösen durch mein Wissen über die Zusammenhänge zwischen meinen Emotionen und Gedanken und denjenigen anderer?
3. *Verstehen von Emotionen:* Wie gut kann ich eigene und fremde Emotionen analysieren und ihre Konsequenzen verstehen?
4. *Beeinflussen von Emotionen:* Wie gut kann ich zum Beispiel impulsive Reaktionen vermeiden oder gefühlsmäßige Bewertungen korrigieren?

Vereinfacht gesagt ist emotionale Intelligenz also die Fähigkeit, meine Gefühle, Bedürfnisse oder Ziele so mit denen anderer in Einklang zu bringen, dass ich und alle Beteiligten sich fair behandelt und wohlfühlen. Das Ergebnis: mehr Motivation und Kreativität, mehr Erfolgserlebnisse.

Ihr beruflicher oder privater Erfolg wird also von Ihren »Soft Skills« noch mehr bestimmt als von Ihren Fachkenntnissen und Fähigkeiten! Langzeitstudien mit ehemaligen Schülern haben gezeigt, dass sehr gute schulische Leistungen keinen Maßstab für späteren Erfolg bieten. Im Gegenteil sind es oft die »Musterschüler«, die es nicht über das Mittelmaß hinaus schaffen, weil ihnen das Gespür für

---

3 Vgl. https://de.wikipedia.org/wiki/Emotionale_Intelligenz. Daniel Goleman: *Emotionale Intelligenz*, Hanser, München 1996.

ihre Mitmenschen sowie die notwendige Durchsetzungsfähigkeit fehlt.

Je besser wir darin sind, uns in andere hineinzuversetzen, Konflikte konstruktiv zu bewältigen, offen und kommunikativ zu sein, geduldig vorauszuplanen, Netzwerke zu knüpfen, andere zu motivieren, uns aber auch gegen Widerstände durchzusetzen, desto besser ist unsere Basis für beruflichen und privaten Erfolg. Üben Sie sich daher in emotionaler Kompetenz – Gelegenheiten dazu gibt es genug!

Erworbene Verhaltensmuster: Passen sie noch?

Das im Abschnitt über die Persönlichkeitsstruktur beschriebene Prinzip der drei Ich-Zustände zeigt uns: Wir leben hier und jetzt. Es ist unwichtig, wie lange wir schon unguten Gewohnheiten folgen, gesundheitliche Probleme haben oder in einer belastenden Beziehung verharren. Auch ständiger Geldmangel, quälende Schuldgefühle, immer wiederkehrender Zorn oder eine unbefriedigende Wohnsituation sollten uns nicht dazu verleiten, unseren Mut zu verlieren. Wir können sofort mit der Veränderung beginnen!

Achten Sie einmal darauf, welche Worte Sie besonders häufig verwenden – egal, ob in Gesprächen oder in der Endlosschleife Ihrer Gedanken. Schreiben Sie eine Woche lang Worte und Sätze auf, die Sie regelmäßig verwenden, und beurteilen Sie dann:

- Wie viele davon sind positiv?
- Wie viele sind negativ?
- Welche sind hilfreich und bringen Sie weiter?
- Welche sind hemmend und bremsen Sie aus?
- Welche möchten Sie beibehalten?
- Welche möchten Sie loslassen?

All Ihre oft wiederholten Worte und Sätze haben Ihr Leben bis jetzt geprägt, sie sind sehr machtvoll! Die Gedanken und Begriffe, für die Sie sich heute entscheiden, werden Ihr Morgen bestimmen: den nächsten Tag, die nächste Woche, das nächste Jahr …

Unsere Macht liegt im Hier und Jetzt

Welch ein befreiender Gedanke: Wir können den alten Unsinn endlich loslassen! Jetzt, in diesem Moment. Schon die kleinste Veränderung ist ein Anfang.

Als kleine Kinder fühlten wir uns als Mittelpunkt des Universums. Wir hielten mit unseren Wünschen nicht hinterm Berg und drückten unsere Gefühle offen aus. Wir liebten uns selbst und das Leben. All diese prickelnde, blubbernde, überschäumende, manchmal auch einfach zufrieden-wohlige Lebensfreude: Was ist davon geblieben?

Wir sind vollkommene Wesen, das ist die ganz einfache Wahrheit des Seins. Der Rest ist angelernter Unsinn – und kann wieder verlernt werden. Den ersten Schritt haben Sie schon geschafft, wenn Sie sich selbst annehmen. Mit allem, was Sie jetzt sind! Es ist genauso leicht, wie einen Brief zu schreiben: Zuerst finden Sie vielleicht den Einstieg nicht. Sobald aber die erste Zeile auf dem Papier steht, folgen die nächsten Zeilen ganz von selbst.

Wie oft haben Sie schon gesagt und gedacht: »So bin ich eben« oder »So ist das nun mal«? Aber ist das wirklich Ihre Meinung? Meist reflektieren unsere Glaubenssätze nur die Meinung anderer. Wir haben die fremde Meinung akzeptiert und in unser eigenes Glaubenssystem aufgenommen. Das andere, was wir glauben, muss zu dieser Meinung passen, die wir für die eigene halten. Wurde uns zum Beispiel als Kind beigebracht, dass die Welt ein gefährlicher und trostloser Ort sei, dann werden wir alles, was zu diesem Glauben passt, als unsere Wahrheit akzeptieren:

- »Traue niemandem außer dir selbst.«
- »Lach nicht so viel, und singen darfst du erst recht nicht. Die Leute gucken schon.«
- »Erst die Pflicht, dann das Vergnügen – wenn dann noch Zeit bleibt.«
- »Sei brav.«
- »Dreh jeden Euro zweimal um, bevor du ihn ausgibst.«
- »Du wirst es nie schaffen, Erster zu werden, du bist einfach zu unsportlich.«
- »Wenn du nicht Erster wirst, bist du nichts wert.«
- »Die anderen mögen dich anscheinend nicht besonders.«
- »Du musst immer lächeln.«
- »Sei zurückhaltend und bescheiden.«
- »Zur Chefin taugst du eher nicht.«

Oder was auch immer.

Erkennen wir dagegen, dass das Leben schön ist und wir auf der Welt erwünscht sind, dann glauben wir anderes:

- »Liebe ist überall.«
- »Die Menschen sind freundlich.«
- »Ich bekomme, was ich brauche.«
- »Wenn eine Tür geschlossen ist, öffnet sich eine andere.«
- »Ich schaffe es.«

Vom Säen und Ernten

Nur selten stellen wir in Zweifel, was wir glauben. Zum Beispiel könnten wir uns Fragen wie die folgenden stellen:

- »Seit wann denke ich eigentlich, dass mir Sprachenlernen Mühe macht?«
- »Stimmt es wirklich, dass ich unmusikalisch bin?«
- »Wieso bin ich eigentlich so fest davon überzeugt, dass ich nicht kochen kann?«
- »Traue ich mir wirklich nicht zu, bei der Feier morgen eine Rede zu halten?«
- »Wer sagt eigentlich, dass ich heute nicht einfach mal auf der Couch sitzen und lesen darf?«
- »So schlecht sehe ich doch gar nicht aus, oder?«

Um vorwärtszukommen, hilft es oft zurückzuschauen: Woher kommen unsere vermeintlichen Überzeugungen? »Hat mir das irgendein Grundschullehrer ständig gesagt? Ist es meiner älteren Schwester gelungen, mir diesen Glauben zu verpassen? Oder habe ich mich von den ersten missglückten Versuchen entmutigen lassen?«

Wie viel besser ginge es Ihnen ohne die negativen Glaubenssätze und Gedankenmuster? Gehen Sie einen Moment nach innen und fangen Sie Ihre Gedanken ein. Was denken Sie jetzt in diesem Augenblick? Möchten Sie, dass dieser Gedanke real ist?

Wenn wir uns ein Leben voller Freude wünschen, brauchen wir freudvolle Gedanken. Wenn wir ein Leben voll Erfolg und Wohlstand wollen, müssen wir erfolgsorientierte Gedanken denken. Wenn wir ein von Liebe erfülltes Leben wollen, müssen wir liebevolle Gedanken denken. Alles, was wir geistig oder verbal aussenden, kommt in gleicher Münze zu uns zurück

Seien Sie bereit, Ihre Worte und Gedanken zu ändern, und beobachten Sie, wie Ihr Leben sich allmählich verändert. Sie haben die Wahl. Niemand denkt Ihre Gedanken außer Ihnen selbst.

Achte auf deine Gedanken, denn sie werden Worte.
Achte auf deine Worte, denn sie werden Handlungen.
Achte auf deine Handlungen, denn sie werden Gewohnheiten.
Achte auf deine Gewohnheiten, denn sie werden dein Charakter.
Achte auf deinen Charakter, denn er wird dein Schicksal.
Aus dem Talmud

Wege zu Glück und Erfolg

Mehr Glück und Erfolg – die Sehnsucht danach treibt uns an. Wir sind jederzeit in der Lage, unser Denken und Verhalten zu ändern, wenn uns schädliche Muster am Erreichen dieser grundlegenden Ziele hindern. Es ist nötig, dass wir diese in unserem Unterbewusstsein verankerten machtvollen Strukturen analysieren und erkennen – und dass wir bereit sind, uns durch tägliches Training von ihnen zu befreien. Die regelmäßige Umsetzung des vorhandenen Wissens bringt neue Gedanken in unseren Kopf und somit neue Bilder in unser Leben. In meinen Coachings übe ich mit den Menschen daher wirkungsvolle alltagsgerechte Strategien für Glück und Erfolg ein.

Meine PQS-Erfolgsmethode

Bereits als Jugendlicher interessierte ich mich dafür, warum manche Kinder prügelten und andere sich verhauen ließen. Als erfolgreicher Fünfkämpfer erkrankte ich mit 22 Jahren an Lungenkrebs und musste ein Jahr in der Klinik verbringen. Dort führte ich meine Charakterstudien fort – und entdeckte, dass mein Hobby meine Berufung ist. Meine Forschungen und Erfahrungen wurden zur Basis für mein patentiertes Qualifikationssystem PQS (Personality Qualification System). Damit betrachte ich die vier Bausteine oder Aspekte der Persönlichkeit aus ganzheitlicher Sicht. Mithilfe meines speziellen

Konzepts gehe ich gemeinsam mit meinen Klienten defizitären Verhaltensmustern auf den Grund, die dem persönlichen oder beruflichen Erfolg und Glück im Weg stehen.

Wir alle sind durch die Kindheit nachhaltig geprägt. So können zum Beispiel Männer, die als Jungs nicht weinen durften, Gefühle häufig gar nicht oder nur sehr schwer zeigen. An der Veränderung solch hartnäckig manifestierter Strukturen arbeite ich mit meinen Klienten während einer Betreuungsdauer von etwa einem Vierteljahr. Die Coachings sind für jedermann, ob Politiker, Manager und Spitzensportler oder Privatpersonen aller sozialen Schichten. Die Erfolgsquote meiner Arbeit liegt bei 95 bis 98 Prozent!

Am Anfang jedes Coachings steht meine Frage nach dem Geburtsdatum und der Geburtsstunde des Klienten. Die meisten sind erst einmal sprachlos, wenn ich sie daraufhin zutreffend charakterisiere – und dann kommt stets die Frage: »Wie können Sie das alles wissen?« Fünfzig Jahre Erfahrung und Zehntausende vergleichende Charakteranalysen machen es mir möglich!

Persönliche Weiterentwicklung

Die PQS-Erfolgsmethode zeigt Wege auf, wie man Defizite abbaut, Potenziale entwickelt, Persönlichkeit stärkt, Souveränität gewinnt und anderen mit Respekt und Freundlichkeit begegnet, ohne sich dabei selbst zu sehr zurückzunehmen. Die Methode versetzt uns in die Lage, in jeder Situation angemessen zu reagieren. Ganz grundlegend dabei ist meine Überzeugung, dass Persönlichkeit nicht allein eine Frage der Intelligenz ist, sondern sich aus dem Willen und der Bereitschaft entwickelt, tagtäglich an sich zu arbeiten.

Personalplanung mit Charakter

Über die individuelle Weiterentwicklung hinaus bieten meine detaillierten Charakterbeschreibungen Menschen in verantwortlichen Positionen die Möglichkeit, Arbeitsteams sinnvoll personell zusammenzustellen, je nachdem, wie sich die vier Bausteine der einzelnen Persönlichkeiten darstellen. Wer passt zusammen? Welche Stärken und Schwächen hat ein Bewerber? Personaler und Führungskräfte sind begeistert von der Trefferquote.

Nicht zuletzt finde ich es übrigens immer wieder aufs Neue aufschlussreich, aktive politische Amtsträger, Fußballtrainer und andere Prominenz auf ihre Eignung hin abzuklopfen. Jedes Mal bestätigt sich, wie zutreffend die Charakterbilder sind.

Charisma für mehr Führungskompetenz

Charisma (griechisch für »Gnadengabe«) ist ein Begriff aus der jüdisch-christlichen Tradition und bezeichnete ursprünglich die von Gott dem Menschen wohlwollend geschenkten Güter. Heute verbindet man den Begriff im allgemeinen Sprachgebrauch mit einer Offenheit, die manche ausstrahlen – über ihre Körpersprache ebenso wie über ihr Verhalten. Menschen mit Charisma haben das gewisse Etwas: Kaum betritt eine charismatische Person einen Raum, zieht sie die Blicke auf sich und bekommt von allen Seiten Aufmerksamkeit. Der Begriff ist so schwer zu fassen, weil er etwas sehr Abstraktes beschreibt, eben eine Aura beziehungsweise eine Ausstrahlung. Dem Psychologieprofessor Richard Wiseman von der Universität Hertfordshire zufolge verfügt eine charismatische Person über drei Eigenschaften:[4]

---

4 Vgl. https://de.wikipedia.org/wiki/Richard_Wiseman; und zum Beispiel Richard Wiseman: *Quirkologie: Die wissenschaftliche Erforschung unseres Alltags*, Fischer,

1. Sie empfindet starke Emotionen.
2. Sie ist in der Lage, auch andere Menschen derart starke Gefühle erleben zu lassen.
3. Sie ist resistent gegenüber Einflüssen anderer charismatischer Menschen.

Führungskräfte werden als charismatisch wahrgenommen, wenn sie zum Beispiel:

- eine attraktive und zugleich überzeugende Vision vermitteln,
- eine Vorbildfunktion erfüllen,
- ihre Mitarbeiter herausfordern und zu besonderen Leistungen inspirieren,
- ihre persönlichen Stärken und Fähigkeiten weiterentwickeln und
- sie zu eigenständigen, kreativen Problemlösungen anregen.

Die charismatische Führung lebt von der Identifikation der Mitarbeiter und Mitarbeiterinnen mit der Führungsperson. Diese Art der Führung kann die Leistung der Gruppe auf ein ganz neues Niveau heben, denn sie stärkt die Motivation jedes Einzelnen sowie die gute, einander wertschätzende Kooperation in der Gruppe.

Charisma kann man nicht wie einen Anzug von der Stange kaufen. Innere Stärke und somit diese Aura auszustrahlen können viele Menschen trainieren, wenn sie die charakterlichen Voraussetzungen erfüllen. Um zu erkennen, wie viel Charisma in Ihnen steckt, gibt eine Charakteranalyse nach unserer Methode Auskunft.

Frankfurt 2008; ders.: *Wie Sie in 60 Sekunden Ihr Leben verändern*, Fischer, Frankfurt 2010; ders.: *Paranormalität: Warum wir Dinge sehen, die es nicht gibt*, Fischer, Frankfurt 2012; oder ders.: *MACHEN – nicht denken. Die radikal einfache Idee, die Ihr Leben verändert*, Fischer, Frankfurt 2013.

Wichtige Aspekte der Persönlichkeit

Welche Kenntnisse offenbaren mir der Geburtstag und die Geburtsstunde? Was erfahren Sie anhand der Geburtsdaten über sich und
andere? Es ist im Wesentlichen das Folgende. Ich spreche Sie als Leser in den Fragen direkt an, doch natürlich dienen sie auch Ihnen
dazu, andere besser einzuschätzen. Bei den 288 Charakteren werden
Sie diese Eigenschaften beziehungsweise Fragen in unterschiedlicher
Gewichtung und Ausprägung wiederfinden:

- Ansprache: Welchen Umgangston benötigen Sie, um sich ange-
  sprochen zu fühlen?
- Anziehungskraft: Wie positiv ist der erste Eindruck, den Sie auf
  andere machen?
- Authentizität: Sind Sie die Persönlichkeit, die Sie beim ersten
  Kennenlernen zu sein scheinen?
- Diplomatie: Können Sie zwischen Menschen vermitteln und
  sich selbst, wenn nötig, dabei zurücknehmen?
- Flexibilität: Sind Sie bereit für die tägliche persönliche Weiter-
  entwicklung?
- Führungsqualitäten: Sind Sie ein Leader?
- Innere Harmonie: Leben Sie grundsätzlich im Einklang mit sich
  selbst oder haben Sie widersprüchliche Persönlichkeitsanteile
  zu integrieren?
- Kompetenz: Was sind Sie bereit und imstande, für Ihr Geld zu
  leisten?
- Konstanz: Sind Sie eher geradlinig oder manchmal auch wankelmütig?
- Kritikfähigkeit: Können Sie Kritik vertragen und sie gewinn-
  bringend nutzen?
- Motivation: Wie steht es um Ihre Motivation und Begeisterung?

- Resilienz: Wie ist es um Ihre Fähigkeit bestellt, aus schwierigen Situationen zu lernen und gestärkt daraus hervorzugehen?
- Sendungsbewusstsein: Stehen Sie gern im Mittelpunkt oder üben Sie generell lieber Zurückhaltung?
- Teamspirit: Sind Sie eher ein Einzelkämpfer oder stellen Sie sich lieber ganz in den Dienst eines Teams?
- Verlässlichkeit: Kann man sich im Extremfall auf Sie verlassen?
- Vertrauenswürdigkeit: Kann man Ihnen vorbehaltlos vertrauen?

Drei Schritte zum Erfolg

Meine Methode ist ein Prozess der persönlichen Veränderung. Diese Veränderung bedarf einer großen persönlichen Bereitschaft und Anstrengung, sie wird mit dem Klienten Schritt für Schritt erarbeitet. Der Prozess benötigt Engagement, Gelassenheit, Zeit, Geduld – und Überzeugung. Die Überzeugung, das Richtige zu tun, ist eine elementare Voraussetzung für den gemeinsamen Erfolg!

Nach der Vermittlung von Wissen sorgt der Coach für die Umsetzung im täglichen Berufs- und Arbeitsleben, in der Familie und in der Freizeit. Der Klient wird in seiner gewünschten Umsetzung gezielt unterstützt und intensiv begleitet. Dieses geduldige, kontinuierliche Vorgehen ist der schnellste Weg zur dauerhaften Veränderung; denn nicht die Schnellen sind die Erfolgreichen, sondern die Ausdauernden:

- Erster Schritt: Die meisten beschäftigen sich wenig mit ihrer persönlichen Weiterentwicklung. Misserfolge, Unzufriedenheit, schlechte Laune, negative Gedanken sind an der Tagesordnung. Was ist zu tun? Wir müssen unsere generelle Einstellung und unser Grundverhalten ändern. Dies ist nur durch genaue Erkenntnis der persönlichen Voraussetzungen möglich.

- Zweiter Schritt: Ein Mensch ohne Visionen, also ohne Vorstellung, wie seine Zukunft aussehen soll, kann an dieser Zukunft nicht gezielt arbeiten: »Nur wer sein Ziel kennt, findet den Weg« (Laotse). Die wenigsten Menschen haben aber klare Ziele vor Augen. Häufig fehlen Grundsätze, in denen sie ihre Wertvorstellungen festhalten und die Richtschnur ihres Handelns sind.

- Dritter Schritt: Die meisten Menschen halten lieber am wiederkehrenden Verhalten fest, als sich Tag für Tag neuen Herausforderungen zu stellen. Diese Herausforderungen aber zu erkennen, sie anzunehmen und sie zu bestehen zeichnet die erfolgreichen Menschen aus. Dafür bedarf es konkreter Zielvereinbarungen, um die »angedachten« und erwünschten Ziele zu erreichen.

Sechs Stufen der Bewusstwerdung

Damit Sie einen Einblick in die Inhalte des Coachings bekommen, stelle ich Ihnen hier kurz das Herzstück unserer gemeinsamen Arbeit vor:

- *Stufe I:* Entspannung, Harmonisierung, die eigene Mitte finden. Dadurch steht mehr Energie zur Verfügung. Der erste und wichtigste Schritt zur Bewusstseinsfindung besteht in der Entspannung. Nur in einem relaxten Zustand finden wir den Zugang zur inneren Welt.

- *Stufe II:* die eigene Innenwelt kennenlernen. Verstehen, was innerlich an Bewusstem und Unbewusstem vorhanden ist. Nur indem wir uns in unserem »Sosein« erkennen und wissen, was wirklich in uns lebt, können wir uns verstehen. Allein so wird eine Transformation möglich.

- *Stufe III*: Annehmen und Aushalten von negativen Inhalten, dann folgt deren Transformation beziehungsweise Auflösung durch ganz bewusstes Erkennen. Nicht indem wir Illusionen nachhängen, verändern wir uns, sondern durch das ganz bewusste Hinschauen, Hineintreten, Hineinleuchten bewirken wir eine echte Transformation.
- *Stufe IV*: die eigene wahre Identität erkennen und an die Oberfläche transportieren, Qualitäten erkennen und entwickeln. Unsere wahre Identität verbirgt sich noch hinter unseren alten Konditionierungen und kann erst durch unser Wollen entfaltet werden.
- *Stufe V*: die Liebe zu sich und anderen entwickeln, sich in seiner wahren Identität erleben und lieben. Nicht mehr am kleinen Alltags-Ich festhalten, sondern das große »Ich bin« spüren und leben. Wir erleben eine neue Dimension des Ichseins.
- *Stufe VI*: die Fähigkeit entwickeln, Liebe auszustrahlen. Aus dem neuen Bewusstsein des »Ich bin« Liebe geben und empfangen. Diese Liebe hat nichts mit der egoistischen Liebe des kleinen Alltags-Ich zu tun, sondern überschreitet die knapp gefassten Rahmen, die uns oft schmerzlich beengen.

Vom Disstress zur Balance

Zur Entwicklung der Persönlichkeit gehört es auch, mehr Balance zu finden. Ziel hierbei ist es nicht nur, Berufs- und Privatleben harmonisch auszubalancieren, sondern sich auch Zeit zu nehmen für eigene Vorlieben, Träume und Visionen.

Lassen Sie mich ein Beispiel schildern: Sie sind ein erfolgreicher Unternehmer oder eine erfolgreiche Führungskraft. Zunächst einmal haben Sie sich auf Ihre Karriere konzentriert, aber auch Familie und Freundschaften sollen in Ihrem Leben nicht zu kurz kommen. Sie sind der Typ Mensch, der sich geschmeichelt fühlt, wenn man ihn als »Workaholic« bezeichnet; denn dies betrachten Sie als Voraussetzung für Ihren beruflichen Erfolg. Sie tragen gern Verantwortung im Beruf. Aufgrund der wirtschaftlich unsicheren Zeiten spüren Sie zunehmenden Leistungs- und Konkurrenzdruck. Überstunden oder ein durchgearbeitetes Wochenende sind da nichts Ungewöhnliches. Wie sonst wäre ein derartiges Pensum zu bewältigen? Stress ist Ihr ständiger Begleiter, ob im Beruf oder im Privaten. Sie fühlen sich immer öfter genervt, bringen regelmäßig abends »die Firma mit nach Hause«.

Völlig erschöpft kehren Sie nach einem langen Arbeitstag heim, und doch überkommt Sie immer öfter das Gefühl, nichts erreicht zu haben. Hinzu tritt, dass Probleme am Arbeitsplatz bereits bestehende Spannungen im Privatleben merklich verstärken. Zudem kann es leicht passieren, dass Sie Ihren Körper hintergehen, indem Sie zu wenig für Schlaf, Entspannung, Sport und gesunde Ernährung sorgen. Schlaflosigkeit, Verspannungen, Herzrhythmusstörungen sind die Folgen. Spätestens jetzt sollten Sie sich die Frage stellen: Ist es das wirklich wert? Was für einen Sinn hat es für mich, beruflich zwar erfolgreich am Leben teilzunehmen, dafür aber Partnerschaft, Familie, Freunde, Gesundheit oder auch eigene Wertvorstellungen, die mir früher wichtig waren, über Bord zu werfen?

Wenn also das Verhältnis zwischen Berufs- und Privatleben dermaßen aus den Fugen geraten ist, wenn Hetze und Druck des Berufs Sie zunehmend auch privat dominieren, ist Ihr Dasein aus dem Gleichgewicht geraten. Sie fühlen sich reizbar, ärgerlich, ungeduldig, vielleicht sogar ausgenutzt.

Wer viel arbeitet, muss viel regenerieren, wer viel gibt, muss auch etwas nehmen. Beginnen sollte man damit, das Wesentliche vom Unwesentlichen zu trennen. Nehmen Sie Ihr Leben wieder in die eigenen Hände:

- Reduzieren Sie Ihre Überstunden, indem Sie sich dafür körperliches Wohlbefinden gönnen, etwa in der Sauna, bei einer Massage oder beim Sport.
- Versuchen Sie, Ihre persönlichen Beziehungen zu Freunden und Bekannten leben zu lassen, indem Sie sich treffen, austauschen, schön essen gehen ... Vergessen Sie den Satz »Dazu habe ich keine Zeit«, der eigentlich bedeutet: »Ich nehme sie mir nicht.« Tragen Sie Ihre persönlichen und privaten Belange als Termin ein! Verlieren Sie Ihre Werte nicht aus den Augen, genießen Sie den Augenblick, er kommt nie wieder zurück. Balance herrscht in Ihrem Leben erst dann, wenn Sie sich den privaten Dingen in gleicher Weise widmen wie den beruflichen.

Ihr Ziel muss also sein, nicht mehr Zeit aus Ihrem Tag herausholen zu wollen, sondern die Zeit, die Sie haben, adäquat auf all Ihre Lebensbereiche zu verteilen. Planen Sie regelmäßige Regenerationsphasen für Ihr körperliches Wohlbefinden ein.

Halte immer an der Gegenwart fest.
Jeder Zustand, ja jeder Augenblick ist von unendlichem Wert,
denn er ist der Repräsentant einer ganzen Ewigkeit.
Johann Wolfgang von Goethe

Zwölf hilfreiche Impulse für Ihren Weg

Es gibt viele Wege, Charisma zu versprühen, Liebe zu geben und Sympathien zu gewinnen. Wenn Sie in Kontakt mit Ihrem Inneren sind, können Sie auch andere im Herzen berühren. Verschenken Sie Ihr Herz, so gewinnen Sie das Herz Ihres Gegenübers! Zum Abschluss meiner Einführung möchte ich Ihnen in diesem Sinne noch meine »Top Twelve« für ein glückliches und souveränes Leben mitgeben:

1. *Bewegung:* Treiben Sie regelmäßig ein wenig Sport, der Ihnen wirklich Spaß macht. Bewegung stärkt das Selbstvertrauen und das Herz. Sie löst Glücksgefühle aus und bringt Sie in Einklang mit sich selbst. Um sich zu motivieren, gönnen Sie sich doch ruhig das elegante neue Fahrrad oder das Abo im schicken Fitnessstudio!

2. *Körperhaltung:* Ihr Körper sendet immer Botschaften – sowohl nach außen als auch an Ihr Unterbewusstsein. Richten Sie sich auf! Balancieren Sie doch mal ein Buch auf Ihrem Kopf und schreiten Sie durch die Wohnung: Sie werden sofort wissen, was ich meine. Sogar Ihr Atem wird tiefer und ruhiger werden.

3. *Humor:* Stellen Sie sich vor den Spiegel und lächeln Sie sich an. Schneiden Sie Grimassen und lachen Sie mit sich selbst.

4. *Zuversicht:* Sagen Sie sich schon morgens im Bett, auf welche drei Menschen, Situationen und Dinge Sie sich heute freuen.

5. *Sonnenseite:* Sagen Sie in Gesprächen möglichst selten das Wort »nicht« und Begriffe, die mit »un-« oder »dis-« und so weiter beginnen. Versuchen Sie immer, positiv zu formulieren und die positiven Seiten des Lebens zu bedenken und zu betonen.

6. *Mut:* Gestatten Sie sich mehr, springen Sie ruhig mal über Ihren Schatten, seien Sie weniger streng und stattdessen zum Beispiel einmal faul und unordentlich, laut, frech, kokett, lustvoll …

7. *Selbstfindung:* Seien Sie sich bewusst, dass Sie genau so, wie Sie sind, in Ordnung und einzigartig sind.

8. *Befreiung:* Hören Sie auf, »ein braves Kind« zu sein.

9. *Zielstrebigkeit:* Setzen Sie sich täglich kleine, erreichbare Ziele.

10. *Offenheit:* Wenn Sie schüchtern sind, dann stehen Sie offen dazu; wenn Sie unsicher sind, dann sagen Sie das einfach. Scherzen Sie auch einmal über sich selbst.

11. *Toleranz:* Hören Sie sich andere Meinungen an und setzen Sie sich damit auseinander.

12. *Selbsttreue:* Bleiben Sie auch auf Gesellschaften und Partys ganz bei sich und widmen Sie sich den Menschen, mit denen Sie sich verbunden fühlen – auch wenn diese nicht im Mittelpunkt der Aufmerksamkeit stehen.

Die 288 Grundcharaktere

Wie ich schon in der Einführung dargelegt habe, ist im Leben der Charakter das Maß aller Dinge, er gibt die Richtung vor. Glücklich und erfolgreich werden wir, wenn wir unseren mitgebrachten Charakter zunächst einmal erkennen, ihn dann auch akzeptieren und schließlich das Beste aus unseren Möglichkeiten herausholen.

Meine nun folgenden Charakterbeschreibungen sind wie gesagt das Ergebnis von fünfzig Jahren der Beobachtung und Analyse. Tausende Male konnte ich erfahren, wie stimmig und zutreffend diese grundlegenden Persönlichkeitsbilder sind; und auch Sie werden sich und die Menschen in Ihrem privaten sowie beruflichen Umfeld wiedererkennen!

Die 288 Charaktere bilden die Grundlage der von mir angebotenen Coachings, denn sie zeigen die Persönlichkeit mit all ihren Vorzügen, inneren Hürden und Entwicklungspotenzialen. Ich unterteile sie in 144 weibliche und 144 männliche Typen. Als Ausgangspunkt habe ich Geburtstag und Geburtsstunde herangezogen.

Wenn Sie Ihre Geburtszeit nicht kennen, können Sie sie Ihrer Geburtsurkunde entnehmen. Es besteht auch die Möglichkeit, sie im Standesamt oder im Gemeindehaus Ihres Geburtsorts zu erfragen. Die Geburtszeit ist Voraussetzung für die Bestimmung des Aszendenten.

Unter dem Aszendenten (vom lateinischen *ascendere* für »aufsteigen«) versteht man den Schnittpunkt des Osthorizonts mit der Ekliptik (der scheinbaren Bahn der Sonne um die Erde). Er bezeichnet den zum gegebenen Zeitpunkt und geografischen Ort am östlichen Horizont aufgehenden Grad des Zodiaks (Tierkreises).

Im Internet beispielsweise finden Sie zahlreiche Anbieter, die Ihnen nach Angabe von Geburtsdatum, -zeit und -ort Ihren Aszendenten – auch kostenlos – in kürzester Zeit ermitteln.

Doch ist Astrologie nicht das Geheimnis! Vielmehr dienen die Sternzeichen der Systematisierung. Hinter meinen Charakteranalysen stehen langjährige, tiefgreifende Erkenntnisse aus vergleichenden Studien zum Grundverhalten, zu den Sehnsüchten und den Wünschen der Menschen.

Dieses für Sie gesammelte und hier niedergeschriebene Wissen erleichtert Ihnen den Zugang zu Ihrem eigenen Inneren und zu den vielen unterschiedlichen Persönlichkeiten in Ihrem Umfeld. Sie erfahren, wie Sie immer den richtigen Ton treffen und jeden Menschen in seiner Ganzheit ansprechen, sodass die (vielleicht bisher noch schlummernden) Potenziale gelebt werden können und ein harmonisches Miteinander möglich wird. Auch hilft das Wissen über die Charaktere, eigene Vorurteile und Vorbehalte abzubauen und zu erkennen, warum jemand in einer bestimmten Situation (immer wieder) in bestimmter Weise reagiert.

Ich habe jeweils den weiblichen und den männlichen Typ genannt. Bei der Frau kann die in die Wiege gelegte Prägung andere Auswirkungen haben als beim Mann, was auch an der Erziehung und den gesellschaftlichen Erwartungen liegt. Ein sehr interessanter Aspekt, der zeigt: Was wir als Unterschiedlichkeit wahrnehmen, birgt oft auch viele Gemeinsamkeiten. Lesen Sie daher stets beide Seiten.

Ich wünsche Ihnen nun viel Freude bei der Lektüre, viele profunde Einsichten und hilfreiche Aha-Erlebnisse!

Aszendent Steinbock

♀ Steinbock, Aszendent Steinbock

Gewissenhaft und sehr verletzlich

Sensibilität, Bodenständigkeit und ein liebevolles Wesen zeichnen diese Frau aus, Wärme und Zuneigung sind ihre Triebfeder. Sie ist tiefgründig und dabei auch verletzbar, deswegen spielt Sicherheit für sie eine große Rolle. Das heißt aber nicht, dass sie sich nicht für etwas begeistern kann! Feuer und Flamme wird sie allerdings nicht sofort sein, stattdessen verhält sie sich zunächst eher reserviert. Überhastete Entscheidungen sind eben nicht ihr Ding; sie braucht etwas länger, weil sie immer auf der sicheren Seite sein will.

Fleiß und Freude am Leben und Arbeiten sind ihr in die Wiege gelegt. Sie hat kein Problem damit, sich anzupassen, muss nicht unbedingt das Sagen haben. Doch bei aller natürlichen Bescheidenheit freut sie sich sehr über ein ehrliches Kompliment.

Es gibt im Beruf wie auch in Familie und Freundeskreis kaum eine zuverlässigere und loyalere Frau. Sie liebt ihre Arbeit genauso wie die Menschen, die ihr privat nahestehen, und in beiden Bereichen gibt sie immer das Beste. Sie legt Wert auf eine Umgebung zum Wohlfühlen, ist überaus zugewandt und fürsorglich. Insgesamt ist sie ein sehr wertvoller Mensch für die Gesellschaft.

Nicht so laut, bitte!

Wer der doppelten Steinbock-Frau nicht angemessen und fair begegnet, kommt nicht in den Genuss ihrer wunderbaren Gaben. Wird ihr Gegenüber laut und herrisch oder kommt ihr gar mit Bevormundung und Kontrolle, macht sie zu. Sie ist dann zutiefst verletzt und traurig, vielleicht auch eingeschnappt – und nicht mehr in der Lage, ihre sonst so großartige Leistung abzurufen. Ihre tiefe Sensibilität ist etwas Wunderbares, hat aber auch zur Folge, dass sie sich vieles zu sehr zu Herzen nimmt. »Zieh dir doch diesen Schuh nicht an!«, dies ist ein Spruch, den sie wohl ab und an zu hören bekommt.

In der Familie tut die doppelte Steinbock-Frau für ihre Lieben alles – manchmal zu viel. Sie gibt mehr, als sie nimmt, und sollte darauf achten, sich nicht für andere zu verausgaben, und auch selbst einmal etwas einfordern, was ihr wichtig ist.

Entwicklungschance: loslassen und glücklich sein

Wenn es dieser wunderbaren Frau gelingt, etwas mehr loszulassen und nicht alles auf die Goldwaage zu legen, dann wird sie sich in ihrem Leben glücklich und geborgen fühlen. Dieses Glück darf sie sich gönnen – denn wenn es ihr gutgeht, profitieren sowohl im privaten als auch im beruflichen Umfeld alle davon.

♂ Steinbock, Aszendent Steinbock

Präzision auf die Spitze getrieben

Beim Mann liegen die Stärken der doppelten Steinbock-Prägung in der fast unheimlichen Präzision, mit der er in allen Belangen vorgeht. Er scheut sich auch nicht, Verantwortung zu übernehmen. Zudem ist er ein Meister darin, aus wenig viel zu machen – auch was Geld betrifft. Das tut er jedoch nicht nur zum eigenen Vorteil, sondern auch zum Wohl der Allgemeinheit.

Seine übergroße Liebe zur Perfektion in einer Welt des Unperfekten macht es diesem Mann schwer, in der menschlichen Gesellschaft und Gemeinschaft richtig Fuß zu fassen. In allen Lebensbereichen, ob als Vater, Partner oder Freund, kann man sich jedoch hundertprozentig auf ihn verlassen.

Gefühlswelt in Gefahr
Bemerkenswert ist sein ausgeprägtes Sicherheitsdenken, besonders in Geldangelegenheiten, das bis hin zum Geiz reicht. Sein Umfeld nimmt ihn oft als unnahbar, verschlossen, manchmal stahlhart und übertrieben zielstrebig wahr. Diese Außenwirkung macht ihm zu schaffen (wenn sie ihm denn überhaupt bewusst wird), denn er ist keineswegs gefühllos. Doch wer allzu offensichtlich versucht, seine harte Schale aufzubrechen, der beißt auf Granit.

Entwicklungschance: Nobody's perfect!
Liebe und Gesundheit kann man nicht kaufen – ihre Quelle muss der Steinbock-Steinbock-Mann in sich selbst finden. Wenn es ihm gelingt, durch das Erlernen mentaler Techniken mehr Mut zur Lockerheit zu finden und seinen Gefühlen Raum zu geben, wird man ihm ein Höchstmaß an Sympathie und Akzeptanz entgegenbringen, ob im privaten oder beruflichen Umfeld.

Hilfreich für ihn ist es zu wissen, dass Kritik und Niederlagen letztlich Prüfsteine auf dem Weg zum Erfolg sind, und dass ein Um- oder Irrweg zumindest neue Perspektiven eröffnet. Locker und unverkrampft kann diese starke Persönlichkeit ihre Talente und Fähigkeiten viel effektiver nutzen – und dafür sind auch mehr Regeneration und Entspannung wichtig.

Wenn ich mein Leben noch mal leben könnte,
würde ich die gleichen Fehler machen, aber ein bisschen früher,
damit ich mehr davon habe.
Marlene Dietrich

♀ Wassermann, Aszendent Steinbock

Begabt und belesen

Der Wassermann in dieser Frau schmiedet die Pläne, der Steinbock führt sie kontinuierlich durch. Mit ihrem Talent und Know-how kann sie Großes erreichen und Spitzenleistungen bringen. Ihr Erfolg beruht dabei auf Transparenz und Ausdauer, Ehrgeiz und Geradlinigkeit, nicht auf einer Ellbogenmentalität. Ebenso wenig baut sie Luftschlösser, sondern bleibt stets nüchtern und realistisch. So gründlich und sorgfältig, wie sie vorgeht, kann es schon mal etwas länger bis zum Abschluss einer Aufgabe dauern, doch das Ergebnis ist stets überzeugend und erfordert kaum Nachbessern. Auch im Privaten ist sie gut organisiert und versteht sich aufs Delegieren – so bezahlt sie gern eine Haushaltshilfe, um mehr Zeit für ihre Projekte zu haben. Auf diese Weise kommt ihre Familie in den Genuss eines reibungslosen Alltags.

Die Wassermann-Steinbock-Frau ist von Grund auf loyal und menschenfreundlich. Wo Menschen Hilfe brauchen, ist sie gern zur Stelle – am liebsten in einer leitenden Position. Das gilt auch fürs Berufliche, wo man sie als Ärztin, Anwältin und in anderen Tätigkeiten antrifft, bei denen man es mit Menschen zu tun hat und auch in der Öffentlichkeit steht. Ganz besonders zeichnet sie sich durch Intellektualität und Tiefgang aus. Ihr großes Allgemeinwissen verdankt sie ihrem Interesse für Kultur und Geschichte – und ihrer großen Leidenschaft, dem Lesen. Dies ist für sie fast wie eine Sucht, schon seit Kindertagen.

Ganz schön hoch: die persönliche Messlatte

Vor dem Hintergrund ihrer Liebe zur Sprache kann sie mit dümmlichen Witzeleien und Ähnlichem nichts anfangen. Bisweilen zieht sie sich zurück, wenn sich jemand in ihren Augen plump oder ungehobelt verhält – dann kann sie regelrecht unnahbar werden. Auch die Auswahl ihrer Partner und Freunde ist aufgrund ihrer hohen Ansprüche sehr begrenzt.

Da ihr Oberflächliches fremd ist, gibt sie sich mit schnell hingeworfenen Aussagen nicht zufrieden, manchmal zum Leidwesen ihrer Kollegen oder ihrer Kinder. Dabei will sie niemandem auf die Nerven gehen, sondern den Sachverhalt einfach logisch nachvollziehen.

Entwicklungschance: mehr Diplomatie

»Auch einmal fünf gerade sein lassen« lautet die Einladung an diese starke Frau. Das bedeutet auch, anderen zuzugestehen, dass diese eben andere Fähigkeiten und Schwerpunkte haben. Mit ein wenig Diplomatie und Toleranz lebt es sich leichter!

♂ Wassermann, Aszendent Steinbock

Fähig und fordernd

Auch der Mann mit diesen Prägungen verfügt über eine Vielzahl an Talenten und Fähigkeiten. Dabei hat er ein gutes Händchen für Strategie und Innovation und unterstreicht seine Ambitionen mit einem gewinnenden bis charmanten Auftreten, dessen Wirkung auf andere er durchaus genießt. Mit Perfektion und Präzision, überdurchschnittlichem Fleiß, Ausdauer und Disziplin plant er und sorgt dafür, dass seine Pläne Wirklichkeit werden. Dabei legt er stets angemessene Vorsicht an den Tag, statt mit dem Kopf in den Wolken zu schweben.

Er erwartet Verlässlichkeit und Loyalität von sich selbst und von allen Menschen in seinem Umfeld, ob im Berufs- oder Privatleben. Fühlt er sich von jemandem in seinem Vertrauen enttäuscht (ob zu Recht oder nicht), gibt es für den Betreffenden keinen Weg zurück.

Samthandschuhe Mangelware

Dieser dynamische, erfolgreiche Mann weiß zu führen – allerdings nicht unbedingt mit Samthandschuhen. Die Zusammenarbeit mit ihm kann schwierig sein, weil sein Anspruch an andere ebenso hoch ist wie der an sich selbst. Daher hat er kaum Verständnis für Schwächen und Fehler, was unter seinen Mitarbeitern Angst schürt und Unlust Vorschub leistet. Schon gar nicht wird es jemand wagen, ihn zu kritisieren, denn das verträgt er nicht – so streng er auch mit sich selbst sein mag.

Entwicklungschance: den Wert der »Soft Skills« erkennen

Man kann sich auf diesen Mann verlassen, was die »harten Fakten« des Lebens betrifft. Doch in Sachen Menschlichkeit besteht Nachholbedarf! Schließlich sind die sogenannten »Soft Skills« oft entscheidend für den Erfolg. Mit etwas mehr Wärme wäre sein naturgegebener Charme noch überzeugender, und mit etwas mehr Zeit für Familie und Freunde – einfach so, ohne Leistungsdruck – könnte auch er selbst entspannter und zufriedener sein.

> *Leicht zu leben ohne Leichtsinn,*
> *heiter zu sein ohne Ausgelassenheit,*
> *Mut zu haben ohne Übermut –*
> *das ist die Kunst des Lebens!*
> Theodor Fontane

♀ Fische, Aszendent Steinbock
Verlässlichkeit gepaart mit Tiefgang

Diese liebenswerte und warmherzige Frau ist vorsichtig, bescheiden und anpassungsfähig – deshalb sehen viele Menschen ihre zahlreichen Fähigkeiten und Möglichkeiten nicht gleich und unterschätzen sie zunächst. Sie wägt stets gründlich ab; Risiken sind ihr ein Gräuel. Sie arbeitet gern und viel, ist auch in ihrem Privatleben für andere da, ohne Gegenleistungen zu erwarten, und engagiert sich immer aus tiefstem Herzen. In beruflichen Dingen kann man sich auf sie verlassen, insbesondere wenn sie Führungsaufgaben ausfüllt. Lob und Anerkennung machen sie stets noch besser, denn sie ruht sich niemals auf ihren Lorbeeren aus.

Aufgrund ihrer großen Sensibilität und des Tiefgangs ihrer Seele sollte man bei ihr im Beruflichen wie im Privaten Kritik behutsam, in angemessenem Ton und mit viel Feingefühl anbringen. Ihre Verletzlichkeit führt sonst dazu, dass sie sich nicht mehr wohlfühlt und nicht mehr so souverän handeln kann – und das wäre in Anbetracht ihrer Fähigkeiten sehr schade.

Gefragt: sehr viel Feingefühl

Wichtig für die Fische-Steinbock-Frau ist, dass man ihr Vertrauen schenkt, sie frei wirken lässt und sich mit Bevormundung und Kontrolle zurückhält. Denn hier ist sie sehr sensibel. Schnell tritt ihr großer Gerechtigkeitssinn auf den Plan, sie sträubt sich innerlich gegen alles, was sie als ungerechtfertigtes Misstrauen empfindet.

Die Falle der Fische-Steinbock-Frau lautet: »Ich will es immer allen recht machen.« Da dies nicht möglich ist, sind Situationen vorherzusehen, in denen sie schwer mit sich und anderen hadert.

Entwicklungschance: mehr Diplomatie

Sie sollte lernen, mehr loszulassen. Dies tut ihren wunderbaren Fähigkeiten keinerlei Abbruch – im Gegenteil, es lässt sie souveräner und noch tatkräftiger werden, da sie weniger Energie dafür aufbringen muss, sich zu schützen. Zudem darf sie Mut zur Lücke haben, statt sich für alles verantwortlich zu fühlen. Sie hat sich nichts vorzuwerfen und braucht ihr Licht nicht unter den Scheffel zu stellen.

> *Die Zukunft hat viele Namen. Für die Schwachen ist sie das*
> *Unerreichbare. Für die Furchtsamen ist sie das Unbekannte.*
> *Für die Mutigen ist sie die Chance.*
> Victor Hugo

♂ Fische, Aszendent Steinbock
Ein Solitär mit Herz

Der Fische-Steinbock-Mann wird von einem schwachen (Fische) und einem starken Wesenszug (Steinbock) geprägt. Nun ist es aber im Idealfall nicht so, dass die beiden Energien versuchen, jeweils die Oberhand zu gewinnen. Im Gegenteil – Durchsetzungskraft und Sensibilität, Sicherheit und Schutzbedürftigkeit ergänzen sich hier aufs Beste. Der gern etwas ziellos dahintreibende Fische-Wesenszug bekommt durch den Steinbock Struktur und Zielstrebigkeit. Umgekehrt erleichtert der gefühlvolle Fische-Impuls den Umgang mit Menschen und mildert die steinbocktypische Tendenz zur Unnahbarkeit – eine Konstellation, die im Beruf wie im Familienleben und Freundeskreis ausgesprochen vorteilhaft sein kann.

Zwei Seelen wohnen, ach!, in meiner Brust!

Diesem Mann bereitet es keine Probleme, im Beruf mehr zu leisten als andere, deshalb arbeitet er oft als Selbstständiger oder in einer Führungsposition. Einerseits können sich Familie und Mitarbeiter voll auf ihn verlassen, auch in finanziellen Dingen. Auf der anderen Seite kommt jedoch das Gefühlsleben schnell zu kurz, wenn es ihm nicht gelingt, seinen starken und seinen schwachen – oder besser gesagt weichen – Charakterzug in Einklang zu bringen. Es kann dann leicht passieren, dass er irgendwann nur noch arbeitet und die·Bedeutung von schönen Unternehmungen im Freundes- oder Familienkreis, von Gemütlichkeit, Heimeligkeit und menschlichem Austausch nicht mehr erkennt. Nicht selten wenden sich dann Freunde ab, oder seine Familie lebt ihr eigenes Leben, fast ohne ihn.

Entwicklungschance: mehr (er)leben

Dieser interessante Mann hat erheblich mehr vom Leben, wenn er erkennt, dass sein Perfektionismus auch ein wenig egoistisch ist. Statt sich nach dem Abendessen noch für ein paar Stunden ins Arbeitszimmer zurückzuziehen, sollte er öfter den Kindern etwas vorlesen, mit der Liebsten ein Glas Wein trinken oder sich wieder mal mit dem besten Freund in Ruhe austauschen. Nicht nur zweckdienliche oder finanziell einträgliche Dinge haben einen Wert!

♀ Widder, Aszendent Steinbock

Mit Beständigkeit Großes erreichen

»Nur nichts überstürzen!«, so lautet die Devise dieser Frau, die charakterlich ihresgleichen sucht. Irgendetwas dem Zufall überlassen? Nicht mit ihr! Sie nimmt sich viel Zeit für ihre Entscheidungen, deshalb gibt sie anderen manchmal Rätsel auf, wird mithin sogar als arrogante Einzelgängerin wahrgenommen. Dabei geht sie lediglich erst einmal auf Distanz, um in Ruhe ihre Entscheidung treffen zu können. Heraus kommt dabei so gut wie immer etwas Gutes, und auf dem getroffenen Entschluss kann sie mit ihrem enormen Fleiß und ihrer Zielstrebigkeit aufbauen. So handelt sie stets getreu dem Prinzip »Was lange währt, wird endlich gut«.

Dies drückt sich auch in ihrer Verlässlichkeit und Loyalität aus, im privaten ebenso wie im beruflichen Bereich. Damit ihre Batterien halten, braucht sie Wärme und Zuneigung, die sie vor allem zu Hause bei ihren Lieben sucht.

Weil sie mit ihrer sehr gründlichen Art bisher außerordentlich gut gefahren ist, sollte man nicht versuchen, sie anzutreiben, Kontrolle auszuüben oder sie gar zu bevormunden. Denn dann würde sie – diesmal, ohne lange nachzudenken – das Weite suchen und ihre Qualitäten anderswo einbringen. Gegenseitiger Respekt, Niveau und Stil: Ohne diese Elemente gibt es bei ihr kein harmonisches Miteinander.

Worte auf der Goldwaage
Die Widder-Steinbock-Frau ist sehr ehrgeizig, manchmal geradezu verbissen. Wer sie wirklich erreichen will, sollte seine Worte sorgsam wählen und sie zudem durch entsprechende Taten untermauern – nur so gewinnt man das Vertrauen dieser auf Sicherheit und Stabilität bedachten Person.

Entwicklungschance: loslassen und gewinnen
Es hilft der Widder-Steinbock-Frau sehr, sich bewusst zu machen, dass die Menschen eben unterschiedlich sind und dass vieles, was sie als verletzend empfindet, gar nicht böse gemeint ist. Sie sollte ruhig einfach mal lachend den Kopf schütteln über die hektische Betriebsamkeit um sich herum. Das Plus an Lockerheit kann ein großer Gewinn sein für diese fähige Frau – und für alle Menschen in ihrem Umfeld.

 Widder, Aszendent Steinbock
Teamfähiger Leader
Hier trifft die bodenständige, harmonieliebende Widder-Natur auf die perfektionistische, erfolgsbewusste Steinbock-Energie. Diese Fa-

cetten ergeben zusammen eine Persönlichkeit, die außergewöhnlich erfolgreich sein kann. Wenn es gelingt, die beiden starken Charakterzüge in Harmonie zu bringen, ist der Widder-Steinbock-Mann eine echte Führungspersönlichkeit mit viel Teambewusstsein. Statt nur zu reden, handelt er; statt nur zu erklären, macht er es gleich selbst vor. Er ist ein »Fels in der Brandung« und meistert die heikelsten Situationen konzentriert und ohne nachzulassen, damit nimmt er viel Druck von anderen. Präzise und zügig, immer mit einem guten Blick für das Machbare, arbeitet er sich von Erfolg zu Erfolg vor. »Gesagt, getan«, so seine Devise – und auch im privaten Umfeld ist dieser Mann in jeder Hinsicht eine sichere Bank!

»Mr. Unnahbar«

Sollte es einmal zu Kritik oder zu einer Niederlage kommen, ist das für ihn eine massive Anfechtung, da beides an seiner Fassade kratzt. Diese ist sein Schutzmantel, der doch möglichst undurchdringlich sein soll! Entsprechend zeigt er auch im privaten Bereich seine Gefühle oft nur mit angezogener Handbremse, bleibt sogar für Nahestehende schwer zugänglich und kaum durchschaubar. Hinzu kommt, dass er den genuss- und gefühlsbetonten Seiten des Lebens viel zu wenig Zeit einräumt.

Entwicklungschance: Zeit und Geld fürs persönliche Glück

Der Widder-Steinbock-Mann hat im Grunde viel Liebe, Fürsorge und Freundschaft zu geben. Er sollte lernen, dass Arbeit und Geldverdienen einen Gegenpol brauchen: Genuss, Geselligkeit, Liebe und Lachen! Warum nicht mal die Zügel lockerlassen, Pause machen und etwas Geld für Schönes ausgeben? Er hat es sich redlich verdient, und weder Arbeit noch Bankkonto laufen in der Zwischenzeit davon. Doch profitiert er letztendlich auch beruflich von seinem wiederentdeckten Mut für Gefühle.

Manchmal haben wir die Kraft, ja zum Leben zu sagen.
Dann kehrt Frieden in uns ein und macht uns ganz.

Ralph Waldo Emerson

♀ Stier, Aszendent Steinbock

Organisationsgenie aus Leidenschaft

Hier haben wir eine ebenso sensible wie bodenständige und erfolgsorientierte Frau – loyal, geradlinig, die Verlässlichkeit und Ehrlichkeit in Person. Herausragend ist ihr Talent, anspruchsvolle Unternehmungen ins Rollen zu bringen, sei es im Beruf oder im privaten
Umfeld. Bei allem, was sie tut, ist sie mit Herzblut dabei; und was sie
beginnt, bringt sie zum erfolgreichen Abschluss. Wer in den Genuss
eines von ihr abgehaltenen Meetings oder bis ins kleinste Detail perfekt organisierten Festes kommt, wird nicht mit Anerkennung sparen – und lobende Worte nimmt sie gern an!

Energiekonto im roten Bereich

Diese aufgeschlossene Frau läuft Gefahr, zu viel zu geben und zu
wenig zu nehmen. Steuert sie nicht rechtzeitig gegen, kann sie traurig und ärgerlich werden. Tut sich langfristig zu wenig auf ihrer
emotionalen Einnahmeseite, kann das sogar bis zu Depressionen
und zum Burn-out führen, besonders wenn sie sich niemandem an-
vertraut.

Zu viel Energie raubt ihr auch ein unangemessener, unfairer Umgangston. Denn so, wie sie sich durch Sprache begeistern lässt, so
kann man sie auch damit verletzen, sei es durch Oberflächlichkeit
und Niveaulosigkeit oder Bevormundung und Kontrolle. Ohne einen
Austausch auf Augenhöhe kann sie nicht erfolgreich arbeiten.

Entwicklungschance: »Ich will« und nein sagen lernen
Die Stier-Steinbock-Frau sollte lernen, rechtzeitig nein zu sagen. Sie sollte den Mut aufbringen, sich in gewissen Situationen besser zu positionieren und ihren Standpunkt deutlich und mit Durchsetzungskraft zu vertreten. Dann wird sie schnell spüren, dass es ihr bessergeht und sie sich insgesamt ausgeglichener und wohler fühlt. Auch ihre Belastungen und Sorgen sollte sie nicht immer zu verbergen versuchen, vielmehr sollte sie sich öffnen und sich die Dinge von der Seele reden.

Auch aus Steinen, die einem in den Weg gelegt werden,
kann man Schönes bauen.
Johann Wolfgang von Goethe

♂ Stier, Aszendent Steinbock
Schaffensdrang und Ehrgeiz
Mit dieser Kombination von Wesenszügen lässt es sich gut leben: Gesunder Ehrgeiz auf dem Fundament großer Bodenständigkeit sorgt für Erfolg. Mit beiden Füßen auf der Erde stehend greift der Stier-Steinbock-Mann nach den Sternen! Seine Lust an der Perfektion, gepaart mit einer großen Kreativität, treibt ihn unermüdlich an, sodass er seine Ziele schnell erreicht. Dabei helfen ihm auch seine Geduld und Beharrlichkeit sowie sein Durchsetzungsvermögen.

Auch für Familie und gute Freunde gibt der Stier-Steinbock-Mann alles und kümmert sich verlässlich darum, dass alle zufrieden sind. Ganz wichtig ist dabei, dass er nicht eingeengt wird, sondern stets auch den Freiraum hat, den er für seine vielen Projekte und Vorhaben braucht.

Manchmal zu viel Ellbogeneinsatz

Die Zielstrebigkeit des Stier-Steinbock-Manns kann dazu führen, dass er »über Leichen geht«. Das kommt natürlich weder bei seinen Kollegen noch bei Freunden und Familie gut an, sie fühlen sich vor den Kopf gestoßen. Hier muss allerdings unterschieden werden: Hat er sich tatsächlich rücksichtslos verhalten, oder spielt vor allem der Neid auf seinen Erfolg eine Rolle?

Seine wirklichen Feinde lauern jedoch in seinem Inneren, denn er kann mit Niederlagen und Kritik nicht gut umgehen, wird dann ärgerlich oder ist beleidigt. Im Gefühlsbereich verschließt sich der Stier-Steinbock-Mann oft – weder lässt er dann seine wahren Gefühle innerlich zu, noch zeigt er sie. Deshalb bekommen viele ein falsches Bild von ihm, denn gefühllos ist er keineswegs.

Entwicklungschance: den Schlüssel zum Gefühl finden

Dieser tatkräftige Mann sollte sich bewusst machen, dass Misserfolge mindestens so wertvoll sein können wie Erfolge – denn sie zeigen neue, oft vielversprechende Möglichkeiten und Wege auf. So wird er nicht nur sich selbst, sondern auch den Menschen in seinem Umfeld gegenüber toleranter.

Im Gefühlsbereich darf der Stier-Steinbock-Mann etwas mehr zulassen und sich weiter öffnen, dann wird man ihn noch mehr mögen, lieben und auch respektieren. Einfach mal abschalten, entspannen und auftanken! Dann bekommt auch die Gefühlswelt wieder etwas mehr Raum.

♀ Zwillinge, Aszendent Steinbock

Sportlich-kreativer Wirbelwind

Die Mischung macht's: Dieser Frauencharakter vereint zwei gegensätzliche Prägungen in sich, und das mit großem Gewinn. Der Steinbock-Aszendent stabilisiert die rastlosen Zwillinge und gibt ihm Bodenhaftung. So kommen Eigenschaften wie Ehrgeiz und Beständigkeit zum Tragen. Kann die Zwillinge-Steinbock-Frau die in ihr angelegten Möglichkeiten voll entfalten, wird sie dauerhaft Erfolg auf allen Ebenen haben. Im Beruf will sie ihre Aufgaben möglichst in Eigenregie erfüllen, was dank ihrer großen Eigeninitiative und Verlässlichkeit stets zu guten Ergebnissen führt.

Sie ist sensibel, aber nicht immer diplomatisch – dafür ist sie einfach zu geradlinig. Einen unüberlegten Wortschwall wird man von ihr nicht zu hören bekommen, denn sie denkt alles gut durch. Sie möchte zufrieden und glücklich leben und sorgt voller Herzenswärme auch für Glück und Zufriedenheit in ihrem Umfeld. Wer sie einmal für sich gewonnen hat, verliert sie so schnell nicht wieder.

Im privaten Umfeld ist sie fürsorglich, eine großartige Gastgeberin und oft auch eine ausgezeichnete, kreative Köchin – nicht zuletzt deshalb ist ihr Zuhause eine beliebte Anlaufstelle für Freunde und Verwandte. Die Zwillinge-Steinbock-Frau legt sehr viel Wert auf Gesundheit und eine gute, sportliche Figur.

Bei Unsicherheit: Rückzug

Manchmal gerät die Zwillinge-Steinbock-Frau in einen eigentümlichen Zwiespalt: Im Prinzip ist sie sehr offen und humorvoll, lebenslustig und aktiv. Doch immer wieder wird sie bei ihrem schnellen Handeln unsicher und hat das Gefühl, die Situation könnte ihr entgleiten. Häufig kommt sie dann innerlich ins Stocken, zieht sich in sich selbst zurück und wirkt unnahbar, wie ausgewechselt.

Im Beruf kann es kritisch werden, wenn man ihr kein Vertrauen entgegenbringt. Dann verbraucht sie ihre Energie für Ärger, Unzufriedenheit und Wut und kann ihre sonst so gute Leistung nicht mehr erbringen. Ein gutes Arbeitsklima ist »Pflicht«!

Entwicklungschance: die innere Mitte finden

Nicht so viel grübeln, das Leben nicht ganz so ernst nehmen: Das hilft der Zwillinge-Steinbock-Frau. Mithilfe mentaler Techniken, die sie zum Beispiel im Rahmen eines Coachings erlernt, findet sie zu einer ausgewogenen Stimmung. Sehr wirksam ist auch regelmäßiger Sport in der Natur, dabei fallen alle kreisenden Gedanken und inneren Verkrampfungen von ihr ab.

♂ Zwillinge, Aszendent Steinbock

Heiter bis wolkig

Ebenso wie beim entsprechenden weiblichen Charakter dürfen sich auch bei den Herren der Schöpfung die beiden gegensätzlichen Prägungen einander unterstützen: Der rastlose, oft wankelmütige Zwilling wird durch den erdverbundenen und nach Perfektion strebenden Steinbock stabilisiert. So werden Ehrgeiz, Disziplin und Durchhaltevermögen, die in diesem Charakter angelegt sind, zu einer Konstante im Leben. Auch Verlässlichkeit und Treue erhalten einen besonderen Stellenwert.

Im Beruf zählt für diesen Mann nur der Erfolg, und dafür arbeitet er hart. Als Partner, Vater und Freund ist er absolut zuverlässig und korrekt – übermäßig gefühlsbetont oder gar überschwänglich ist er nicht. Als Mann des Handelns setzt er um, was er ankündigt, darauf können die anderen stets bauen.

Bei Kritik wird's kritisch

Muss man diesen Mann einmal kritisieren, sollte man sich bewusst sein, dass er Kritik nur sehr schwer wegstecken kann. Denn er empfindet sie als Niederlage, und Niederlagen hasst er »wie die Pest«. Wichtig ist also, ihm die Kritik möglichst sachlich und rational darzulegen und ihm zugleich weiterhin Vertrauen zu signalisieren. Generell ist die Sprache, die man ihm gegenüber wählt, entscheidend für seine Kooperationsbereitschaft: Wer es nicht schafft, ihn auch emotional zu erreichen und zu überzeugen, der wird schnell seine sture Seite kennenlernen.

Hilfreich im Umgang mit ihm ist es auch zu wissen: Dieser im Allgemeinen lebenslustige, hilfsbereite und humorvolle Charakter neigt zu schnellen Handlungen, wird dann aber immer wieder von Zweifeln heimgesucht, was seinen Tatendrang ausbremst und auf lange Sicht seine persönliche Entwicklung behindert. Oft zieht er sich dann plötzlich in sich zurück, und seine angenehme Offenheit und seine Lust an Späßen sind vorübergehend wie weggeblasen.

Entwicklungschance: locker und gelassen bleiben
Für ihn gilt hier dasselbe wie für sie mit der gleichen Konstellation.

Tugend ist die Mitte zwischen den Fehlern.
Horaz

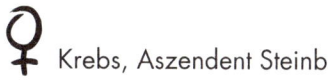

Krebs, Aszendent Steinbock
Die unnahbar Wirkende

Diese Frau lebt ein wenig nach der Natur einer Auster: Um ihr empfindsames, verletzliches Inneres zu schützen, baut sie eine feste Schale darum herum. Zunächst abwartend beobachtet sie, wie sich eine Situation entwickelt oder wie sich jemand präsentiert. Erst wenn sie Vertrauen gefasst hat, öffnet sie sich ein wenig. Nun blitzt der kostbare Schatz in ihrem Inneren auf! Sie ist zu hundert Prozent verlässlich, loyal und kollegial, zudem geradlinig und zielstrebig.

In ihrer Familie tankt sie auf, dort kann sie sich entspannen und öffnen. Harmonie und ein achtsamer Umgang miteinander sind ihr

Lebenselixier. Auch Gäste genießen die stets liebenswürdige Aufnahme in ihrem Zuhause. Jeder fühlt sich bei ihr wohl, sie ist eine Bereicherung für alle, die mit ihr zu tun haben.

Sie nimmt's schnell persönlich

Sehr viel Feingefühl ist gefragt, wenn man an dieser empfindsamen Persönlichkeit einmal Kritik üben muss oder ihr eröffnet, dass etwas nicht so klappt, wie sie es sich vorgestellt hat. Mit einem unangemessenen Tonfall oder ungerechtfertigten Vorwürfen kann man sie dabei zutiefst verletzen. Passiert dies zu oft, verschließt sie ihre undurchdringliche »Austernschale« fest und verbirgt quasi die Perle in ihrem Inneren wieder, sei es im beruflichen oder im privaten Zusammenhang. Allerdings muss gesagt werden, dass sie sich vieles auch allzu schnell zu Herzen nimmt, obwohl es gar nicht böse oder abwertend gemeint ist.

Entwicklungschance: nicht jeden Schuh anziehen

Gesundheit und Wohlbefinden hängen bei ihr sehr stark davon ab, dass sie sich selbst akzeptiert und mit sich im Reinen ist. Deshalb gehört es unbedingt zu einer guten Selbstsorge, dass sie eine unfreundliche, überzogene oder ungerechtfertigte Kritik an ihr nicht zu ihrem eigenen Problem macht. Das Problem hat derjenige, der sich so unangemessen äußert! Doch selbst wenn ihr tatsächlich einmal ein Fehler unterlaufen ist: Das ist einfach menschlich – und kein Grund, am eigenen Wert zu zweifeln.

♂ Krebs, Aszendent Steinbock

Mit Ruhe und Gemütlichkeit

Hier kommen zwei sehr gegensätzliche Charakterzüge zusammen, die in Einklang gebracht werden müssen. Der recht zart besaitete

Krebs muss mit dem ihm vom Steinbock-Einfluss angelegten Korsett leben. Wenn es gelingt, beide Anteile zu integrieren, ist das Ergebnis eine fein abgestimmte Mischung aus Beständigkeit und tiefgründiger Sensibilität.

Dieser friedliebende Mann möchte in Ruhe und mit Gelassenheit seine Aufgaben erledigen. Er teilt nicht den unbedingten Ehrgeiz anderer Steinbock-Typen. Ein extravertierter »Ellbogeneinsatz« ist schon gar nicht sein Ding, für ihn zählt Harmonie in seiner Umgebung viel mehr. So ist er auch auf einer hohen Führungsposition eher nicht so gut aufgehoben, denn dafür ist er viel zu bescheiden und genügsam. Zudem würde ihm eine solche Position keine Zeit mehr lassen, seine Talente zu pflegen, die vor allem in Musik und Gesang liegen.

Im Privaten gilt bei ihm dasselbe wie im Beruflichen: Er macht nicht viel Aufhebens um seine Person, ist gelassen, genügsam und liebt dennoch die Genüsse des Lebens. Das macht ihn zum überaus angenehmen und geschätzten Freund, Partner und Familienvater. Seine Verlässlichkeit auf der einen Seite und seine reiche Gefühlswelt auf der anderen bringen ihm viel Zuneigung ein, ohne dass er es erheischen würde.

Wenn der Steinbock mit den Hufen scharrt

Der Einfluss des Aszendenten kommt diesem Mann immer wieder mal in die Quere, vor allem in Situationen, in denen er seine empfindsame Gefühlswelt in Gefahr sieht: Um sich zu schützen, hüllt er sich dann in einen Mantel der Unnahbarkeit.

Entwicklungschance: in ruhiges Fahrwasser kommen

Er braucht sich nicht groß zu verändern und sollte einfach noch konsequenter in seiner gelassenen Art werden, das Leben anzugehen. Dann bekommt er seine Gefühlswelt gut in den Griff und braucht keine überzogenen Schutzreaktionen mehr. Bei diesem Vorhaben helfen ihm beispielsweise Ausdauersport und Meditation.

Nur für heute werde ich in der Gewissheit glücklich sein,
dass ich für das Glück geschaffen bin –
nicht nur für die andere, sondern auch für diese Welt.
Drittes Gebot der Gelassenheit von Papst Johannes XXIII.

♀ Löwe, Aszendent Steinbock
Gebündelte Kraft

Ein feuriges Herz trifft hier auf einen kühlen Kopf. Erfolg ist bei dieser Frau programmiert. Ihr Stolz und ihr Ehrgeiz, gepaart mit Nüchternheit und Realismus, können sie nach ganz oben führen, und genau dort will sie auch hin! Dafür arbeitet sie mit großer Ausdauer und stellt ihre persönlichen Bedürfnisse auch mal hintan. Sie liebt es durchaus, im Mittelpunkt zu stehen – etwa am Rednerpult –, kann aber auch vornehm im Hintergrund bleiben, etwa als sachliche Teilnehmerin oder Moderatorin einer Gesprächsrunde. Wer beruflich mit ihr zu tun hat, kann sich auf sie verlassen: Sagt sie etwas zu, ist dies wie ein schriftlicher Vertrag. Eine so erfolgreiche und selbstbewusste Frau ruft oft Neid oder auch eine gewisse Scheu hervor. Doch beides wird ihr nicht gerecht, da sie weder eingebildet oder unfair noch herrisch ist. Vielmehr hat sie Tiefgang und Einfühlsamkeit und ist auch recht leicht verletzbar.

Im privaten Bereich lässt sie sich immer etwas Besonderes einfallen. Mit der Familie in den Klettergarten, mit Freunden fremdländische Küchen erproben, den Liebsten nach der Arbeit zu einer Fahrt im Riesenrad einladen – solche Highlights mag sie ebenso, wie einfach mal gemütlich auf der Couch die Zeitung zu lesen. Wer das Wesen der Löwe-Steinbock-Frau begreift und akzeptiert, hat mit ihr einen zuverlässigen Menschen zur Seite, in guten wie in schlechten Zeiten.

Bitte kein Befehlston!

Was den Umgangston betrifft, ist bei ihr Feingefühl gefragt. Ihr geht es um Kooperation und Kollegialität, daher würde ein autoritäres Verhalten sie zutiefst verstören – und sogleich vergraulen. In manchen Bereichen legt sie auch extrem viel Wert auf Sicherheit, das kann sie in ihren Entscheidungen bremsen und lässt sie auch mal den Kürzeren ziehen. Dadurch schränkt sie sich selbst in ihren Möglichkeiten ein.

Entwicklungschance: alte Muster durchbrechen

Die Löwe-Steinbock-Frau kann noch viel mehr Kraft aus ihrem Inneren freisetzen, wenn sie im Rahmen eines professionellen Coachings einschränkende Verhaltensmuster aus der Kindheit erkennt und verändert. So findet sie zu mehr Gelassenheit und kann seelischen Ballast abwerfen.

 Löwe, Aszendent Steinbock

»*Yes, I can!*«

Wie beim entsprechenden weiblichen Charakter müssen hier Stolz und intensive Gefühle auf der einen Seite und nüchtern-realistisches Denken auf der anderen unter einen Hut gebracht werden. Gelingt dies, kann der Löwe-Steinbock-Mann ungeahnte Höhen erreichen und außergewöhnliche Erfolge feiern. Natürlich fallen ihm diese nicht in den Schoß, sondern er erarbeitet sie mit überdurchschnittlicher Ausdauer, Energie und Beharrlichkeit. Bemerkenswert ist dabei die Bescheidenheit, mit der er seine herausragenden Leistungen betrachtet – ein Angeber ist er nicht, wenn auch keineswegs frei von Eitelkeit und Machtansprüchen. Mit anderen Worten: Er weiß, dass er gut ist, macht aber kein Gewese darum. Ebenso pflegt er sein Äußeres sehr und legt viel Wert auf seine Umgangsformen, beides stets mit Zurückhaltung und dezenter Eleganz.

Als sei all das nicht schon genug der persönlichen Vorzüge, ist dieser Mann auch noch großzügig und hat einen ausgeprägten Beschützerinstinkt. Zudem hat er ein großes Herz für Schwächere und benachteiligte Menschen. Dass er auch im privaten Bereich Bewunderung und Aufmerksamkeit braucht, gibt er ungern zu. Wir haben es hier schließlich mit einem Kavalier der alten Schule zu tun, der auch als Partner schon fast zu gut ist, um wahr zu sein.

Ein wenig Nachbesserungsbedarf

Es überrascht kaum, dass ein solcher Charakter Niederlagen und Kritik nicht gut wegsteckt. Es kostet ihn dann viel Energie, wieder in sein gewohnt zügiges Fahrwasser zu kommen. Auch steht er sich, was das Zeigen von Gefühlen betrifft, oft selbst im Weg. Hier ist tatsächlich noch Luft nach oben!

Entwicklungschance: über sich selbst hinauswachsen

Der Löwe-Steinbock-Mann erfährt viel über sich selbst, wenn er mithilfe eines fachkundigen Coachings und mentalen Trainings übt, belastende Verhaltensweisen abzulegen. So wird er gelassener und ein leuchtendes Vorbild für viele.

Na und? Niemand ist vollkommen!
Osgood in Billy Wilders Komödie »Manche mögen's heiß«

♀ Jungfrau, Aszendent Steinbock

Unermüdlich im Einsatz für andere

Hier vereinen sich Sparsamkeit und Freigebigkeit. Diese Frau mag es einerseits, Vermögen anzuhäufen, sie ist glücklich und zufrieden, wenn sie wieder ein sicheres Aktienpaket gekauft oder eine schöne Summe auf eines ihrer Sparbücher eingezahlt hat. Auf der anderen Seite leistet sie, ohne nachzurechnen und mit viel Ausdauer, soziale Hilfe und stellt ihre Fähigkeiten in den Dienst der Allgemeinheit. Ob sie nun einem sozialen Beruf nachgeht, in einem Wirtschaftsunternehmen jüngere Kollegen fördert und sich im Betriebsrat engagiert oder in ihrem Wohnviertel Nachbarschaftshilfe leistet, stets verwirklicht sie ihre Neigung, der Gemeinschaft zu helfen.

Wer die Jungfrau-Steinbock-Frau zur Freundin, Kollegin, Nachbarin, Partnerin, Mutter … hat, darf sich glücklich schätzen. Sie ist ein tief empfindender Mensch, der fair und zuverlässig handelt, und das auf lange Sicht.

Anhäufen und Verausgaben – beides hat Grenzen

Ein gut gefülltes Bankkonto beruhigt die Nerven, doch schützt es natürlich nicht vor allen Unwägbarkeiten und sollte auch nicht das Wichtigste im Leben sein. Diese Frau neigt außerdem dazu, sich selbst zu wenig zu gönnen und zugleich in ihrem Engagement und Fleiß über die Grenzen ihrer Leistungsfähigkeit hinauszugehen. Dann wird sie traurig, fühlt sich erschöpft und energielos und ist leicht deprimiert. Bietet man ihr jedoch Hilfe an, weil ihr alles über den Kopf zu wachsen scheint, fährt sie schon mal ärgerlich die Krallen aus, denn das mag sie gar nicht.

Entwicklungschance: sich selbst mehr gönnen

Die Großzügigkeit der Jungfrau-Steinbock-Frau darf sich ruhig auch mal auf die täglichen Arbeiten beziehen: Hier sollte sie das Teilen, Delegieren und Loslassen üben, um mehr Zeit für Pausen und schöne Momente zu haben. Schließlich muss auch sie ihre Batterien immer wieder neu aufladen! Hat sie dies einmal erkannt, hilft ihr ein Terminplaner bei der Umsetzung, in dem auch die Zeiten für Regeneration und eigene Interessen einen festen Platz haben. Und noch etwas: Geld ist (auch) zum Ausgeben da! Warum nicht ein festes monatliches Kontingent einrichten für vergängliche Freuden und Genüsse, kleine Herzenswünsche und schöne Unternehmungen mit Freunden und Familie? Das Leben ist viel zu kurz, um nur zu rackern und zu horten.

♂ Jungfrau, Aszendent Steinbock

Unschlagbar erfolgreich

Mit Intelligenz, Fleiß, Talent und Ausdauer gelingt diesem Mann mehr als anderen, selbst wenn er einmal nur auf halber Kraft läuft. Sein unermüdlicher Antrieb ist sein Ehrgeiz, der an Besessenheit grenzt. Das Ganze funktioniert natürlich nur mit einer guten Portion Egoismus. Was er tut, muss perfekt sein und wird strategisch geplant – so schafft er es, alles, was er anfasst, zu Gold zu machen.

Eine wichtige Rolle spielt – wenig überraschend – das Geld. Er findet es einfach beruhigend, immer mehr als genug davon zu haben und es ständig zu vermehren.

Mit Geld kann man nicht alles kaufen

Bei so viel Geschäftigkeit entgeht diesem Mann oftmals, dass sein Privatleben darbt. Partnerschaft, Freundeskreis und nicht zuletzt seine Kinder leben notgedrungen fast ohne ihn, weil er sich kaum Zeit für sie nimmt. Auch um seine Gesundheit kümmert er sich gefährlich wenig. Er ordnet alles dem beruflichen Erfolg unter – einerseits, weil er einfach gern arbeitet, andererseits aber auch aus einer tief empfundenen Angst vor Niederlagen heraus. So entgehen ihm die schönsten Seiten des Lebens!

Entwicklungschance: mehr Mut für Gefühle

Was ist wichtig im Leben, was macht ein Leben wertvoll? Vieles davon ist unbezahlbar: Liebe, Zeit für die Kinder, Freundschaften, Urlaub, schöne Erlebnisse, gemütliche Momente und natürlich die Gesundheit. Ein Mensch, der anderen in Sachen Erfolg so weit voraus ist wie der Jungfrau-Steinbock-Mann, darf sich ruhig einmal zurücklehnen, genießen und Gefühle zeigen. So macht er sich selbst und die Menschen in seinem Umfeld ein gutes Stück glücklicher. Mehr Lockerheit hilft ihm auch dabei, Kritik und Niederlagen als wertvolle Lernerfahrungen auf seinem eingeschlagenen Weg anzusehen. In der Niederlage offenbart sich der wahre Charakter: Hochgeschätzt wird nicht, wer nie stolpert, sondern wer immer wieder aufsteht!

Carpe diem. – Genieße den Tag.
Horaz

♀ Waage, Aszendent Steinbock

Stilvoll und geradlinig

Dominanz und Zurückhaltung – zwei unvereinbare Charakterzüge, möchte man meinen. Die Waage-Steinbock-Frau beweist das Gegenteil! Sie wartet ab, beobachtet, prüft, ob ein Projekt es wert ist, sich dafür zu engagieren. Denn um ins Leere zu laufen, ist sie sich viel zu schade. Sobald die Angelegenheit jedoch ihrer strengen Prüfung standhält und lohnend erscheint, tritt sie unaufhaltsam in Aktion und erreicht auch meist ihr Ziel, denn ihre Fähigkeiten sind vielfältig, und ihr Ehrgeiz ist ausgeprägt.

Das Familienleben bedeutet ihr viel, sie ist zudem eine beliebte und ideenreiche Gastgeberin. Ihre geistigen Interessen liegen bei Kunst und Kultur, sie geht gern ins Theater und legt in ihrem Leben viel Wert auf Stil und einen kultivierten Umgang. Dabei ist sie keineswegs kühl oder gar snobistisch, vielmehr beweist sie Tiefgang sowie eine feine Intuition. Letztere kann bis hin zu Vorahnungen reichen, die andere verblüffen. Diese Frau ist charakterstark, liebevoll, loyal und attraktiv. Bei allem Selbstvertrauen hat sie stets das Bedürfnis, verstanden und geliebt zu werden, Wärme und Zuneigung zu spüren, die sie auch selbst gern anderen zuteilwerden lässt.

Aber bitte mit Niveau!

Wer versucht, diese Frau zu gängeln, zu kontrollieren oder anzutreiben, rennt bei ihr gegen die Wand, ob im Beruf oder privat. Auch wer sich im Ton vergreift, sich unhöflich verhält oder gar arrogant und überheblich ist, für den gibt es ein unsanftes Erwachen. Doch selbst berechtigte Kritik sollte man bei ihr angemessen und wohlwollend an die Frau bringen, um sie nicht zu kränken und abzuschrecken.

Entwicklungschance: mehr Ausgeglichenheit

Eigentlich braucht sie nur noch mehr von dem zu tun, was sie ohnehin schon gern macht: sich kulturellen Freuden widmen, viele schöne Momente mit ihren Liebsten und guten Freunden verbringen und mal wieder aus vollem Herzen lachen. Auch genussvolle Zeithäppchen für sich selbst – etwa in Form eines schönen Vollbads bei Kerzenschein oder eines Spaziergangs durch den Park – helfen ihr, das Leben etwas lockerer zu sehen und sich Kritik und Fehlschläge nicht so sehr zu Herzen zu nehmen.

Durch die Leidenschaften lebt der Mensch,
durch die Vernunft existiert er bloß.
Nicolas Chamfort

♂ Waage, Aszendent Steinbock

Lizenz zum Erfolg

Wenn es diesem Mann gelingt, die beiden gegensätzlichen Prägungen, die ihm in die Wiege gelegt wurden, in Harmonie zu bringen,
wird er sehr erfolgreich sein. Dann ist er zum einen ein ausgleichen-
der Vermittler, der andere emotional führen kann; andererseits wird
er die Früchte seines großen Ehrgeizes ernten. Dabei helfen ihm sein
außerordentliches Können, seine Beständigkeit und Verlässlichkeit.
Lust am Risiko steht dagegen nicht auf seinem Zettel: Sicherheit ist
ihm sehr wichtig, deshalb wägt er jede Entscheidung sorgfältig ab.
Über Geld spricht er zwar nicht, aber es muss immer genügend davon vorhanden sein – dafür sorgt er mit gut verteilten Geldanlagen,
zu denen selbstredend keine hochspekulativen Aktienpakete oder
Ähnliches gehören.

Ob im Beruf, im Sport, bei Spielen oder beim Flirten: Er will immer unbedingt gewinnen. Als Partner, Freund, Vater hat man bei
ihm auch materiell einen verlässlichen Rückhalt, zumal er fürsorglich und hilfsbereit ist.

Achtung, Energieverlust!

Bei dem ständigen Bestreben, die beiden konträren Prägungen unter
einen Hut zu bringen, drohen Reibungsverluste. Typischerweise findet hier ein zähes Ringen statt zwischen Ehrgeiz und Egoismus auf
der einen Seite und der Gefühlswelt auf der anderen. Meist gewinnt
dabei das Streben nach Erfolg auf Kosten der emotionalen Anteile.
Das hat auch zur Folge, dass dieser Mann nicht gut mit Kritik umge-

hen kann, denn er vermag sie emotional nicht zu verarbeiten. Er wird dann schnell unsachlich, zürnt und schmollt. Er kann viel besser austeilen als einstecken! Dieses starke Muster im Unterbewusstsein entpuppt sich als massives Hindernis für seine Entfaltung.

Entwicklungschance: Gefühle befreien
Um den Gefühlsbereich harmonisch in seine Persönlichkeit zu integrieren, hilft ihm zuallererst ein professionelles Coaching, in dessen Rahmen ihm mentale Techniken wie Autosuggestion und Meditation nahegebracht werden. Er wird in der Folge überrascht feststellen, dass Freundlichkeit und Zugänglichkeit ihn sogar noch erfolgreicher machen, denn die Sympathie der anderen hebt sein Handeln auf ein neues Niveau. Eine Studie belegt, dass Erfolg zu 80 Prozent aus den Emotionen kommt. Wenn der Waage-Steinbock-Mann lernt, Liebe und Wärme in sich »anzuzapfen«, wird es ihm und allen in seinem Umfeld bessergehen.

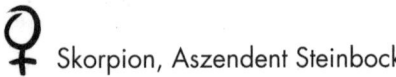 Skorpion, Aszendent Steinbock
Magisch anziehend
Diese Frau ist so einzigartig wie widersprüchlich, ihr intuitives Gespür so fein ausgeprägt, dass man zuweilen den Eindruck hat, sie habe übersinnliche Fähigkeiten. Sie ist zumindest ausgesprochen klug, fast schon weise. Stets will sie den Dingen auf den Grund gehen, deshalb hat es auch wenig Sinn, ihr etwas vorzumachen. Sie ist selbst grundehrlich und geradlinig. Ihre faszinierende Feinfühligkeit kann nicht darüber hinwegtäuschen, dass sie eine Kämpfernatur hat: Sie will und kann sich durchsetzen. Was sie unternimmt, macht sie ganz oder gar nicht. Mit Leidenschaft, Zähigkeit, Ehrgeiz und einer großen Portion Mut nimmt sie jede Herausforderung und jede Krisensituation an. Sie engagiert sich ebenso für ihre eigenen Ziele wie für

das Gelingen gemeinsamer Projekte und das Wohlergehen anderer. Aufgeben ist für sie niemals eine Option!

Weil sie so hart arbeitet, wirkt sie manchmal »eisern« und unnahbar. Sie hat jedoch ein reiches, intensives Gefühlsleben. Sie liebt voll stürmischer Leidenschaft mit Haut und Haar. Durch ihr ganz besonderes, faszinierendes Wesen und ihre unwiderstehliche Ausstrahlung wirkt sie überaus anziehend.

Einsame Spitze ...

Die Skorpion-Steinbock-Frau arbeitet hart – und hart wirkt sie oftmals auch selbst. Doch die »toughe« Fassade schützt lediglich ihr empfindsames, reiches Gemüt. Da sie mit ihren besonderen Anlagen anderen überlegen und auch sehr kritisch sein kann, hat sie bisweilen mit der Missgunst ihrer Zeitgenossen zu kämpfen. Das ist schade, denn Wärme und Zuneigung sind für sie ebenso wichtig wie für alle Menschen.

Entwicklungschance: den Elfenbeinturm verlassen

Etwas Diplomatie und Geduld mit den Schwächen anderer tun nicht weh, machen der Skorpion-Steinbock-Frau aber das Leben erheblich leichter. Auch kann es ihr helfen, ihrem Stolz auf den Grund zu gehen, der eigentlich eine Schutzreaktion ist. Der Angst vor Veränderung kann sie dabei mit mentalem Training entgegenwirken.

Man sieht nur mit dem Herzen gut.
Antoine de Saint-Exupéry, »Der kleine Prinz«

♂ Skorpion, Aszendent Steinbock

Gefährlich faszinierend

Auch der männliche Charakter dieser Prägung ist einmalig und gegensätzlich. Seine Charakterzüge sind einerseits sehr unterschiedlich, zum anderen gibt es einander ergänzende und unterstützende Elemente. Bekämpfen werden sich diese Aspekte nicht, aber es gibt doch so viele Unterschiede und Reibungspunkte, dass sie ihm das Alltagsleben zum Teil schwer machen können. Mit seiner Steinbock-Prägung aus der Geburtsstunde verfügt er im positiven Sinne über Tugenden wie eisernen Willen, unerbittlichen Einsatz und großen Ehrgeiz. Er geht in Grenzbereiche, in denen es schon mal richtig wehtun kann.

Besonderen Wert legt der Skorpion-Steinbock-Mann auf Ehrlichkeit. Wer hier sein Vertrauen verspielt, für den gibt es keine zweite Chance. Wer ihn dagegen so nimmt, wie er ist, und im richtigen Tonfall mit ihm spricht, der kommt bestens mit ihm aus – wer sich auf diese Kunst nicht versteht, hat in ihm stets einen erbitterten (und starken) Gegner.

In Sachen Liebe übt dieser Charakter eine schwer zu beschreibende Faszination aus. Bei aller Differenziertheit sind die Gefühle höchst intensiv, werden stürmisch und leidenschaftlich geäußert. Wenn dieser Mann liebt, dann mit Haut und Haar. Wärme und Zuneigung sind für ihn elementar und wichtig. Wer den Blick hinter die Fassade wagt, wird belohnt; denn hier wartet ein unerwartet empfindsames, reiches Gemüt. Etwas Selbstbewusstsein gehört aber schon dazu, ihm so nahe zu kommen.

Harte Schale

Wegen seiner starken Intuition agiert er oft allzu vorsichtig und kritisch, was wiederum viele nicht verstehen können. Eine gewisse Lockerheit und Gelassenheit im Detail fehlt ihm. In seinem Verhalten wirkt er oft starr und zu wenig flexibel.

Sein Durchsetzungsvermögen geht oft auf Kosten seiner Mitmenschen. Dabei kann er unnahbar, hart und fremd wirken, auch wenn dies nur Selbstschutz ist. Mit Kritik und Niederlagen kann er sehr schlecht umgehen. Hinzu kommt, dass er sich ungern in die Karten schauen lässt und man ihn daher oft schwer einzuschätzen vermag. Da er aber kein Diplomat ist, wird er dadurch öfter ins Fettnäpfchen treten.

Entwicklungschance: auf innere Stärke bauen

Der Skorpion-Steinbock-Mann ist mit Talenten und Gaben ausgestattet, von denen andere nur träumen können. Nur muss er sich auch mit ihnen identifizieren! Ihm helfen mehr Selbsterkenntnis, mehr Lockerheit sowie Offenheit – und er sollte mehr von seinem Mut darauf verwenden, seine wahren Gefühle zu zeigen.

 Schütze, Aszendent Steinbock

Höher, schneller, weiter!

Herausforderungen und große, manchmal übergroße Ziele spornen die Schütze-Steinbock-Frau zu Höchstleistungen an. Wir haben es hier mit einer der ehrgeizigsten Prägungen bei den Frauencharakteren zu tun. Sie nimmt die höchsten Gipfel ins Visier und erreicht sie auch, denn bei allem Realismus hat bei ihr der Idealismus das letzte Wort.

Sie ist zwar eine Gipfelstürmerin, aber nicht böswillig: Ihr Verantwortungsbewusstsein für sich selbst und die Menschen in ihrem Umfeld ist groß, ebenso ihre Integrität und Loyalität. Sie arbeitet außerdem schnell, flexibel und überaus sorgfältig. Eine Führungsposition ist für sie der einzig denkbare Beschäftigungsmodus. Sie ist eine echte Leaderin, nicht einfach nur eine Managerin. »Mitarbeiter wollen geführt, nicht gemanagt werden«, lautet ihr Credo.

Raue Schale, weicher Kern – das gilt für die Schütze-Steinbock-Frau ganz besonders, denn bei aller Verve hat sie doch ein sehr sensibles Innenleben, ist nachdenklich, empfindsam und sucht stets das Echte, Wesentliche. Gerade der zwischenmenschliche Bereich ist für sie sehr wichtig. Sie legt Wert auf einen guten Umgang unter Mitarbeitern, Familienmitgliedern und Freunden. Sie möchte, dass die Menschen in ihrem Umkreis einander schätzen und achten, und sie geht selbst mit gutem Beispiel voran. Streit und Missgunst versucht sie stets schon beim ersten Anzeichen zu vermeiden. Wegen ihrer klaren Linie und ihrer Hilfsbereitschaft genießt sie das Vertrauen vieler Menschen.

Da sie eine herausragende Gastgeberin ist, besucht man sie gern und geht ungern wieder weg. Auch ihr Sportsgeist ist intensiv ausgeprägt. In der Partnerschaft ist sie anspruchsvoll, verlangt aber nie zu viel vom anderen. Sie weiß, mit welchen kleinen Dingen sie das Herz ihres liebsten Menschen erfreuen kann.

Nicht den Bogen überspannen!
Sie gibt alles, notfalls bis zum letzten Blutstropfen. Auch wenn dies nur bildlich gesprochen ist – sie muss aufpassen, sich selbst nicht zu gnadenlos zu fordern. Auch ihr Perfektionismus steht ihr nicht selten im Weg.

Entwicklungschance: einfach mal runterkommen …
Diese tolle Frau sollte ihre Ressourcen ab und zu mehr schonen, sich entspannen lernen und auch mal fünf gerade sein lassen. Ganz wichtig sind darüber hinaus regelmäßige kleine Pausen im Alltag, die nur ihr gehören und in denen sie ihren Akku wieder aufladen kann.

♂ Schütze, Aszendent Steinbock

Gipfelstürmer mit Bodenhaftung

»Erfolg und Erfolg gesellt sich gern«, so könnte man das Zusammentreffen zweier starker Prägungen in einer Person beschreiben. Der Schütze-Steinbock-Mann greift nach den Sternen, und manchmal erreicht er sie sogar. Je höher der Gipfel, je reißender der Fluss, desto reizvoller – er gibt niemals auf, bevor er sein Ziel erreicht hat! Der Antrieb des Schütze-Steinbock-Mannes ist ein unermüdlicher Ehrgeiz, doch siegt dabei immer der Steinbock-Realismus vor dem Schütze-Idealismus. Deswegen handelt er stets mit viel Verantwortungsbewusstsein für sich und andere.

Im Beruf steht er unerreicht an der Spitze mit seiner herausragenden Auffassungsgabe, großen Disziplin und seinem umfassenden Know-how. Neue Herausforderungen und alles Unbekannte haben es ihm angetan. Der Schütze-Steinbock-Mann ist ein Macher: Er redet nicht lange um den heißen Brei herum, sondern taucht beherzt seinen Löffel ein … Bei ihm gibt es nichts, was nicht geht.

In seiner Familie schätzt man sein spontanes und interessantes, aber immer geradliniges Wesen und vertraut ihm völlig – zu Recht. Freunde, Bekannte und auch Mitarbeiter kommen gern zu ihm: um sich Rat oder Hilfe zu holen. Da ist er ganz unkompliziert. Auch Schwächeren steht er bereitwillig zur Seite, er spart weder die Münze für den Straßenmusiker ein, noch sträubt er sich auszuhelfen, wenn Not am Mann ist.

Über die Grenze?

Seine Freude am Risiko, etwa bei seinen Finanzen, treibt ihn bisweilen in Gefilde, in denen ein rauerer Wind bläst als gedacht. Er braucht diesen Nervenkitzel und geht meist schadlos oder sogar erfolgreich daraus hervor – oder eben um eine Erfahrung reicher. Jedoch sollte er sich bewusst machen, dass auch seine Kräfte nicht unendlich sind.

Entwicklungschance: auf dem Teppich bleiben!
Der Schütze-Steinbock-Mann muss dringend lernen, auszuspannen und zu regenerieren. Geist und Körper holen sich sonst durch völlige Erschöpfung ihr Recht! Hilfreich ist für ihn das Erlernen von mentalen Techniken, mit deren Anwendung er zwischendurch mal einen Gang herunterschalten kann!

Über allen Gipfeln ist Ruh'.
Aus dem gleichnamigen Gedicht von Johann Wolfgang von Goethe

Aszendent Wassermann

♀ Wassermann, Aszendent Wassermann
Ausstrahlung und hoher Anspruch
Hier haben wir es mit einer schlichtweg begnadeten Persönlichkeit zu tun. Erfolg ist ihr Lebenselixier, und alle Voraussetzungen dafür sind ihr in die Wiege gelegt. In jeder oberen Etage wird man diesen charismatischen Frauentypus antreffen, der mit hoher Intelligenz ebenso wie mit Tiefgang fasziniert und überzeugt. Doch nicht nur im Management, auch in juristischen und medizinischen Berufen ist sie zu Hause.

Die doppelte Wassermann-Frau gibt sich nie mit dem Ist-Zustand zufrieden – wo andere Sandburgen bauen, da kreiert sie ein Märchenschloss. Ihr ist nichts zu aufwendig oder zu anstrengend, schon gar nicht, wenn es mit der Weiterentwicklung ihrer Person oder ihres Umfelds zu tun hat. Bemerkenswert ist ihre Sprachbegabung: Sie muss nur Menschen in einer fremden Sprache reden hören, schon ist sie begeistert und kann bald mitreden. Sie ist generell eine überaus interessante Gesprächspartnerin, wobei sie stets natürlich bleibt – Schauspielerei hat sie gar nicht nötig.

Ihre Arbeit hat für sie oberste Priorität. Dabei hat sie die Gabe, trotzdem auch für Familie und Freunde da zu sein. Sie braucht sogar eine wärmende private Umgebung, ebenso ein stilvolles Ambiente, das hochwertig und mit Kunstgegenständen von persönlicher Bedeutung ausgestattet ist. Sie möchte geliebt und geschätzt werden.

Wenn für andere die Höhenluft zu dünn wird
Ihr Erfolg und ihre Begabung setzen einen hohen Maßstab, deshalb können nur wenige ihr das Wasser reichen und ihren Ansprüchen genügen. Dass dies die Auswahl der möglichen Lebenspartner einschränkt, liegt auf der Hand. Wer glaubt, sie lenken zu können, unterliegt einem fatalen Irrtum! Das Zusammenleben mit ihr kann etwas anstrengend sein: Da sie selbst sehr genau und gewissenhaft ist, hat sie mit Oberflächlichkeit, Leichtsinn oder schwammigen Aussagen so ihre Probleme.

Entwicklungschance: leben und leben lassen
Wenn sie anerkennt, dass andere Menschen eben andere Maßstäbe haben, muss sie nicht mehr auf sie herabschauen und ist zugleich nicht mehr so einsam an der Spitze. Wichtig ist für sie das Auftanken bei Seelen- und Geistesverwandten – doch auch diese wissen menschliche Wärme und Toleranz zu schätzen!

Möge das Ziel, das du anstrebst,
nie weiter entfernt sein als der kürzeste Weg zum Himmel.
Altirischer Segenswunsch

♂ Wassermann, Aszendent Wassermann

Hart, aber fair

Die zweifache Wassermann-Energie hat es in sich: Dieser Mann hat tiefe Einsichten ins Leben. Er kann den Mitmenschen Halt und Orientierung geben, auch wenn er selbst im Innersten oft unruhig ist. Mit seinem diplomatischen Geschick wirkt er auf andere besänftigend und ausgleichend. Er ist zwar flexibel und kann sich gut auf Menschen und Situationen einstellen, Nachlässigkeit lässt er aber nicht durchgehen – dafür sind seine Ideale und Ziele zu hoch angesetzt. Er plant akribisch, gibt seine Vorstellungen glasklar weiter und überlässt nichts dem Zufall. Deshalb verlässt er sich nur auf Menschen, von deren Kompetenz er sich überzeugt hat.

Er handelt, statt überflüssige Worte zu verlieren. Entsprechend reagiert er allergisch, wenn er eine Aussage als schwammiges Geschwätz oder Schöntuerei einstuft. Das gilt immer, egal, aus welcher Richtung die Töne kommen. Er polarisiert: Menschen, die beruflich mit ihm zu tun haben, lieben ihn entweder, oder sie hassen ihn. Sein beständiger Erfolg bestätigt sein Handeln. Seine Persönlichkeit ist beeindruckend, für manche auch beängstigend – je nach Selbstvertrauen des Gegenübers. Seine Ausstrahlung wird noch unterstrichen durch sein gutes Aussehen, seinen exzellenten Geschmack in Sachen Kleidung und perfekte Umgangsformen.

Seine Familie ist sein Herzblut, dort holt er sich die Erholung und Regeneration, die er für seinen Beruf braucht. Bei der Partnerwahl ist er selbstverständlich sehr anspruchsvoll, hier braucht er ein ebenbürtiges Gegenüber, dem er exklusiv vertraut.

Beängstigend erfolgreich

Bei aller Fairness und Ehrlichkeit kann der doppelte Wassermann auch laut werden, wenn er seine Vorgaben unzureichend erfüllt sieht.

Dies kann eine Atmosphäre der Angst schaffen, und nicht selten trennt er sich in seiner Enttäuschung von Menschen, die sicher nicht perfekt, aber durchaus wertvoll sind. Eine weitere große Gefahr ist seine Oberflächlichkeit, wenn ihn etwas nicht (mehr) interessiert: Er schaltet dann einfach ab. Zudem kann er unter Druck von außen unberechenbar werden: Steht er mit dem Rücken zur Wand, wachsen ihm Klauen und Reißzähne.

Entwicklungschance: Klippen umschiffen
Durch das Erlernen mentaler Techniken gewinnt er an Souveränität und vermeidet dadurch Situationen, unter denen sein guter Ruf leidet. Gerade bei seinem enormen Grundpotenzial hat er diese Szenen schließlich gar nicht nötig.

♀ Fische, Aszendent Wassermann
Auf der Sonnenseite des Lebens
Zwei Prägungen, die sich aufs Beste ergänzen: Was die eine nicht hat, bringt die andere mit. Die Fische-Wassermann-Frau sucht immer das Wesentliche und Echte. Für Banalitäten hat sie nichts übrig, universelle Zusammenhänge sind das, was sie fasziniert. Über das Große und Ganze zu reden und zu diskutieren, dafür ist sie Feuer und Flamme. Allgemein ist sie eine intellektuelle Ausnahmepersönlichkeit mit hohem Führungsanspruch. Sie ist ehrgeizig, flexibel, kritisch, hinterfragend, aber auch feinfühlig, liebevoll, kreativ und harmonieliebend – dank dieser charakterlichen Vielseitigkeit stehen ihr zahlreiche Möglichkeiten offen.

Beeindruckend sind auch ihre Intuition und Weitsicht, verbunden mit feinen Antennen für das, was in ihren Mitmenschen vorgeht. Mit diesem unmittelbaren Verständnis für andere kann sie oftmals hilfreiche Impulse geben. Dies sind Erfolge, die sie aus ganzem Herzen genießt. Ihr ausgeprägtes Gemeinschaftsgefühl legt ihr eine Berufstätigkeit im sozialen Bereich nahe. Wo es um Menschen geht, da fühlt sie sich in ihrem Element – und diese mögen auch sie und vertrauen ihr spontan schon aufgrund ihres Auftretens.

Im privaten Bereich setzt sich diese gebündelte Liebenswürdigkeit fort: Die Fische-Wassermann-Frau verbreitet mit ihrer sonnigen, heiteren Zuwendung gute Stimmung und Geborgenheit. Zudem geht ihr auch alles Praktische leicht von der Hand, und ihr macht vieles Spaß, was andere bereits als Mühe empfinden.

Manchmal etwas mimosenhaft

Wo so viel Licht ist, da gibt es auch Schatten – die Fische-Wassermann-Frau ist aufgrund ihrer Sensibilität leicht verletzbar und nimmt vieles zu persönlich. Sie kann sogar zu Labilität neigen, die immer dann ausgelöst wird, wenn man ihr zu wenig Beachtung und Gehör schenkt. Das gilt natürlich auch und besonders in der Partnerschaft, zudem gibt es nicht viele, die ihren geistigen Ansprüchen gerecht werden und ihr dabei nicht zu viel Geduld und Kraft abverlangen.

Entwicklungschance: mehr Ausgeglichenheit

Wenn sie ihre hohen Erwartungen an andere etwas zurücknimmt und akzeptiert, dass ihr sonniges Gemüt eine eher seltene Gabe ist, wird sie glücklicher sein. Mehr Ausgeglichenheit gewinnt sie durch regelmäßigen Ausdauersport in schöner Natur.

♂ Fische, Aszendent Wassermann

Mit Blick für das Wesentliche

Auch beim Mann harmonieren diese beiden Prägungen hervorragend und versprechen viel Erfolg und positive Resonanz. Obwohl der

Fische-Charakter sich keinesfalls zurückdrängen lässt, folgt er doch in vielem dem strategischen Talent des Wassermanns. Ganz vorn stehen dabei das soziale Empfinden und der ausgeprägte Gemeinschaftssinn. Mit Belanglosem hält sich der Fische-Wassermann nicht auf – er ist Pragmatiker und daher interessiert am Wesentlichen, Machbaren. Zugleich hat er einen Blick für die universellen Zusammenhänge, er verfügt über Voraussicht, Intuition und ein großes Einfühlungsvermögen.

Sein beweglicher Geist und seine Auffassungsgabe machen ihn geeignet für vielfältige, auch höhere Aufgaben und Vorhaben. Dabei überlässt er nichts dem Zufall, bereitet sich gewissenhaft und konzentriert vor. Im Beruflichen kommen ihm auch sein strategisches Geschick und seine Intuition zugute: Er ist anderen oft einen Schritt voraus, ohne ihnen jedoch davoneilen zu wollen; denn dazu ist sein Gemeinschaftsempfinden zu gut ausgeprägt. Er ist ein überaus angenehmer Mitmensch, der fast immer sachlich bleibt, niveauvolle Umgangsformen hat und Wert auf ein gepflegtes Äußeres legt. Überdies ist er charmant und den allermeisten Menschen auf Anhieb sympathisch. Als sei dies noch nicht genug, ist er auch rhetorisch top – sogar aus dem Stegreif kann er jederzeit überzeugend reden.

In der Partnerschaft, als Vater und als Freund findet er immer die richtigen Worte zur richtigen Zeit und strahlt die beruhigende Zuversicht aus, dass es für jedes kleine und große Problem eine Lösung gibt.

Rückzugstendenzen

Hat sein Gegenüber nicht sein hohes Niveau, besteht die Gefahr, dass er diesem Menschen allzu deutlich sein Desinteresse zeigt, was man ihm schnell als Arroganz auslegt. In Wahrheit steckt eine gewisse Scheu vor dem Unbekannten dahinter.

Entwicklungschance: Selbstüberwindung

Um sich nicht selbst um Kontakte mit Leuten zu bringen, die vielleicht erst auf den zweiten Blick interessant sind, sollte er lernen, über seinen Schatten zu springen.

> *Was den Menschen gemeinsam ist, sei das Wesentliche,*
> *was sie voneinander unterscheidet, sei geringfügig.*
> Antoine Comte de Rivarol

♀ Widder, Aszendent Wassermann

Ziele im Blick

Diese Frau steht nicht nur mit beiden Beinen auf dem Boden, sie plant auch stets ihre nächsten Schritte. Sie ist willensstark und anspruchsvoll, geht selbstbewusst ihren Weg und nimmt dabei auch gern andere mit leitender Hand mit. Verantwortung und Eigenständigkeit machen ihr Freude – Anweisungen zu erfüllen weniger. Sie sucht stets aufs Neue die Herausforderung und eilt erfolgreich von Ziel zu Ziel. Ziellos dahinleben, das gibt es bei ihr nicht. Menschen, die sich ihr in den Weg stellen, lässt sie einfach hinter sich. Der Wassermann-Einfluss verleiht ihr Präzision, Sprachbegabung und Tiefgang. Sie überlässt nichts dem Zufall und geht immer mit einer großen Gründlichkeit vor – weshalb es vielen oft zu lange dauert, bis das Ergebnis steht. Aber hier ist sie unbeirrbar, Abstriche an der Qualität ihrer Arbeit kommen nicht infrage.

Wer ihr Vertrauen gewinnt, sollte unbedingt im Dialog mit ihr bleiben – es lohnt sich, sei es im Beruf, sei es im gesellschaftlichen und privaten Bereich. Als Partnerin ist sie anspruchsvoll, aber wer die Herausforderung annimmt, kann viel gewinnen. Die Widder-Wassermann-Frau liebt schöne Kleidung und mag in ihrem Zuhause wärmende mediterrane Farben. Wärme und Zuneigung sucht sie auch in einem zweisamen Austausch, der von gegenseitigem Verständnis getragen ist.

Starke Frauen haben's manchmal schwer
Bei aller Offenheit kann man in dieser Frau nicht lesen wie in einem Buch – und wenn man sie aufgrund der beruflichen Konstellation führen muss, braucht man schon ein besonderes Händchen, um ihre Anerkennung zu gewinnen. Vor allem männliche Kollegen können oft weder mit ihrer zeitaufwendigen Gründlichkeit noch mit ihrer persönlichen Stärke umgehen. Manche Mitmenschen sind auch einfach von ihren Ansprüchen überfordert.

Entwicklungschance: Kompromisse ausprobieren!
Wenn es nach der Widder-Wassermann-Frau geht, sieht Konfliktlösung so aus: Entweder man kommt ihr entgegen oder man zieht den Kürzeren. Aber mit der gelegentlichen Bereitschaft zum Kompromiss – zu Testzwecken vielleicht zunächst nur bei Nebensächlichkeiten – stünden ihr noch viel mehr Möglichkeiten offen.

> *Heftiges Streben nach einem Ziel macht*
> *die Seele für anderes blind.*
> Demokrit

♂ Widder, Aszendent Wassermann
Starke Schulter
Diese zwei großartigen Prägungen machen aus ihrem Träger einen Kämpfer mit dem Geistesblitz als Waffe. Seine Talente und Fähigkeiten setzt er ein, um die schwierigsten Aufgaben erfolgreich zu meis-

tern. Als idealistischer Erneuerer möchte er der Konkurrenz immer um eine Armlänge voraus sein. Dafür arbeitet er hart und schont sich nicht, dasselbe erwartet er von seinen Mitarbeitern und Kollegen.

Zwei große Themen prägen sein Leben: zum einen Menschlichkeit und soziale Gerechtigkeit, zum anderen seine eigene persönliche Unabhängigkeit. Zum Folgen wurde dieser Mann nicht geboren, und dazu zeigt er sich auch keinesfalls bereit. Eigentlich ist er der geborene Erfinder: technisch sehr begabt und seiner Zeit meist ein großes Stück voraus. Als Chef (und für keine andere Position wurde er gemacht) ist er streng und auf Disziplin bedacht. Wenn es die Situation erfordert, kann er aber auch verständnisvoll und einfühlsam sein. Gerade für Menschen in sozialen Notlagen hat er immer ein offenes Ohr und ist hier auch bereit zu helfen.

Neben seinem beruflichen Wirken findet man ihn oft bei gemeinnützigen Organisationen, in denen er vom ersten Tag an Verantwortung übernimmt. Sein Redetalent und seine reformerischen Ideen sind dort sehr gefragt. Sein Wort hat Gewicht, und man schätzt seine offene, ehrliche Art. Auch im Privatleben sind die anderen in der Regel gut beraten, seinem Urteilsvermögen zu vertrauen, selbst wenn ihnen seine Überlegungen nicht sofort einleuchten. In Partnerschaft, Familie und Freundeskreis ist man stolz darauf, ihn in seiner Mitte zu haben: einen Mann zum Anlehnen, Ausweinen – und bei Gelegenheit auch zum Pferdestehlen!

Nur kein Neid!

Seine Begabung, seine Geradlinigkeit und sein Selbstbewusstsein rufen nicht nur Sympathie hervor, oft lösen sie auch Konkurrenzgefühle aus. Ihm ist aber nun mal nicht nach Diplomatie – er bringt die Dinge auf den Punkt, auch wenn es wehtut. Oft geht er mit dem Kopf durch die Wand, wenn er sich nicht verstanden fühlt. Für Partner und Kollegen, die seine Geschwindigkeit nicht mitgehen, hat er kaum

Verständnis. Schwache und wenig tolerante Mitmenschen streichen daher vorzeitig die Segel.

Entwicklungschance: auch mal anderen entgegenkommen
Bei der Konfliktlösung gilt für ihn im Prinzip dasselbe wie für die Frau mit dieser charakterlichen Prägung (siehe oben).

 Stier, Aszendent Wassermann

Immer auf Sendung!
Eine Konstellation, die es in sich hat: Zum einen ist die Stier-Wassermann-Frau sehr bodenständig, liebenswert und anpassungsfähig. Sie hat aber zum anderen durchaus einen Führungsanspruch und den Willen, sich weiterzuentwickeln. Insbesondere lernt sie sehr leicht andere Sprachen und würde hier am liebsten einen Kurs an den anderen reihen. Sie ist empfindsam und tiefgründig und legt großen Wert auf niveauvollen Umgang. Kommunikation ist für sie das A und O – sie mag es, relevante Themen im Gespräch zu drehen und zu wenden.

Ein Highlight in ihrem Leben ist ihr Zuhause, das sie mit vielen wunderbaren Bildern und Blumen schmückt – ein gemütliches, stilvolles Ambiente entspricht ihrem Seelenleben. Sie strahlt in ihrem privaten Umfeld viel Wärme aus, und wer sie in ihrem ganzen Wesen versteht und schätzt, der erhält reichlich Liebe und Zuneigung zurück. Es gibt dann nichts Schöneres auf der Welt, als sie an seiner Seite zu haben!

Ballast beschwert
Ein kritisches Thema ist für sie die Balance aus Festhalten und Loslassen. Ob Bekanntschaften, Ansichten, Kleidungsstücke oder Gewohnheiten: Hier fällt es ihr manchmal schwer, zum richtigen Zeit-

punkt einen Schlussstrich zu ziehen beziehungsweise Ballast ab-zuwerfen. Dass sie alles bis ins Detail ausdiskutieren will, ist für ihre Mitstreiter oder Kollegen häufig zu viel. Das wiederum kann sie verletzen und traurig machen – bis hin zu Rückzug und leichten Depressionen.

Entwicklungschance: loslassen und gewinnen

Mithilfe von mentalen Techniken, die sie unter professioneller Anleitung erlernt, kann die Stier-Wassermann-Frau zu mehr Ausgeglichenheit zwischen ihren beiden starken Prägungen finden. Wenn ihr das gelingt, wird sie ihre wunderbaren Potenziale und Möglichkeiten voll ausschöpfen.

> *Die Welt gehört dem, der in ihr mit Heiterkeit*
> *und nach hohen Zielen wandert.*
> Ralph Waldo Emerson

♂ Stier, Aszendent Wassermann

Erfolg hoch zwei

Diese zwei Prägungen unter einen Hut zu bringen ist für den Mann meist noch anspruchsvoller als für die Frau: Das große Interesse und Engagement für menschliche und soziale Belange muss sich gegen Egoismus und Bequemlichkeiten durchsetzen. Hilfreich ist dabei die Originalität und Modernität dieses Charakters, ebenso kann er viel Charme versprühen, ist sensibel und hat ein großes Harmoniebedürfnis (manchmal übertreibt er es hier sogar ein wenig).

Für diesen bodenständigen Kreativen mit strategischem Geschick stehen Ehrgeiz und Erfolg im privaten Bereich wie im Beruf an erster Stelle. Finanzielle Sicherheit wird bei ihm großgeschrieben, so hat er vielleicht ein, zwei Immobilien als Wertanlage – eine gute Absicherung ist ihm auch aufgrund seines Familiensinns und seiner Fürsorglichkeit wichtig.

Es gibt eine Rolle, in der er unübertroffen ist, nämlich die des Gastgebers. Er liebt es, seine häusliche Idylle mit anderen zu teilen, etwa beim Grillabend auf der sommerlichen Terrasse, beim gemeinsamen Genießen guter Weine oder beim Sonntagsbrunch. Sogar als Koch gelingt es ihm, zu glänzen und viel Lob einzuheimsen.

In der Partnerschaft kann er ein echter Glücksgriff sein. Wenn es ihm gelingt, seinen egoistischen Impulsen nicht das Feld zu überlassen, begeistert und betört er mit viel Sinnlichkeit, Zärtlichkeit und einer romantischen Ader. In Gesprächen zeigt er sein Einfühlungsvermögen für das Wesentliche. Gut zu wissen ist allerdings, dass er sich gern verführen lässt, statt selbst die Initiative zu ergreifen.

Wenn das Ego zu mächtig wird

Harmonie oder Hedonismus – das ist hier die Frage, die letztendlich über das persönliche Wohl entscheidet. Wenn die beiden Prägungen dieses Charakters keine Einigung erreichen, möchte er auf der einen Seite gern soziales Engagement zeigen, doch Egoismus und Bequemlichkeit lassen dies nicht zu. Dann verliert er an Sympathie und Akzeptanz.

Entwicklungschance: Bewusstheit ist bereits die halbe Lösung

Oft hilft es diesem Mann schon, sich seines inneren Konfliktes voll bewusst zu werden – dann wird er den richtigen Weg erkennen und die Hindernisse überwinden. Unterstützen kann ihn dabei ein mentales Training. Er sollte nie vergessen, dass für sein Bemühen dauerhaftes Glück und fortdauernder Erfolg winken.

♀ Zwillinge, Aszendent Wassermann

Ungebremste Lebensfreude

Kein Weg ist zu weit, kein Ziel zu hoch für diese aktive Frau, die schneller handelt als ihr Schatten! Sie liebt und braucht die Herausforderung. Mit Ehrgeiz und ohne Kompromisse eilt sie am liebsten von Erfolg zu Erfolg. Der Wassermann-Einfluss bringt Idealismus und Intellekt ins Spiel, sodass sie bei aller Exaltiertheit nicht oberflächlich ist. Beständige persönliche Weiterentwicklung liegt ihr sehr am Herzen. Auch von anderen erwartet sie, dass sie an sich arbeiten. Sie will den Dingen auf den Grund gehen, mit leicht Dahingesagtem gibt sie sich nicht zufrieden.

Meist ist sie eine exzellente Sportlerin und stets ein tolle Kameradin. Sie will Spaß haben, so sind schöne sportliche Urlaube, etwa mit Golfen oder Tennis, ihre Highlights des Jahres. Auch ihre kulturellen Interessen sind breit gefächert, ihre Sprachbegabung ist ihr dabei ein wertvoller Reisebegleiter.

Als Partnerin verfügt sie bei aller mitreißenden Lebendigkeit auch über eine tiefgründige und sehr gewissenhafte Art. Ihr Anspruch an sich selbst und an das Leben ist eben sehr hoch. Ihr Partner sollte diesen Anspruch unbedingt teilen und mittragen, sonst kann es häufige Konflikte geben. Im häuslichen Umfeld organisiert sie gern und trifft dabei schnelle Entscheidungen – sich mit Grübeln aufzuhalten liegt ihr fern. Manchmal geht das ihren Lieben alles etwas zu fix … Doch sie nehmen es in Kauf, denn wo die Zwillinge-Wassermann-Frau ist, da gibt's statt Langeweile immer Aktivität, Bewegung und Spaß!

Wenn die Feder überspannt wird

Es kommt vor, dass dieses Energiebündel überdreht – dann wirkt sie hektisch und angespannt. Die fehlende innere Ruhe überträgt sich auf ihr Umfeld, und wer sie nicht gut kennt, hält sie dann zudem leicht für arrogant.

Entwicklungschance: Ruhe und Geduld – unendlich wertvoll
Sie sollte üben, Verständnis für langsamere Zeitgenossen zu haben! Jeder hat eben sein eigenes Tempo, in dem er die besten Ergebnisse erzielt. Zudem sollte sie mehr auf ihre Gesundheit achten, indem sie ihrem Körper Entspannung und Ruhe gönnt. Ein wunderbar geeigneter Weg zu mehr innerer Ruhe und einem ausgeglichenen Herz-Kreislauf-System ist intensiver Ausdauersport wie Joggen oder Radfahren.

Geduld ist die Tugend der Glücklichen.
Baruch de Spinoza

♂ Zwillinge, Aszendent Wassermann
Lebenslust und Engagement
Menschenfreundlichkeit und wissenschaftliches Interesse ergeben hier einen sehr wechselvollen Charakter mit einem großen Willen zur Unabhängigkeit. In Sachen Improvisation und Erfindergeist ist dieser Mann unerreicht, hinzu kommt eine gute Portion Idealismus mit dem starken Hang, alles durch unermüdliche Forschung zu beleuchten und so die Schwierigkeiten im Leben friedlich und mit guten Argumenten zu meistern. Seine größte Stärke ist aber sein strategisches Talent, das einhergeht mit rascher Auffassungsgabe und effizienter Umsetzung von Vorhaben. Manchmal ist er damit den Menschen in seinem beruflichen oder privaten Umfeld zu schnell. Er versteht sich als Pionier, am liebsten würde er einen neuen Kontinent entdecken und erkunden! Er braucht die Herausforderung wie die

Luft zum Atmen, und mit Vorliebe schafft er Dinge, an denen andere schon gescheitert sind – koste es, was es wolle.

Andere zu begeistern, sie charmant zu überzeugen und sie in die von ihm gewünschte Richtung zu bewegen ist eine seiner leichtesten Übungen … Die Menschen mögen ihn, weil er ein Leader ist, der sich selbst nicht zum Zupacken zu schade ist. Grübeln und negative Gedanken gibt es bei ihm nicht, eher neigt er zu utopischen Träumen, die – wenn sie schon nicht umsetzbar sind – inspirieren und motivieren.

Sein geradliniges Verhalten und sein soziales Engagement innerhalb und außerhalb der Familie sorgen für ein hervorragendes Standing in allen Bereichen. Ihm ist klar, wo er hingehört, was nicht heißt, dass er das Leben nicht in vollen Zügen genießt – aber er weiß ganz genau, was geht und wo definitiv Schluss ist.

Bitte nichts übertreiben!
Ein so interessanter, lebensfroher Mann wirkt besonders auf Konkurrenten schnell provokant, selbst wenn dies gar nicht seine Absicht ist. Auch kann es passieren, dass dieser Tausendsassa heißläuft oder auf zu vielen Hochzeiten tanzt.

Entwicklungschance: zurück zur Mitte
Öfter die Kräfte schonen und in ruhigeres Fahrwasser kommen ist angesagt – mit ausgedehnten Spaziergängen in der Natur und einem Bewegungstraining wie etwa Wing Tsun bleibt er in seiner Mitte und erhält sich die nötige Energie für seine zahlreichen Pläne und Vorhaben.

♀ Krebs, Aszendent Wassermann

Feinsinnig und freiheitsliebend

Eine überaus interessante Konstellation! Wenn es der Krebs-Wassermann-Frau gelingt, die beiden völlig unterschiedlichen Prägungen in Einklang zu bringen, so öffnen sich dieser starken Persönlichkeit großartige Möglichkeiten in allen Bereichen des Lebens. Sie ist einerseits sehr empfindsam, auf Sicherheit bedacht und traditionsverbunden, während sie aber auch ständigen Fortschritt anstrebt und für ihr Glück viel Unabhängigkeit braucht. Sie ist eine Frau mit viel Tiefgang, Familiensinn und Wärme. Ihre Sprache ist fein und gehoben, ebenso hat sie generell einen hohen Anspruch an das Leben und an sich selbst. Sie ist sehr kreativ und sprachbegabt, kommuniziert gekonnt, aber nie überheblich. Durchaus hat sie den Anspruch zu dominieren, oft ist sie sehr kritisch und gibt sich erst nach mehrfachem Nachhaken mit einer Antwort zufrieden. Sie mag es, auch mit wildfremden Menschen über jedes erdenkliche Thema zu diskutieren, und sei es etwas, was andere einfach abtun. Solche Oberflächlichkeit ist für sie unerträglich, denn sie sieht auch im Kleinen das große Ganze.

Im Beruf braucht sie freie Hand, sonst blockiert etwas in ihr. Sie will Verantwortung tragen – und je mehr Freiraum sie hat, desto leichter kommt sie voran. In ihrem Zuhause legt sie viel Wert auf eine warme, heimelige Atmosphäre. Beim Interieur ist sie immer für eine Überraschung gut, sei es eine wunderbar blühende Orchidee oder eine außergewöhnliche Skulptur vom Antikmarkt. Sie hat prinzipiell ein Gespür für die besonderen Dinge des Lebens, weil sie einfach einen Blick für Sachen hat, über die andere achtlos hinwegsehen. Wer sie begreift und ihr im Zusammenleben gerecht wird, hat sehr glückliche Zeiten vor sich.

Gelegentliche Selbstzweifel

Es ist nicht leicht, Empfindsamkeit und einen nach Unabhängigkeit strebenden Geist unter einen Hut zu bringen. Auch die sonst so starke Krebs-Wassermann-Frau kommt da manchmal ins Grübeln, ob ihr eingeschlagener Weg der richtige ist.

Entwicklungschance: auf die innere Stimme hören

Eigentlich muss man ihr gar nicht viel raten: Sie meistert alle Hürden mit Engagement und persönlichem Ehrgeiz. Denn sie glaubt nicht nur an eine bessere Welt, sondern setzt sich auch mit Leib und Seele dafür ein. Sie ist klug genug, um zu wissen, dass dies im eigenen Inneren beginnt.

♂ Krebs, Aszendent Wassermann

Inbegriff des Gemütsmenschen

Eine sehr sensible und eine starke Prägung bestimmen diesen Charakter. Der empfindsame Krebs wirft sich oft in eine raue Schale – der Wassermann-Einfluss will diese Schale sprengen, um sich weiterzuentwickeln, Neues zu entdecken und frei zu sein. Trotz dieser nicht einfachen Konstellation kann es ihrem Träger gelingen, glücklich und erfolgreich zu leben. Generell neigt er zur Bequemlichkeit und Gemütlichkeit, ist aber geistig rege und besonders der Musik zugetan. Seine Strategie beruht darauf, sich nicht zu quälen, wenn es eng wird, sondern lieber den Rückzug anzutreten. Zwar hat er durchaus die Fähigkeit, zuzupacken und richtig Gas zu geben – doch sein Leitspruch könnte lauten: »Ein gutes Pferd springt nur so hoch, wie es muss.«

Ganz anders im privaten Bereich: Hier ergänzen sich seine beiden Prägungen perfekt! Er hat – übrigens schon seit der Kindheit – etwas angenehm Unaufgeregtes und einen natürlichen, unaufdringlichen

Charme, der ihm viele Sympathien einbringt. Sieht man auf einer Feier einen attraktiv aussehenden, stilvoll gekleideten Mann musizieren und den ihn umringenden Frauen zuzwinkern, so kann man mit einiger Sicherheit vom Krebs-Wassermann-Charakter ausgehen! Hier ist er in seinem Element, und niemand kann ihn bremsen – was aber auch nicht nötig ist, da er bei allem Charme eine liebenswerte Zurückhaltung besitzt. Auch unter erfolgreichen Opernsängern, Theaterschauspielern oder auf Konzertbühnen ist dieser Typus anzutreffen.

Im familiären Umfeld und Freundeskreis ist er hochgeschätzt, weil man seine verlässliche, sympathische, humorvolle und immer hilfsbereite Art mag. Ob großer oder kleiner Kummer, stets ist man bei ihm gut aufgehoben, bekommt Trost, Rat und praktische Hilfe. Seine Jahreszeit ist der Urlaub: Genuss, kein Stress, schönes Ambiente, wunderbares Essen und ein guter Rotwein – für ihn gibt es nichts Besseres. Er ist auch sehr kulturinteressiert, liebt wunderschöne Kirchen – vor allem die Malereien – und kann sich in Museen lange in einzelne Bilder vertiefen.

Wenn es zu gemütlich wird

Wenn bei diesem liebenswerten Mann die Bequemlichkeit überhandnimmt, geraten möglicherweise seine Vorhaben und Ziele ins Hintertreffen.

Entwicklungschance: für seine Träume arbeiten

Mit gezieltem mentalem Training kann er die gegensätzlichen Energien in Einklang bringen und sich so auch die Wünsche erfüllen, für die es Einsatz und harte Arbeit braucht.

♀ Löwe, Aszendent Wassermann

Unbändige Energie

Dies ist eine Kombination von Prägungen, die ihrer Trägerin eine besondere Vitalität und Kraft verleiht. Ihr Selbstvertrauen ist, vorsichtig ausgedrückt, stabil – ohne dass sie überheblich ist. Sie weiß einfach, dass sie immer auf sich selbst bauen kann, entsprechend gut ausgeprägt ist ihr Instinkt für den sicheren Erfolg. Hat sie ein Ziel ins Auge gefasst, verfolgt sie es mit viel Ausdauer.

Im Umgang mit anderen zeichnen sie Güte und Großzügigkeit aus. Sie ist mitfühlend und stets bereit, Menschen zu helfen, die schwach oder vom Schicksal benachteiligt sind. Sie hat ein hohes Verantwortungsbewusstsein für sich und ihre Mitmenschen. Ehrlich geäußerte Anerkennung stärkt ihr inneres Gleichgewicht und hilft ihr, Außergewöhnliches zu leisten – und obwohl sie materielle Vergütungen nicht verachtet, ist ihr wahrer Antrieb doch der Wunsch nach Wärme, Zuneigung und Anerkennung.

In Partnerschaft und gesellschaftlichem Leben legt die Löwe-Wassermann-Frau viel Wert auf ein gehobenes Niveau.

Innere Unruhe

Nicht viele Menschen schaffen es, den hohen Ansprüchen dieser Frau gerecht zu werden – Enttäuschungen sind daher unvermeidlich. Hinzu kommt, dass der Wassermann-Einfluss eine gewisse innere Unruhe in ihr Leben bringt, da er immer wieder das hinterfragt, wofür sie mit voller Kraft arbeitet.

Entwicklungschance: das Problem zur Lösung machen

Der erste Schritt zu mehr Zufriedenheit ist zu akzeptieren, dass viele Menschen ihr in ihrem hohen Anspruch an das Leben einfach nicht folgen können. Andere in ihrem Sein zu verstehen und zu respektieren ist eine wichtige Lernaufgabe für die Löwe-Wassermann-Frau. Hier hilft ihr wiederum der »Unruhegeist« des Wassermann-Aspekts, der mit seiner Uneigennützigkeit den löwetypischen Hang zur Selbstdarstellung mildern kann. Wenn es ihr also gelingt, die wunderbaren Potenziale von Löwe und Wassermann in Einklang zu bringen, entwickelt sie ein überaus gewinnendes Wesen, das vor Stolz und Menschenfreundlichkeit nur so strahlt.

*Beobachte das Schwimmen der Fische im Wasser,
und du wirst den Flug der Vögel in der Luft begreifen.*
Leonardo da Vinci

♂ Löwe, Aszendent Wassermann
Abonnement auf Glück und Erfolg
Eine Führungspersönlichkeit mit klarer Linie, klaren, konstruktiven Entscheidungen und effizientem Handeln: Dieser Mann lässt nichts anbrennen und trennt sehr schnell das Nebensächliche vom Wesentlichen. Das ist eine seiner ganz großen Stärken. Er hält nicht viel von langem Abwägen und großen Diskussionen. Besonders allergisch reagiert er auf Besserwisserei und Gerede, dem keine Taten folgen. Er kann begeistern, mitreißen und motivieren und erwartet zügiges Arbeiten von seinen Kollegen und Mitarbeitern. Durch seine gute Planung und strategische Ausrichtung arbeitet er höchst effizient und qualitativ hochwertig. Er ist ein Macher mit klaren Vorstellungen, wie die Dinge zu funktionieren haben. Was die guten Ergebnisse betrifft, ist ihm eine gewisse Eitelkeit nicht fremd.

Im gesellschaftlichen Leben ist er gewissermaßen eine Institution: Sein Rat und seine Meinung sind sehr gefragt, sein Wort hat Gewicht. Sein Ein und Alles ist seine Familie, dort schöpft er Kraft – vorausgesetzt, seine Lieben lassen ihm seinen dringend benötigten Freiraum, aber dafür sorgt er im Zweifelsfall schon selbst. In der Partnerschaft sind ihm Taktgefühl und gegenseitige liebevolle Aufmerksamkeit wichtig.

Stolz kontra Selbstlosigkeit

Ganz ähnlich wie bei der Frau mit diesen beiden Prägungen lassen auch ihn nur eigene innere Widersprüche wanken: Stolz und Eitelkeit des Löwen einerseits und die Uneigennützigkeit des Wassermanns andererseits sind gar nicht so leicht in Harmonie zu bringen. Manchmal erwartet er auch zu viel von seinen Mitarbeitern und Freunden, da er seine eigene Kompetenz gern als Maßstab zugrunde legt.

Entwicklungschance: die Vorzüge anderer würdigen

Dass jeder Mensch seine ganz eigenen Qualitäten hat, ist eine wichtige Einsicht für diesen erfolgsverwöhnten Mann. Wer weiß, ob genau diese Qualitäten der anderen nicht die seinen perfekt ergänzen können! Wenn es ihm gelingt, die Diskrepanz zwischen Selbstdarstellung und Altruismus in den Griff zu bekommen, hebt das seine Erfolge auf eine neue Ebene, seine Leistungen und seine Persönlichkeit erfahren eine noch größere Anerkennung. Alles, was er braucht, um dies zu begreifen und entsprechend zu handeln, ist sein starker, klarer Intellekt!

♀ Jungfrau, Aszendent Wassermann

Immer für andere da

Klarer Verstand und feine Intuition – die Kombination dieser beiden Prägungen verleiht ihrer Trägerin eine besondere Erfindungsgabe und zugleich beste geistige Voraussetzungen für wissenschaftliches

Arbeiten. Die Wassermann-Jungfrau ist hilfsbereit und sozial einge-
stellt, aber auch sehr intellektuell. Sie besitzt Tiefgang und ein großes
Kommunikationsbedürfnis. Ihr Engagement für andere ist von viel
Toleranz und Akzeptanz getragen.

Im Beruf sucht sie stets die Herausforderung – was wäre da pas-
sender als die Arbeit mit und für Menschen? So findet man diesen
Typus häufig als Richterin und Anwältin oder auch als Kranken-
schwester und Ärztin. In solchen Berufen fühlt sie sich zu Hause und
entwickelt ihre Fähigkeiten ständig weiter. Auszeichnungen und ein
hervorragendes Renommee stellen sich bei ihr automatisch ein.

Verantwortung und Verlässlichkeit sind für sie auch in Familie
und Freundeskreis selbstverständlich; sie ist liebevoll und hat immer
ein offenes Ohr für kleine und große Nöte der anderen.

Zu viel des Guten

In ihrem sozialen Engagement schießt sie kräftemäßig oft übers Ziel
hinaus, zudem möchte sie sich immer weiter fortbilden, immer wieder eine neue Fremdsprache lernen und alles in ihrem Umfeld mit
großer Perfektion gestalten. Deshalb kommt sie oft gar nicht zur
Ruhe und verärgert damit Partner, Freunde und ihre Kinder. Gelegentlich mischt sie sich auch in fremde Angelegenheiten ein, was natürlich auf wenig Gegenliebe stößt.

Entwicklungschance: auch an sich selbst denken

Wer immer nur gibt und nie etwas für sich will, ruft ein Ungleichge-
wicht in seinem Umfeld hervor, das auf Dauer unglücklich machen
kann. Es ist eine schmerzhafte, aber essenzielle und zumutbare Erkenntnis für diese kluge, engagierte Frau, dass in dem Willen zu helfen auch eine gute Portion Egoismus verborgen sein kann. Wenn sie
sich dies einmal richtig bewusst macht, wird sie letztlich daraus
Kraft schöpfen. Sie erkennt dann den Wert wahrhaft uneigennützi-

ger Hilfe und wird in ihrem Umfeld die Menschen glücklich und froh machen.

> *Man sollte es nicht für möglich halten,*
> *aber auch die Tugenden müssen ihre Grenzen haben.*
> Immanuel Kant

♂ Jungfrau, Aszendent Wassermann
Number one!

Wenn der Jungfrau-Mann mit Wassermann-Aszendent einen Raum betritt, denkt mancher Anwesende: »So möchte ich auch sein!« Dieser scharfsinnige Individualist legt eine Perfektion, ein strategisches Geschick und einen bemerkenswerten Führungsstil an den Tag, dass es einem fast Angst machen kann. An ihm kommt keiner vorbei, schon gar nicht, wer sich mit unlauteren Mitteln vorbeistehlen möchte. Wir haben es hier mit einem exzellenten Leader mit Vorbildfunktion und zudem einem unermesslichen Wissen und Können zu tun.

Viele begreifen nicht, warum er derart erfolgreich ist, doch sein Erfolg kommt nicht von ungefähr, sondern beruht auf präziser Planung und disziplinierter Umsetzung. Aber er kann überdies auch seinem Bauchgefühl jederzeit vertrauen und nutzt es für die hohe Kunst des diplomatischen Taktierens. Er hat die notwendige Geduld und Übersicht, um auch in rauer See einen klaren Kopf zu behalten.

Anders als andere Spitzenkräfte verzichtet er auf übertriebenen Geltungsdrang, er agiert aus der Basis, mit sicherem Abstand. Doch wegen seiner rhetorischen Brillanz bittet man ihn für wichtige Reden und Vorträge oft um seinen Einsatz. Von anderen verlangt er in seinem beruflichen Umfeld sehr viel, manchmal zu viel, doch prämiert er besondere Anstrengungen und Leistungen mit außergewöhnlichen Ideen und tollen Preisen. Trotz seiner Strenge und Unbestechlichkeit mögen ihn seine Mitarbeiter sehr, weil er sich immer loyal und fair verhält.

Natürlich ist er auch ein Gentleman und ein hervorragender, charmanter Gesprächspartner. Kraft und Energie schöpft er in seinem Zuhause – seine Familie ist das Herzstück seines Lebens. Mit seiner Ausgeglichenheit, seinen Ideen und seiner niveauvollen Art hat er seinen Lieben auch viel zu geben.

Irrationale Reaktionen

Mit Kritik und dem Versuch, ihn zu bevormunden, kann er nicht umgehen. Da wird er schon mal laut und legt teils ein nicht nachvollziehbares Verhalten an den Tag.

Entwicklungschance: inneren Abstand finden

Bei aller Perfektion kann er noch mehr für seine innere Ruhe tun – dabei helfen ihm erstens seine Familie und zweitens die Natur. Ein kleiner gemeinsamer Fahrradausflug oder ein Spaziergang mit der Liebsten am Abend wirken Wunder, wenn es tagsüber wieder einmal hoch hergegangen ist.

 Waage, Aszendent Wassermann

Mit allem reich bedacht

Dieser herausragende Frauencharakter hat exzellente Neigungen und Veranlagungen, die Waage-Wassermann-Frau ist eine Top-Führungskraft, hochintelligent und meist auch sehr attraktiv. Sie wurde auf der Sonnenseite des Lebens geboren, lernt leicht und setzt ihre Erkenntnisse schnell in Taten um. Es macht ihr Freude, Menschen zu führen – nicht, weil sie andere gern beherrscht, sondern weil sie darin aufgeht, zu begeistern und zusammen Erfolge zu erzielen. Verantwortungsbewusstsein ist die Triebfeder für all ihr Tun. Sie ist loyal und sehr fleißig, bildet sich regelmäßig weiter und empfindet das als persönliche Bereicherung. Ihren hohen Anspruch lebt sie täglich vor. Die Gesellschaft oberflächlicher und niveauloser Menschen meidet sie tunlichst.

Als wäre all das noch nicht genug, ist sie auch noch sportlich, überaus sprachbegabt und immer eine angenehme, gepflegte Erscheinung, worauf sie viel Wert legt. Kultur und schöne Urlaube bieten ihr die notwendige Regeneration. Besonders liebevoll gestaltet sie ihr Zuhause, wo sie ein warmes, kunstsinniges Ambiente schafft. Obwohl sie beruflich mehr als gut ausgelastet ist, gelingt es ihr dank ihres Organisationstalents immer wieder, für Freunde und Bekannte ein unvergessliches Fest mit schönem Essen auszurichten – am liebsten kocht sie gemeinsam mit den Freunden und genießt mit ihnen nebenher schon mal einen guten Wein. Ihre Freunde und Bekannten schätzen sie, weil sie ein Vorbild an Aktivität, Witz, gutem Geschmack und Erfolg ist. Auch ihre Familie kommt nicht zu kurz und wird von ihr stets ermuntert, das Beste aus sich und dem Leben herauszuholen.

(Zu) hohe Ansprüche

Sie hat einen hohen Anspruch an alle Dinge des Lebens und erwartet auch in Beruf und Partnerschaft viel von anderen. Nicht immer ist es leicht, ihre großen Erwartungen zu erfüllen, die durchaus auch Widerstände hervorrufen können.

Entwicklungschance: jeden so anerkennen, wie er ist

Dass die Talente unter den Menschen ungleich verteilt sind und jeder nach bestem Wissen versuchen muss, das Optimum aus sich herauszuholen, ist für sie eine wichtige Erkenntnis. Einfach mal nicht alles so genau und das Leben mit mehr Humor zu nehmen sorgt sowohl in ihrem Inneren als auch bei den Menschen in ihrem Umfeld für Entspannung.

♂ Waage, Aszendent Wassermann

Pragmatiker mit Herz

Die beiden ideal harmonierenden Prägungen dieses Charakters verleihen ihm einerseits geistige Brillanz und großen Einfallsreichtum, andererseits die idealistische und kommunikative Ausrichtung eines echten Teamplayers. Das Engagement für Menschen und für die gute Sache steht beim Waage-Wassermann im Vordergrund. Auch Freundschaften haben in seinem Leben einen großen Stellenwert, wobei für ihn eher die geistige Übereinstimmung zählt als große Emotionen.

Im Beruf steht er grundsätzlich an der Spitze, ein anderes Ziel kam ihm nie in den Sinn. Das Talent, eine Top-Position auszufüllen, ist ihm in die Wiege gelegt, er bringt dafür strategisches Geschick, emotionales Verständnis und Souveränität mit. Er hält sich nie mit Nebensächlichem auf, sondern beschäftigt sich mit den Dingen, die für seine Entscheidungen grundlegend sind: ein Mann der Tat eben. Bei Meinungsverschiedenheiten ist er immer bereit, eine einvernehmliche Lösung zu finden. Von seinen Mitarbeitern erwartet er, dass sie genau wie er selbst immer ihr Bestes geben. Er hat zwar ein offenes Ohr für andere, mit Gejammer und den immer gleichen Problemen sollte man ihn jedoch nicht so oft aufsuchen, denn er erwartet, dass nach Lösungen gesucht und eigenständig entschieden wird. Werden dabei Fehler gemacht, hat er das nötige Verständnis nach dem Motto »Wo gehobelt wird, da fallen Späne«.

Seine beeindruckende Ausstrahlung lässt ihn sehr attraktiv wirken. So ist er auch ein großer Charmeur, der andere mit seiner lockeren Art in den Bann zieht. Das genießt er und zieht daraus viel positive Energie. Er ist ein großartiger Partner, Vater und Freund. Für die Freizeit mit der Familie investiert er gern Zeit und Geld getreu der Devise »Man lebt nur einmal«. Sein Zuhause ist sein Wohlfühlort, wo er sich regeneriert.

Bevormunden verboten
Richtig ärgerlich kann dieser sonst so souveräne Mann werden, wenn man versucht, ihn zu bevormunden oder zu belehren.

Entwicklungschance: lächeln – und gewinnen
Sosehr es ihn stört, wenn jemand Sand in sein gut laufendes Getriebe streut: Dies sind Gelegenheiten, einmal innezuhalten und zu hinterfragen, ob alles so ist, wie es sein sollte. Falls nein: ändern. Falls ja: einfach lächeln und unbeirrt weitermachen!

Wenn ihr eure Türen allen Irrtümern verschließt,
schließt ihr die Wahrheit aus.
Rabindranath Tagore

♀ Skorpion, Aszendent Wassermann
Zwischen Tiefgang und Höhenflug
Dieser Frauencharakter bringt zwei widersprüchliche Energieprinzipien mit. Wichtig ist für sie gelingende Kommunikation, die nicht oberflächlich ist, sondern das Wesentliche berührt – und bei der sie sich auch Dinge von der Seele reden kann. Sie ist überdurchschnittlich intelligent und sprachbegabt. Ihre hohen Ziele erreicht sie mit viel Einsatz, Disziplin und großem Ehrgeiz. Sich auf ihren Lorbeeren auszuruhen kommt für sie nicht infrage: Sobald sie ein Ziel erreicht hat, ist das nächste an der Reihe. Wichtiger, als viele denken, ist für

sie ehrliche Anerkennung. Die beflügelt sie und bestätigt sie in ihrem Tun.

In Freundeskreis, Partnerschaft und Familie sind ihre Argumente gefragt, und man schätzt sie sehr, nicht nur wegen ihrer Ausstrahlung, sondern auch wegen ihres besonderen Intellekts. Sie ist eine interessante Gesprächspartnerin mit Esprit, Ausstrahlung und dem gewissen Etwas. Sie muss nicht unbedingt im Mittelpunkt stehen, hält sich aber gern dort auf, wo etwas los ist. Ihr Zuhause ist ein Ort, der Wärme und Geborgenheit schenkt, stilvoll und kunstsinnig eingerichtet ist.

Allein auf weiter Flur?
Manchmal übertreibt sie es mit ihrem Einsatz und Engagement – oft zulasten ihres Partners oder ihrer Freunde und auch ihrer eigenen Regeneration. Außerdem kann ihr tiefes Feingefühl zur Belastung werden, weil viele Menschen eben oberflächlich agieren und wenig darüber nachdenken, was sie von sich geben – deshalb fühlt sich die Skorpion-Wassermann-Frau öfter unverstanden und ist nicht selten auch verletzt.

Entwicklungschance: zur Mitte finden
Die Skorpion-Wassermann-Frau hat mehr vom Leben, wenn sie etwas lockerer und gelassener wird. Sie sollte sich mehr Zeit nehmen, zu regenerieren und zu ihrer inneren Mitte zu finden. Das gelingt ihr, indem sie ab und zu mal einen Freizeittermin auslässt und sich stattdessen draußen in der Natur auf ihren eigenen Wesenskern besinnt. Meditation oder ruhige Bewegungsformen wie Yoga, Tai-Chi und Qigong können sie auf dem Weg zu ihrer Mitte unterstützen.

Du hast eine Aufgabe zu erfüllen. Du magst tun,
was du willst, magst Hunderte von Plänen verwirklichen, magst
ohne Unterbrechung tätig sein – wenn du aber diese eine Aufgabe
nicht erfüllst, wird alle deine Zeit vergeudet sein.

Rumi

♂ Skorpion, Aszendent Wassermann

Zwiespalt oder Einklang?

Mit diesen beiden Prägungen trifft ein intuitiver, verletzbarer Charakterzug auf einen strategischen, intellektuellen und dynamischen – zwei Seelen in einer Brust, die in Einklang zu bringen eine Kunst ist. Denn der Skorpion-Wassermann pendelt zwischen den beiden Seiten hin und her. Mal glaubt er sich auf dem richtigen Weg, dann befallen ihn wieder Zweifel, und er schlägt die entgegengesetzte Richtung ein.

Im Beruf ist er sehr tatkräftig, alle Vorhaben setzt er in der Regel planvoll um. Er sucht und braucht die verdiente Anerkennung. Dieser Mann besitzt ein ungewöhnlich reiches Gefühlsleben, zudem spürt er viele Ereignisse weit im Voraus. Hier liegt sein größtes Kapital, das er zu nutzen lernen sollte, schließlich machen Emotionen 80 Prozent des Erfolgs aus.

In Partnerschaft, Familie und Freundeskreis hängt seine Rolle ebenfalls davon ab, wie gut ihm die Integration der beiden starken Persönlichkeitsanteile gelingt. Im Grunde besitzt er ja alle Eigenschaften, um glücklich zu werden und zum Glück anderer beizutragen.

Austeilen, aber nicht einstecken

Der Skorpion-Wassermann neigt dazu, sich selbst zu zerfleischen, was ihn innerlich quält und ihn nach außen in Misskredit bringen kann. Nicht selten tritt er ins Fettnäpfchen, wenn er wieder einmal seine Grenzen auslotet. Manchmal provoziert er sogar Streit, indem er andere zynisch vor den Kopf stößt. Mit der unweigerlich folgenden Kritik kommt er dann oft nicht klar.

Entwicklungschance: auf das Gute vertrauen

Auch wenn es schwerfällt: Der Skorpion-Wassermann muss sich durchbeißen und lernen, sich für die jeweils bessere der beiden Lösungen zu entscheiden. Es hilft ihm sehr, sich die Stärken seines Wassermann-Einflusses mehr zunutze zu machen, denn hier sind Taktgefühl, Diplomatie und eine klare Vorgehensweise zu Hause.

Seiner Familie sollte er viel mehr Aufmerksamkeit schenken – er sollte sich einfach mehr Zeit nehmen, um auch deren Sorgen und Nöte zu verstehen. Seine Angehörigen werden positiv überrascht sein und es ihm mit Wärme und Zuneigung danken.

♀ Schütze, Aszendent Wassermann

Kämpferische Gefährtin

Dieser Frauentyp ist voll im Leben, immer den Erfolg im Blick. Der Schütze-Wassermann-Frau stehen schier unendliche Möglichkeiten offen – ob sie dies nutzen kann, hängt jedoch sehr von einem harmonischen Umfeld und einem glücklichen Privatleben ab. Ihre größte Stärke liegt in ihrer reichen Gefühlswelt: Sie ist empfindsam und tiefgründig, engagiert sich mit viel Begeisterung und großer Freude.

Wenn sie den nötigen Freiraum zur Verfügung hat, arbeitet sie mit reichlich Kreativität, Feingefühl und Motivation. Auf ihre Selbstständigkeit und Verantwortlichkeit ist dann stets Verlass. Neben einer angemessenen Vergütung erwartet sie für ihren Einsatz auch etwas Anerkennung und ehrlich geäußerte Bestätigung.

Ihre Ziele sind stets hoch angesetzt, aber realistisch. Im Beruf wie auch in der Familie legt sie Wert auf einen niveauvollen Umgang.

Logisch, dass sie oberflächliche oder gar rüpelhaft polternde Zeitgenossen gar nicht mag. In einer angenehmen, konstruktiven Atmosphäre dagegen zeigt auch sie sich von ihrer besten Seite, und die stellt sich loyal, treu und im besten Sinne kämpferisch dar.

Die beiden Einflüsse, die sie prägen, sind auch für ihre große Reiselust verantwortlich. Kultur, ein tolles Ambiente und wunderbare Freunde in ihrem Umfeld tun ihr gut – auf Reisen wie auch in ihrem heimischen Umfeld. Bei Unternehmungen im Freundeskreis ist sie gern die treibende Kraft. In ihrem Zuhause und ihrer Familie muss bei ihr alles seine Ordnung haben, dort kann sie keinen Stress gebrauchen. Eine glückliche und harmonische Beziehung gibt ihr viel Energie – alles andere würde sie sehr belasten und ihr generell die Motivation rauben.

Himmelhoch jauchzend – zu Tode betrübt
Ihre reiche Gefühlswelt ist nicht nur ihre größte Stärke, sondern auch ihre gefährlichste Stolperfalle: Sie kann überschäumend gut gelaunt sein und im nächsten Augenblick ganz tief fallen; denn sie kennt gefühlsmäßig keine goldene Mitte. Das kann viel Energie kosten und zeitweise unglücklich machen.

Entwicklungschance: Balance trainieren
Mentales Training und Bewegungsmeditation wie Qigong oder Tai-Chi können der Schütze-Wassermann-Frau sehr helfen, ihre innere Balance zu finden. Wenn sie Sport mag, kann ihr das sogenannte Intervalltraining mit dem Wechsel von intensiven und lockeren Einheiten nutzen oder Balanciertraining, etwa mit der Slackline.

♂ Schütze, Aszendent Wassermann

Kapitän mit klaren Zielen

Eine sehr harmonische Konstellation, die von Abenteuerlust und Erneuerungswillen geprägt ist. Das Denken und Handeln dieses Mannes ist auf eine bessere Zukunft für alle Menschen ausgerichtet. Doch nicht nur für die großen, ebenso für die kleinen Dinge des Lebens engagiert er sich unermüdlich, oft auch mit finanziellem Einsatz – und immer mit unerschütterlichem Glauben daran, die gesteckten Ziele auch zu erreichen. Gesellschaftlich wird er daher hochgeschätzt.

Sein Führungsstil ist klar und fair. Deutliche Ansagen sind sein Markenzeichen, wobei er stets mit gutem Beispiel vorangeht – nie würde er etwas von Mitarbeitern verlangen, was er nicht selbst vorlebt. Seine Ziele sind immer hochgesteckt und gerade noch erreichbar. Er liebt und braucht einfach die Herausforderung!

Als großer Charmeur fliegen ihm die Sympathien nur so zu – doch ist er seiner Herzdame stets treu, auch wenn er sogar in Partnerschaft und Familie seinen Führungsanspruch nicht ablegt. Es ist ihm einfach in die Wiege gelegt, mit klaren Worten und unmissverständlichen Aussagen den Weg zu bestimmen.

Achtung, Arroganz!

Seine Einstellung ist immer positiv und begeisternd, deshalb wird er schnell ungeduldig, wenn er in jemandem zum Beispiel einen Träumer oder Langweiler sieht. Da er kein Blatt vor den Mund nimmt und seine Sache als die gerechte und richtige einschätzt, läuft er schon mal Gefahr, anmaßend und dünkelhaft zu wirken oder sich um Kopf und Kragen zu reden. Auch in der Partnerschaft ist es nicht verwunderlich, wenn sein unbedingter Führungsanspruch nicht durchwegs auf Gegenliebe stößt.

Entwicklungschance: dem Herzen folgen

Er sollte lernen, ein wenig zu unterscheiden: Wann kann er einen Angriff oder eine Kritik getrost in die Ablage geben und wieder zur Tagesordnung übergehen – und wann sollte er sich ernsthaft damit beschäftigen? Hier darf er sein Einfühlungsvermögen noch verfeinern und mehr Empathie entwickeln. Auch dies wird diesem hoch kompetenten Mann gelingen!

Tadeln ist leicht; deshalb versuchen sich so viele darin.
Mit Verstand loben ist schwer; darum tun es so wenige.
Anselm Feuerbach

♀ Steinbock, Aszendent Wassermann

Eiskönigin mit innerem Feuer

Eine Frau mit einer ganz besonderen Prägung: Sie hat einen stark nach innen gerichteten Charakter, vergleichbar mit dem Innehalten der Natur in der winterlichen Kälte. Das ist keineswegs negativ zu verstehen, es liegt eine große Kraft und Ruhe und ein tiefer Frieden in ihr. Sie ist bodenständig, intellektuell und höchst intelligent. Vielen bereitet sie Kopfzerbrechen, weil sie zunächst zurückhaltend und abwartend agiert. Sich in den Mittelpunkt zu drängen hat sie nicht nötig. Bei aller Zurückhaltung besitzt sie ein gesundes Selbstbewusstsein und ein starkes Selbstwertgefühl.

Durch ihr reiches Innenleben hat sie ein besonderes, nicht erlernbares Gespür für Menschen und Situationen. Das ist ihr einfach in die Wiege gelegt, und sie kann dieses Talent wunderbar nutzen. Sie benötigt immer etwas Zeit, um sich auf ungewohntem Terrain in Szene zu setzen und ein wenig aufzutauen. Sobald sie aber Sympathie empfindet und sich wohlfühlt, geht sie aus sich heraus und beteiligt sich am Geschehen, was die Anwesenden verblüfft. Spätestens jetzt gehen den anderen die Augen auf, welche Klassefrau sie da in ihrer Mitte haben!

Sprachen zählen zu ihren Leidenschaften, und sie lernt sie ohne Anstrengung. Im Beruf ist auf sie Verlass; alles, was sie in die Hand nimmt, wird präzise gelingen. Ihre Kollegen, egal, auf welcher Stufe, müssen jedoch Niveau und Ausstrahlung besitzen, damit sie ihre beste Leistung bringen kann. Die Steinbock-Wassermann-Frau lebt auf einem hohen geistigen Niveau, es ist für sie einfach selbstverständlich. Wer unter diesem Level bleibt, wird bei ihr nicht landen, und sei er in noch so hoher Position.

Auch beim Ambiente und bei der Qualität der Gespräche in ihrem Zuhause setzt sie hohe Maßstäbe. Wer sie länger kennt, weiß, dass sie durchaus Wärme und Geborgenheit braucht, um sich öffnen und ihre Stärken zeigen zu können.

Rückzug in die Winterstarre
Sie mag keine lauten oder gar in cholerischem Ton geäußerten Worte, sondern erwartet einen feinen Umgang, präzise Absprachen und nachvollziehbare Vorgänge – ansonsten zieht sie sich flugs in ihre kühle Hülle zurück.

Entwicklungschance: anderen reinen Wein einschenken
Am besten kommt diese faszinierende Frau durchs Leben, wenn sie stets von vornherein ihre Bedingungen für einen niveauvollen Umgang klarstellt. Wo dies partout nicht gewährleistet ist, da passt sie eben auch nicht hin – so einfach ist das.

♂ Steinbock, Aszendent Wassermann

Kühl, kälter, eiskalt?

Ein Mann mit zwei starken Prägungen, die in ganz unterschiedliche Richtungen tendieren. Daher steht der Steinbock-Wassermann sich oft selbst im Weg und macht sich so das Leben unnötig schwer. Ähnlich wie bei der Frau mit derselben Prägung kann man bei seinem Charakter von einer Art winterlichen Kühle sprechen, ohne das negativ zu meinen. Er gibt sich zunächst sehr zurückhaltend, was ihn oft in einem völlig anderen Licht erscheinen lässt, als es eigentlich seinem reichen Innenleben entspricht. Spätestens nach einigen persönlichen Worten wird sich das ändern, und die Menschen lernen ihn von seiner offenen, diskutierfreudigen Seite kennen.

Für diesen Mann ist Erfolg das A und O. Der alte Rennfahrerspruch »Der Zweite ist nur der erste Verlierer« könnte glatt von ihm stammen. Im Beruf ist er sehr diszipliniert und geht äußerst strategisch vor. Er überlässt nichts dem Zufall, alles ist bei ihm bis ins Detail vorausgeplant. Von den Kollegen erwartet er nur eines: Höchstleistungen. Wer diese Vorgabe nicht erfüllt, wird im Umfeld des Steinbock-Wassermanns auf keinen grünen Zweig kommen.

In Partnerschaft und Familie sowie im Freundeskreis ist er absolut verlässlich, aber auch immer wieder unnahbar und sehr zurückhaltend. Seine Familie vermisst bei ihm oft Wärme und Zuneigung.

Zu fixiert

Auch seine geistige Einstellung zum täglichen Tun ist oft zu starr: Er will jedes noch so große Ziel schnell erreichen, dafür ist er aber nicht locker genug. Während er einen festen Punkt fixiert, übersieht er so manche Gefahr – und auch hilfreiche Hände, die sich anbieten.

Er ist außerdem in vielem sehr konservativ und wenig innovativ, er baut lieber auf Bewährtes. Das kann zu Niederlagen führen, und mit diesen kann er nicht umgehen.

Entwicklungschance: Tauwetter einläuten
Er sollte seine starre, oft auch sture Haltung lockern, nicht zuletzt seiner Familie zuliebe. Seine manifestierten Verhaltensmuster dürfen auf den Prüfstand, damit neue Alternativen des Handelns installiert werden können.

Ja! Eine Sonne ist der Mensch, allsehend, allverklärend,
wenn er liebt, und liebt er nicht, so ist er eine dunkle Wohnung,
wo ein rauchend Lämpchen brennt.
Friedrich Hölderlin

Aszendent Fische

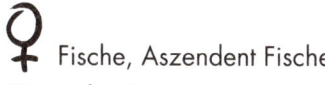 Fische, Aszendent Fische
Traumfrau!
Das Wesen dieser feinfühligen, liebevollen, aber auch erfolgsorien-tierten und entsprechend engagierten Frau ist tiefgründig und macht sie sehr leicht verletzbar. Im Vordergrund steht bei ihr der harmoni-sche und ehrliche Umgang – im Beruf wie im Privatleben. Sie ist eine Macherin und zieht eine leitende Position mit Verantwortung vor, denn nur Anweisungen zu folgen würde sie nicht ausfüllen. Dennoch arbeitet sie gern mit klaren Zielen und geregelten Herangehenswei-sen. Sie findet sich rasch auch in komplexere Aufgaben ein und meis-tert sie bestens, hier können sich Kollegen und Auftraggeber voll auf

sie verlassen. Gelegentliche Worte der Anerkennung hört sie sehr gern und fühlt sich davon motiviert. Alles in allem ist diese Frau einfach für den Erfolg geboren – ihre Ambitionen, ihre Offenheit für Neues und ihre Zielstrebigkeit untermauern dies. Ihre Umgänglichkeit und nicht zuletzt auch ihre Attraktivität machen sie zu einer besonders angenehmen Gesprächspartnerin.

Die Fische-Fische-Frau mag die Gesellschaft anderer, bewegt sich in beruflichen Sphären sehr gewandt und ist im Freundeskreis und bei gesellschaftlichen Anlässen mit ihrem Humor und Stil beliebt und gern gesehen. Sie mag ein schönes Ambiente, ob zu Hause, am Arbeitsplatz oder in der Freizeit – besonders im Urlaub, wo sie sich in einer natürlichen Umgebung am wohlsten fühlt: Ein Sonnenuntergang am Meer oder der Ausblick im Gebirge ist für sie Seelennahrung. Sie treibt zudem gern Sport.

Noch Fragen? Nun, zu haben ist sie bei ihren Qualitäten und ihrer Freude an einer liebevollen Partnerschaft und einem harmonischen Familienleben wahrscheinlich nicht mehr.

Bitte nur behutsam kritisieren!

Sollte es wirklich einmal Anlass zur Kritik an ihr geben, wartet man besser den richtigen Zeitpunkt ab und wählt die Worte vorsichtig – denn sie nimmt sich Kritisches oft sehr zu Herzen und kann sich dann vorübergehend nicht mehr voll motiviert ihren Aufgaben widmen.

Entwicklungschance: Kritik als Impuls verstehen

Sachliche Kritik gibt unverzichtbare Impulse zur Weiterentwicklung. Sie sollte lernen, Kritik als Anregung zu sehen, wie sie noch erfolgreicher sein kann. Sehr wichtig ist auch, sich regelmäßige Zeiten für Sport einzurichten – sie benötigt ausgiebige Bewegung für ihre Regeneration, welche die Basis für ihren beruflichen Erfolg ist.

♂ Fische, Aszendent Fische

Charme und Hingabe

Der doppelte Fische-Mann zählt zu den empfindsamsten und einfühlsamsten Charakteren, die es unter Männern gibt. Wie kein anderer kann er sich auf seinen Instinkt und sein Gefühl verlassen. Im Beruf findet man ihn eher nicht im Bereich Vertrieb und Verkauf, vielmehr fühlt er sich auf kreativen, sozialen und juristischen Betätigungsfeldern wohl. Seine Stärken liegen im Dialog und in der Auseinandersetzung mit menschlichen Zusammenhängen, daher kommen Berufe wie Arzt, Jurist, Künstler oder Psychologe für ihn infrage. Disziplin, Pünktlichkeit und Zeitdruck sind für den Fische-Fische-Mann dagegen Reizwörter – er braucht das Vorgehen in Eigenregie und in seinem eigenen Rhythmus. Im Umgang mit Kollegen und auch neuen Bekanntschaften gibt er sich meist zunächst unnahbar und ist schwer einzuschätzen, er wartet erst einmal ab und taktiert. Sein untrüglicher Instinkt und seine Vorahnung sind seine größten Trümpfe, die ihm viele Möglichkeiten eröffnen. Er hat nicht nur Freunde, zwar auch nicht unbedingt richtige Feinde, aber man ist ihm gegenüber eher vorsichtig und weniger offen.

Beispielhaft allerdings ist seine Hingabe, wenn jemand seine Hilfe braucht. Hier hat er stets ein offenes Ohr und bietet auch jederzeit seine Unterstützung an. In der Familie und als guter Freund kann man immer auf seine Unterstützung zählen. Seine wärmende und liebenswürdige Art und sein niveauvoller Umgang machen ihn sehr attraktiv, er flirtet gern und setzt dabei all seinen Charme ein. Manchmal wäre allerdings etwas weniger mehr …

Zeit ist relativ

Kritisch kann es werden, wenn er in einem hektisch agierenden, sehr erfolgsorientierten Team unter Zeitdruck Leistung bringen soll. Das macht ihm keine Freude, er mag weder Druck und Bevormundung noch vorgegebene Zeiten. Er hat dagegen kein Problem damit, am Wochenende oder nachts zu arbeiten – eben immer dann, wenn er meint, jetzt etwas tun zu müssen. Dass dies oft nicht zum Zeitplan von Familie und Freunden passt, interessiert ihn wenig, hier ist er egoistisch.

Entwicklungschance: ein bisschen Demut zulassen
Seine Einstellung »Mir kann keiner was« wird dann hinfällig, wenn er selbst einmal in eine Notlage gerät. Hiervor ist keiner gefeit, und dann braucht man Menschen, die einem zur Seite stehen. Ein paar Kompromisse im Alltag tun nicht weh und sind generell gut für das Lebensglück und die Zufriedenheit aller Beteiligten!

♀ Widder, Aszendent Fische
Herz und Pragmatismus
Eine starke und eine etwas schwächere Prägung bestimmen den Grundcharakter der Widder-Fische-Frau. Sie muss beide in Einklang bringen, um die damit verbundenen Energien optimal zu nutzen. Grundsätzlich ist sie eine starke Persönlichkeit mit klaren Zielen und Vorstellungen. Ihre besondere Stärke liegt in ihrer Geradlinigkeit und Loyalität. Anerkennung ist ihr wichtig, aber sie findet es völlig ausreichend, wenn man ihr nur ab und zu seine Wertschätzung versichert. Um mit voller Kraft arbeiten zu können, braucht sie viel Freiraum sowie das Gefühl, dass man ihr vertraut. Nicht jeder Kollege schafft dies sofort beim Anblick ihres Schreibtischs, wo sie das Motto walten lässt »Das Genie beherrscht das Chaos«. Hier gilt als oberstes Gebot: »Bitte nicht aufräumen!« Sie mag es so und kommt bestens damit zurecht. Lange Arbeitszeiten stören sie nicht, im Gegenteil – je später der Abend, desto kreativer und leistungsfähiger wird sie.

Dass sie auch feinfühlig und empfindsam ist und Wärme ausstrahlt, rundet ihre angenehm pragmatische Persönlichkeit ab.
Gute Freunde reichlich und kunstvoll zu bekochen ist eins ihrer
liebsten Hobbys. In Haus und Garten gelingt ihr ohnehin fast alles.
Als Partnerin und im Familienleben ist sie ein wahrer »Hauptgewinn«, in ihrer Familie findet sie auch selbst die nötige Ruhe und
Entspannung.

Nicht im Ton vergreifen!
Der richtige Ton spielt bei der Widder-Fische-Frau eine wesentliche
Rolle: Sie verabscheut Kontrolle und jegliche Art der Bevormundung. Sie ist schnell verletzbar und kann sich auch stur stellen, deshalb sollte man bei ihr Kritik nur anbringen, wenn es wirklich nötig
ist, und dies angemessen und fair tun.

Entwicklungschance: die Goldwaage wegpacken
Manchmal sollte sie gelassener reagieren und vor allem nicht so viel
persönlich nehmen. Nicht jeder Kompromiss ist gleich ein Kuhhan-
del! Allein dies zu erkennen kann ihr zu noch mehr Souveränität und
Erfolg verhelfen und tut auch ihrer Gesundheit gut, die bisweilen unter ihrem Ehrgeiz ein wenig leidet.

 Widder, Aszendent Fische
Impulsiver Idealist
Diese beiden Prägungen in einem Mann müssen sozusagen noch lernen, voneinander zu profitieren. Der Widder-Fische-Mann ist einerseits ein hilfsbereiter, immer etwas verträumter Idealist, andererseits
kommen eine Impulsivität und ein Siegeswillen dazu, die zu den
sanfteren Anteilen der Persönlichkeit nicht so recht zu passen scheinen. Oft nimmt er sich Großes vor, erleidet aber aufgrund mangeln-

der Disziplin Schiffbruch, was ihn viel Energie und oftmals auch Geld kostet.

Im Beruf ist der Widder-Fische-Mann ehrgeizig, wenn auch häufig stur und wenig kompromissbereit. Sein Bestreben ist es jedoch, immer als erfolgreiche Führungskraft zu arbeiten. Andere zu führen ist aber eine große Kunst und setzt tägliches Dazulernen voraus, um den unterschiedlichen Charakteren gerecht zu werden. Zudem können Menschen nur dann motiviert arbeiten, wenn man fair mit ihnen umgeht – und hier stellt sich beim Widder-Fische-Mann oft der härtere Persönlichkeitsanteil quer.

Wie im Beruf verhält er sich in Partnerschaft und Freundeskreis: Konstanz ist auch hier nicht inbegriffen, immer glaubt er, sich mit einer Entscheidung Wege zu verbauen, die vielleicht noch etwas Schöneres und Besseres bereithalten.

Wie wirklich ist die Wirklichkeit?
Seine Verträumtheit verstellt ihm oft den Blick auf die Wirklichkeit. Manchmal hat man bei ihm durchaus das Gefühl, dass er den Sinn für die Realität verloren hat.

Entwicklungschance: Klarheit schaffen
Dieser Charakter hat eigentlich zwei hervorragende Prägungen, doch muss er lernen, beide etwas zu zügeln. Er sollte sich unbedingt in Disziplin und Geradlinigkeit üben und eine Aufgabe zu Ende führen, bevor er eine neue beginnt. Dabei helfen ihm klare, erreichbare Ziele. Sobald er sich auf das Wesentliche, das aktuell Anstehende konzentriert, wird er seine vielfältigen Möglichkeiten nutzen können und Ruhe und Gelassenheit in sein Leben bringen. Dann stellt sich auch der ersehnte Erfolg ein.

Sei Sonne durch deine Lehre,
sei Mond durch deine Anpassungsfähigkeit,
sei Wind durch straffe Führung, sei Luft durch deine Milde,
sei wie ein Feuer durch die schöne Rede deiner Unterweisung.
Hildegard von Bingen

♀ Stier, Aszendent Fische
Liebenswert und großzügig

Die Stier-Fische-Frau ist empfindsam, bodenständig und harmonieliebend. Sie gibt gern und hilft anderen aus freien Stücken. Das gilt
für ihr privates Umfeld ebenso wie für das berufliche, wo sie ihre
Hilfsbereitschaft vielleicht sogar in einer sozialen Sparte lebt. Durch
den Einfluss der Fische wird die Selbstlosigkeit der Stier-Frau noch
unterstrichen. Für sie zählen nicht die materiellen, sondern ideellen
Güter, und viele Menschen suchen und genießen ihre besondere
Herzenswärme.

Oft ist sie sehr verträumt, doch gerade das wirkt an ihr liebenswert. Ihre Familie, ihr Zuhause und ihr Freundeskreis bedeuten ihr
sehr viel. Hier lädt sie ihre Akkus auf, hier erhält sie auch die Anerkennung, die im Berufsleben oft Mangelware ist – besonders wenn
man sich wie die Stier-Fische-Frau selten in den Vordergrund stellt.
In der Partnerschaft ist sie verlässlich und sehr liebevoll.

Verausgabung droht

Sie gibt mehr, als sie nimmt, und das tut sie aus tiefstem Herzen.
Manchmal läuft sie dabei Gefahr, sich zu verausgaben, zumal Dank
und Anerkennung in unserer Gesellschaft rar sind. Aufgrund ihres
glühenden Idealismus ist sie bisweilen unbeherrscht. Um etwas Ruhe
und Erholung zu finden, zieht sie sich oft in sich selbst zurück. Auch
Belastungen und Sorgen trägt sie meist mit sich allein herum. In der

Partnerschaft kann es passieren, dass sie zu lange an einer Beziehung festhält, und zwar selbst dann noch, wenn der Partner es längst nicht mehr verdient. Natürlich leidet sie dann und ist unglücklich. Ihr Selbstwertgefühl ist ohnehin nicht sehr stark ausgeprägt.

Entwicklungschance: gesunder Egoismus
»Jeder ist seines Glückes Schmied«, das gilt für die Stier-Fische-Frau in besonderer Weise. Denn hinter ihrer Selbstlosigkeit stecken auch ein wenig Stolz und Bequemlichkeit! Sie sollte sich die Mühe machen, öfter nein zu sagen, auch mal etwas für sich selbst zu fordern und die Motive der anderen sowie ihre eigenen aufmerksam zu hinterfragen. Ein gesunder Egoismus bringt ihr mehr Respekt ein – und mehr Zeit und Energie, sich um eigene Interessen und Bedürfnisse zu kümmern.

Mir imponieren nur die Ratschläge und Grundsätze,
die der Ratgebende selbst beherzigt.
Rosa Luxemburg

♂ Stier, Aszendent Fische
Kreativ und geduldig
Dieser Mann ist mit Güte, Hilfsbereitschaft und Selbstlosigkeit reich ausgestattet. Darüber hinaus ist er meist sehr tolerant, wenn auch nur aus Bequemlichkeit. Für ihn zählen nicht die materiellen, sondern die ideellen Erfolge, er ist bodenständig und geht dennoch sehr intuitiv vor. Er ist äußerst kreativ und zugleich in seinen Handlungen überlegt und gelassen. Kein Wunder, dass er ein gefragter Ansprechpartner bei Seelennöten ist. Dieser Mann der leisen und überlegten Töne zieht es vor, aus dem Hintergrund zu handeln, im Mittelpunkt zu stehen ist seine Sache nicht.

Im Beruf ist der Stier-Fische-Mann meist in produzierenden und vermittelnden Tätigkeiten zu finden – er erschafft eben gern etwas, seien es schicke Kleidungsstücke oder fruchtbare Kontakte. Hier bringt er viel Geduld mit und legt immer großen Wert auf das bestmögliche Ergebnis. Seine größten Chancen liegen aber in sozialen Berufen, weil er dort seine Talente und Fähigkeiten ideal einbringen kann. Er hat eine unnachahmliche Art, sich in andere einzufühlen und mit ihnen neue Wege zu erarbeiten. Die Menschen vertrauen ihm und fühlen sich bei ihm gut aufgehoben. Führen liegt ihm nicht so sehr, er arbeitet lieber an zweiter Stelle und hat auch kein Problem damit – solange er genügend Freiraum hat und nicht permanent unter Druck gesetzt oder gar bevormundet wird.

In einer festen Partnerschaft ist er treu und zuverlässig, gibt viel Wärme und Liebe – solange dies auch erwidert wird. Als Familienvater nimmt er sich viel Zeit, kümmert sich rührend um die Kinder mit all ihren Sorgen und Nöten, spielt mit ihnen und ist immer für Unternehmungen gut.

Zu viel Gefühl?
Manchmal ist er in seiner Einigkeit mit sich und der Welt etwas zu bequem, er wird dann unflexibel und scheut die rasche Entscheidung. Durch seine Verträumtheit kommt es immer wieder mal vor, dass er zu Treffen viel zu spät erscheint. Seine starke Intuition bringt ihn zudem hin und wieder in emotionale Bedrängnis.

Entwicklungschance: Gedankenklarheit
Er sollte sich klare Ziele setzen und ohne viel Nachdenken die entscheidenden Schritte auf dem Weg dorthin in Angriff nehmen. Zum Träumen und Entwickeln von Visionen braucht er ebenfalls ausreichend Zeit. Die beiden Bereiche etwas besser zu trennen kann ein Meilenstein für sein Glück und seinen Erfolg sein.

♀ Zwillinge, Aszendent Fische

Sonnige Genießerin

In dieser Konstellation finden wir eine überaus aktive Frau voller Energie, der zahlreiche Möglichkeiten offenstehen. Zugleich ist sie sehr empfindsam, was ihr Leben reicher, wenn auch manchmal nicht einfacher macht. Die Zwillinge-Fische-Frau ist überaus sympathisch, zugewandt und freundlich. Im Beruf ist sie sehr ehrgeizig und gibt immer alles, ihre Aufgabe erledigt sie äußerst zügig und verlässlich. Sich nicht länger mit etwas abzugeben als nötig ist ihr Credo, und diese zügige Arbeitsweise erwartet sie auch von anderen.

Sie kommt in der Regel mit allen Menschen gut aus, da sie keine falschen Vorbehalte und Vorurteile pflegt. Sie nimmt jeden so, wie er ist. Deswegen und natürlich wegen ihrer heiteren, sympathischen Art fassen die Menschen schnell Vertrauen zu ihr, und sie ist stets bereit, zu helfen, zu beraten und auch zu trösten. Sie erwartet von anderen einen guten und fairen Umgang und auch im harten Alltag ein bisschen Wärme und Zuneigung: Ein ehrliches Lob, mal in den Arm genommen werden, ein schönes Kompliment – warum sollten die Menschen sich nicht solche kleinen, glücklich machenden Gesten schenken?

Auch in der Partnerschaft, in der Familie und im Freundeskreis ist sie im Rhythmus, wenn man sie walten lässt und nicht in ihrem dynamischen Handeln ausbremst. Sie ist eine beliebte Gastgeberin, und ihr Zuhause ist stets offen für Besuch und genussvolle Zusammenkünfte.

Pausenlos in Aktion

Ihr Perfektionismus und Pragmatismus bringen sie immer wieder in Konflikte, die bei etwas mehr Toleranz gar nicht nötig wären. Oft überfordert sie ihre Mitmenschen mit ihrer Aktivität und Energie.

Viele können ihr einfach nicht folgen und reagieren genervt und gestresst. Aber auch sie selbst leidet manchmal unter zu viel innerer
und äußerer Unruhe, und dann ist sie dünnhäutig und verletzlich.

Entwicklungschance: Atem holen

Im Umgang mit anderen kann es ihr helfen, einen Gang zurückzuschalten und sich auf das Tempo des Umfelds einzulassen, denn jeder
Mensch hat seinen eigenen Rhythmus, in dem er seine Aufgaben erledigt. Auch für sich selbst könnte die Zwillinge-Fische-Frau lernen,
ein bisschen mehr innere Ruhe zu entwickeln und sich auch mal ein
paar verdiente erholsame Stunden zu gönnen. Bewegungsmeditationen und Ausdauersport in der Natur können sie dabei sehr gut unterstützen.

♂ Zwillinge, Aszendent Fische

Sympathischer Querdenker

Beim Mann können diese beiden Prägungen größere Probleme miteinander haben und es ihrem Träger zuweilen schwer machen. So
will er einerseits schnell etwas bewegen und lässt dabei oft versehent-
lich die Fäden los, häufig ist er auch etwas oberflächlich und zu vertrauensselig. Auf der anderen Seite will er alles in Ruhe und in Gelassenheit regeln, ohne Druck und Bevormundung. Er kann auch sehr
eigen und egoistisch sein, nicht selten stellt er sich bei bestimmten
Dingen quer, um Zeit zu gewinnen und Sand ins Getriebe zu streuen.

Pünktlichkeit von ihm zu verlangen empfindet er schlichtweg als
Frechheit. Er arbeitet vorzugsweise, wann er es für nötig hält, und sei
es Samstag oder Sonntag – dafür nimmt er eben den Montag frei. Er
muss im Beruf nicht unbedingt in der Führung tätig sein, obwohl er
hier gespalten ist. Seine Zwillinge-Seite möchte das schon, die Fische-
Seite möchte es aber lieber ruhiger und langsamer angehen lassen.

Also ist ihm die zweite Reihe auch recht, solange man ihn in Ruhe lässt.

Er kennt keine Vorurteile und kommt daher mit allen Menschen gleich gut zurecht. Diese fassen schnell Vertrauen zu ihm, weil er ihnen durch sein sympathisches Wesen zu jeder Zeit die richtige Tür öffnet. Gerade für Menschen in kleinen und großen Nöten hat der Zwillinge-Fische-Mann immer ein offenes Ohr. Auch er selbst erwartet von seinem Umfeld Wärme und Zuneigung und nimmt sehr gern auch mal ein ehrlich gemeintes Lob entgegen. Im Allgemeinen ist sein Alltag sehr von Emotionen bestimmt.

In Partnerschaft, Familie und Freundeskreis ist der Zwillinge-Fische-Mann immer auf Harmonie bedacht, er will einfach das Leben mit den Menschen in seinem Umfeld genießen, und besonders will er in der Freizeit keinerlei Stress haben.

Hans Guck-in-die-Luft
Oft ist seine Unentschlossenheit ein wahres Handicap, ebenso seine Gutgläubigkeit, sodass er immer wieder einmal auf die Nase fällt.

Entwicklungschance: mehr Ordnung und Struktur
Mit mentalem Training, guter Planung und »einmal tief Luft holen« vor jeder Alltagsentscheidung bringt dieser Mann mehr eigene Kontrolle und Struktur in sein Leben und kann in diesem festen Rahmen auch seine weiche Seite besser ausleben.

> *Das fürchterlichste Mittel gegen*
> *quälende Gedanken ist die Zerstreuung:*
> *Sie führt zur Gedankenlosigkeit.*
> Franz Grillparzer

♀ Krebs, Aszendent Fische

»Alles fließt«

Liebenswert, freundlich und immer gut aufgelegt: So kennt und schätzt man die Krebs-Fische-Frau. Sie lebt in dem Bewusstsein, dass man nichts wirklich festhalten kann und nichts verlorengeht. Diese entspannte und großzügige Lebenseinstellung hat sie bis heute nie enttäuscht. Im Sinne der Harmonie ist es ihr wichtig, dass es keinen Zank gibt, dass alles in geordneten Bahnen und einem gesunden Rhythmus verläuft und dass alle ringsumher, wie sie selbst auch, glücklich und zufrieden sind. Dies ist ihr höchstes Ziel, für das sie sich auch stets einsetzt.

Im Beruf ist sie gut geerdet, sehr zuverlässig und auch kritikfähig. Erfolg bedeutet für sie, Tag um Tag ihren Job gut und zu aller Zufriedenheit zu erledigen. Es fällt ihr leicht, mit anderen im Team zu arbeiten und mit den vorhandenen Gegebenheiten geschickt und weise umzugehen. Sie pflegt einen feinen, fairen Umgang mit allen Menschen. Dabei ist sie aber nicht übertrieben gutmütig oder friedfertig – sie kann durchaus taktieren, wenn es die Situation erfordert. Jeglichen Streit vermeidet sie aber, wenn möglich, auf diplomatischem Weg, und bei ihr bekommt jeder eine zweite (oder auch dritte) Chance. Wer mit ihr nicht zurechtkommt, ist selbst schuld!

Ein schönes Zuhause ist für die Krebs-Fische-Frau eine Herzensangelegenheit. Sie legt größten Wert auf ein ansprechendes Ambiente und ist fasziniert von Bildern großer Künstler, oft gibt sie sich auch selbst mit großem Talent der Malerei oder dem Musizieren hin, nicht selten sogar beidem. Sie hat ein ganz besonderes Gespür für das Feine, Edle. Natürlich spielen für sie die Familie und die Freunde eine bedeutende Rolle. Auch im privaten Kreis schätzt man ihre Großherzigkeit und ihre vermittelnde Art. Wärme, Zuneigung und Vertrauen sind für sie die wichtigsten Werte im Leben.

Bitte recht freundlich!

Bei unhöflichem oder gar rüpelhaftem, taktlosem Verhalten endet die Toleranz der Krebs-Fische-Frau abrupt, sie reagiert darauf mit umgehendem Rückzug.

Entwicklungschance: unerschütterlicher Gleichmut

Dieser von Natur aus glücklichen Frau muss man gar nicht viel anderes raten, als genauso wie bisher weiterzumachen – und Streithähne oder Polterer ruhig einfach mal links liegen zu lassen, bis die Wogen sich von selbst wieder glätten.

♂ Krebs, Aszendent Fische

Feingeist aus Leidenschaft

Diese beiden Prägungen sind nicht von Härte und Durchsetzungsvermögen geprägt, vielmehr dominiert die Menschlichkeit, was für einen Mann in unserer Gesellschaft nicht immer leicht ist. Der Krebs-Fische-Mann ist sehr tiefgründig und sensibel, mitfühlend und hilfsbereit. Oft wirkt er etwas ziellos und zögerlich; doch sollte man sich hiervon nicht täuschen lassen, denn er lässt sich letztendlich immer von seinem untrüglichen Instinkt leiten, der ihn oft genug zum Erfolg führt.

Er hat feine Antennen für alle menschlichen Gefühlslagen und Probleme in seinem Umfeld. Im Team erkennt er als einer der Ersten Fehlentwicklungen und Spannungen, er ist auch derjenige, der sich taktvoll bemüht, die Harmonie wiederherzustellen. Dynamisches Vorpreschen ist dagegen nicht seine Art, lieber geht er einen Schritt zurück und dann wieder zwei nach vorn.

Herzensangelegenheiten sind für ihn Musik oder Malerei. Dort sind seine Wurzeln, und dort hat er auch Erfolg. Wird er im Berufsleben gegängelt, macht ihn das sehr unglücklich. Dieser kreative, eigenständige und manchmal melancholische Mensch braucht Freiräume und zieht deshalb oft freiberufliches Arbeiten vor.

Er ist mit seiner sensiblen Art durchaus ein Charmeur, der mit vielen Ideen, viel Feingefühl und Leidenschaft zu entzücken versteht – manchmal kommt er dadurch in innere Bedrängnis beziehungsweise in einen Zwiespalt. In einer festen Partnerschaft, als Vater sowie als Freund wird er aber sehr geschätzt, weil man seine Wärme und Liebenswürdigkeit genießt.

Gefährlich gutgläubig
Seine Traumwelt hat oft mit der harten Realität des Lebens wenig zu tun. Dadurch kommt er in unvermutete Schwierigkeiten, die ihn zum Teil weit zurückwerfen. Seine enorme Hilfsbereitschaft bringt mithin andere, weniger altruistische Menschen auf die Idee, ihn auszunutzen oder auszutricksen.

Entwicklungschance: Stärke ohne Starre
Der Krebs-Fische-Mann braucht Standfestigkeit und mentale Stärke, ohne dabei eine harte Schale um sich zu bauen. Dies kann er unter anderem durch das Einüben mentaler Techniken erreichen.

Dass etwas schwer ist,
muss ein Grund mehr sein, es zu tun.
Rainer Maria Rilke

♀ Löwe, Aszendent Fische
Freude, schöner Götterfunken!
Eine hinreißende Frau! Sie ist definitiv auf der Sonnenseite des Lebens geboren, denn ihre beiden Prägungen harmonieren wunderbar

miteinander. Sie ist weder exaltiert noch introvertiert, da der Einfluss der Fische den fordernden Löwen besänftigt und die Persönlichkeit in ein gutes Gleichgewicht bringt. Sie ist ehrgeizig, erfolgsorientiert und mag es, im Mittelpunkt zu stehen, ohne sich ständig dorthin drängeln zu müssen. Sie hat einen hohen Anspruch in allen Bereichen des Lebens, ist gefühlvoll und feinfühlig und daher auch verletzlich.

Im Berufsleben wird die Löwe-Fische-Frau dank ihrer ausgewogenen Persönlichkeit sehr geschätzt, sie erledigt ihre Aufgaben mit einer Präzision und Verlässlichkeit, die allen Beteiligten Freude bereiten. Wichtig ist ihr ein niveauvoller Umgangston, der es ihr ermöglicht, ohne Belastungen und motiviert ihre Aufgaben zu verrichten. Sie arbeitet gern und mit großer Begeisterung.

Andere Menschen bedeuten ihr viel, Wärme, Liebe und Zuneigung benötigt sie unbedingt, um glücklich zu sein. In ihrem privaten Umfeld ist sie mit viel Freude und Hingabe bei der Sache – Partner, Kinder und Freunde haben mit ihr wahrlich das große Los gezogen. Als Gastgeberin hat sie immer ein besonderes Händchen. Sie ist wirklich eine tolle Frau mit einzigartigen, überwiegend positiven Zügen.

Unnötige Erschwernis

Wenn sie das Gefühl hat, nicht wertgeschätzt zu werden, dann sinkt ihr Mut, da sie so empfindsam ist. Zudem verfügt sie über eine starke Vorahnung, die sie immer wieder zum Grübeln und zum Nachdenken bringt. Oft macht sie es sich unnötig schwer, weil sie zu lange an einem Problem »knabbert« und es nicht loslassen kann.

Entwicklungschance: durchs Leben tanzen

Bleibt die Löwe-Fische-Frau so, wie sie ist, werden sich ihre Mitmenschen an ihrem Charme und ihrer inneren Wärme erfreuen können.

Damit auch sie selbst es leichter hat und sich nicht alles so zu Herzen nimmt, sollte sie regelmäßig auftanken – bei einer Beschäftigung, die sie in den »Flow« bringt, bei der sie also ganz eins mit sich und der Welt ist. Das kann Zeichnen oder Bildhauen sein, Tanzen, Radfahren, Singen, was auch immer.

 Löwe, Aszendent Fische

Sensibler Pascha

Für einen Mann sind diese zwei Prägungen nicht so leicht in Harmonie zu bringen: auf der einen Seite der aktive und dynamische Löwe, auf der anderen der sensible Fisch, der keine großen Auftritte mag. Entscheidend dabei ist, dass er sich bereit zeigt, permanent an seiner Weiterentwicklung zu arbeiten und seine Talente zu vereinen. Der Löwe-Fische-Mann hat einen wachen Geist, eine starke Intuition und unglaubliche innere Energiereserven. Er braucht einen niveauvollen Umgang, um ohne Belastungen und mit vollem Vertrauen seine Aufgaben zu erfüllen.

Die Menschen in seinem Umfeld spielen eine wichtige Rolle für sein Glück. Wärme, Liebe und Zuneigung sind sein Lebenselixier, und ohne Lob und Anerkennung leidet sein Selbstbewusstsein. Für gemeinnützige Zwecke ist er stets ansprechbar, und gerade für sozial Schwächere hat er immer ein offenes Ohr. Wenn die Möglichkeit besteht, spendet er auch öfter größere Summen, um Not lindern zu helfen.

Bei alldem ist er ein Genießer. Er mag es, gepflegt essen zu gehen, und hat so manchen wunderbaren Geheimtipp parat – hier sind sich seine beiden Prägungen einmal so richtig einig. Ebenso genießt er sehr die Gesellschaft attraktiver und niveauvoller Menschen, dabei zeigt er gerne und bereitwillig seinen Stil und seine ganz besonderen Umgangsformen.

Im Familienleben ist dieser Mann ein Pascha – und das ist nicht negativ gemeint! Seine natürliche Autorität und Ausstrahlung gibt anderen Halt und dem Zusammenleben eine positive Struktur. Dabei ist er auch nicht zu ernst, sondern fast immer für einen Scherz zu haben.

Wenn es allzu gemütlich wird
Die Gefahr, sich innerlich zurückzuziehen und in seiner Zufriedenheit phlegmatisch zu werden, ist durch den Fische-Einfluss durchaus gegeben.

Entwicklungschance: ab durch die Mitte!
Es gilt für den Löwe-Fische-Mann, einen Mittelweg zwischen Dynamik und Souveränität zu finden. Nutzt er seine kreativen und intuitiven Möglichkeiten, so wird er nach innen wie nach außen strahlen und Erfolg haben, ohne die große Trommel zu rühren.

> *Wenn die Seele bereit ist,*
> *sind es die Dinge auch.*
> William Shakespeare

♀ Jungfrau, Aszendent Fische
Freigebiges Schatzkästchen
Diese Frau ist ein Geschenk für die Menschheit, für die Familie, für die Freunde. Sie ist eine großartige, sozial eingestellte Persönlichkeit. Für sich selbst verlangt sie wenig – ein kurzer Dank, ein Kompliment, ein hübscher Blumenstrauß erfreuen ihr Herz. Ihre Ziele sind immer realistisch und erreichbar, auch hier lebt sie nicht auf großem Fuß.

Im Beruf ist die Jungfrau-Fische-Frau verlässlich und engagiert – solange ein höflicher bis liebenswürdiger Umgangston im niveauvollen Miteinander die Regel ist, denn sie hat ein sehr feines, empfindsames Herz. Sie bevorzugt die leisen Töne und einen guten Stil. Laute und stillose Zeitgenossen, die andere überrumpeln wollen, erträgt sie nicht.

In ihrem häuslichen und familiären Umfeld schenkt sie viel Wärme und Zuneigung und braucht diese auch selbst, vor allem in der Partnerschaft. Sie legt großen Wert auf ein schönes Ambiente – auch im Urlaub: Südliche Naturschönheiten wie Toskana oder Provence, das sind ihre Seelenlandschaften, und deren Zauber genießt sie unendlich.

Allzu viel Bescheidenheit
Wenn die Jungfrau-Fische-Frau spürt, dass nichts zurückkommt von dem, was sie gibt, wird sie traurig und fühlt sich kraftlos. Aufgrund ihrer Bescheidenheit nehmen die Menschen in ihrem Umfeld oft alles von ihr als selbstverständlich – doch auch sie möchte genießen und sich auch einmal zurücklehnen können.

Entwicklungschance: ein dickes Stück vom Kuchen nehmen
Sie sollte es gar nicht so weit kommen lassen, dass sie vom Undank und der Unaufmerksamkeit anderer enttäuscht wird. Da hilft es, sich ein wenig rarzumachen und erst einmal sich selbst etwas Gutes zu gönnen – auch wenn sie dies zunächst sicherlich üben muss. Ihr sollte einfach klar werden, dass die allermeisten Menschen von Natur aus viel weniger bescheiden und aufmerksam sind als sie selbst – und dass sie daher gut auf sich achten muss.

Nicht die Glücklichen sind dankbar.
Es sind die Dankbaren, die glücklich sind.
Francis Bacon

♂ Jungfrau, Aszendent Fische

Selbstlose Anteilnahme

Realitätssinn und Fantasie prallen hier aufeinander. Eine wichtige Aufgabe für den Jungfrau-Fische-Mann ist es, die goldene Mitte zwischen beiden zu finden. Er ist ein großer Individualist mit einem tiefen Verständnis für die Vorgänge im Leben und weist den feinfühligsten und selbstlosesten Charakter aller Jungfrau-Männer auf. So hat er auch ein besonderes Gefühl für notleidende Mitmenschen und stärkt sie schon durch seine ehrliche Anteilnahme. Er ist in seinem Element, wenn es um gemeinnützige Aspekte geht, wenn Menschen auf ihn zukommen, die seine Hilfe benötigen. Dann spürt man sein Feingefühl und seinen Bezug zu den Sorgen anderer, dort ist er zu Hause, da kann er dann plötzlich aus sich herausgehen und auch die Führung übernehmen.

Überhaupt bevorzugt er es, selbstständig zu arbeiten, ohne durch Anweisungen eingeengt zu werden. Auch Pünktlichkeit ist nicht seine Welt, dagegen arbeitet er gern auch mal zu ungewöhnlichen Zeiten – eben wenn er gerade Lust dazu hat. Seine Familie ist davon oft nicht begeistert, aber er lässt sich hier auf keine Kompromisse ein. Das ist manchmal schade, denn schließlich genießen Familie und Freunde seine Gesellschaft sehr, wenn er denn gerade mal Zeit hat.

Verbaute Möglichkeiten

Man kann nicht behaupten, dass der Jungfrau-Fische-Mann Kritik nicht mag – nein, er verabscheut sie! Er verschließt sich dann sofort und lässt keinen mehr an sich heran, deshalb gilt er oft als unnahbarer, unfreundlicher Einzelgänger, was aber gar nicht unbedingt zutrifft.

Seine mangelnde Antriebskraft kann er nicht immer mit seiner Redegewandtheit überdecken – wenn es »um die Wurst geht«, bringt seine zögerliche Art ihn häufig um Erfolge.

Entwicklungschance: die Initiative ergreifen
Er sollte sich mehr öffnen, mehr auf die Menschen zugehen und auch selbst einmal das Gespräch suchen. Um generell den Anforderungen des Alltags besser gewachsen zu sein und um Sympathien zu gewinnen, können ihm mentale Techniken ganz entscheidend helfen. Auch wenn dies zunächst einigen Aufwand bedeutet, unterm Strich wird es ihm viel bringen und seine gesamte Persönlichkeit stärken.

♀ Waage, Aszendent Fische
Geistreich und friedliebend
Diese Frau legt großen Wert auf Harmonie, aber ebenso mag sie es, engagiert und erfolgreich zu führen. Außerdem ist sie im Beruf sehr kreativ. Das Vertrauen und die Wertschätzung der anderen beflügeln sie dabei mehr als das große Geld. Viele Menschen schätzen sie völlig falsch ein, weil sie sehr unnahbar wirken kann. Das legt man ihr dann als Arroganz und Überheblichkeit aus – ein großes Missverständnis! Die Waage-Fische-Frau hat einen hohen, aber keineswegs überzogenen Anspruch an Leben und Arbeiten. Wenn ihr Umfeld diesen Anspruch nicht mitträgt, zieht sie sich lieber zurück und pflegt dann einen unpersönlicheren Kontakt. Diese Art von Sensibilität liegt in ihrem feinen Gespür begründet. Viele Menschen finden bei ihr ein offenes Ohr, sie schenkt Wärme, Zuneigung, Verständnis und Trost. Gar nicht mag sie das laute Gehabe von Machotypen, und

auch ein niveauvoller Sprachgebrauch im täglichen Umgang ist bei ihr unbedingte Voraussetzung.

Ihr hoher Anspruch an das Leben gilt auch für ihre eigene Person: Schönes Ambiente, geschmackvolle Kleidung und harmonische Urlaube machen ihr Freude. In ihrer Familie ist die Waage-Fische-Frau die Sonne, um die sich alles dreht. Sie pflegt auch dort einen sehr angenehmen Umgang und überrascht Partner und Kinder gern mit kleinen Extras wie spontanen Unternehmungen oder einem besonderen Essen. Ihr Partner kann sich glücklich schätzen, denn neben Ausstrahlung und Attraktivität besitzt sie einen hellwachen Geist und viel Humor, der sie selbst in stressigen Momenten nicht im Stich lässt.

Angekratztes Ich
Mit Kritik hat sie so ihre Probleme, oft nimmt sie etwas viel zu persönlich. Immer wieder einmal neigt sie auch zur Eifersucht – was sie selbst am meisten quält, da sie diese Empfindung eigentlich als unter ihrem Niveau einstuft. Doch kann sie ihre Feinfühligkeit eben nicht einfach abstellen.

Entwicklungschance: über den Dingen stehen
Wenn diese tolle Frau sich einmal ganz klar ihrer eigenen Qualitäten bewusst wird, dann hat sie weder das Gekränktsein noch die Eifersuchtsgefühle nötig. Das klingt sehr einfach – und ist es bei ihrer Intelligenz auch!

♂ Waage, Aszendent Fische
Freiheitskämpfer in eigener Sache
Die zwei Prägungen tun sich gegenseitig nicht weh, aber sie unterstützen einander auch nicht nennenswert. Beide sind auf Harmonie

und Frieden ausgerichtet, und beide sind nicht besonders entschluss-freudig. Im Vordergrund stehen daher Sensibilität, Feingefühl und Intuition. Er hat stets ein offenes Ohr, Verständnis und Trost für Menschen, die seine Hilfe suchen, im zwischenmenschlichen Bereich sind seine Hingabe und Liebesfähigkeit unerreicht. Unübertroffen ist auch seine Kreativität.

Sein Arbeitsstil ist schnell beschrieben: Es ist ein Pendeln zwischen engagiertem Einsatz und Laisser-faire, je nachdem, wie es die Situation erfordert beziehungsweise erlaubt. Fest vorgegebene Arbeitszeiten sind ihm ein Graus, und so zieht er die Selbstständigkeit vor. Der Waage-Fische-Mann benötigt viel Freiraum, in dem er seine Entscheidungen ausgewogen und wohlüberlegt treffen kann. Druck ruft bei ihm höchstens Gegendruck hervor, denn er blockiert ihn und hemmt seine Produktivität, ebenso sieht es aus mit Bevormundung, Kontrolle und Kritik.

Seinen beruflichen Freiraum lässt er sich auch von seiner Familie und vom Freundeskreis nicht einengen, da nimmt er notfalls mal einen Streit in Kauf. Doch mag und braucht er gute Freunde und liebenswerte Gesellschaft in seinem Zuhause. Wärme, Liebe und Zuneigung sind seine Triebfeder, die ihn – im Gegensatz zu Druck und Vorschriften – zu Höchstleistungen anregt.

Unter Verschluss

Mit seiner Verschlossenheit übertreibt er es oftmals, er stößt andere damit vor den Kopf und beraubt sich selbst bester Möglichkeiten. Zudem macht seine Wankelmütigkeit anderen den Umgang mit ihm nicht immer leicht.

Entwicklungschance: sich öffnen und wachsen

Ihm sei das Erlernen mentaler Techniken unter Anleitung eines erfahrenen Coachs sehr empfohlen, um diese Muster zu verändern und mehr Struktur in seine Gedankenwelt zu bringen. Denn schließlich hat er viel zu geben, wenn er sich etwas mehr öffnet.

Es ist nicht wenig Zeit, die wir haben,
sondern es ist viel Zeit, die wir nicht nutzen.
Seneca der Jüngere

♀ Skorpion, Aszendent Fische
Geheimnisvolle Kämpferin

Dieser besondere Charakter mit einer tiefen Sensibilität und Feinfühligkeit, gleichzeitig auch mit Führungsqualitäten, hat einen starken Hang zu Mystik und Magie, also zum naturwissenschaftlich Unerklärlichen. Ihr stürmisch-leidenschaftliches Innenleben spiegelt sich darin wider, was auf andere geheimnisvoll wirkt und sie zu faszinieren vermag. Sie will den Dingen immer auf den Grund gehen. Ihr kann man alles anvertrauen, und sie wird auf jede Frage stets eine Antwort wissen. Eine besondere Begabung ist ihre Vorausahnung, die nicht erklärbar ist. Sie scheint über Dinge zwischen Himmel und Erde Bescheid zu wissen, die den meisten verborgen bleiben!

Im Beruf ist die Skorpion-Fische-Frau erfolgsbewusst und immer bereit, an ihre Leistungsgrenze zu gehen. Sie wird sich behaupten, denn was sie anfängt, das erledigt sie ganz oder gar nicht. Kompromisse liegen ihr nicht, für sie zählt das Wahre und Echte. Dieses Ziel strebt sie mit aller Zähigkeit und Leidenschaft an. Ihr mutiger Einsatz für die eigene Sache, aber auch für fremde Anliegen wird von allen geschätzt. Die Skorpion-Fische-Frau ist eine Kämpfernatur, die niemals aufgibt. Sie wird immer gebraucht und auch stets im Mittelpunkt stehen. Verantwortung kann sie gar nicht genug haben, sie übernimmt sie gern.

Nicht zu kurz kommen dabei auch der Partner und die Familie: Wenn die Skorpion-Fische-Frau liebt, dann mit Haut und Haar. Ihre Nächsten bedeuten ihr sehr viel, und aus einem harmonischen Familienleben zieht sie sehr viel Kraft und persönliche Zufriedenheit.

Vergebene Gelegenheiten

Sie sollte ihr Feingefühl auch für den Einsatz von etwas mehr Diplomatie nutzen, denn durch mangelndes taktisches Geschick bringt sie sich nicht selten um vielversprechende Möglichkeiten und Erfolge.

Entwicklungschance: ins Gleichgewicht kommen

Eine ganz einfache Übung sei ihr empfohlen: vor dem Antworten genau einen Atemzug lang überlegen! Sie sollte zudem mehr Wert darauf legen, zu regenerieren und nach Anstrengungen und stressigen, emotionalen Tagen ihr empfindsames Innenleben wieder ins Gleichgewicht zu bringen (am besten draußen in der Natur), damit ihr großer persönlicher Einsatz nicht irgendwann schlechte Stimmung oder gar gesundheitliche Probleme nach sich zieht.

♂ Skorpion, Aszendent Fische

Tiefgründiger Tüftler

Dieser geheimnisvoll wirkende Mann fasziniert. Er ist überaus reich bedacht mit Talenten und besonderen Eigenarten, steht der Mystik, der Magie und dem wissenschaftlich Unerklärlichen sehr nahe. Er schöpft aus der Tiefe und verfügt über ein leidenschaftliches, hingebungsvolles Innenleben. Er kann auf fast jede Frage eine erhellende Antwort geben. Im zwischenmenschlichen Umgang ist ihm viel Sensibilität und Feingefühl zu eigen. Seine einzigartige Kreativität gibt ihm die Möglichkeit, außergewöhnliche Dinge zu planen und langfristig in die Tat umzusetzen. Ein schneller Entscheider ist er dagegen nicht, vielmehr ein Tüftler und Gestalter, der Zeit braucht, um schöpferisch zu sein. Entsprechend kann er weder Druck noch Bevormundung gebrauchen und zieht daher im Beruf meist die Selbstständigkeit vor – oder er sucht sich eine Stelle, an der er möglichst frei schalten und walten kann.

Die Familie ist dem Skorpion-Fische-Mann sehr wichtig, er braucht ein Umfeld voller Wärme, Liebe und Zuneigung, um seine Akkus wieder aufzuladen. Auch braucht er die Toleranz seiner Lieben für seine eher unberechenbaren Arbeitszeiten. Dafür bietet er ihnen seine reiche Gefühlswelt dar, was ihm nur in diesem schützenden Umfeld gelingt.

Wenn er den Stachel ausfährt

Fühlt sich der Skorpion-Fische-Mann angegriffen, schlägt er oft mit spitzer Zunge und Zynismus zurück und wird sehr direkt, um es einmal vorsichtig auszudrücken. Bei Kritik und Niederlagen verliert er die Verbindung zum tiefen Grund seiner Seele. Er kann auch ein Eigenbrötler sein und sich im Extremfall völlig aus der Gesellschaft zurückziehen. Menschen, die ihn nicht gut kennen, stempeln ihn dann leicht als »seltsam« ab.

Entwicklungschance: die Verbindung zum Gefühl nutzen

Wenn er stets seiner tiefen Intuition folgt, gerät er nicht in unangenehme Lebenslagen. Um auch im Alltag mit seinem Urgrund verbunden zu sein, kann ihm mentales Training eine große Hilfe sein.

Das Schönste, was wir entdecken können,
ist das Geheimnisvolle.
Albert Einstein

♀ Schütze, Aszendent Fische

Unkompliziert und feinfühlig

Diese Frau mit einer treffsicheren Intuition, viel Mitgefühl und einer schier unerschöpflichen Hilfsbereitschaft ist einfach ein Geschenk für alle. Sie ruht in sich und ist meist zufrieden mit ihrem Leben, da sie auch kleine Dinge wertschätzt und weiß, dass jeder Augenblick kostbar ist. Sie findet schnell Zugang zu anderen, und es ist ihr stets eine Freude, ihnen etwas Gutes zu tun. Dies wird ihr hoch angerechnet. Im beruflichen Bereich sucht sie die Verantwortung, und man trifft sie deshalb häufig in Führungspositionen an. Wichtig ist für sie gegenseitiges Vertrauen ohne Bevormundung und mit klaren Zuständigkeiten. Sie erwartet eine niveauvolle Sprache und einen guten zwischenmenschlichen Umgang.

Ein Highlight des Jahres ist für sie ein sportlich ambitionierter Urlaub, wo sie zum einen ausgiebig Bewegung, zum anderen aber auch Kultur genießen kann. In Partnerschaft und Familie ist die Schütze-Fische-Frau ein Fixpunkt, der Halt und Wärme gibt, aber beides auch selbst braucht. Man schätzt zudem ihre Kreativität, ihre immer wieder neuen Einfälle, mit denen sie Gäste und Freunde überrascht.

Wenn kaum etwas zurückkommt

Die Gefahr für einen Schütze-Fische-Charakter ist, dass man ihn ausnutzt und benutzt; das heißt, man fordert und erwartet, aber es wird nur wenig zurückgegeben. In diesem Fall mag die Schütze-Fische-Frau irgendwann einfach nicht mehr und wirft traurig und enttäuscht das Handtuch. Ihre Gefühlswelt erlebt immer wieder Höhen und Tiefen, die sie ein wenig nivellieren sollte, damit sie nicht aus der Höhe ganz in die Tiefe fällt.

Entwicklungschance: Fallhöhe reduzieren

Übung Nummer eins der Schütze-Fische-Frau: rechtzeitig kundtun, wenn sie etwas stört! Die anderen haben sonst – wer will es ihnen verdenken? – das Gefühl, es sei doch alles bestens.

Übung Nummer zwei: lernen, gelassener zu reagieren und ihre Gefühle besser in den Griff zu bekommen, um dauerhaft ausgeglichener und zufriedener zu sein. Dies lässt sich zum Beispiel mithilfe von mentalem Training ganz praktisch einüben.

 Schütze, Aszendent Fische

Ein Traum von einem Mann

Hier greift ein Rädchen ins andere: Die beiden Prägungen ergänzen einander optimal und bringen die unterschiedlichen Persönlichkeitsanteile gut ins Gleichgewicht. Mit einer sicheren Intuition, viel Mitgefühl und Hilfsbereitschaft geht dieser Charakter seinen Weg. Themen wie Liebe und Hoffnung bestimmen sein Leben. Seine Ansprüche sind hoch, aber nicht unrealistisch, und vor allem will dieser Mann nicht mit dem Kopf durch die Wand, um seine Ziele zu erreichen. Er ist dankbar für das, was er hat, und unter allen Gütern dieser Welt ist ihm Gesundheit das Wichtigste. Zu seinen Träumen wurde ihm das Talent geschenkt, diese auch zu verwirklichen. Seine Vorstellungskraft, um etwas Besonderes zu entwickeln und zu gestalten, ist seine Triebfeder. Allerdings taucht er dann oft für eine Weile ab – sowohl geistig als auch physisch –, was ihn vorübergehend seiner Familie und seinem Freundeskreis entzieht, nicht selten auch mal abends oder am Wochenende. Doch dank all seiner menschlichen Qualitäten verzeiht man es ihm meistens gern.

Der Schütze-Fische-Mann ist als Freund ein Fels in der Brandung. Er ist jederzeit ein angenehmer Weggefährte, der Ruhe und Gelassenheit ausstrahlt. Er ist gern in Ehrenämtern gemeinnützig tätig und hat ein tiefes Gefühl für die Belange und Sorgen der Menschen. Es macht ihm einfach viel Freude, zu helfen und auch mitzuerleben, wie andere sich weiterentwickeln.

Neben diesem Engagement tut er auch sich selbst und seinen Lieben gern etwas Gutes. Besonders mag er feine Restaurants mit tollem Ambiente, ausgesuchten Speisen und Weinen; ein kostbarer Cognac oder eine gute Zigarre dürfen den Abend abrunden. Er weiß schließlich: Wer viel gibt, sollte auch bei sich selbst nicht knausern. Alles in allem ist er ein fröhlicher, lebensbejahender Mensch, der auch gern reist, aber ebenso gern wieder zu seinen Wurzeln zurückkehrt. Ob Wandern, Golf, Tennis, Reiten oder Gleitschirmfliegen – länger als ein bis zwei Wochen hält der Schütze-Fische-Mann nicht einmal den aktivsten Urlaub aus, denn er möchte an seinen Projekten in der Heimat weiterwerkeln.

Wenn andere die ganze Hand nehmen
Wer sich und anderen so viel gönnt, läuft Gefahr, auch mal ausgenutzt zu werden.

Entwicklungschance: Mut zum Nein
Er sollte ab und zu kurz innehalten, um sich über die Lauterkeit der Motive anderer klar zu werden. Seine feine Intuition zeigt ihm hier zuverlässig den Weg.

 Steinbock, Aszendent Fische
Ausstrahlung und reiche Innenwelt
Hier treffen zwei gegensätzliche Prägungen aufeinander. Man könnte die Konstellation mit »Realismus versus Verträumtheit« treffend beschreiben. Trotzdem kann sich ein harmonischer Charakter entwickeln. Im Grunde ist sie eine wunderbare Frau mit bemerkenswerten

Anlagen und Möglichkeiten. Ihr großes Feingefühl und ihre tolle Ausstrahlung ergänzen sich bestens mit ihren natürlichen Führungsqualitäten. Ihre größte Stärke aber liegt in tiefgründigen Einsichten, oft auch intuitiven Vorahnungen. Im Beruflichen ist ihre Leistung stark abhängig davon, welcher Umgangston herrscht. Stimmt die Arbeitsatmosphäre, kann sie zur Höchstform auflaufen und auch andere mitreißen und begeistern.

Urlaube dienen ihr zur Entspannung und Regeneration, sie braucht dort wahrlich keine anstrengenden oder aufregenden Aktivitäten. Ein Liegestuhl, ein Buch, gutes Essen und danach ein schöner Espresso – mehr braucht sie nicht fürs Urlaubsglück. In Haus und Garten geht ihr alles leicht von der Hand. Sie macht es gern und entspannt dabei sogar. Über liebe und humorvolle Gäste freut sie sich jederzeit.

Im Umgang mit anderen braucht sie Wärme und Zuneigung. Lob und Anerkennung beflügeln sie und machen sie erst richtig glücklich. Die Steinbock-Fische-Frau ist sehr beliebt und überall gern gesehen. Ihre niveauvolle Lebensgestaltung und ihre Ausstrahlung begeistern alle, die mit ihr zu tun haben. Eine harmonische Partnerschaft ist ihr Kraftquell für den Alltag.

Gelegentliches Verzetteln
Ihre Vorahnungen haben manchmal auch Nachteile, und zwar dann, wenn sie es eigentlich gar nicht so genau wissen will. Dann ist sie bisweilen unschlüssig, ob ihre Intuition sie diesmal nicht trügt und sie lieber nur ihrem Verstand folgen sollte, und verzettelt sich dann innerlich regelrecht.

Entwicklungschance: inneren Wegweiser entwickeln
Es hilft ihr sehr, die manifestierten Muster durch mentales Training aufzulösen. Dadurch erkennt sie genauer, welcher Instanz – Kopf

oder Gefühl – sie jeweils trauen sollte. Entscheidend dabei ist, dass der Steinbock-Anteil seine selbst gesteckten Grenzen erkennt und überschreitet, um sich auf die Weite des Lebens einzulassen.

O lerne Denken mit dem Herzen,
und lerne Fühlen mit dem Geist.
Theodor Fontane

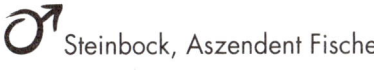 Steinbock, Aszendent Fische

Mann der Extreme

Wenn der Steinbock-Fische-Mann es schafft, seine absolut gegensätzlichen Prägungen in Harmonie zu bringen, wird er glücklich und erfolgreich leben. Denn dann kann er sein großes Talent, tiefe Einsichten zu gewinnen und Sachverhalte zu erahnen, wirkungsvoll einsetzen. Er verfügt einerseits über messerscharfe Präzision, andererseits über viel Gefühl und die Fähigkeit zu träumen. Damit er sich nicht ins eigene Fleisch schneidet, muss er lernen, seine Talente und Fähigkeiten intelligent zu bündeln, er muss seine Bodenständigkeit und sein Sicherheitsbedürfnis mit seiner feinen Intuition und großen Kreativität vernetzen. Dabei helfen ihm der Tiefgang seiner Seele und sein gutes Bauchgefühl, sein untrügliches Gespür für das Echte und Wahre.

Seine Partner- und Vaterrolle nimmt er allerdings sehr durchwachsen wahr, oft hat er zu wenig Zeit für seine Lieben. Auch zeigt er ausgerechnet ihnen gegenüber manchmal zu wenig Verständnis und schraubt seine Erwartungen an sie viel zu hoch – woraufhin diese, je nach Temperament, den Aufstand proben oder sich eingeschüchtert zurückziehen. Dabei ist er doch in der Lage, mit viel Wärme, Liebe und Zuneigung ein harmonisches Zusammenleben mitzugestalten!

Wenn der »Oberlehrer« übernimmt

Im Beruf wie privat könnte der Steinbock-Fische-Mann lockerer und entspannter sein und die Bedürfnisse und Wünsche der anderen respektieren. Stattdessen beharrt er oft auf seiner Meinung, was ihm natürlich keine Sympathien einbringt.

Entwicklungschance: »das Weite suchen« wörtlich genommen

Der Steinbock in ihm sollte bereit sein, seine selbst gesteckten Grenzen zu überschreiten und sich auf die unergründliche Weite des Fische-Aspekts einzulassen. Fördern lässt sich dies durch mentale Techniken. Hierbei können die manifestierten alten Muster aufgelöst und durch neue, passendere ersetzt werden. Dann lernt dieser im Grunde so gefühlvolle Mann, anderen entgegenzukommen und nicht seine Sicht als die einzig wahre zu betrachten.

 Wassermann, Aszendent Fische

Wissbegierige Philanthropin

Den Glauben an das Gute im Menschen muss eine Wassermann-Fische-Frau erfunden haben! Denn sie ist die Hilfsbereitschaft und Selbstlosigkeit in Person. Dieser Glaube in ihr kann durch nichts erschüttert werden. Sie ist aber keineswegs naiv, sondern sehr intelligent und mit Tiefgang und einem unendlichen Wissensdurst ausgestattet. Außerdem hat sie ein ausgeprägtes Bedürfnis nach zwischenmenschlicher Wärme.

Sie setzt sich immer realistische und erreichbare Ziele und erreicht sie Schritt für Schritt. Sofort hat sie das nächste Ziel schon wieder vor Augen. Neues dazuzulernen, immer neue Höhen zu erklimmen, das ist ihr unermüdlicher innerer Antrieb. Sie braucht diese Art Herausforderung, was oft dazu führt, dass sie nicht abschalten kann. Denn Stillstand empfindet sie als Rückschritt. Sie ist überaus sprachbegabt, erlernt fremde Sprachen fast im Schlaf. Mit Oberflächlichkeit jeder Art verschwendet sie ihre Zeit nicht. Sie will immer ins Zentrum einer Angelegenheit vordringen, die Zusammenhänge begreifen und bis ins letzte Detail verstehen. Oft ist das anderen Menschen in der Auseinandersetzung mit ihr zu anstrengend, aber sie gibt nicht nach und hinterfragt immer wieder.

Im Berufsleben fühlt sie sich als Ärztin, Anwältin, Dolmetscherin wohl oder in einem anderen Beruf, wo sie mit Menschen zu tun hat und ihre geistigen Fähigkeiten gefragt sind. Dann kann sie aus dem Vollen schöpfen und sich mit ganzem Engagement einbringen, dies macht sie glücklich und zufrieden. Auch neben dem Beruf ist sie für die Menschen tätig, unterstützt gemeinnützige Einrichtungen und auch Freunde und Bekannte, die in Not geraten sind. Dies ist für sie eine Herzensangelegenheit.

Ihr Zuhause ist ihre Basis, ihre Bodenstation, wo sie auftankt, liebe Gäste zu abendfüllenden Plaudereien und Diskussionen empfängt und überall ihren ausgezeichneten Geschmack walten lässt. Sie ist eine wunderbare Frau mit viel Feingefühl für das Wesentliche und viel innerem Frieden. Das lieben auch ihr Partner und ihre Kinder so sehr an ihr.

Bitte keine schrägen Töne!
Wenn jemand ihr gegenüber eine grobe oder unhöfliche Sprache verwendet, zieht sie sich sofort verletzt zurück. Da ist sie überaus empfindlich.

Entwicklungschance: anderen sanft »die Meinung geigen«
Statt Rückzug sollte sie öfter versuchen, den anderen sachlich zu sagen, was sie stört – oft meinen diese es gar nicht böse und wissen überhaupt nicht, wie sie auf andere wirken.

♂ Wassermann, Aszendent Fische

Koryphäe mit Herz

Hier treffen zwei Charakterzüge aufeinander, die sich verstehen – und sich in fast jeder Situation positiv ergänzen und stärken. Man kann sagen, ihr Träger gehöre zu den hilfsbereitesten und selbstlosesten Männern. Der Fische-Wassermann ist tiefgründig, sensibel, intuitiv und sehr strategisch ausgerichtet. Er besitzt einen festen Glauben an das Gute im Menschen, hat ein großes Herz für gemeinnützige Zwecke und Menschen in Nöten. Nicht selten hat er in entsprechenden Organisationen auch das Sagen.

Dieser Mann ist immer am Puls der Zeit! Er tritt nicht unbedingt offensiv auf, sondern zieht lieber im Hintergrund die Fäden. Die Menschen mögen ihn, weil er stets gelassen, ruhig und souverän agiert. Durch seine Übersicht und Voraussicht kann er maßvolle und immer gerechte Entscheidungen zum Wohle aller treffen. Dass er darüber hinaus einen besonderen Charme versprüht, bleibt den Menschen, die mit ihm arbeiten, nicht verborgen. Sein stilvolles Auftreten spiegelt wider, mit wem man es hier zu tun hat.

Auch in Partnerschaft, Familie und Freundeskreis erfährt er viel Zuneigung, weil er immer ausgeglichen, ruhig und gelassen agiert, selbst wenn es kritisch wird oder unangenehme Ereignisse anstehen. Es ist sogar eine seiner ganz großen Stärken, dass er immer einen klaren Kopf behält und nie die Kontrolle verliert. Dieser großartige Mensch hat Wertschätzung besonders verdient.

Einsame Spitze

Der Fische-Wassermann braucht viel Freiraum, man darf ihn weder einengen noch bevormunden. Nur von Menschen, die er als geistig ebenbürtig ansieht, lässt er sich etwas sagen. Manche empfinden ihn daher fälschlicherweise als arrogant.

Entwicklungschance: einen zweiten Blick wagen
Manchmal sollte er anderen etwas mehr Zeit geben, ihre Qualitäten zu zeigen, bevor er sein Urteil fällt. So trifft er sicher auf den einen oder anderen hilfreichen Geist.

> *Niemand irrt nur für sich allein.*
> *Er ist auch Grund und Urheber fremder Irrtümer.*
> Seneca der Jüngere

Aszendent Widder

♀ Widder, Aszendent Widder

Präzision und Durchsetzungsvermögen

Diese Frau weiß, was sie will – und sie tut alles, um es auch zu bekommen. Sie übernimmt von Natur aus gern die Führung. Erfolg bedeutet ihr sehr viel, dafür ist sie bereit, weit über das normale Maß hinaus zu arbeiten. Sie strebt beruflich immer das Höchste an, was sie erreichen kann, ohne ihre Familie zu vernachlässigen. Im Geschäftsleben sind ein hohes Maß an wechselseitigem Vertrauen und ein weiter Handlungsspielraum die entscheidenden Voraussetzungen für sie, ihre Aufgaben konzentriert und mit Freude erledigen zu können. Ebenfalls sehr wichtig ist ein angenehmer, auch in Stresssituationen sachlich bleibender Umgangston. Sie ist absolut ehrlich und verlässlich und erwartet dies ebenso von ihren Kollegen und Geschäftspartnern.

In ihrer Familie tankt die doppelte Widder-Frau auf, hier findet sie nach einem langen Tag wieder ins Gleichgewicht. Wenn es in der Familie Zank gibt, bringt sie das auch im Arbeitsalltag aus dem Takt, da sie die häuslichen Dissonanzen nicht einfach innerlich abhaken kann. Schließlich ist ihre Kraftquelle bedroht!

Manchmal zu eigensinnig

Versucht jemand, die doppelte Widder-Frau einzuengen oder zu kontrollieren, so hat er schlechte Karten, denn dagegen wehrt sie sich vehement. Zudem kann es passieren, dass sie dann die Lust an der Sache verliert und keine Energie mehr dafür aufbringen kann. Ebenso wenig schätzt sie es, wenn man ihre Arbeitsabläufe infrage stellt, weil man meint, bessere Lösungen zu haben. Auch im zwischenmenschlichen Umgang gibt es durchaus Reibungspunkte. Oft hat diese hart arbeitende Frau zu wenig Verständnis für ihre Kollegen oder Bekannten, dadurch entstehen häufig Missverständnisse und unnötige Konflikte.

Entwicklungschance: loslassen und den Blick weiten

Es würde diese erfolgreiche Frau noch erfolgreicher machen, wenn sie ab und zu einmal innehielte und in sich hineinhörte, ob sie sich nicht zu sehr in eine Sache verbissen hat. Vielleicht lohnt es sich ja doch, ab und zu auf die Anregungen von Kollegen (oder auch Familienmitgliedern) einzugehen oder angebotene Unterstützung anzunehmen. Das bedeutet schließlich noch lange nicht, das Steuer aus der Hand zu geben. Meditationen sowie entspannte Bewegung in schöner Natur können immer ein Anstoß sein, sich etwas mehr zu entspannen und loszulassen.

 Widder, Aszendent Widder

Feuer und Begeisterung

Mit dem Kopf durch die Wand: Der doppelte Widder-Mann verfügt über eine Menge Überzeugungs- und Durchschlagskraft. Ein leidenschaftlicher, impulsgesteuerter Tatendrang ist sein Markenzeichen.

Dieser Herr hat keinerlei Scheu vor Unternehmungen mit unbekanntem Ausgang – zu gern beschreitet er neue Wege und leistet Pionierarbeit. Die Ungewissheit reizt ihn, Aufgaben anzugehen und zu lösen – was ihm auch meist gelingt. Das Erstaunliche: Bei alldem wirkt er niemals hektisch, vielmehr scheint er immer harmonisch in sich zu ruhen. Kein Wunder, dass man ihn im Beruf vorzugsweise in einer Führungsposition findet. Um ihn selbst erfolgreich zu führen, muss man allerdings den richtigen Ton treffen, denn wenn er jemanden nicht respektiert oder aber sich selbst nicht respektiert fühlt, siegt sein Drang nach Selbstbestimmung. Er ist ein Mann, der Auseinandersetzungen nicht aus dem Weg geht.

Im Gefühlsbereich bringt er sich selbst oft in Konflikte. Denn das, was ihn im Beruf so erfolgreich macht, ist in Liebesdingen eher kontraproduktiv: Er ist auch hier impulsiv und schnell begeistert, sprich verliebt, doch es fehlt ihm anschließend an Konstanz. Oftmals ist er hin- und hergerissen und tanzt schon mal auf zwei Hochzeiten. Flirten und Anbandeln bedeuten für ihn einfach eine wohltuende Abwechslung zu seinem beruflichen Stress. Erst wenn er sich wirklich in einer dauerhaften Partnerschaft wohlfühlt, ist auch in dieser Hinsicht auf ihn Verlass – solange er nicht das Gefühl hat, dass er kontrolliert und eingeengt wird.

Pleiten, Pech und … Erschöpfung
Seine große Energie beschert ihm auch so manche Panne, da er nicht immer besonnen handelt – im Beruf gilt dies ebenso wie im Privatleben. Zudem verpufft bei seiner feurigen Herangehensweise manchmal zu viel Energie.

Entwicklungschance: die Kräfte einteilen
Das Erlernen mentaler Techniken im Rahmen eines Coachings kann dem Widder-Widder-Mann dabei helfen, alles etwas überlegter an-

zugehen und so besser mit seinen Kräften hauszuhalten. Er muss darüber hinaus lernen, dass er sowohl im Beruf wie auch im Privatleben nicht nur für sich selbst verantwortlich ist, sondern ebenso für das Wohlergehen der anderen Beteiligten Mitverantwortung trägt.

> *Glück gleicht durch Höhe aus,*
> *was ihm an Länge fehlt.*
> Robert Frost

♀ Stier, Aszendent Widder
Sensibel und gut geerdet

»Hart arbeiten und reich ernten«, so lautet die Devise der Stier-Widder-Frau. Trotz einer gewissen Verbissenheit und Sturheit ist »Lebenslust« kein Fremdwort für sie – dabei schlägt sie aber nie über die Stränge, sondern bleibt stets solide und bodenständig. Im Beruf gibt sie alles und noch viel mehr, sie ist eine leidenschaftliche Kämpferin und eine große Stütze. Anerkennende Worte und auch Komplimente mag sie aber nur hören, wenn sie angemessen und ehrlich geäußert werden, denn sie ist absolut unbestechlich. Wer etwas von ihr braucht, der muss sie überzeugen. Mit penibler Kontrolle und Bevormundung kann man sie schnell auf Distanz bringen – und sie in letzter Konsequenz als wertvolle Kollegin oder Mitarbeiterin verlieren.

Ihr privates Umfeld ist für die Stier-Widder-Frau ein behagliches »Nest«, wo Harmonie, Wärme, Zuneigung und Glück die wichtigsten Werte sind. Ihre Gastfreundschaft ist berühmt, in sehr liebenswerter Art bewirtet sie Freunde auf das Köstlichste. Die Wärme, die sie ausstrahlt, schafft hierbei eine wunderbare Atmosphäre. Sie schätzt aber auch das Alleinsein, am liebsten in der Natur. Hier tankt sie auf und kommt ins Gleichgewicht, wenn sie nach dem Tagesstress nervlich angespannt ist. In Partnerschaft und Familie ist sie liebenswert und stets verlässlich, man kann ihr jederzeit sein Herz öffnen oder sich bei ihr anlehnen.

Allzu schnell ins Schneckenhaus
Ihre reiche Gefühlswelt macht sie leicht verletzbar, auch Kritik nimmt sie sich oft viel zu sehr zu Herzen. Um sich vor Verletzungen zu schützen, kann sie sehr stur und unnahbar erscheinen.

Entwicklungschance: Selbstvertrauen entspannt!
Indem sie ihre Mitte stärkt, kann diese wunderbare Frau lernen, etwas mehr aus sich herauszugehen. Schließlich hat sie nichts zu verbergen und viel zu geben! Mit Yoga oder einem sanften Kampfsporttraining sowie mit mentalem Training gewinnt sie an Selbstvertrauen und damit auch an Lockerheit.

Dies ist der Liebenden Rat; lass ihn das Herz dir berühren:
Liebe schweigend, denn still sagt ihr Geheimstes die Welt.
Rumi

Stier, Aszendent Widder
Gelassener Genießer
Hier treffen Kreativität und Kampfbereitschaft aufeinander, wobei der »Stier im Manne« mehr der taktierende, eher vorsichtige Anführer ist und der Widder ein Heißsporn und Haudegen, der immer wieder Porzellan zerbricht. Um diese beiden Charakterzüge unter einen Hut zu bringen, ist vonseiten des Stier-Widder-Mannes schon etwas Aufwand nötig – gelingt es, kann er seine Möglichkeiten, Talente und Fähigkeiten gewinnbringend einsetzen. Wegen seiner Kre-

ativität und seines besonderen Feingefühls ist er meist in Berufen tätig, die zum Beispiel in der Textilbranche oder im Grafikbereich angesiedelt sind, aber auch als Anwalt oder Notar kann er seine Fähigkeiten gut einsetzen. Kontrolle und Bevormundung verträgt der Stier-Widder-Mann nicht. Dagegen tun ihm – auch wenn er es nicht zugeben möchte – Lob und Anerkennung nicht nur gut, sondern beflügeln ihn zu neuen Taten.

In gemeinnützigen Organisationen ist dieser Charakter häufig zu finden. Gerade für sozial Schwache und hilfsbedürftige Menschen hat er ein offenes Ohr, von der Notwendigkeit unbürokratischer bürgerschaftlicher Hilfe ist er überzeugt.

In seiner Freizeit macht der Stier-Widder-Mann gern und viel Sport. Er ist bereit, hier immer wieder an die Grenzen seiner Leistungsfähigkeit zu gehen. Er kann aber auch genießen; besonders gern geht er fein essen – in ansprechendem Ambiente, guter Atmosphäre und vor allem mit liebenswerten Freunden. Verlässlichkeit ist seine größte Tugend, so ist er ein treuer und beständiger Weggefährte insbesondere auch in Partnerschaft und Familie. Diese bedeuten dem Stier-Widder-Mann sehr viel. Hier holt er sich auch das Gleichgewicht, das er im Beruf dringend braucht.

Etwas mehr Toleranz ist gefragt!

Von seinen Mitarbeitern beziehungsweise Kollegen verlangt er viel, manchmal zu viel. Er sollte mehr Verständnis dafür haben, dass jeder Mensch eben individuelle Voraussetzungen mitbringt und aus diesen das Beste zu machen versucht. Auf Kritik reagiert er oft ärgerlich, weil er sie häufig zu persönlich nimmt.

Entwicklungschance: Worte wirken lassen

Er sollte, wenn er kritisiert wird, das Gesagte erst einmal wirken lassen – oft ist ehrliche Kritik noch wertvoller als Lob! Um seine gegensätzlichen Charakterzüge in Einklang zu bringen und um noch gelassener zu werden, ist ein gezieltes mentales Training im Rahmen eines professionellen Coachings sinnvoll. Damit gelingt es ihm, alte Denkgewohnheiten zu erkennen, zu verändern und durch neue, hilfreiche Verhaltensweisen zu ersetzen.

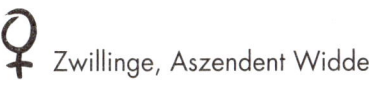 Zwillinge, Aszendent Widder

Weiter, immer weiter

Nichts kann die Zwillinge-Widder-Frau aufhalten! Sie zeigt sich Neuem gegenüber immer aufgeschlossen und will sich auch persönlich stetig weiterentwickeln. Sie ist eine sehr aktive, eigenständige und erfolgreiche Frau, die mit beiden Beinen im Leben steht. Es ist ihr ein großes Anliegen, ihre Erkenntnisse und Energien mit anderen zu teilen, damit alle glücklich werden. Sie hat eine außergewöhnliche Begabung im Umgang mit Menschen, und es fällt ihr leicht, sich auf andere einzustellen – das gilt auch dann, wenn jemand sich schwer zugänglich zeigt.

Sie ist ein besonderes Organisationstalent und hat den weiten Blick für sinnvolle Vorgänge und Abläufe. In ihrem Aufgabengebiet benötigt sie absolute Freiräume. Gern arbeitet sie selbstständig oder strebt Führungsaufgaben an. Kleinkariertes Denken anderer belastet sie und macht sie unglücklich. Diese Frau will und braucht eine hohe Entscheidungskompetenz, nur dann kann sie mit Freude große Aufgaben angehen. Die dafür nötigen Eigenschaften wie Fleiß, Disziplin und Ehrlichkeit sind ihr in die Wiege gelegt worden.

Ihre Kraft zieht die Zwillinge-Widder-Frau aus einer intakten Familie und einem kleinen, handverlesenen Freundeskreis. Freunde bedeuten ihr sehr viel. In Partnerschaft und Familie legt sie großen Wert darauf, dass alle zu ihrem Recht kommen und zufrieden sind. Dennoch ist es der berufliche Erfolg, über den sie sich ihre eigentliche Bestätigung und Befriedigung holt. Erfolg und Anerkennung sind für sie ein wichtiger Glücksfaktor.

Gelegentliche innere Unruhe
Bedingt durch ihre vielen Aufgaben, die sie immer optimal erfüllen will, ist die Zwillinge-Widder-Frau hin und wieder etwas sprunghaft in ihren Entscheidungen, wenn ihr die innere Ruhe fehlt.

Entwicklungschance: gezielt wieder ins Gleichgewicht kommen
Sehr hilfreich kann für sie regelmäßiges Meditieren sein – einige Minuten am Tag reichen schon aus! Auch Bewegungsmeditationen wie etwa Bogenschießen oder aber ruhige, zielgerichtete Hobbys wie Zeichnen, Modellieren oder Gartenarbeit fördern ihr inneres Gleichgewicht. Ganz wichtig ist, dass sie in ihrem Zuhause ein eigenes Zimmer hat oder sich zumindest ein eigenes Reich in einer Zimmerecke einrichtet, wo niemand sie stören darf. Hier findet sie schnell wieder ihre innere Mitte.

♂ Zwillinge, Aszendent Widder
Explosives Energiebündel
Beim Mann verbinden sich diese beiden Prägungen zu einer hochexplosiven Mischung! Dabei bergen die größten Potenziale dieser Persönlichkeit auch die größten Gefahren. Der Zwillinge-Widder-Mann sprüht vor Energie und Temperament, er wirkt sympathisch auf andere und bekommt daher auch viel Sympathie zurück. Er ist stets aufgeschlossen für Neues und will auch persönlich wachsen. Seine Begeisterungsfähigkeit ist groß, und so strebt er stets danach, seine zahlreichen Geistesblitze und Projekte auf Erfolgskurs zu bringen.

Dem Glück hinterherlaufen

Die Kehrseite seiner Begabungen: Er ist geistig sprunghaft und legt eine angefangene Aufgabe oft unfertig wieder weg, sobald eine neue auftaucht, die ihm noch interessanter und lohnender erscheint. Die zuvor eingesetzte Energie verpufft dann, und aller Einsatz war umsonst. Schlimmer noch: Gerät dieser Mann unter Druck, kann es passieren, dass er seine Fairness und Aufrichtigkeit vergisst und mit unlauteren Mitteln oder Tricks arbeitet, die gar nicht zu ihm passen. Denn eigentlich ist es sein Anspruch, ehrlich, fair und loyal zu sein.

Seine Sprunghaftigkeit kann auch im privaten Bereich zuschlagen – in Partnerschaft und Freundeskreis neigt er ebenfalls dazu, bei Neuentdeckungen das Gewohnte erst einmal zurückzustellen, um das Neue, interessanter Scheinende auszuprobieren.

Darüber hinaus hat sein Zeitmanagement Luft nach oben: Gestresst zu sein und keine Zeit zu haben hängt immer auch mit mangelnder Organisation zusammen!

Entwicklungschance: das Glück (endlich!) beim Schopfe packen

Für ihn ist es ganz wichtig, seine Gewohnheiten und Verhaltensmuster zu überprüfen und sich gegebenenfalls neue, passende Muster anzueignen – am besten mithilfe von mentalen Techniken, die er mit einem erfahrenen Coach einübt. Wenn er dies ernsthaft anpackt und so zu mehr Konstanz findet, winken diesem im Grunde sehr begabten Mann Glück und Erfolg. Sehr zu raten ist ihm auch, sich einen Ort der Ruhe zu schaffen und in sich hineinzuhorchen, um seine innere Mitte zu finden. Bald wird er feststellen, dass er durchaus Zeit hat – und dass sein Stress hausgemacht war.

Ohne Glauben an ihre Dauer wäre die Liebe nichts,
nur Beständigkeit macht sie groß.
Honoré de Balzac

♀ Krebs, Aszendent Widder

Lebenslust mit viel Gefühl

Der starke Widder und der empfindsame Krebs verlangen einen lebenslangen Kompromiss zwischen Vorwärtsdrang und Abenteuerlust auf der einen und Phlegma auf der anderen Seite. Die Krebs-
Widder-Frau ist sehr harmonieliebend, doch verfügt sie auch über
Führungsstärke und ist bereit, für ihren Erfolg viel Einsatz zu zeigen.
Ihre großartige Vorstellungskraft führt sie zu kreativen Lösungen, die
sie unterm Strich glücklich und zufrieden machen. Immer vorausgesetzt, dass um sie herum angenehme Menschen sind, die auf einem
guten zwischenmenschlichen Niveau und ohne sich gegenseitig einzuengen, miteinander umgehen – das gilt für den beruflichen und
den privaten Bereich gleichermaßen. Die Krebs-Widder-Frau
braucht Zuneigung wie die Luft zum Atmen: Ein paar anerkennende
Worte, eine wärmende Umarmung, ein freundliches Lächeln voller
Vertrauen – dies ist ihr Treibstoff, ihre Lebensenergie.

Sie ist bescheiden, liebenswert und immer hilfsbereit. Beim Kennenlernen ist sie zunächst zurückhaltend und abwartend, sie braucht
erst ein Gefühl der Wärme und Sicherheit, bevor sie sich öffnet und
ihr wahres Wesen offenbart. Dann jedoch überrascht sie die anderen
oft mit ihrer Klugheit und reichen Gedankenwelt.

Als Partnerin, Freundin und auch als Mutter wird sie sehr geschätzt und geliebt. Im Alltag fällt ihr immer etwas Neues ein, sodass
es nie langweilig wird. Großen Rummel braucht sie dabei nicht, vielmehr schätzt sie die bescheideneren Facetten des Lebens. Im kleineren, ausgesuchten Kreis fühlt sie sich am wohlsten.

Störende Misstöne

Man darf nicht versuchen, sie zu bevormunden, zu kontrollieren oder sie gar infrage zu stellen. Grundsätzlich kann ein unharmonisches Umfeld sie traurig machen, sodass sie vorübergehend keinen Zugang zu ihrer kreativen Energie mehr hat.

Entwicklungschance: Harmonie innen und außen

Wenn die Bedingungen stimmen, wird diese Frau ein sehr glückliches und erfolgreiches Leben führen. Deshalb sollte sie einerseits prüfen, wie sie diese Voraussetzungen noch harmonischer gestalten kann, und andererseits, wie sie sich ein etwas dickeres Fell zulegt – zum Beispiel durch sanften Kampfsport und mentales Training.

Herr, gib mir die Kraft, die Dinge zu ändern,
die ich ändern kann, die Gelassenheit, das Unabänderliche
zu ertragen, und die Weisheit, zwischen diesen beiden Dingen
die rechte Unterscheidung zu treffen.
Franz von Assisi

 Krebs, Aszendent Widder

Ein echter Romantiker

Ganz ähnlich wie bei der Frau mit diesen beiden Prägungen trifft hier ein kühn voranstürmender Charakterzug auf Vorsicht und Empfindsamkeit. Dies bedeutet einen lebenslangen Prozess des Abgleichens von Power und Phlegma – aber es lohnt sich, zumal dieser Charakter viel Kreativität und kühne Fantasien entwickeln kann. Der Krebs-Widder-Mann ist ein sensibler, auf Harmonie bedachter Mensch mit dem Hang zur Romantik. Oft folgt er bei Entscheidungen seinem Gefühl, und er ist prädestiniert dafür, seinen Mitmenschen alles von den Augen abzulesen. Selbst am Arbeitsplatz schätzt er eine familiäre Atmosphäre. Egal, was er tut, er muss immer mit Herz und Seele dabei sein. Ein unharmonisches Umfeld kann ihn aus der Bahn werfen, und es lässt ihn traurig und lustlos werden.

Er verfügt über viel natürlichen Charme, und in Sachen Hingabe, Zärtlichkeit und Romantik können diesem Mann höchstens die Charaktere mit Fische-Einfluss Konkurrenz machen. Oberflächliche Abenteuer mag er jedoch nicht, er schlägt lieber Wurzeln. Von Liebeskummer wird er leider nicht verschont, denn mit dem Herzen verschenkt ein Krebs-Widder-Mann auch seine Seele.

Ein schönes, gemütliches Heim und ein harmonisches Familienleben sind bei ihm der Schlüssel zum großen Glück. Er wird immer bestrebt sein, alles für seine Familie zu tun, damit es jedem gutgeht.

Inneres Donnergrollen

Manchmal kommt es dazu, dass der Widder im Mann es übertreibt und einfach zu viel Druck aufbaut, was dem Krebs-Gemüt gar nicht gefällt. Das führt zu Unzufriedenheit und Ärger über sich selbst; er ist dann unausgeglichen und auch launisch gegenüber Familie und Freunden. Der Kontrast in seinem Charakter kann zu starken, kräftezehrenden Gefühlsausbrüchen wie auch zu depressiven Verstimmungen führen.

Entwicklungschance: dem roten Faden folgen

Dem Krebs-Widder sei das professionell angeleitete Einüben mentaler Techniken empfohlen, um mehr Konstanz in sein Leben zu bringen. Dadurch kann er belastende Gewohnheiten und Verhaltensmuster analysieren und allmählich verändern.

♀ Löwe, Aszendent Widder

Rampenlicht und Schneckenhaus

Dies ist eine starke Frau mit zwei widersprüchlichen Grundcharakterzügen. Ihr Verhalten hängt sehr von ihrer aktuellen Stimmung ab, was für sie selbst und die Menschen in ihrem Umfeld nicht immer leicht sein wird. So genießt sie es beispielsweise das eine Mal, im Mittelpunkt zu stehen, ein andermal zieht sie sich in ihr Schneckenhaus zurück. Sie ist bodenständig, geradlinig und sehr ehrgeizig. Im Beruf sucht sie immer den Weg zur Spitze. Entscheidend ist, mit wem sie zusammenarbeitet.

Der vorherrschende Ton ist unmittelbar entscheidend für ihre Laune, deshalb braucht ihr Umfeld viel Feingefühl. Das gilt besonders für Akteure, die in der Hierarchie über ihr stehen (falls es da überhaupt noch jemanden gibt). Sie braucht viel Verantwortung, verträgt keinerlei Kontrolle und muss absolutes Vertrauen in ihre Fähigkeiten spüren. Gelegentliche Worte der Anerkennung hört sie durchaus gern. Sicherheit bedeutet ihr sehr viel, deshalb ist sie auch zunächst kritisch und abwartend, bevor sie sich entscheidet, etwas Neues in ihr Leben zu lassen. Das mag ihren Kollegen manchmal arrogant und anmaßend erscheinen, aber sie betrachtet ihr Verhalten als eine reine Vorsichtsmaßnahme. Unter Druck braucht man sie sowieso nicht zu setzen, weil sie dies sofort abblockt.

In der Familie übernimmt die Löwe-Widder-Frau gern die Führung, und dies geschieht in der Regel zum Wohle aller. Sie legt Wert auf eine harmonische und freie, vertrauensvolle Partnerschaft ohne Einengung. Bei Freunden und Bekannten ist sie gleichermaßen beliebt wie geachtet, diese versuchen, ihr möglichst entgegenzukommen, was den Umgangston betrifft. Grundsätzlich ist auf diese Frau immer Verlass, ob im Beruf, in der Familie oder in Sport und Freizeit.

Rückzug als Waffe

Die Löwe-Widder-Frau ist schnell beleidigt und zieht die Fühler ein, wenn man nicht den richtigen Ton zum richtigen Zeitpunkt wählt. Besonders Kritik nimmt sie nur an, wenn sie diplomatisch geäußert wird. Regelrecht unleidlich kann sie werden, wenn man ihr für ihre Begriffe zu wenig Anerkennung ausspricht.

Entwicklungschance: innere Unabhängigkeit

Eine ansonsten so starke, leistungsfähige Frau sollte ihre Stimmung nicht vom Verhalten der anderen abhängig machen. Mehr Gelassenheit und inneren Abstand findet sie in Meditation und einem gezielten mentalen Training.

 Löwe, Aszendent Widder

Mit Pauken und Trompeten

Platz da, hier kommt der Löwe-Widder-Mann! So viel Mut, Entschlossenheit und Selbstvertrauen in einer Person gibt es selten. Dieser Mann kann mit seiner strahlenden Präsenz begeistern und überzeugen. Sein Motor läuft immer auf Hochtouren, und er wird niemals müde. Im Beruf ist er zum Führen erkoren – er ist hart, aber fair, dabei hat er auch noch eine herzliche und sympathische Ausstrahlung. Seine Entscheidungen trifft er kurz und bündig, ohne langes Zögern, seine Linie ist gerade und nachvollziehbar. Wer ihm fair begegnet, kann umgekehrt auch Fairness erwarten. Wer ihn zu übervorteilen versucht, hat bei ihm für immer verloren. Kompromisse macht dieser Männertyp nicht, auch wenn sie manchmal sinnvoll wären.

Natürlich gibt es auch Neider und Menschen, die ihn ablehnen, weil sie ihm seinen anhaltenden Erfolg nicht gönnen. Damit hat er überhaupt kein Problem, hier kommen seine Bodenständigkeit und sein Selbstvertrauen zum Tragen. Er engagiert sich aber nicht nur beruflich so stark, auch für gemeinnützige Zwecke ist er zu haben.

Seine Familie ist ihm heilig, für sie würde er alles tun. Er zieht aus der Liebe zu seinen Nächsten Kraft und genießt es, mit ihnen zu feiern, gut zu essen und glücklich zu sein.

Gnadenlos erfolgsorientiert

Der Löwe-Widder-Mann lebt nach der Prämisse »Was ich leiste, das erwarte ich auch von den anderen«. Wer da nicht mitzieht, kann sich schnell von ihm verabschieden. Träumer und Schwätzer gehen entweder freiwillig oder »werden gegangen«. Wer ihm das Wasser reichen will, der muss sich sehr strecken. Das wirkt oft ungerecht und ist es manchmal auch, aber er ist nicht bereit, in Sachen Unternehmenserfolg Abstriche zu machen. Neben einer gewissen Gnadenlosigkeit ist dann da noch seine ausgeprägte Eitelkeit …

Entwicklungschance: menschliche Vielfalt respektieren

Er sollte mehr abwägen und auch dem Schwächeren, aber Willigen eine Chance geben. Wäre der andere ebenso gut wie der Löwe-Widder-Mann, dann wäre schließlich dessen Position in Gefahr! Zudem finden gerade die zurückhaltenden Träumer oft geniale Lösungen, die im hektischen Tagesgeschäft schnell untergehen. Etwas mehr Geduld und eine nicht ganz so hohe Messlatte können sich also durchaus auszahlen.

Das schönste aller Geheimnisse ist,
ein Genie zu sein und es als Einziger zu wissen.
Winston Churchill

♀ Jungfrau, Aszendent Widder

Fels in der Brandung

Bei dieser sehr interessanten Frau sollte der kluge Kopf des Jung-frau-Charakters dem Tatendrang des Widders Einhalt gebieten und diese beiden völlig unterschiedlichen Prägungen in Einklang brin-gen. Die Widder-Jungfrau widmet sich mit hohem Engagement sozi-alen und gemeinnützigen Zwecken, oft ohne dabei Rücksicht auf ihre eigenen Belange zu nehmen. Ihre größten Stärken liegen in großem Fleiß und in der Bereitschaft, immer für andere da zu sein. Keine Arbeit ist ihr zu viel oder zu schwierig, und sie bringt eine Aufgabe stets zu Ende – egal, welche Schwierigkeiten sich auftun. Oft unter-schätzt man sie hier, aber wer sie näher kennt, der weiß, dass mit ihr stets zu rechnen ist. In ihrer Verlässlichkeit und Loyalität ist sie ein Vorbild für viele Menschen. Allerdings kann sie auch unnahbar und sehr eigenwillig sein. Besonders Druck und Bevormundung verab-scheut sie. Das kann so weit gehen, dass sie sich völlig zurückzieht und überlegt, neue Lebenswege zu beschreiten.

In ihrer Familie hat diese Frau alles im Griff und strahlt stets Ge-lassenheit ebenso wie gute Laune aus. Alle Familienmitglieder sowie auch ihre Freunde wissen, was sie an ihr haben.

Wenn zu wenig zurückkommt

Leider wartet diese Frau meist vergeblich auf Lob und Anerkennung: Sie wirkt einfach so souverän, dass andere selten auf die Idee kom-men, ihr ihre Wertschätzung auszudrücken. Darunter leidet sie, wenn sie auch nie ein Wort darüber verlieren wird. Geben und Neh-men ist bei ihr im Verhältnis achtzig zu zwanzig verteilt, und das kann zu einem schwer definierbaren Gefühl der Enttäuschung bis hin zu depressiven Verstimmungen führen.

Entwicklungschance: mehr Augenmerk fürs eigene Glück
Sie sollte sich vergegenwärtigen, dass es hin und wieder völlig in
Ordnung und sogar unbedingt nötig ist, auch einmal nein zu sagen.
Sie sollte ihren Anspruch auf eigene Glücksmomente nicht immer
den Bedürfnissen anderer unterordnen. Ja, auch Helfen macht glücklich, doch nur im richtigen Maß! Wer zu viel gibt, dessen Leistung
nehmen andere schnell für selbstverständlich. Diese tolle Frau sollte
sich viel öfter selbst etwas Gutes tun und sich durch ein Nein zur
rechten Zeit mehr Respekt und Wertschätzung verschaffen – sei es
im Berufs- oder Privatleben.

♂ Jungfrau, Aszendent Widder
Kühl und unnahbar
Diese beiden Prägungen in einem Mann müssen sich zusammenrau-
fen. Beide sind stark und erfolgsorientiert, doch der dynamische,
kämpferische Widder-Einfluss kommt der ordnungsliebenden,
nüchternen Jungfrau-Prägung oft in die Quere. Für diesen Mann ist
es also beruflich wie privat ganz wichtig, dass sein kluger Kopf seinen
Tatendrang in die richtigen Bahnen lenkt. Dann kann er über ein
enormes Potenzial verfügen. Der Jungfrau-Widder-Mann ist nicht
leicht zu durchschauen, er wirkt oft unnahbar und taktiert geschickt.
Wenn also ein Bild von ihm entsteht, das ihm gar nicht entspricht, ist
er selbst dafür verantwortlich.

Seine Familie hat es nicht unbedingt leicht mit ihm, auch wenn er
finanziell immer alles im Lot hält. Denn auf der emotionalen Seite
schreibt er zu oft rote Zahlen, er ist in der Partnerschaft und auch
seinen Kindern gegenüber sehr egoistisch. So nimmt er sich viel zu
selten Zeit für seine Lieben. Auch im Freundeskreis gilt er als eher
unberechenbar, sprunghaft und kühl.

Oft unberechenbar für sich selbst und andere

Seine größten Schwächen liegen in seinem Wankelmut und in seiner Unruhe und Impulsivität. Diese verhindern auch, dass er sich einmal in Ruhe mit sich selbst, seinem Verhalten und seiner Wirkung auf andere auseinandersetzt. Große Probleme macht es dem Jungfrau-Widder-Mann auch, wenn er kritisiert wird, oft nimmt er dies viel zu persönlich und vergeudet dabei unendlich viel Energie.

Entwicklungschance: die innere Mitte finden

Der Jungfrau-Widder-Mann sollte lernen, gezielt zu regenerieren und zu entspannen – denn alles, was hastig und spontanen Impulsen folgend getan wird, kann keinen nachhaltigen Erfolg haben.

Sowohl im privaten wie im beruflichen Bereich sollte er etwas zugänglicher werden und seine unnötigen taktischen Spielchen einstellen. Denn Sympathie, Wärme und Zuneigung braucht er ebenso wie andere Menschen, und von nichts kommt nichts! Kritik sollte er als Wegweiser zum Erfolg dankbar annehmen.

Um seine großen Potenziale zu nutzen, können ihm mentale Techniken ausgesprochen gut helfen. Er kann damit alte Grundmuster auflösen und neue, hilfreiche Verhaltensweisen entwickeln. So findet er zu seiner Mitte, wird endlich glücklich und hat in diesem Zustand die besten Ideen.

♀ Waage, Aszendent Widder

Heller Stern am Firmament

Sie ist eindeutig auf der Sonnenseite geboren – ihre Energie, ihre Ausstrahlung und ihre unbeugsame Haltung in allen Lebenslagen sind beeindruckend. Die Waage-Widder-Frau hat eine unglaubliche Dynamik und mentale Stärke, sie ist extrem ambitioniert und dabei immer niveauvoll im Umgang mit anderen. Beruflich strebt sie die

Spitze an, eine Führungsaufgabe mit Verantwortung muss es schon sein. Ihr Anspruch ist gepaart mit einem ausgeprägten Verantwortungsbewusstsein, ihr kann man in jeder Hinsicht vertrauen. Ihre Begeisterung versiegt nie, kaum hat sie etwas erreicht, startet sie sofort mit einem neuen Projekt – aber nur, wenn sie freie Hand hat und da niemand ist, der sie zu bevormunden, zu kontrollieren und einzuengen versucht.

Sie schätzt am Arbeitsplatz wie im Privaten ein schönes Ambiente und einen angenehmen Umgangston. Durchaus ist sie auch ein Familienmensch und organisiert dort ebenfalls alles gekonnt und mit Enthusiasmus. Anerkennende Worte nimmt sie gern an, sie tun ihrer Seele gut. In der Partnerschaft ist es nur wenigen gegeben, ihren Ansprüchen zu genügen.

Wenn es anderen zu hoch wird

Nicht selten ruft es Neider auf den Plan, dass ihr alles so leicht und schnell von der Hand geht. Sie erwartet jedoch von ihrem Umfeld, dass man fair, angemessen und in einem sachlichen Ton miteinander spricht. Sie reagiert empfindlich, wenn andere oberflächlich, niveaulos und primitiv agieren, und zieht sich dann schnell zurück.

Entwicklungschance: Verständnis und Humor

Sie muss einerseits vorsichtig sein, mit welchen Menschen sie sich umgibt. Zum anderen sollte sie aber auch erkennen, dass ihre herausragenden Fähigkeiten eben manche einschüchtern – da kann es Brücken schlagen, wenn sie sich nicht scheut, eigene Fehler und Schwächen offen einzugestehen und auch einmal über sich selbst zu lachen.

Der Neid ist die aufrichtigste Form der Anerkennung.
Wilhelm Busch

♂ Waage, Aszendent Widder

Gelungene Mischung

Zwei starke Charakterzüge prägen die Persönlichkeit des Waage-Widder-Mannes. Aggression und Sanftmut, Impulsivität und Gelassenheit, charmanter Draufgänger und gewandter Diplomat – solche Aspekte müssen mit Disziplin und Reife vereint werden. Wenn das gelingt, kann dieser Mann Großes leisten. Sein Trumpf ist sein sympathisches Wesen, er hat eine sehr natürliche und freundliche Ausstrahlung, mit der er überall gut ankommt. Als Führungskraft ist er streng, aber auch verständnisvoll. Wenn er sich jedoch etwas in den Kopf gesetzt hat, muss es um jeden Preis in die Tat umgesetzt werden. Wer ihm dabei die Unterstützung verweigert, zu dem geht er zunehmend auf Distanz. Hier ist er nicht gewillt zu diskutieren, auch wenn er sich sonst im Umgang kollegial zeigt. Leistet jemand Herausragendes, ist er auch bereit, das reichlich zu vergüten. Obwohl er hart arbeitet und sich selbst sehr fordert, kann er auch locker, humorvoll und für einen Plausch zu haben sein.

Als Vater, Partner oder Freund genießt der Waage-Widder-Mann eine breite Akzeptanz, man schätzt seine herausragenden Leistungen, und man mag seinen lockeren und freundlichen Umgangston. Denn Starallüren oder Ähnliches kennt dieser Männertyp nicht, er bleibt immer auf dem Boden der Tatsachen. Er vergisst nie, wo seine Wurzeln sind, und für seine Familie ist er immer da, sie ist der Ort seines Glücks und seiner Zufriedenheit. Partnerin und Kinder sind ihm beinah heilig, er folgt hier seinem großen Beschützerinstinkt.

Oft vorschnell

Bis die optimale Mischung der beiden starken Charakterzüge gefunden ist, kann es einige Pannen geben. Das Hauptproblem liegt darin, dass dieser Mann meist erst handelt und dann nachdenkt.

Entwicklungschance: inneren »Gutachter« schaffen
Das vorschnelle Handeln zu korrigieren und eine innere Kontrollinstanz zu etablieren ist mit mentalem Training, Suggestion und Meditation gut und rasch möglich.

 Skorpion, Aszendent Widder
Eine Frau mit einem Plan
Bei dieser starken Persönlichkeit spielen Dynamik und Ehrgeiz eine zentrale Rolle. Die Ziele und Vorstellungen der Skorpion-Widder-Frau liegen oft weit über denen anderer Zeitgenossen. Sie ist eine Kämpferin in allen Lebenslagen, sie gibt nie auf und schont sich auch nicht. Sie leistet Überdurchschnittliches, und das mit der nötigen Loyalität und mit großer Fairness. Im Beruf strebt sie den Führungsbereich an und ist dort mit ihren Fähigkeiten und ihrem Engagement auch an der richtigen Stelle. Sie benötigt allerdings schon auf ihrem Weg nach oben viel Freiraum, um ihre Möglichkeiten entfalten zu können. Lob und Anerkennung sind ihr dennoch sehr wichtig und beflügeln sie. Denn sie ist verletzbarer, als es scheinen mag.

In ihrer Familie und ihrem privaten Umfeld ist die Skorpion-Widder-Frau genauso engagiert wie im Beruf, und auch hier sorgt sie dafür, dass alles flott geht und eine klare Linie hat.

Zu viel innere Anspannung
So wie sie auf Hochtouren zu laufen, das kann auf Dauer kein Mensch aushalten, ohne gesundheitliche Schäden davonzutragen. Es ist auch dann und wann ihr Problem, dass sie zu starr im Umgang mit anderen ist und vor allen Dingen mit Kritik sehr große Probleme hat, weil sie diese oft als persönliche Beleidigung auffasst. Sie neigt überdies dazu, auch einmal übers Ziel hinauszuschießen, und ist dann nur zögerlich bereit, sich einen Fehler einzugestehen.

Entwicklungschance: durchatmen und loslassen

Besonnenheit und Umsicht sind die wichtigsten Lernaufgaben für diese starke, energische Frau – hier kann sie ansetzen, um persönlich zu reifen und zu wachsen. Wenn ihr das gelingt, wird sie noch leichter ihre Ziele erreichen. Für ihr persönliches Wohlbefinden sollte sie sich mehr Freiräume schaffen, vor allen Dingen, um sich mehr zu regenerieren und zu entspannen.

Ich habe den Bäumen gedankt,
die mein Leben mit Früchten beschenkten, aber versäumt,
der Gräser zu denken, die es immer grün erhielten.
Rabindranath Tagore

♂ Skorpion, Aszendent Widder

Empfindsam und willensstark

Dem Skorpion-Mann mit Widder-Aszendent sind zwei Prägungen mitgegeben, die nicht von sich aus harmonieren, sondern zunächst viel Konfliktpotenzial bieten. Dieser Mann ist jedoch dank seiner großen Intuition, Sensibilität und Kreativität dazu in der Lage, einen Mittelweg und damit einen ihm gemäßen Platz im Leben und in der Gesellschaft zu finden. Er kann aber auch mit dem Kopf durch die Wand wollen und tut sich dabei nicht selten weh. Im Beruf ist er eher ein Eigenbrötler und will niemanden über sich haben, deshalb ist er oft als Selbstständiger tätig. Hat er dagegen Vorgesetzte, eckt er oft an oder kapselt sich ab, sodass es schwierig wird, wirklich mit ihm in Kontakt zu kommen. Anerkennung und ein Lob zum richtigen Zeitpunkt und in sachlichem Ton können ihn aber durchaus beflügeln. Seine große Sensibilität ist Fluch und Segen zugleich – er nimmt vieles zu persönlich, dafür empfindet er viel tiefer als die meisten anderen und kann manchmal Dinge vorausahnen, die andere nicht kommen sehen.

Im privaten Bereich gilt im Prinzip dasselbe wie im Beruf: Der Skorpion-Widder-Mann wird nicht immer sehr zugänglich sein, zuweilen ist er auch unberechenbar und wankelmütig. Dennoch lassen Familie und Freunde ihn nicht fallen, denn dafür ist dieser Mann einfach viel zu interessant!

Mit dem Kopf durch die Wand

Immer wieder gerät dieser Männertyp in Streitkonflikte hinein, weil er weder Diplomatie noch Nachgeben kennt. Mit seinem Dickkopf zerstört er viel, selbst wenn es um sein eigenes Lebenswerk geht. Dadurch verliert der Skorpion-Widder-Mann natürlich Akzeptanz und Anerkennung.

Entwicklungschance: mit Souveränität ans Ziel

Das oben Beschriebene sollte und braucht er sich nicht antun, ein wenig mehr Diplomatie und Einfühlungsvermögen wären hilfreich. Insgesamt müsste der Skorpion-Widder-Mann mehr Ruhe, Gelassenheit und Lockerheit in seinen Alltag bringen, sich besser regenerieren und häufiger entspannen; das würde seiner Seele guttun und ihn gelassener und souveräner handeln lassen. Auch sollte er mehr Zeit für Familie und Freunde einplanen, denn gerade diese Menschen sind für ihn da, wenn's mal eng wird.

♀ Schütze, Aszendent Widder

Volle Kraft voraus

Unnahbare und offene Charakterzüge zeichnen diese Frau aus, welche man erst einschätzen kann, wenn man sie eine Weile kennt. Wie zugänglich sie sich gibt, kommt sehr auf ihre Stimmung und ihre aktuelle Situation an und nicht zuletzt darauf, ob jemand ihr sympathisch ist oder nicht. Niemals sollte man sie unter Druck setzen, und schon gar nicht sollte man ungerechtfertigte oder unfair geäußerte Kritik an ihr üben. Darauf reagiert sie oft schnippisch bis aggressiv. Das Vertrauen anderer in ihre Fähigkeiten weiß sie sehr zu schätzen, doch empfindet sie Nähe und Vertraulichkeit schnell als einengend oder gar aufdringlich. Auch Bevormundung mag sie selbstverständlich überhaupt nicht. Im Beruf arbeitet sie sehr selbstständig und möglichst im Führungsbereich. Die Schütze-Widder-Frau sucht Verantwortung. Wenn es darum geht, ihre Visionen erfolgreich in Fakten umzusetzen, so hat sie immer das Ziel fest vor den Augen. Erfolg ist für sie nicht nur ein Wort, sondern eine Lebensphilosophie.

Im privaten Bereich und auch bei betrieblichen Feiern oder Ausflügen kann mit ihr »die Post abgehen«, denn wenn sie sich in der Gesellschaft anderer wohlfühlt (und nur dann!), geht sie richtig aus sich heraus und sorgt für Stimmung. Auch zu Hause bei ihren Lieben ist dieser Frauentyp großzügig und immer zu einem Spaß bereit. In ihrer Freizeit ist die Schütze-Widder-Frau gern unterwegs und treibt viel Sport. Sie mag es zu reisen, insbesondere Kulturreisen interessieren sie sehr.

Im Umgang mit Menschen erwartet sie insgesamt Fairness und ein gutes Niveau. Doch das Allerwichtigste ist für sie der eigene Spiel- und Freiraum, den sie im jeweils sinnvollen, angemessenen Umfang auch allen anderen zugesteht.

Innere Energieräuber

Ihre Dynamik bringt es mit sich, dass sie sich manchmal in eine Sache »verbeißt« und dann nicht mehr locker sein kann. Ungerechtfertigte Kritik beschäftigt sie zusätzlich sehr lange, sie verliert dann viel Energie. Zudem will sie es oft allen recht machen, vergisst dabei aber gelegentlich, dass die Mitmenschen eben unterschiedlich sind und dieses Vorhaben somit kaum umsetzbar ist.

Entwicklungschance: Entspannungsinseln nutzen
Wer viel leistet, braucht auch viel Erholung und Entspannung. Sie sollte darauf achten, dass freie Zeit und Sport nicht auch noch mit Leistungsdruck einhergehen. Trennt sie Arbeit und Privates konsequent, so wird sie im Beruf noch souveräner und in der Freizeit noch entspannter und fröhlicher sein.

♂ Schütze, Aszendent Widder
No risk, no fun!
Überaus aktiv und kämpferisch wirken sich diese beiden Prägungen beim Mann aus. Er ist immer auf der Suche nach neuen Idealen und kämpft stets für eine gute Sache – auch bis zur Erschöpfung und ganz besonders für andere Menschen. Eine seiner herausragenden Stärken ist sein Gemeinschafts- und Gerechtigkeitssinn. Er hat eine spontane und herzliche Ausstrahlung, die ihn bei allen sehr beliebt macht. Hinzu kommt, dass er kein einsamer Gipfelstürmer ist, sondern seine Mitmenschen an seinen Höhenflügen teilhaben lässt. Dynamik, Fleiß und die Fähigkeit, Großes zu bewegen, lebt er täglich in vorbildhafter Weise vor.

Von seinen Mitarbeitern verlangt der Schütze-Widder-Mann nichts, was er selbst nicht ausprobiert hätte. Und für ihn könnte ein Ausspruch des ehemaligen Boxweltmeisters Muhammad Ali gelten: »›Unmöglich‹ ist eine Meinung, keine Tatsache.« Wer sich mit dieser Haltung nicht identifizieren kann, der erntet mindestens Geringschätzung. Der Schütze-Widder-Mann verlangt also viel, aber er gibt auch viel – in beide Richtungen schießt er manchmal über das Ziel hinaus, aber das ist bei seinen starken Prägungen auch nicht anders zu erwarten. Er lässt sich zuweilen sogar hinreißen, mit dem Feuer zu spielen, und verbrennt sich dabei schon einmal die Finger – oder die ganze Hand. Aber das ist sein Leben. Überraschungen und Sensationen begeistern ihn und motivieren ihn dazu, Großes zu bewegen. Der Vergleich mit anderen interessiert ihn nicht. Er will seinen eigenen, selbst geschaffenen Erfolg – der macht ihn stolz und glücklich.

Das Liebes- und Familienleben kommt bei ihm oft erst spät in ruhigere Bahnen, da er auch hier gern »mit den Streichhölzern spielt«. Gutbürgerliche Gemütlichkeit wird man bei ihm kaum je erleben, doch ist er durchaus imstande, sein Herz für immer zu verschenken – aber nur an die goldrichtige Person, versteht sich.

Oft zu nah am Abgrund

Ein Leben wie der sprichwörtliche Tanz auf dem Vulkan – nicht jeder kann da auf Dauer mithalten. Auch der Schütze-Widder-Mann selbst gefährdet damit seine Gesundheit und auch seine Familie.

Entwicklungschance: Cool down!

Er sollte lernen, ein wenig ruhiger zu werden, Zeit für Regeneration wahrzunehmen, bei Urlaubsreisen das Handy zu Hause zu lassen und insgesamt mehr auf seine Gesundheit zu achten. Auch seine Familie wird es ihm danken.

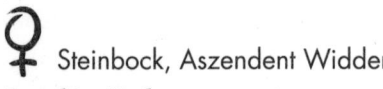 Steinbock, Aszendent Widder

Juwel im Verborgenen

Die Steinbock-Widder-Frau ist unnahbar und zurückhaltend, denn sie ist stets auf Sicherheit bedacht. Oft wird sie deshalb unterschätzt. Sie drängt sich eben nicht in den Vordergrund, vielmehr taktiert sie, handelt wohlüberlegt und gezielt. Häufig ist sie in einer oberen Führungsposition anzutreffen, und dort arbeitet sie wie das redensartliche Schweizer Uhrwerk: präzise bis zur Perfektion. Wichtig dabei ist ihr, dass man sie in Ruhe arbeiten lässt, sie nicht bedrängt und schon gar nicht einengt – und dass man, wenn man sie denn kontrollieren muss, dies offen und angemessen tut.

Es gibt auch Zeiten, da will sie ganz allein sein, intensiv vor sich hin arbeiten und keinerlei Konversation betreiben. An solchen Tagen schwebt ein imaginäres »Bitte-nicht-stören«-Schild über ihr, das man tunlichst beachten sollte. Auch an kommunikativeren Tagen mag sie keine lauten Töne und reagiert widerstrebend auf niveaulose Menschen. Kritik sollte man bei ihr sehr vorsichtig, am besten taktvoll verpackt anbringen.

Die Steinbock-Widder-Frau ist eine ganz wunderbare Partnerin und auch Mutter. Sie schätzt ein Zuhause voller Leben, Genüsse – und voller Gäste. Wärme, Zuneigung, Lachen, ein freundlicher Umgang miteinander, das ist der eigentliche Reichtum ihres Lebens. Auf sie ist immer Verlass. Wer sie als Partnerin gewonnen hat, musste lange um sie kämpfen, wird dafür aber ein Leben lang belohnt.

Rückschläge tun ihr oft zu weh
Kritik und Niederlagen treffen sie sehr, weil sie sich diese zu sehr zu Herzen nimmt. Darunter leiden ihr Schaffensdrang und ihr sonniges Wesen.

Entwicklungschance: sich selbst bei der Hand nehmen
Sie darf ruhig gelassener und lockerer werden und sich mehr Entspannung zugestehen. Daran zu arbeiten wird ihr leichtfallen, da sie auch in Bezug auf das eigene Innenleben überaus kompetent ist.

Es gibt kaum ein beglückenderes Gefühl,
als zu spüren, dass man für andere Menschen etwas sein kann.
Dietrich Bonhoeffer

♂ Steinbock, Aszendent Widder

Mutig und entschlossen

Selbstbeherrschung, Konzentration und Perfektion treffen beim Steinbock-Widder-Mann auf die Kühnheit und Spontaneität eines Kämpferherzens. Es ist nicht immer leicht, diese unterschiedlichen Merkmale in Einklang zu bringen. Wenn es aber gelingt, ist er dank seiner Talente und Fähigkeiten ein herausragender Mensch. Schon seit seiner Kindheit hat er immer den Erfolg und große Vorhaben im Blick. Bereits damals war er voller Tatendrang und fiel unter den anderen Kindern auf – aus Sicht der Erwachsenen nicht immer positiv, da schon früh auch das Chaos ein Wörtchen mitzureden hatte.

Dieser Mann hat grundsätzlich vor nichts Angst und ist bereit, große Risiken auf sich zu nehmen, auch wenn er manchmal Zweifel dabei hat. Er neigt klar zum Unternehmertum, weil er gern nach eigener Vorstellung schalten und walten möchte. In einem Angestelltenverhältnis wird er in der Regel nicht glücklich, auch weil die wenigsten Menschen in der Lage sind, seinen Charakter zu begreifen, ihn in der passenden Weise anzusprechen und ihn dementsprechend zu führen. Er möchte in der Zusammenarbeit mehr Partner als Mitarbeiter sein – schon deshalb, weil viele ihm einfach nicht das Wasser reichen können.

Im emotionalen Bereich ist der Steinbock-Widder-Mann nicht leicht einzuschätzen, manchmal lässt er seine Gefühle nicht nach außen. Familie und Freunde brauchen Geduld und Gelassenheit, gewinnen dabei aber einen Alltag mit ihm, in dem »Langeweile« ein Fremdwort ist.

Missverständnisse drohen!

Der Steinbock-Widder-Mann wird leicht als gefühlskalt oder überheblich eingestuft. Sensible Mitmenschen wenden sich daher nicht selten von ihm ab.

Entwicklungschance: das Herz als Vermittler

Er sollte versuchen, seine wahren Gefühle zu leben und zu zeigen – und er wird mehr Akzeptanz und Sympathie bei anderen finden. Ganz besonders sollte er sich Zeit für seine Familie nehmen. Denn diese steht ihm in jeder Lebenslage zur Seite. Den inneren Steinbock-Widder-Zwiespalt zu überwinden und Potenziale zu bündeln, das ist durch mentales Training, Suggestion und Meditation jederzeit möglich. Zunächst aber muss er lernen, alte Verhaltensmuster aufzugeben und neue zu entwickeln – für mehr Souveränität und Stärke und für großes persönliches Wachstum. Es lohnt sich!

♀ Wassermann, Aszendent Widder

Hinreißend unbeugsam

Das Wesen dieser Frau schillert zwischen Intelligenz, Ehrgeiz, Gefühlstiefe, Kreativität und Wissbegierde wie auch Sensibilität, Erdverbundenheit und Geradlinigkeit. Redet jemand um den heißen Brei herum, stellt sie die klärende Gretchenfrage, nicht immer zur Freude des Gegenübers. »Unser *Kopf ist rund,* damit das Denken die Richtung wechseln kann«, dieser Aphorismus des Künstlers Francis Picabia passt zu ihr. Offenheit und Flexibilität sind ihr großes Pfund – wenn sie es schafft, ihre häufig wechselnden Auffassungen und vielfältigen inneren Kräfte zu bündeln.

Ihr Anspruch an das Leben, im Beruf wie im Privaten, ist hoch. Am Arbeitsplatz ist diese Frau eine Größe, alles fällt ihr leicht zu, und Führung zu übernehmen ist ihr ohnehin in die Wiege gelegt. Sie be-

sitzt alles, was notwendig ist, um erfolgreich zu führen und zu arbeiten. Dass sie Spiel- und Freiraum benötigt, um ihre Fähigkeiten auszuleben, versteht sich von selbst; alles andere würde sie erst gar nicht
akzeptieren. Jegliche Einengung, Kontrolle und Bevormundung ist
ihr ein Graus und nimmt ihr sofort die Freude an der Arbeit. Sie lässt
sich derartige Manipulationsversuche überhaupt nicht gefallen. Dies
ist der Grund, warum viele (vor allem männliche) Kollegen mit ihr
nicht so recht klarkommen: Viele wollen einfach nicht akzeptieren,
dass sie dermaßen unerbittlich ist in ihrer Entschlossenheit, sich
nicht dreinreden zu lassen.

Über ihre vielfältigen Begabungen hinaus hat sie auch noch Stil
und Geschmack. Sie ist attraktiv und zeigt dies auch gern. Jede Plattform ist eine Bühne für diese Frau; und sie weiß genau, wann und wie
sie welches Spiel spielen muss. Damit verblüfft sie immer wieder die
anderen Menschen, und diese sind vom Auftreten der Wasser-
mann-Widder-Frau einfach begeistert. Der private Bereich ist ihr
durchaus wichtig, aber sie findet im Beruf ihre Berufung – und die
Bestätigung, die sie für ihr Ego braucht. Eine starke, interessante
Frau, die immer wieder herausfordert!

Wenn (anderen) die Luft zu dünn wird

Ihre Ansprüche sind oft zu hoch. Immer wieder geschieht es, dass
Menschen in ihrem Umfeld damit nicht klarkommen und sich ab-
wenden. Gleichzeitig verzettelt sie sich gern aufgrund ihrer vielfältigen starken Charakterzüge.

Entwicklungschance: herunterkommen im besten Sinne

Wenn sie es schafft, ab und zu von ihrer Höhe herabzusteigen, wird
sie feststellen, dass im Flachland auch süße Früchte wachsen. Zudem
sollte sie täglich ihr inneres Gleichgewicht hegen, sei es bei einem
Hobby oder mit Bewegung in der Natur.

♂ Wassermann, Aszendent Widder

Quirliges Genie

Auch der Mann mit diesen Prägungen ist mit viel Originalität und Energie ausgestattet. Die (genialen) Ideen sprudeln nur so, und sein Unternehmergeist zeitigt zukunftsweisende Projekte, die er auch immer erfolgreich umsetzt. Eine seiner großen Stärken besteht darin, ungewöhnliche Ansichten und Ideen wirkungsvoll zu vertreten und sie mit Beharrlichkeit umzusetzen – mit strategischem Geschick ebenso wie mit Charme.

Im Beruf steht der Wassermann-Widder-Mann an der Spitze – und wenn nicht, ist er auf dem Weg dorthin. Er ist ein Leader, einer, der es vormacht. Natürlich ist er auch kein Jasager und schon gar nicht jemand, der sich den Mund verbieten lässt. Hier lotet er schon mal aus, wie weit er noch gehen kann. Dank seines Argumentationstalents können ihm die wenigsten das Wasser reichen, daher meiden viele gleich die Auseinandersetzung mit ihm.

Als Vater, Partner und als Freund ist der Widder-Wassermann großzügig, liebenswert und die Verlässlichkeit in Person. Für seine Lieben tut er alles, damit sie glücklich und zufrieden sind. Er findet für alles eine Lösung, sei es das kaputte Skateboard, eine missglückte Arbeit oder Geschwisterstreit.

Innere Tumulte

Woran der Widder-Wassermann dringend arbeiten muss, ist sein Verständnis für Dinge, die nicht so laufen, wie er sich das vorstellt. Da könnte er aus der Haut fahren, doch ist dies ja selten eine Lösung. Zudem sind nicht immer die anderen schuld, wenn etwas schiefgeht. Ein kleiner Wermutstropfen im Charakter dieses Mannes ist auch seine mangelnde Ausdauer und seine Wechselhaftigkeit.

Entwicklungschance: Geduld und nochmals Geduld entwickeln
Seine Schwachstellen kann er mit fachlich angeleitetem mentalem Training gut in den Griff bekommen. Dadurch wird er noch erfolgreicher und reift überdies auch als Persönlichkeit.

Es gibt erfülltes Leben
trotz vieler unerfüllter Wünsche.
Dietrich Bonhoeffer

♀ Fische, Aszendent Widder
Vorbild für viele
So liebenswert, gefühlvoll, bodenständig und zunächst zurückhaltend diese Frau sein mag, so erfolgsorientiert ist sie auch. Zum einen sucht sie den Ausgleich und die Harmonie, zum anderen möchte sie ihre Führungsqualitäten nicht verstecken. Ihre Ziele sind immer hochgesteckt, sie ist auch bereit zu kämpfen. »Kämpfen« ist überhaupt ein Schlüsselwort für sie – schnell verliert sie das Interesse, wenn ihr die Dinge in den Schoß fallen. Nur die Erfolge, die sie gegen innere und äußere Widerstände erreicht, kann sie auch wirklich feiern.

Im Beruf strebt diese Frau grundsätzlich Führungsaufgaben an. Sie geht immer mit gutem Beispiel voran und erwartet, dass ihre Mitarbeiter ihrem Beispiel folgen. Sie ist streng, aber fair. Ungerechtigkeiten duldet sie nicht. Auf ihre Aussagen kann man sich immer verlassen. Bei der Erfüllung ihrer beruflichen Aufgaben erwartet sie Vertrauen, ein hohes Maß an Freiraum und vor allem keine versteckten Kontrollen. Wenn sie wirken kann, wie sie es für richtig erachtet, erbringt sie ihre größten Leistungen. Ein paar anerkennenden Worten zur richtigen Zeit gegenüber ist sie aber keineswegs abgeneigt.

Niveaulose Menschen in ihrem Umfeld sind ihr eine Bürde. Platte Witze und sonstige verbale Fehltritte lehnt sie ab. Lieber ist ihr eine gepflegte Unterhaltung in angenehmer Umgebung. Überhaupt mag sie ein feines Essen in der Gesellschaft friedvoller Menschen mit einem intelligenten Sinn für Humor.

Die Fische-Widder-Frau zieht einen großen Teil ihrer Energie aus einer harmonischen und glücklichen Partnerschaft und funktionierenden Familie. Sie möchte aber auch dann und wann einmal allein sein, damit sie sich um ihre eigenen Belange kümmern kann. Sie ist ein toller, interessanter Charakter mit vielen Möglichkeiten.

Bitte nicht beengen!
Einengung im partnerschaftlichen Bereich ist für sie schlimm und macht sie unglücklich. Für sie sind Vertrauen und Toleranz ganz entscheidend.

Entwicklungschance: Energien in Balance
Im Grunde ist bei ihr alles im Lot, solange sie stets aufmerksam darauf achtet, dass sowohl ihre harmonieliebende als auch ihre dynamische Seite zu ihrem Recht kommen, und dies möglichst im Einklang miteinander.

♂ Fische, Aszendent Widder
»Leben, so wie ich es will …«
Beim Fische-Widder-Mann handelt es sich um einen Individualisten, der sehr sensibel, extrem eigenbrötlerisch, kreativ, mit geringem Antrieb, aber dafür mit einer großen Ausdauer und Bodenständigkeit ausgestattet ist. Wankelmut und Launenhaftigkeit sind ihm nicht fremd. Er ist oft sehr eigenwillig und arbeitet nicht unbedingt gern in einem Team. Er zieht es vor, seinen Stil zu leben, so wie er es will, er

kommt und geht, wie es ihm passt. Vorschriften und Termine findet er nicht so wichtig, denn seine Prioritäten liegen ganz woanders. Dieser Männertyp kann nichtsdestotrotz sehr hart arbeiten, und dies auch zu unmöglichen Zeiten – solange ihm die Arbeit Spaß macht. Kontrolle und Bevormundung mag er gar nicht leiden, Vorgesetzte mit einem herablassenden oder herrischen Ton ebenso wenig. Um ihn im Beruf zu führen, braucht es eine lange Leine, viel Freiraum und gegenseitiges Vertrauen, genügend Verantwortung und einen klaren Aufgabenbereich. Gemäß seiner Grundeinstellung arbeitet der Fische-Widder-Mann jedoch meist selbstständig und hat dann seine eigenen Richtlinien.

Essen und Genießen ist ein wichtiger Bereich in seinem Leben. Er zeichnet sich aus als Kenner von erlesenen Speisen wie auch Weinen und versteht es, Freunde und Bekannte daran teilhaben zu lassen. Beim geselligen Tafelvergnügen gibt er auch gern den Ton an und kann die anderen mit viel Witz und Charme sehr gut unterhalten – wenn es sich ergibt, auch bis in die frühen Morgenstunden.

Mit Frauen hat dieser Mann kein Problem, eher haben die Frauen ein Problem mit ihm, weil Treue nicht gerade zu seinen Stärken gehört. Dennoch ist er wirklich dankbar für jede Begegnung. Der Fische-Widder-Mann ist also ein sympathischer, jedoch sehr eigensinniger Mensch.

Riskanter Eigensinn

Fehlen ihm Freiräume und Gestaltungsspielraum, fühlt er sich nicht wohl und wird es nirgends lange aushalten. Es steckt eine gute Portion Egoismus in seinem Eigensinn, weswegen auch Pünktlichkeit und Zuverlässigkeit zu wünschen übrig lassen.

Entwicklungschance: Liebe deinen Nächsten wie dich selbst

Er sollte nicht vergessen, dass man sich im Leben immer zweimal sieht, und dass man in Notlagen Freunde braucht. Wenn er seinen Egoismus also schon nicht für andere ablegt, sollte er es zumindest für sich selbst tun.

Wenn auf der Erde die Liebe herrschte,
wären alle Gesetze entbehrlich.
Aristoteles

Aszendent Stier

♀ Stier, Aszendent Stier

Liebenswerter Dickkopf

Diese großzügige Frau mit viel Charme, der harmonisch vereint ist mit Gemütlichkeit, Beständigkeit und Zuverlässigkeit, kann aber auch extrem dickköpfig sein; und ein ausgeprägtes Sicherheitsbedürfnis spielt eine zentrale Rolle in ihrem Leben. Sie ist bodenständig und immer hilfsbereit und loyal. Im Beruf ist sie die Zuverlässigkeit selbst, immer hoch motiviert, zielstrebig und engagiert – solange sie sich wohlfühlt und man ihr gegenüber den richtigen Ton anschlägt, denn sonst verschließt sie sich schnell. Erfolg und Anerkennung sind ihr »Treibstoff«.

Ihr Familiensinn ist unübertroffen, sie mag es sehr, Freunde einzuladen und meisterlich zu bewirten. Sie schätzt es einfach, im Kreise ihrer Freunde zu sein und fröhlich die angenehme Atmosphäre und die wunderschönen Dinge des Lebens zu genießen. So gut wie jeder mag die doppelte Stier-Frau, weil sie meist gut gelaunt, hilfsbereit und ausgeglichen ist. Zudem kann sie sich auf ihre Mitmenschen einstellen und in sie einfühlen, ohne sich selbst in den Vordergrund zu drängen.

Zu viel des Guten

Manchmal tut sie in ihrer Hilfsbereitschaft jedoch des Guten zu viel. Die Gefahr, ausgenutzt zu werden, ist sehr groß, weil sie oft zu vertrauensselig und spontan ihre Hilfe und Mitarbeit anbietet. Da manche Menschen ihren Einsatz bald als selbstverständlich ansehen, sind Enttäuschungen programmiert. Manchmal hält sie auch zu lange an Dingen fest, kann sich nicht lösen und verfällt immer wieder in die gleichen Muster, weil sie einfach nicht nein sagen kann. Die Stier-Stier-Frau ist sehr verletzbar und sensibel, macht sich vieles oft zu schwer und leidet dann im Stillen.

Entwicklungschance: ein Nein zur rechten Zeit

Sie sollte mehr Lockerheit und Gelassenheit entwickeln und ihrem eigenen persönlichen Wachstum mehr Raum im Leben geben. Dazu gehört auch, die Belange und Ansprüche anderer genauer zu prüfen. Lieber mal eine Nacht darüber schlafen und überlegen, ob ein Nein nicht doch die richtige Antwort wäre. Sie wird überrascht sein, wie viel Respekt, zusätzliche Wertschätzung und vor allem Zeit für die eigenen Interessen ihr dies einbringen wird. Sie kann dadurch also nur gewinnen!

Die Fähigkeit, das Wort »nein« auszusprechen,
ist der erste Schritt zur Freiheit.
Nicolas Chamfort

♂ Stier, Aszendent Stier

Hier weiß man, was man hat!

Bei diesem Mann ergänzen sich die Prägungen nicht nur, sondern unterstützen und stärken einander auch in vielen Bereichen. Ihn charakterisieren besonders seine Lebensfreude, Großzügigkeit und sein Charme, harmonisch vereint mit Gemütlichkeit, Beständigkeit und Verlässlichkeit. Er kann auch einen ausgesprochenen Dickkopf haben und zeichnet sich durch ein ausgeprägtes Sicherheitsbedürfnis aus.

Immer wieder zieht er sich vom Alltagsstress zurück und möchte allein sein, um zu seiner gewohnten inneren Ruhe zu finden, was ihm auch meist gelingt. Sein Lebensstil ist anspruchs- und niveauvoll, alles andere kommt für ihn gar nicht infrage. Erfolg und Prestige gehen ihm über alles. Dafür arbeitet er hart und konzentriert, lässt sich durch nichts von seinem Weg abbringen, der ihn möglichst geradlinig zum Ziel führt. Von seinen Mitarbeitern verlangt er Höchstleistungen, und er toleriert keine Unzulänglichkeiten. Wer sich seinem Niveau nicht anpassen oder ihm nicht folgen kann, wird bei ihm durchs Raster fallen. So hart er auf der einen Seite ist, so sozial ist er aber auch auf der anderen. Mitarbeiter, die sich dem Unternehmen gegenüber stets loyal und fair verhalten, lässt er auch in Notsituationen und bei Fehlschlägen nicht im Stich. Seine Kollegen und Mitarbeiter haben einigen Respekt vor ihm, weil sie seinen überdurchschnittlichen Einsatz anerkennen und schätzen. Er ist kein oberflächlicher, sondern ein kreativer Chef, der immer nur das beste Ergebnis im Sinn hat, Kompromisse lehnt er ab. Sein Auftreten – inklusive seiner Kleidung – ist immer top.

Im Privatleben ist er eher solide, zurückhaltend und rücksichtsvoll. Er nimmt sich oft Arbeit mit nach Hause, nutzt den Feierabend aber auch zur Regeneration und zur Erholung. Seine Familie ist ihm in dieser Zeit ein sehr wichtiger Halt. Er liebt sie und hat seine Freude daran, mit seinen Nächsten seine wenige freie Zeit zu verbringen – gern auch mal beim Stadtbummel oder in einem schönen Restaurant. Von Essen und Trinken versteht er viel und bekocht auch mit Vorliebe selbst seine Familie.

Wenn Überlastung droht

So souverän er sich selbst und seine vielen Aufgaben managt, so menschlich ist es doch auch, wenn er sich manchmal überlastet und abgespannt fühlt.

Entwicklungschance: Work-Life-Balance im Vordergrund

Seine beste Kraftquelle kennt und nutzt er bereits, es sind die stillen, zeitlosen Momente mit sich selbst. Man kann ihm nur raten, sich dies auch wirklich immer dann zu gönnen, wenn er erste Anzeichen von Erschöpfung bemerkt.

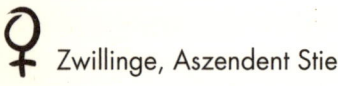 Zwillinge, Aszendent Stier

Engagement mit Herz und Kopf

Diese beiden Prägungen ergänzen sich recht gut, in bestimmten Bereichen unterstützen sie einander und ergeben eine interessante Persönlichkeit. Im Leben der Zwillinge-Stier-Frau ist Bewegung und Engagement, sie ist immer auf der Suche nach neuen Wegen und neuen Aufgaben. Stillstand heißt für sie Rückschritt, wobei aber der gemütliche Stier dafür sorgt, dass die Zwillinge nicht zu viel Unrast auslösen. Eine besondere Begabung hat diese Frau im kaufmännischen Bereich. Hier setzt sie ihre Talente clever und mit viel Weitsicht um. Mit der Ruhe und Gelassenheit aus dem Stier-Einfluss tritt sie überall souverän auf und verschafft sich dadurch großes Ansehen.

Menschen sind ihr Leben, und mit Menschen möchte die Zwillinge-Stier-Frau auch immer und überall zusammen sein. Die Bestätigung für ihr tägliches Tun ist ihr wichtig, auch steht sie ab und an ganz gern im Mittelpunkt. Sie genießt die geselligen, kommunikativen Stunden in ihrem behaglichen Zuhause. In Partnerschaft und Familie ist sie immer bestrebt, es den anderen schön zu machen – manchmal zu sehr, sodass ihre Leistungen bald als etwas Obligatorisches angesehen werden. Sie ist eine bodenständige, liebenswerte und warmherzige Frau, für die Harmonie und Offenheit die wichtigsten Voraussetzungen im Zusammenleben sind.

Wenn die Innenwelt zu kurz kommt
Manchmal überfordert sie mit ihrem Einsatz und Engagement ihre Mitmenschen, die ein Nein vielleicht besser wegstecken können, als sie meint. Auch wirkt sie auf manche aufgrund ihres dominanten Auftretens arrogant, was sie aber gar nicht ist. Belastend für sie selbst ist ihre Gewohnheit, kleine und große Sorgen mit sich herumzutragen und mit niemandem darüber zu sprechen.

Entwicklungschance: sich Luft verschaffen
Sie sollte lernen, sich Probleme auch mal von der Seele zu reden. Dies schwächt ihr Ansehen bei anderen keineswegs, sondern lässt sie nahbarer und zugleich sogar stärker wirken.

In ihrem Einsatz und Engagement muss sie die richtige Dosis noch finden, ab und zu den Druck herausnehmen und sich auch immer wieder auf neue Situationen und unterschiedliche Charaktere einstellen. Sie sollte sich auch mal zurücknehmen, das ganze Treiben wie von außen betrachten und Ruhe und Besonnenheit einkehren lassen.

♂ ↗ Zwillinge, Aszendent Stier

Zu gut, um wahr zu sein?

Dieser Mann bringt zwei recht unterschiedliche Prägungen mit, die nicht in allen Bereichen harmonieren, doch eng verzahnt sind. Beim richtigen Einsatz seiner Talente kann er Großartiges erreichen: Der bodenständige Stier-Einfluss bremst die übersprudelnden Zwillinge ein wenig aus. Besondere Stärken besitzt er in seinen geistigen Fähigkeiten, seinem kaufmännischen Talent und seinem geschickten Umgang mit Menschen. Bewegung und Engagement sind seine Triebfedern, er ist immer auf der Suche nach neuen Wegen und Aufgaben. Stillstand heißt für ihn Rückschritt.

Seine besondere Stärke liegt in seinem diplomatischen und taktischen Geschick. Er hat das nötige Feingefühl, um wichtige Entscheidungen richtig zu treffen. Gute und ausgiebige Kommunikation ist ihm ein tägliches Anliegen, um Missverständnisse zu vermeiden. Immer im Mittelpunkt zu stehen ist diesem Charakter nicht das Wichtigste, er kann ohne Probleme auch mal abseits bleiben.

Um im Beruf ausgeglichen zu handeln, ist für ihn die »Basisstation« Familie sehr wichtig. Er braucht dort eine heimelige Umgebung und schön eingerichtete Räume. Unter den Zwillinge-Geborenen gehört er sicherlich zu den häuslichsten. Auch Gastfreundschaft hat bei ihm Tradition. Alles, was er tut, macht er aus innerster Überzeugung und mit großer Begeisterung. Er ist ein liebevoller und zuverlässiger Partner und Familienvater – stets verlässlich, aber auch immer wieder für eine schöne Überraschung gut.

Späte Vergeltung

Oft wird seine Sensibilität unterschätzt, er ist tatsächlich ein tiefgründiger und sehr feinfühliger Mann, den unüberlegte Äußerungen tief verletzen können. Natürlich kann er das zunächst verbergen, aber vergessen wird er es nie. Und es kommt der Tag – das kann oft lange dauern –, an dem er dann, ohne dass sich auch sein Gegenüber an die betreffende Situation erinnert, zurückschlägt und sich befreit von der damals erlittenen Demütigung. Das sorgt natürlich für Irritationen.

Entwicklungschance: klare Ansagen
Warum nicht die Gepflogenheiten seines Alltags, wo er doch viel Wert auf gute Kommunikation legt, auch in verletzenden Situationen beibehalten? »Etwas aus der Welt schaffen« ist hierfür die passende bildhafte Formulierung.

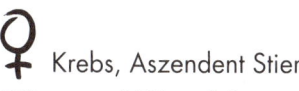 Krebs, Aszendent Stier
Wärme und Wertschätzung
Die Krebs-Stier-Frau ist harmonieliebend, hat viel Familiensinn und ein ausgeprägtes Bedürfnis nach zwischenmenschlicher Wärme sowie einem respektvollen, wertschätzenden Umgangston. Ein geordnetes Familienleben ist ihr sehr wichtig, dort entwickelt sie ihre Kraft für das tägliche Leben und ihre beruflichen Verpflichtungen. Die Krebs-Stier-Frau ist gern bereit, anderen zu helfen. Viele suchen darum bei ihr Rat und weinen sich bei ihr aus. Sie ist eine Sympathieträgerin und gewinnt schnell das Vertrauen anderer. Sie ist liebenswert, meistens gut aufgelegt und dennoch tiefgründig, mit einer starken, wärmenden Ausstrahlung. Der Beruf spielt bei ihr nicht die erste Geige. Sie arbeitet solide, verlässlich und mit Freude und großer Begeisterung, hat aber nicht allzu hohe Ambitionen, was Führungsaufgaben oder Aufstiegsmöglichkeiten betrifft.

Sie mag Geselligkeit, ist eine großartige Gastgeberin und verwöhnt gern ihre Freunde und Bekannten sowie ihre Familie mit kulinarischen Highlights. Lob und Anerkennung hierfür beflügeln sie und sind wichtig für ihr seelisches Gleichgewicht.

Einladung zum Ausnutzen

Streit und Missgunst bringen sie sehr leicht aus dem Gleichgewicht. Ihre familiäre Fürsorge übertreibt sie manchmal – die Gefahr ist groß, dass man ihr wie selbstverständlich sämtliche Arbeiten überlässt. Leider wird die hilfsbereite Krebs-Stier-Frau auch von Freunden und Bekannten hin und wieder ausgenutzt. Auf lange Sicht führt das zu Frustration bis hin zu Depression, die sie ausbremsen und oft sogar gesundheitliche Probleme nach sich ziehen.

Entwicklungschance: sich Achtung und Respekt verschaffen

Diese Frau muss lernen, auch einmal einen Riegel vorzuschieben und mehr auf ihre eigenen Wünsche und Bedürfnisse zu achten. Sie sollte täglich üben, auf ihr Gefühl für eigene Belange zu hören und, falls erforderlich, nein zu sagen und auch dabei zu bleiben. Wenn sie ein wenig egoistischer und ichbezogener handelt, ist sie garantiert immer noch zugewandter als die meisten ihrer Mitmenschen!

Wenn du einen verhungernden Hund aufliest und machst ihn satt, dann wird er dich nicht beißen. Das ist der Grundunterschied zwischen Hund und Mensch.
Mark Twain

♂ Krebs, Aszendent Stier

Gefühlvoll und patent

Hier treffen sich harmonierende Prägungen und machen ihren Träger zu einem ganz außergewöhnlichen Menschen. Der Krebs-Stier-Mann ist überaus gutmütig, häuslich, sparsam und beständig in seiner Gefühlswelt. Launenhaftigkeit und Stimmungsschwankungen sind ihm so gut wie unbekannt. Überdies ist er sehr musikalisch und empfindsam, hat ein besonderes Gefühl für die schönen Dinge des Lebens und weiß diese entsprechend zu schätzen und zu pflegen. Er handelt vorsichtig und oft sehr zurückhaltend, und auf sein Gefühl verlässt er sich mehr als auf den Kopf. Seine Wärme und Zugewandtheit werden allseits sehr geschätzt. Ein schönes Heim und ein geordnetes Familienleben sind für ihn der Schlüssel zum Erfolg, sie geben ihm Kraft und Motivation, seine gesetzten Ziele zu erreichen. Bodenständigkeit und Kreativität gehören ebenfalls zu seinen großen Stärken. Er braucht darüber nicht ständig Abwechslung; lieber ist es ihm, in seinem Fahrwasser zu bleiben. Egal, was er tut, ob beruflich oder privat, bei ihm müssen immer Herz und Seele dabei sein.

In Sachen Hingabe, Zärtlichkeit und Romantik kann ihm höchstens noch ein Fische-Mann Konkurrenz machen. Doch auch von Liebeskummer bleibt er nicht verschont, weil er mit seinem Herzen auch immer seine Seele verschenkt. Als Vater, Partner und Freund ist er geliebt und gefragt, nicht zuletzt, weil er für fast alles eine patente Lösung findet und durch seine kreative und hilfsbereite Art so manchem aus seinen Nöten hilft. Dies weiß man bei ihm zu schätzen und sucht daher immer gern seinen Rat und seine Unterstützung.

Zu viel Gefühl

Manchmal hat er beinah schon zu viel Verständnis für die Belange anderer – deshalb wird die Gefahr, ausgenutzt zu werden, immer wieder akut. Im Umgang mit Kritik und Niederlagen liegt sein Kernproblem. Vieles nimmt er hier zu persönlich, und eine Sache kann ihn lange belasten.

Entwicklungschance: loslassen und stabiler werden

Mehr Lockerheit und Gelassenheit auf der einen Seite und mehr Achtsamkeit für die eigenen Grenzen auf der anderen würden ihn weiterbringen. Mit einem gezielten mentalen Training unter erfahrener Anleitung kann er das sehr gut in den Griff bekommen. Dies stärkt auch seine Position im Kollegen- und Freundeskreis.

♀ Löwe, Aszendent Stier

Stolz und verletzlich

Wenn Willensstärke, Ehrgeiz und Selbstsicherheit zeitweise in Anmaßung und Willkür münden, hat man es vermutlich mit einer Löwe-Stier-Frau zu tun. Sie ist sehr materiell orientiert, zielorientiert und beharrlich, manchmal regelrecht verbissen. Andererseits ist sie aber auch sehr großzügig und gefühlvoll. Verantwortung zu übernehmen ist für sie die natürlichste Sache der Welt, ja, es macht ihr Freude – ob in Familie, Freizeit oder Beruf. Eine besondere Kunst beherrscht sie ganz natürlich, nämlich zu führen, ohne zu bevormunden. Die Löwe-Stier-Frau braucht den Erfolg, dafür tut sie viel. Ehrgeiz wurde ihr in die Wiege gelegt. Sie will im Zentrum stehen und nicht am Rande.

Auch zu Hause setzt sie gern ihre Familienmitglieder für bestimmte Aufgaben ein, damit alles zügig vorangeht und noch genug Zeit bleibt für Freizeit und körperliche Aktivität. Die Löwe-Stier-Frau ist nämlich sportbegeistert und will auch hier immer gewinnen. »Dabei sein ist alles« reicht ihr ganz sicher nicht als Motto.

Zusammenfassend gesagt ist sie sehr aktiv, durchaus anstrengend, aber auch liebevoll und engagiert: eine Frau, mit der man die berühmten Pferde stehlen kann.

Austeilen, aber nicht einstecken?

Dass sie mithin zu Herrschsucht und zu viel Egoismus neigt, mag diese Frau oft nicht hören. Dadurch verliert sie immer wieder an Akzeptanz und Anerkennung. Andererseits ist sie auch manchmal übersensibel und neigt dazu, negativere Erfahrungen in sich hineinzufressen, wodurch sie verkrampft und unsicher wirkt. Das tut natürlich weder ihr selbst gut, noch unterstützt es ihren Führungsanspruch.

Entwicklungschance: das Innenleben souverän managen
Sie sollte über ihre Belastungen reden, statt zu grübeln und Bitterkeit in sich aufzubauen. Um die entsprechenden Verhaltensmuster aufzulösen und durch hilfreiche neue Muster zu ersetzen, ist ihr das professionell angeleitete Erlernen mentaler Techniken zu empfehlen. Damit gewinnt sie an Souveränität und natürlich auch Akzeptanz.

Der größte Feind des Stolzes
ist die Eitelkeit.
Arthur Schopenhauer

♂ Löwe, Aszendent Stier
Heißsporn mit viel Talent
Zwei äußerst starke Prägungen treffen hier aufeinander. Die Willensstärke dieses Mannes, sein Ehrgeiz und seine Selbstsicherheit, aber zeitweise auch seine Anmaßung und seine Eigenwilligkeit setzen ihre »Duftmarken«. Sein Zielbewusstsein und seine Beharrlichkeit gehen oft sehr weit, ja, sie können zu Verbissenheit und Intoleranz führen. Dass er ein großzügiges Herz hat, ist hinlänglich bekannt, genauso aber auch, dass er sehr materiell und auch sehr emotional veranlagt ist, manchmal bis hin zu Wutausbrüchen.

Verantwortung zu tragen ist im Beruf wie auch in der Familie und im Freundeskreis eine seiner leichtesten Übungen. Die Kunst besteht darin, Verantwortung nicht mit Bevormundung zu verwechseln. Sein Ziel muss sein, anderen mit Einfühlungsvermögen, Nachsicht und Verständnis zu begegnen. Dann entwickeln seine Mitmenschen Vertrauen ihm gegenüber, und die Kommunikation untereinander blüht auf. Seine Kreativität und Intuition können ihn hier wunderbar unterstützen. Als Partner, Vater und Freund ist er eine wahre Größe, man schätzt und achtet ihn, auch wegen seiner praktischen Lösungs-ideen – wenn nur nicht seine Überheblichkeit immer wieder durch-käme, aber das bekommt er auch noch in den Griff!

Viel Licht und viel Schatten
Vieles Positive hat bei ihm eine dunkle Kehrseite. Was seine Talente angeht, kann er aus dem Vollen schöpfen, nur tut er dies nicht immer sehr diplomatisch und schon gar nicht clever genug. Oft übertreibt er in seinem Verhalten maßlos und verletzt damit andere, ob im Beruf oder im Privatleben.

Entwicklungschance: mehr Fingerspitzengefühl
Im Grunde hätte ein Löwe-Stier-Mann viele Konflikte gar nicht nö-tig, wenn er etwas mehr Feingefühl entwickelte. Er sollte begreifen, dass er mit seinen Talenten und seinen Fähigkeiten vielen Mitmen-schen um Längen voraus ist und nicht erwarten darf, dass diese alles genauso gut und so schnell wie er umsetzen können.

Er ist ein exzellenter Redner und Motivator, sollte aber versuchen, daraus weniger eine selbstverliebte Show zu machen, sondern sich in den Dienst des großen Ganzen zu stellen. Auch sollte er lernen, sachliche Kritik als wertvolle Hilfe auf dem Weg zum Erfolg zu be-trachten. Gerade in der Niederlage zeigt man sein wahres Gesicht! Versteht und lebt er dies, kann ihm das viele Sympathien zurück-bringen.

♀ Jungfrau, Aszendent Stier

Wärmende Sonne

Zwei Prägungen, die sich wunderbar verbinden, ergänzen und unterstützen: Diese Frau kann viel bewegen und erreichen. Sie ist friedvoll,
praktisch veranlagt und verfügt über reichlich gesunden Menschenverstand. Materielle Sicherheit steht bei ihr absolut im Vordergrund,
sie ist ihr mehr als anderen ein Grundbedürfnis. Ihre Einstellung zu
ihrer Arbeit ist immer positiv, sie geht ihre Aufgaben mit viel Pflichtbewusstsein und absoluter Zuverlässigkeit an, ist beharrlich und effizient. Im Arbeitsleben sieht sie ihre Berufung zumeist im sozialen
Bereich, sei es zum Beispiel im Krankenhaus, im Altenheim oder in
einer Jugendhilfeeinrichtung. Im Vordergrund steht der Mensch,
und sie ist glücklich, wenn sie anderen zu Wohlbefinden, Erfolg und
persönlicher Entfaltung verhelfen kann.

Die Stier-Jungfrau ist gern für andere da, und das mit sehr viel
Gefühl und Wärme. Es fällt leicht, sie zu mögen, da sie alle Menschen
gleichermaßen fair behandelt und auch weil sie für fast alles eine Lösung findet. Die Liebe zu den Menschen ist ihr von klein auf zu eigen.
Durch die Warmherzigkeit, die ihr Auftreten vermittelt, findet sie
schnell Zugang zu allen, vertrauensvoll suchen andere ihren Rat.

Auch zu Hause ist sie das wärmende Zentralgestirn, und keiner
neidet es ihr – Familienmitglieder, Verwandte, Freunde und Bekannte, alle suchen und genießen ihre wohltuende Nähe. Der große, ehrliche Herzenswunsch einer Frau mit dieser Konstellation ist es, viele
Menschen glücklich zu machen. Ohne eine Auswahl nach bestimmten Kriterien zu treffen, will sie einfach für alle da sein.

Wenn andere zu viel fordern

Wie so oft bei den Charakteren mit Stier-Aszendent steht bei ihr das
Geben nicht in ausgewogenem Verhältnis zum Nehmen. Hier muss

sie besser auf sich aufpassen, denn es gibt so viele Menschen, die nur fordern. Das kann viel Frust und Ärger für sie bedeuten, viel Energie kosten und auch vorübergehend zu leichten Depressionen führen.

Entwicklungschance: das Neinsagen üben
Auch wenn Geben seliger ist denn Nehmen: Es kommt der Punkt, an dem sie in Ruhe darüber nachdenken sollte, ob dem einen oder anderen gegenüber ein Nein nicht doch die angemessenere Antwort wäre.

♂ Jungfrau, Aszendent Stier
Die Ruhe selbst
Der Jungfrau-Stier-Mann ist ein friedvoller, aber auch praktisch veranlagter Mensch und verfügt über reichlich gesunden Menschenverstand. Materielle Sicherheit steht bei ihm an erster Stelle. Er lässt sich nicht auf unkalkulierbare Risiken ein und fährt damit gewöhnlich sehr gut. Seine Grundeinstellung zur Arbeit und zum täglichen Leben ist positiv. Er hat viel Pflichtgefühl und ist ausgesprochen zuverlässig. Schwierigen Aufgaben nähert er sich in kleinen Schritten und führt sie dann beharrlich und konsequent aus. Wir haben es hier mit einem großen Individualisten (aber nicht mit einem ausgesprochenen Egoisten) zu tun. Er lässt sich nie mit der Masse treiben, sondern geht seinen eigenen Weg, auch wenn das mitunter heißt, gegen den Strom zu schwimmen. Darüber hinaus ist er enorm kreativ und handelt strategisch: Alles, was er erreicht, hat er minuziös geplant.

Als Vorgesetzter oder auch als Unternehmensführer ist er sehr geradlinig, bodenständig und eher konservativ. Er führt mit großer Disziplin und erwartet umgekehrt von seinen Mitarbeitern Loyalität, Einsatz und Arbeitswillen – auch über die normale Arbeitszeit hinaus, was er aber entsprechend honoriert. In der Gesellschaft muss er nicht im Mittelpunkt stehen und schon gar nicht im öffentlichen Interesse. Das heißt aber keineswegs, er wäre etwa verschlossen oder wortkarg. Vielmehr argumentiert er gekonnt und mit Stil. Er legt zudem äußersten Wert auf ordentliche Kleidung, gutes Auftreten und dementsprechendes Verhalten in der Öffentlichkeit und untereinander.

Privat ist er ein ruhiger und gelassener Mann, der sich im Kreise seiner Familie wohlfühlt, der dort loslassen kann und sich gern mit seinen Kindern beschäftigt. Er genießt ein schönes Ambiente, bei Sonnenuntergang findet man ihn möglicherweise bei einem guten Glas Rotwein auf der Terrasse. Er hat jedoch gar nichts übrig für große und aufgebauschte Anlässe. Wichtig ist für ihn ein harmonisches und glückliches Miteinander in der Familie.

Kritik kann ihn verletzen

Mit Kritik und Niederlagen hat er so seine Probleme; es fällt ihm schwer, Kritik anzunehmen und sie als Wegweiser zum Erfolg zu begreifen.

Entwicklungschance: Korrekturen gelassen verarbeiten

In Sachen Kritik sollte er lockerer und gelassener werden, dabei helfen würde ihm ohne Zweifel ein von einem erfahrenen Coach angeleitetes mentales Training.

♀ Waage, Aszendent Stier
Harmonisch und großzügig

Zwei ganz besondere Charakterzüge treffen hier aufeinander, nämlich Beständigkeit und ästhetisches Empfinden. Diese Prägungen harmonieren wunderbar. Die Waage-Stier-Frau ist führungsorientiert, genussfreudig und niveauvoll. Bodenständigkeit und ein großzügiger Lebensstil schließen sich bei ihr nicht gegenseitig aus, sondern ergänzen sich und machen diese Persönlichkeit überaus interessant. Anstand und gute Umgangsformen sind ihr in die Wiege gelegt, und sie erwartet beides auch von ihrer Familie, von Kollegen, Freunden und Bekannten. Wer sich nicht an ihre Spielregeln hält, den macht sie ganz unverblümt darauf aufmerksam. Wenn sie eines nicht leiden kann, dann ist das Oberflächlichkeit und niveauloses Verhalten. Dass sie hier keinen Spaß versteht, empfinden viele als arrogant, doch das ist sie mit Sicherheit nicht. Sie handelt einfach ihrem Gefühl entsprechend und liegt damit fast immer richtig.

Ihr ausgeprägter Intellekt ermöglicht ihr den Blick über den Tellerrand hinaus und verleiht ihr den Mut, ihre Meinung auch gegen Widerstände zu vertreten. Aus dem Kollegenkreis – besonders aus dem männlichen – bläst ihr dafür oft Gegenwind ins Gesicht. Im Beruf ist die Waage-Stier-Frau grundsätzlich in Führungspositionen zu Hause, sie braucht die Verantwortung und die motivierende Bestätigung durch ihre Tätigkeit.

In der Familie ist die Waage-Stier-Frau der Mittelpunkt. Sie zieht die Fäden, und alle sind dankbar für ihr perfektes Alltagsmanagement. Sie ist eine begehrenswerte Frau mit hohem Anspruch, großem Können und einer starken persönlichen Ausstrahlung – sehr fordernd, doch dies immer zum Wohle aller.

Das lästige Dauergrübeln

Immer wieder einmal belastet sie sich damit, dass sie zu lange an Problemen festhält und sie in Gedanken hin und her wälzt. Das kostet viel Energie.

Entwicklungschance: eins, zwei oder drei?

Probleme gedanklich loszulassen wird ihr leichter fallen, wenn sie sich bewusst macht, dass es grundsätzlich drei Möglichkeiten gibt: erstens entschlossen zu handeln, zweitens das Problem vorerst abzuhaken und die Lösung auf einen geeigneteren Zeitpunkt zu verschieben und drittens zu erkennen, dass die Lösung nicht in ihrer Hand liegt. Was jeweils das Richtige ist, wird ihr starker Intellekt zu klären wissen.

♂ Waage, Aszendent Stier

Stil, Kultur und Sinnesfreuden

Zum einen haben wir hier die Vorliebe für einen exzellenten Lebensstil, Ästhetik und Kreativität, zum anderen eine klare Erfolgsstrategie. Hinzu kommt ein überaus wacher Verstand, der es dem Waage-Stier-Mann ermöglicht, sich emotional immer im Griff zu haben. Er hat auch einen besonderen Hang zum Künstlerischen, ist sehr genussfreudig und in der Liebe überaus sinnlich. Gute Voraussetzungen also, das Leben nicht nur zu meistern, sondern ganz besondere Highlights zu erfahren. Über gute Umgangsformen braucht man mit ihm nicht zu reden, man möchte eher fast annehmen, er habe sie erfunden. Er erwartet von seinem Umfeld, ob im Beruf, in der Freizeit oder zu Hause, dass die Spielregeln eingehalten werden und sich jeder an die Abmachungen hält. Wer davon abweicht, den pfeift er scharf zurück.

Im Beruf ist der Waage-Stier-Mann stark engagiert und in Top-Führungspositionen zu finden. Von seinen Mitarbeitern verlangt er viel, auch Loyalität und Fair Play. Sein diplomatisches Geschick ist ausgezeichnet, er versteht es, auch in brenzligen Situationen angemessen und sachlich zu reagieren und eine Lösung herbeizuführen. Er ist oft ehrenamtlich engagiert, auch hier gern in leitender Position, und stellt sein fein geschliffenes Redetalent in den Dienst des gemeinsamen Interesses.

Seine Familie und seine Kinder bedeuten ihm sehr viel. Er legt großen Wert auf ein friedliches und harmonisches Privatleben. Dafür ist er auch bereit, Opfer zu bringen und die Wünsche und Vorstellungen der Familienmitglieder zu erfüllen, sei es, besondere Urlaubsziele anzusteuern, mit den Kindern in den Erlebnispark oder Klettergarten zu gehen oder mit der Liebsten zur Vernissage. Auch der Freundeskreis kommt bei ihm niemals zu kurz.

Auf dem hohen Ross

Es besteht die Gefahr, dass er in manchen Dingen überheblich und unangemessen reagiert und damit den Ärger seiner Mitmenschen auf sich zieht. Ein derartiges Verhalten hat der Waage-Stier-Mann gar nicht nötig, und oft ist es lediglich ein Zeichen für Disstress und Überlastung.

Entwicklungschance: herunterkommen und entspannen

Der sportliche Bereich hat bei ihm eine besondere Stellung und verschafft ihm einen Ausgleich zum beruflichen Stress. Für Tennis, Golf, Schach oder was auch immer er sich ausgesucht hat, sollte er sich feste Termine im Kalender eintragen.

♀ Skorpion, Aszendent Stier

Rohdiamant in Frauengestalt

Diese Frau ist bodenständig, hilfsbereit, loyal und zugleich selbstbewusst, erfolgsorientiert und kämpferisch. Was sie gar nicht mag, ist Kontrolle und Bevormundung, damit raubt man ihr jegliches Vertrauen, das sie aber benötigt, um erfolgreich zu arbeiten. Im Beruf hat diese Frau dann Erfolg, wenn sie weitgehend in Eigenregie schalten und walten kann, wobei aber gelegentliche anerkennende Worte keineswegs schaden.

Für ihre Lieben ist die Skorpion-Stier-Frau unentbehrlich, weil sie (fast) alles kann und alles mit Herzblut tut. Sie braucht für ihr Glück eine intakte Familie, aus der sie ihre Kraft und Energie ziehen kann.

Wenn es ihr auf allen Ebenen gutgeht, und dafür sorgt sie selbst täglich, kann sie »Bäume ausreißen«. Die Menschen mögen sie und suchen oft ihre Nähe und das Gespräch mit ihr.

Manchmal übernimmt sie sich

Ihr wird es selten einmal zu viel, aber dann und wann übernimmt sie zu viele Arbeiten für ihre Mitmenschen, oft reißt sie quasi aus Gewohnheit sogar die Arbeit anderer an sich, was vor allem im Berufsalltag zu Unmut der Kollegen führen kann.

Diese Frau ist außerdem sehr tiefgründig und daher auch sehr leicht zu verletzen. Sie nimmt vieles zu persönlich und belastet sich übermäßig damit, auch wenn es nur um Kleinigkeiten geht. Im Grunde besitzt sie ein starkes Selbstbewusstsein, aber sie stellt sich (unnötigerweise) immer wieder selbst infrage.

Entwicklungschance: innere Kraftquellen anzapfen

Sie sollte versuchen, lockerer und gelassener zu werden und ihr Selbstbewusstsein zu stabilisieren. Der erste Schritt dorthin ist, sich noch öfter etwas Gutes angedeihen zu lassen – was das sein könnte, weiß sie selbst am besten. Auf diese Weise kann sie wieder mehr Energie aus ihrer eigenen inneren Kraftquelle schöpfen, statt ihr Wohlbefinden von anderen abhängig zu machen. Zweitens kann es für sie sehr hilfreich sein, ihre große Energie zu bündeln und dadurch zu stärken. Das Mittel der Wahl wäre hier ein Bewegungstraining, das sie fordert und ihre Begeisterung entfacht, sei es eine Einzel- oder Teamsportart.

Der Kultivierte bedauert nie einen Genuss.
Der Unkultivierte weiß überhaupt nicht, was ein Genuss ist.
Oscar Wilde

♂ Skorpion, Aszendent Stier

Lösenswertes Geheimnis

Durch den Skorpion-Einfluss wirkt dieser Mann oft undurchsichtig, unnahbar und auch mal zynisch. Er gibt vielen Rätsel auf, ist oft nicht einzuordnen und zu begreifen. Dies hat aber auch etwas mit seiner Sensibilität und seiner Intuition zu tun. Der Skorpion-Stier-Mann erspürt viele Vorgänge, Abläufe und Ereignisse lange im Voraus und vermutet und empfindet etwas, wenn andere noch nicht einmal daran denken. Sein Selbstwertgefühl ist nicht immer stark ausgeprägt, da er sich manchmal sogar selbst ein Rätsel ist. Dadurch kann er unsicher wirken, und sein Verhalten wird schwer zu deuten sein. Doch ist er durch seine Stier-Prägung auch mit besonderen positiven Gaben wie Bodenständigkeit, Kreativität und dem unbedingten Willen zum Erfolg ausgestattet.

Im Beruflichen gibt er mehr den Einzelkämpfer als den Teamworker, oft arbeitet er auch selbstständig. Denn Kontrolle und Bevormundung sind seine Sache nicht; unter solchen Bedingungen fühlt er sich auch nicht wohl. Gegenüber Mitarbeitern oder Partnern tritt er – nach deren Empfinden – oft unnahbar und zu arrogant auf.

Seine Familie bedeutet ihm sehr viel, aber er könnte es ihr öfter zeigen: mit Wärme und Zuneigung. Denn auch hier hält er sich meist sehr zurück. Doch kann man davon ausgehen, dass Menschen, die ihm sehr nahestehen (auch im Freundeskreis), seine Qualitäten erkannt haben und wissen, was sie an diesem nicht gerade unkomplizierten Mann haben.

Gefühle in Seenot

Emotionen zu zeigen ist menschlich – fehlen sie scheinbar, kann das andere Menschen sehr irritieren. Aber auch er selbst läuft mithin Gefahr, die Verbindung zu dieser lebenswichtigen Kraft- und Erfolgsquelle zu kappen! Wird er allerdings kritisiert, zeigt sich seine grundsätzliche Verletzbarkeit überdeutlich.

Entwicklungschance: Schönes entspannt genießen
Der Skorpion-Stier-Mann sollte mit sich selbst die Abmachung treffen, Kritik unter allen Umständen als Wegweiser zum Erfolg zu betrachten. Er sollte auch lernen, viele Dinge lockerer und gelassener anzugehen und sie hin und wieder einfach geschehen zu lassen. Darüber hinaus darf er sich ruhig mehr Zeit nehmen für seine Familie, für Regeneration und Entspannung, fürs Genießen und für Gefühle – kurzum: für die schönen Seiten des Lebens.

 Schütze, Aszendent Stier
Charmante Freiheitssucherin
Der feurige Schütze erhält hier durch den Stier-Einfluss Bodenständigkeit und Sinnlichkeit sowie ein reiches Gefühlsleben. Die Schütze-Stier-Frau gewinnt mit dieser Kombination viele Sympathien und große Bewunderung. Der Beruf steht bei ihr nicht unbedingt im Vordergrund, sondern dient ihr einfach zum Broterwerb, wobei man sich hier stets auf sie verlassen kann. Ihre besondere Liebe gilt aber der Natur und ihrem kreativen bis künstlerischen Engagement. Beides bringt ihr sehr viel an Zufriedenheit und Glückseligkeit ein, hier kann sie auftanken und neue Energien entwickeln. Sportliche Ambitionen hat sie durchaus auch, sie nimmt sie aber lieber ein wenig zurück, um mehr Zeit für die anderen Dinge zu haben, die sie begeistern.

In Partnerschaft und Familie ist die Schütze-Stier-Frau immer bestrebt, den Hausfrieden hochzuhalten und durch besondere Einfälle und witzige Ideen ihre Familie zu überraschen und zu umsorgen. Sie geht auch darin auf, Gäste auf ganzer Linie zu verwöhnen, und scheut dabei keine Mühen. Die positive Resonanz wiederum ist Labsal für ihre Seele und für ihr inneres Gleichgewicht.

Unwetterwarnung
Ihre Bodenständigkeit bewahrt die Schütze-Stier-Frau nicht vor Wechselbädern der Gefühle von heiter und sonnig über gewittrig bis tief grau bewölkt. Es fällt ihr schwer, hier ein Gleichgewicht zu erreichen und nicht immer wieder aus einer Hochstimmung ganz nach unten abzurutschen. Diese Extreme kosten sie viel Energie.

Auch neigt sie dazu, in entscheidenden Momenten eher zu schweigen, statt zu sprechen und zu argumentieren. Sie frisst vieles in sich hinein – so lange, bis ihr der Kragen platzt. Und damit verscherzt sie sich viele Sympathien.

Entwicklungschance: das innere Gleichgewicht stärken
Sie sollte lernen, etwas früher aus sich herauszugehen, sich, wenn nötig, zu wehren und über ihren Kummer zu sprechen. Dadurch kann sie immer angemessen und fair reagieren. Sie sollte zudem bewusst versuchen, ihre Gefühlsschwankungen rasch in den Griff zu bekommen. Wenn ihr das gelingt, wird sie bedeutend souveräner agieren und sich überdies wohler in ihrer Haut fühlen.

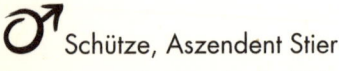 Schütze, Aszendent Stier
Ein Mann wie eine starke Eiche
Hier treffen Dominanz und Kreativität aufeinander. Das hat einen großen Vorteil: Der Stier-Einfluss dämpft die Risikolust des Schützen und hält eventuelle Verluste in Grenzen. Der Nachteil liegt darin, dass der Stier wichtige Entscheidungen oft zu lange verhindert. Wäre das Leben ein Auktionshaus, würde der Schütze-Stier-Mann also oft mit leeren Händen herauskommen – ohne Geldverlust, aber auch

ohne beeindruckende neue Besitztümer. Seine größte Aufgabe besteht darin, die Talente und Fähigkeiten aus beiden Prägungen zu bündeln, das kann er durch mentale Techniken schnell und erfolgreich in den Griff bekommen. Diese Investition in seine Persönlichkeit bringt ihm auf Dauer hohe Zinsen. Dass er fleißig, ehrgeizig und zielstrebig ist, steht außer Frage. Doch wie kann er seine vorhandenen Potenziale optimal nutzen?

Sein Führungspotenzial ist hoch und sein Anspruch ebenfalls. Von seinen Untergebenen erwartet er eigenständiges Denken, Mitverantwortung und Loyalität. Er geht im gewünschten Arbeitsstil voraus – gern zeigt und erklärt er den Mitarbeitern fragliche Arbeitsabläufe. Anschließend erwartet er aber auch Engagement und konzentriertes, zügiges Arbeiten, in Zeiten sehr guter Auftragslage auch Leistung über das normale Maß hinaus. Wer nörgelt oder dauernd jammert, hat beim Schütze-Stier-Mann keine guten Karten. Der Erfolg des großen Ganzen steht für ihn an erster Stelle.

In Beruf und Privatleben kann er ein Charmeur und ein großer Connaisseur sein. Auch wenn er wenig Zeit hat, sorgt er immer für Genussmomente. Besonders beim Essen legt er Wert auf Stil und Ambiente, und wenn dann noch toll serviert und zubereitet wird, kann man ihn richtig begeistern und auch aus der Reserve locken. Dass er auch sehr sensibel und feinfühlig ist, vermögen in der Regel nur starke Charaktere zu erkennen, die sich von seiner harten Schale weder täuschen noch abschrecken lassen. Doch spätestens wenn man erfährt, dass er ein großes Herz für Schwächere und Hilfsbedürftige hat, wird man die eigene Meinung von ihm revidieren.

Erfolg vs. private Freuden

Manchmal übertreibt er es mit seinem Erfolgsstreben und hat dann viel zu wenig Zeit für sich selbst und seine Familie.

Entwicklungschance: den Wert des Unbezahlbaren erkennen
Er sollte nie vergessen, dass seine Gesundheit und seine Liebsten
sowie die Zeit mit ihnen unbezahlbar sind – jeder einzelne Tag ist
kostbar!

 Steinbock, Aszendent Stier

Stilles Wasser

Die Steinbock-Stier-Frau wirkt oft unnahbar und in sich gekehrt. Sie
ist vorsichtig, sicherheitsbedacht und wägt genau ab, wann es sinnvoll ist, sich zu engagieren – das hat damit zu tun, dass sie sehr sensibel und verletzlich ist. Viele Menschen schätzen sie daher zunächst
völlig falsch ein. Zum anderen weiß sie durchaus, was sie will. Bevormundung, Kontrolle und Wichtigtuerei mag sie gar nicht. Nur wer
den richtigen Ton trifft, wird bei ihr Gehör finden. In beruflichen
Dingen sucht sie die Führungsaufgabe mit viel Verantwortung und
Entscheidungsfreiheit. In einer solchen Position – und nur dort –
wächst sie über sich selbst hinaus. Sie ist zudem stets verlässlich und
loyal.

Wärme, Zuneigung und die richtigen Worte zur richtigen Zeit
sind Balsam für ihre Seele. Mehr als fast alle anderen Charaktere ist
sie ein Gefühlsmensch mit Tiefgang. In ihrem Zuhause walten Gastfreundschaft und Genuss, sie hat gern liebe Menschen um sich herum. Für ihre Familie bleiben bei ihr keine Wünsche offen – sofern
diese angemessen geäußert werden, versteht sich. Im Urlaub schätzt
sie die Stille in einer natürlichen Umgebung, sei es in den Bergen
oder unter Palmen. Ein schönes Essen auf der Terrasse von Ferienhaus, Almhütte oder Hotel, das ist für sie Genuss pur und ein großer
Kraftquell. Wer mit ihr durchs Leben geht, darf sich glücklich nennen: Die Steinbock-Stier-Frau ist eine tolle, anspruchsvolle und ver-
ständnisvolle Frau, die es verdient hat, geliebt zu werden.

Bitte nicht unterschätzen

Ihre feine, empfindsame Seele und ihre besonders aufmerksame Weltsicht können leider auch Probleme auf den Plan rufen, nämlich wenn andere sie unterbewerten beziehungsweise nicht so würdigen, wie sie es verdient hat. Dies kann sie immer wieder unglücklich und unzufrieden machen.

Entwicklungschance: nicht alles auf sich beziehen

»Der liebe Gott hat einen großen Tiergarten« – dieses humorvolle mundartliche Motto kann der sensiblen Steinbock-Stier-Frau dabei helfen zu erkennen, dass andere es meist nicht böse meinen, sondern einfach anders gestrickt sind und nicht so feinfühlig »ticken« wie sie selbst. Dann nimmt sie sich vieles wohl nicht mehr so sehr zu Herzen.

 Steinbock, Aszendent Stier

Lieber Ehre als Ruhm!

Diese beiden Prägungen zeigen sich im Steinbock-Stier-Mann durch enorme Willenskraft, Ehrgeiz und Ausdauer. Seine besonderen Eigenschaften sind Konzentrationsvermögen, Geduld, Ausdauer, Realismus, Gründlichkeit – und Eitelkeit. Seine Energien weiß er meist erfolgversprechend einzusetzen. »Von nichts kommt nichts« – diese Alltagsweisheit muss ein Steinbock-Stier geprägt haben. Oft kann es ihm nicht schnell genug gehen. Vom Tellerwäscher zum Millionär – der Steinbock schafft auch das. Hindernisse sind für ihn Anreize, hoch zu springen.

Sicherheit und Stabilität sind für ihn lebensnotwendig, dafür ist er bereit, hart zu arbeiten und alles zu geben. Soziales Prestige, das er sich durch Verantwortung und Leistung erwirbt, befriedigt ihn mehr als die Glitzerwelt im Rampenlicht!

Die Liebe nimmt er ebenso ernst wie den Beruf. Er kann ein treuer Weggefährte sein, wenn er die richtige Partnerin an seiner Seite hat. Sie muss intelligent und mental stark sein – und in der Lage, ihm gegebenenfalls auch Paroli zu bieten, sonst stellt ihn die Partnerschaft auf Dauer nicht zufrieden. Zu Kindern hat er eine außergewöhnlich gute Beziehung und kann sich gut auf ihre besonderen Wünsche einlassen.

Erfolgsverliebt

Er ist fast besessen vom Erfolg, für den er alles und noch viel mehr tut – um jeden Preis, so scheint es manchmal. Dabei kommt leider das Zwischenmenschliche mithin unter die Räder, ganz zu schweigen von seiner Gesundheit.

Die Gefühlswelt ist sozusagen die Problemzone in seinem Charakter. Zum einen kann er unnahbar und kühl sein, auf der anderen Seite hat er einen weichen Kern. Deshalb kann er auch Niederlagen und Kritik nur schwer verarbeiten.

Entwicklungschance: Gefühl und Verstand passend einsetzen

Mehr Offenheit und Souveränität würden ihm helfen, immer richtig zu entscheiden, wann er seinem Gefühl folgen will und wann seinem Kopf. Hierbei kann ihm das Erlernen mentaler Techniken ausgesprochen gut helfen.

Die ursprüngliche Weisheit ist Intuition,
während alles spätere Wissen angelernt ist.
Ralph Waldo Emerson

♀ Wassermann, Aszendent Stier

Kreative Leaderin

In dieser Persönlichkeit wirken sehr widersprüchliche Kräfte zusammen. Das verleiht der Wassermann-Stier-Frau eine höchst interessante, auf andere Menschen anziehend wirkende Ausstrahlung. Die Tiefgründigkeit, Wärme, Entscheidungsfreude, Kreativität und Intelligenz des Wassermanns wird von der Bodenständigkeit des Stiers hinterfragt und auf ein sicheres Fundament gestellt.

Die Wassermann-Stier-Frau ist sehr begabt darin, Fremdsprachen zu lernen, darüber hinaus besitzt sie die besondere Gabe, Vorgängen analytisch auf den Grund zu gehen und verblüffende Lösungswege zu erarbeiten. Manche (vor allem männliche) Kollegen kommen mit ihr nicht klar, aber darüber muss sie sich keine Gedanken machen – dass sie intellektuell vielen überlegen ist, sollte sie eher stärken als schwächen. Im Beruf strebt sie somit selbstredend Führungspositionen an. Sie ist bereit, kreativ und hart zu arbeiten, wünscht sich aber auch Anerkennung. Mit schwachen Vorgesetzten hat sie ein Problem, weil sie deren Führungsdefizite klar erkennt. Manchmal sollte sie sich dies nicht so sehr anmerken lassen, um sich Ärger und Energieverluste zu ersparen.

Im familiären Bereich ist die Wassermann-Stier-Frau für klare Verhältnisse. Hier gibt es oft Konflikte mit dem Partner, weil sie ihre eigenen klaren Vorstellungen von einer Familie durchsetzen möchte. Schafft der Partner es jedoch, ihr nah zu sein und sie so zu nehmen, wie sie ist, hat er eine ganz besondere Frau mit Stil, toller Ausstrahlung, Esprit und großer Wärme an seiner Seite.

Phlegma kontra Spontaneität

Manchmal gehen ihr Sicherheitsbewusstsein und ihr ausgeprägtes Phlegma auf Kosten der Spontaneität und der Risikobereitschaft. Das kann besonderen Erfolgen im Weg stehen und ihre Energien lahmlegen. Dadurch bleiben ihre großartigen Fähigkeiten teilweise ungenutzt.

Entwicklungschance: die eigene Kreativität leben
Die Wassermann-Stier-Frau sollte darauf achten, dass sie aufgrund ihres materiellen Sicherheitsbedürfnisses nicht an Originalität verliert. Sie könnte wesentlich mehr bewegen, wenn sie ihre oft übertriebene Bodenständigkeit etwas lockerte und dadurch flexibler wäre.

♂ Wassermann, Aszendent Stier

Charme und Stil

Trotz seiner recht widersprüchlichen Prägungen ist dieser Mann weithin beliebt und begehrt. Er hat eine mitreißende Ausstrahlung, ein charmantes Auftreten und ein sehr bodenständiges, kreatives und stilvolles Wesen. Er legt viel Wert auf sein eigenes Äußeres und auch auf das der mit ihm zusammenarbeitenden Menschen. Sein Anspruch ist in allen Bereichen des Lebens hoch, seine Projekte und Ziele geht er planvoll und strategisch an. Wenn er seine Potenziale voll entfaltet, ist er in der Lage zu führen, ohne zu bevormunden – eine hohe Kunst, die nur wenige beherrschen, die sich aber sehr motivierend und damit wirklich ertragbringend auswirkt.

Dass er ein Charmeur erster Güte ist, weiß jeder, der ihn kennt. Er zieht dank seiner sympathischen Ausstrahlung andere Menschen fast magisch an, ohne viel dafür tun zu müssen – darauf ist er auch ein bisschen stolz. Seine Familie steht bei ihm an erster Stelle, und sie kann sich stets auf ihn verlassen. Nichts ist ihm hier zu viel.

Phlegma und fehlende Empathie

Problematisch ist das ausgeprägte Phlegma, das die Energien und Aktivitäten des Stier-Wassermanns zu stören vermag. So kann es passieren, dass einige Fähigkeiten und Talente nicht aufblühen, was unendlich schade wäre. Auch das enorme materielle Sicherheitsbedürfnis kann die Originalität dieses Herrn wesentlich einschränken.

Ebenso hat er in Sachen Kritikfähigkeit Nachholbedarf: Beanstandungen sind für ihn etwas ganz Schlimmes und bringen ihn schnell auf die Palme. Er nimmt sie einfach zu persönlich. Und was die Ansprüche an seine Mitmenschen angeht, fällt es ihm manchmal schwer, geduldig mit anderen umzugehen, die ihm intellektuell nicht das Wasser reichen können.

Entwicklungschance: schlummernde Potenziale wecken

Er sollte einfach gelassener und lockerer sein und lernen, Kritik als Möglichkeit zu Entwicklung und Wachstum anzunehmen. Und er braucht manchmal einen Ruck, um dem Phlegma zu entkommen und seine Ziele und erreichbaren Träume nicht aus den Augen zu verlieren.

Er sollte sich des Weiteren klarmachen, dass jeder Mensch auf seine Art wertvoll ist und wertvolle Dienste leisten kann – er muss einfach eine Stufe hinabsteigen und die Menschen dort abholen, wo sie stehen.

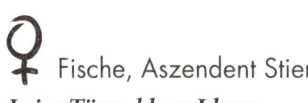 Fische, Aszendent Stier

Leise Töne, klare Ideen

Hier treffen zwei nicht unähnliche Charakterzüge aufeinander, zum einen der gefühlvolle, führungsorientierte Fische-Typ und zum anderen der ebenfalls sensible, aber sehr bodenständige Stier. Was diese Frau besonders auszeichnet, sind ihre liebenswerte Art und ihre

Hilfsbereitschaft. Nahestehende sagen, dass sie mehr gibt, als sie nimmt, aber sie selbst sieht das nicht so. Nur dann und wann, wenn sie enttäuscht wird, kommen ihr durchaus Zweifel. Im Beruf sucht die Fische-Stier-Frau führende Positionen, ist aber auch bereit, sich ins Team einzuordnen, wenn die Bedingungen stimmen – das heißt aus ihrer Sicht vor allem, dass der Umgangston höflich und klar ist. Dann kann sie Höchstleistungen vollbringen, ist sehr kreativ und ko-operativ. Lob, Anerkennung und Bewunderung braucht sie als Strei-cheleinheiten für ihre Seele.

Schöne, hochwertige Kleidung und gutes Aussehen sind ihr wich-tig, dafür gibt sie auch gern ein wenig mehr Geld aus. Sie hat einen exzellenten Geschmack und ist modisch immer up to date, was ihr viel Bewunderung einbringt. Genauso wichtig wie die Karriere ist der Fische-Stier-Frau ihre Familie. Sie bewirtet gern und mag es sehr, ihre Freunde gesellig um sich zu haben. Wer die Fische-Stier-Frau als Partnerin, Kollegin oder Freundin genießen darf, hat einen wunder-baren Menschen mit großer Güte, Ehrlichkeit und vor allem Zuver-lässigkeit an seiner Seite.

Um des lieben Friedens willen?
Ihre Kollegen sollten einen niveauvollen Umgang mit ihr pflegen. Hier ist sie sehr empfindlich, schnell verletzt und aus ihrer Mitte ge-worfen. Sie liebt dennoch den klaren Ton und die ehrliche Ansage und kann gut mit konstruktiver Kritik umgehen. Sie ist kein Streit-typ, sondern sucht immer den harmonischen Ausgleich. Doch kostet sie das manchmal zu viel Energie, da sie wider besseres Wissen ihre Meinung oft zurückstellt.

Entwicklungschance: Streitkultur pflegen
Sie sollte üben, ihren eigenen Standpunkt zu vertreten, ohne zu ängst-lich oder aber zu forsch zu sein. Hilfreich ist hier die Einsicht, dass

Streiten etwas Positives sein kann – denn wer sich engagiert für ein Ziel einsetzt, dem liegt etwas an der gemeinsamen Sache. Zur Streitkultur gehört es jedoch auch, sich in den anderen hineinzuversetzen, gemeinsam kreative Lösungen zu finden, mit denen alle Beteiligten leben können – ebenso wie konsequent und sachlich das Gespräch zu beenden oder zu verschieben, wenn der andere unfair oder laut wird.

♂ Fische, Aszendent Stier

Feinfühliger Freigeist

Der Fische-Stier-Mann ist eine tiefgründige Seele mit viel Verständnis und einer besonderen Güte. Er ist sehr sensibel, kreativ und selbstständig. Seine Fähigkeiten liegen insbesondere im zwischenmenschlichen Bereich, deshalb ist er gern in einem Beruf tätig, in dem er diese Talente ausleben kann. Eine spezielle Begabung hat er im musischen Bereich, dort ist er vielleicht als Sänger oder Instrumentalmusiker tätig. Ebenfalls häufig findet man diesen Typus in Design und Grafik oder auch in Lehrberufen.

Er hat eine zarte und feinfühlige Art und ist keinesfalls ein Macher oder Anheizer. Er will, und das strebt er immer an, sehr wohl an der Spitze sein, aber nicht unbedingt in Verkaufs- und Vertriebsberufen, denn das ist nicht seine Welt. Doch ganz gleich, wo er arbeitet, Grundvoraussetzung für eine gute und erfolgreiche Zusammenarbeit ist immer menschliche Harmonie und gute Kommunikation. Er hat gelernt, regelmäßig zu regenerieren, seinem Körper und seinem Geist die Ruhe und Muße zu gönnen, die er benötigt, um seine Aufgaben erfüllen zu können.

Dieser Mann ist kein großer Redner, zumindest nicht, wenn es um berufliche Belange geht. Anders sieht es in privater Gesellschaft aus – hier kann er schon mal aufdrehen, besonders dann, wenn er sich wohlfühlt und von seinen geneigten Zuhörern noch angestachelt wird. Besonders betont ist in seinem Charakter eine außergewöhnliche Sinnlichkeit. Er ist ein großer Genießer und ein besonderer Charmeur. Beim Flirten und Schäkern blüht er auf – besonders anziehend macht ihn, dass er dabei stets Feingefühl und Respekt beibehält. Doch auch in einer festen Partnerschaft sowie als Vater oder als Freund ist er in seinem Element und stärkt die zwischenmenschlichen Bande mit seiner besonnenen und umgänglichen Art. Man schätzt seinen Witz und seinen Charme und vor allen Dingen die Wärme und Zuneigung, die er ausstrahlt.

Dream a little dream
Der Stier-Einfluss bringt ein gewisses Phlegma mit sich, das die Fähigkeit dieses Mannes, klare Vorstellungen oder Konzepte zu entwickeln, manchmal beeinträchtigt.

Entwicklungschance: Träume zu Zielen machen
Hier sollte er sich einfach klarmachen, dass Träume nicht Schäume sind, sondern handfeste Ziele sein können, die es zu erreichen gilt. Und seine Träume zu verwirklichen ist ein ganz entscheidender Teil vom Glück!

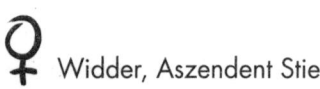 Widder, Aszendent Stier
Takt und Niveau
Dieser Charakter ist bodenständig, konservativ und strebsam. Die Widder-Stier-Frau hat eine starke Persönlichkeit, sie kann allerdings sehr schnell verletzt werden. Sie verabscheut Kontrolle und Bevormundung, braucht viel Freiraum und eine große Portion Vertrauen, vor allem im Beruf, wo sie verlässlich und solide arbeitet, wenn das Außenherum passt. Der Stier-Einfluss erhöht nämlich die Sensibilität des Widders. »Der Ton macht die Musik« – dies trifft auf sie be-

sonders zu. Sie erwartet von allen Menschen in ihrem Umfeld einen niveauvollen Umgangston und mindestens den üblichen Anstand.

Was die Zweisamkeit angeht, so wünscht sie sich eine starke Schulter, an die sie sich auch mal anlehnen kann. Wichtig ist ihr ebenso, vom Partner genügend Wärme und Zuneigung, Verständnis und Anerkennung zu bekommen. Gleichzeitig liegt ihr sehr daran, dass ihr Liebster spürt und versteht, wie es um ihre Gefühle bestellt ist und wonach sie sich sehnt. Ihr Ideal ist, dass er gleichsam in ihr lesen kann. Auch von ihren Freunden erwartet sie stets Taktgefühl und Einfühlungsvermögen.

Manchmal zu geradeheraus

Gelegentlich übertritt die Widder-Stier-Frau ihre eigenen Regeln, indem sie wenig diplomatisch ausspricht, was sie denkt, ohne darüber nachzudenken, wie dies bei ihrem Gegenüber ankommen könnte. Damit stößt sie andere nicht selten vor den Kopf, ohne es zu wollen.

Entwicklungschance: Diplomatie üben

Sie sollte lernen, mithilfe von taktischem Geschick mehr abzuwägen und die Dinge des Lebens allgemein etwas lockerer zu sehen. Dadurch würde sie eher innere Zufriedenheit und Glück finden. Ein visualisiertes inneres Stoppschild kann ihr in den typischen Situationen helfen, noch mal zu überdenken, was ihr auf der Zunge liegt.

Es ist an ihr, zu wachsen und ihre persönliche Weiterentwicklung voranzutreiben. Die Widder-Stier-Frau wird ihren Weg finden, denn die charakterlichen Voraussetzungen für ein glückliches und gesichertes Leben hat sie auf jeden Fall!

Das Feingefühl ist die Poesie der Vorstellungskraft.
Alphonse de Lamartine

♂ Widder, Aszendent Stier

Kampfeslust und Erfindergeist

Der Widder-Stier-Mann hat einen kämpferischen, sensiblen und sehr kreativen Grundcharakter, dessen Prägungen sich in der Theorie widersprechen, sich aber in der Praxis hervorragend ergänzen und unterstützen. Er gehört zu den charmantesten Widder-Charakteren, trotzdem wird er ungestüm und dynamisch für seine persönliche Entfaltung und seine materielle Grundlage handeln. Denn hinter seiner umgänglichen Fassade steckt viel Wille und Kampfeslust. Er ist geradlinig, im positiven Sinne konservativ, ehrgeizig und hochsensibel, mit ganz klaren Vorstellungen, wie was im Leben zu laufen hat.

Wenn er etwas konstruieren beziehungsweise entwickeln kann, befindet sich der Widder-Stier-Mann in seinem Element, das Patentamt ist seit Kindertagen einer seiner Sehnsuchtsorte. Aber auch als Führungskraft und Vorgesetzter hat er überdurchschnittlichen Erfolg, weil er zum einen bereit ist, hart zu kämpfen, und zum anderen mit seiner stets durchdachten Kreativität rasch an Vorsprung gewinnt. Als Sportler will er immer siegen und neue Ziele erreichen, koste es, was es wolle. Niederlagen kann er nur schwer verkraften.

Er ist der geborene Genießer und Feinschmecker, hat viel Gefühl für Ambiente und schöne Restaurants, dort fühlt er sich wohl und wundersam ausgeglichen. Seine Gäste und Freunde schätzen seinen guten Geschmack und freuen sich, wenn sie mit ihm gemeinsam feiern und genießen können.

Die Familie des Widder-Stier-Mannes kann sich blind auf ihn verlassen, denn er weiß, was er an seinen Lieben hat: Seine große Kraft zieht er aus diesem intakten Zusammenleben. Kinder sind für ihn ganz wichtig und bedeuten ihm sehr viel. Hier hat er plötzlich die Geduld und Ausgeglichenheit, die man im Beruflichen bei ihm nicht immer erkennen kann.

Wenn Gewinner verlieren

Im Business setzt er sich stark unter Druck und will immer gewinnen, das ist für sein Ego enorm wichtig. Mit seinem bedingungslosen Ehrgeiz überschreitet er aber auch oft Grenzen – eigene und die seiner Mitarbeiter. So verliert er an Ansehen und Akzeptanz.

Entwicklungschance: den Druck herausnehmen

Er könnte etwas mehr Lockerheit und Gelassenheit gebrauchen, deshalb sei ihm eine persönliche Weiterentwicklung durch gezieltes mentales Training empfohlen. Er kann sich damit viel Energie sparen und Sympathien zurückgewinnen.

Aszendent Zwillinge

♀ Zwillinge, Aszendent Zwillinge

Leben auf der Überholspur

Dieser Charakter tanzt auf vielen Hochzeiten: Getragen von innerer Unruhe will die doppelte Zwillinge-Frau überall zugleich sein und alles schnell abwickeln, doch dabei sind ihre Handlungen manchmal schneller als ihr Denkprozess. Wünschenswert wäre mehr Gelassenheit – auch um sich vor gesundheitlichen Schäden eines Lebenswandels »auf 180« zu schützen. Die Zwillinge-Zwillinge-Frau kann hart arbeiten, damit hat sie keinerlei Probleme. Im Kollegenkreis eckt sie jedoch oft an, weil sie mit ihrer inneren Unruhe und ihrem Tempo die meisten überfordert. Viele Kollegen leiten hieraus auch eine gewisse Arroganz ab, was aber gar nicht zutrifft. Doch natürlich entstehen durch solche offenkundigen Missverständnisse leicht Neid und Missgunst, die noch zusätzliches Futter erhalten durch ihren starken Geltungsdrang und ihr teils doch recht egozentrisches Verhalten.

In ihren Beziehungen fordert sie ihrerseits große Liebesbeweise, will alles vom anderen wissen und neigt zur Eifersucht. Andererseits ist sie selbst nicht unbedingt treu, da sie im wahrsten Sinne »neu-gie-rig« ist. Sie liebt das Leben, Action, Partys und alles, was sonst noch Spaß macht. Als Liebhaberin ist sie großartig, auch wenn die Bezie-hungen oft nicht von Dauer sind – denn ihre Ansprüche und Vorstel-lungen kann kaum jemand dauerhaft befriedigen. Zudem sucht sie sich bei zwischenmenschlichen Unstimmigkeiten schnell woanders Trost.

Nicht viele haben die Geduld
Der Umgang mit ihr erfordert ein hohes Maß an Feingefühl und Ver-ständnis. Nicht jeder besitzt so viel Geduld. Es besteht die Gefahr, dass sie irgendwann ganz allein ist, weil die anderen sich ratlos ab-wenden.

Entwicklungschance: Konstanz und Rücksichtnahme
Wenn die Zwillinge-Zwillinge-Frau lernt, ihre inneren Wogen zu glätten, Geduld zu entwickeln und ihren Egoismus sowie ihre An-sprüche auf ein verträgliches Maß zurückzufahren, wird sie auch Er-folg in allen Bereichen ihres Lebens haben. Das Potenzial dazu ist in ihrem energetischen Charakter auf jeden Fall vorhanden. Ihr muss einfach klar werden, dass ihre Umgebung ihr den Spiegel vorhält und dass sie auf Dauer nicht glücklich werden kann, wenn sie kaum etwas investiert, um auch andere glücklich zu machen.

♂ Zwillinge, Aszendent Zwillinge
Hansdampf mit Potenzial
Auch der Mann mit dieser Prägung ist immer auf der Suche und fin-det kaum einmal die innere Ruhe, die er so dringend bräuchte. Vieles

beim Frauencharakter Gesagte gilt auch für ihn. Der Zwillinge-Zwillinge-Mann ist sehr fleißig, auch zielstrebig. Sein Leben ist bestimmt von Interesse und Neugier, Flexibilität bis hin zum Wankelmut und oftmals übertriebener Hektik. Wenn es darum geht, persönliche Vorteile zu erkennen und vielversprechende Kontakte zu knüpfen, ist er unübertroffen. Oft ist er schneller, als die Polizei erlaubt – er überschlägt sich förmlich in seinen Aktivitäten, und keiner kann hier mithalten.

Da er zugleich ausgesprochen geistreich und schlagfertig ist, tut er sich leicht mit neuen Bekanntschaften und kostet dies aus, da es sowohl seine Neugier als auch seinen Wunsch nach Bestätigung befriedigt. Das Ganze geschieht leider sehr oft auf Kosten von stabilen, langfristigen Freundschaften und Beziehungen.

Hopplahopp in den Schlamassel

Der doppelte Zwillinge-Mann denkt nicht nur flink, sondern er handelt auch oft überschnell. Die Gefahr dabei ist, dass er aus dem Bauch heraus entscheidet und oft viel zu wenig prüft. Dadurch setzt er immer wieder ein Projekt und mit ihm oft viel Geld und Arbeit in den Sand. Es fällt ihm zwar nicht schwer, ein neues Projekt anzugehen, aber er hinterlässt zu häufig verbrannte Erde. Ähnliches gilt für den zwischenmenschlichen Bereich.

Entwicklungschance: das Ursache-Wirkungs-Prinzip erkennen

Wenn es ihm gelingt, seine Fähigkeiten zu bündeln und mehr Stetigkeit zu entwickeln, kann er sein im Grunde großes Potenzial ausschöpfen. Dies setzt aber voraus, dass er hart an sich arbeitet und erkennt, dass alles, was er verursacht, in irgendeiner Form auf ihn zurückfällt. Deshalb ist das Erlernen und Einüben mentaler Techniken dringend anzuraten, um seine Verhaltensmuster zu überprüfen und sie gegebenenfalls zu verändern. Wenn ihm das gelingt, und das ist bei ernsthaftem Willen relativ schnell möglich, wird dieser Mann einen ganz anderen Stellenwert im Leben und in der Gesellschaft erreichen. Dann wird es ihm auch gelingen, in Partnerschaft und Freundschaften Konstanz zu entwickeln.

Nichts ist so beständig wie der Wandel.
Heraklit

♀ Krebs, Aszendent Zwillinge
Liebenswert quecksilbrig

Dies ist eine der neugierigsten und aufgeschlossensten Prägungen unter den im Sonnenzeichen Krebs Geborenen. Sensibilität wird hier leicht verdrängt, die Tendenz zum Wankelmut und zur Unbeständigkeit leicht verstärkt. Ihr manchmal naiver Charme ist betörend, sie ist – ein wohlgesinntes Umfeld vorausgesetzt – eine interessante, anregende Gesprächspartnerin. Geselligkeit und ausgedehnte Reisen sind ihr sehr wichtig – man könnte ja sonst etwas verpassen! Im Beruf ist die Krebs-Zwillinge-Frau verlässlich, ehrgeizig und gewissenhaft. Der richtige Umgangston spielt allerdings eine zentrale Rolle. Sie liebt und braucht eine niveauvolle Sprache, um erfolgreich zu kommunizieren und zu arbeiten. Sie muss nicht unbedingt Führungsaufgaben ausfüllen, vorrangig wichtig ist, dass sie genügend Freiraum bei ihrer täglichen Arbeit erlebt.

Sie ist sehr sportbegeistert, ihr größter Enthusiasmus gilt allerdings ihrer Familie. Dort setzt sie Maßstäbe und gibt den Ton an, was von den anderen meist auch akzeptiert wird. Zudem schätzen Familie und Freunde, dass sie sie oft mit kleinen Überraschungen, etwa aus ihrer Küche, verwöhnt. Gäste kommen bei ihr immer auf ihre Kosten. Die Krebs-Zwillinge-Frau ist also ein Familienmensch im besten Sinne, zudem ist sie ehrlich, bescheiden, hilfsbereit und fürsorglich. Tolerant, liebenswert, treu und verlässlich, ist sie eine Frau fürs ganze Leben.

Zu viel auf einmal

Sie ist schnell verletzt und auch etwas nachtragend. Aufgrund gelegentlicher innerer Unruhe möchte sie viele Aufgaben auf einmal erledigen. Manchmal bringt sie dies in die Klemme, und sie reagiert gereizt oder gar ungerecht auf andere. Auch kann ihr zuweilen zu großer Ehrgeiz gesundheitliche Probleme mit sich bringen.

Entwicklungschance: souveräner werden

Das gezielte Einüben mentaler Techniken kann hilfreich für sie sein, um alte, unbrauchbar gewordene Verhaltensmuster durch sinnvolle neue auszutauschen. Dadurch wird sie souveräner und gelassener in ihren Handlungen und kann in Drucksituationen angemessener reagieren und die Übersicht wahren.

In einem guten Wort ist für drei Winter Wärme;
ein böses Wort verletzt wie sechs Monate Frost.
Aus der Mongolei

♂ Krebs, Aszendent Zwillinge
Humorvoller Skeptiker

Für den Grundcharakter des Krebs-Zwillinge-Mannes gilt Ähnliches wie bei der Frau mit dieser Prägung. Beruflich ist er oft im Zweifel, ob er lieber eine Führungsposition mit Verantwortung anstreben soll oder eine zwar weniger gut bezahlte, dafür aber entspannte Stelle in zweiter Reihe übernehmen möchte. Er verfügt zwar durchaus über die Fähigkeiten und Talente, die es braucht, um erfolgreich zu führen. Allerdings müsste er dafür noch an seiner Beharrlichkeit und seiner Fähigkeit arbeiten, auch in schwierigen Situationen die Übersicht zu behalten.

Seine Position in der Gesellschaft ist sehr davon abhängig, wie gut er mit seinem Umfeld harmoniert. Befindet sich hier alles im Lot, so ist er ein anregender Gesprächspartner und gefragter Unterhalter. Geselligkeit und Reiselust sind bei ihm besonders ausgeprägt, denn er ist immer von der Befürchtung angetrieben, etwas zu verpassen.

Er liebt es, die Menschen zu unterhalten und zum Lachen zu bringen, ob er Anekdoten erzählt oder ein Lied zum Besten gibt. Daher ist er auch ein geschätzter Stimmungsanheizer auf Feiern und Partys. Er ist eigentlich immer gut aufgelegt und gewinnt die Sympathien und Herzen im Sturm. Seine Familie hat einen ganz besonderen Platz in seinem Leben. Auch wenn er es nicht immer wahrhaben will: Die Wärme und Zuneigung, die er dort erfährt, ist unendlich wichtig für sein Selbstwertgefühl und seine gute Laune – und für ein positives, entspanntes Lebensgefühl.

Hals über Kopf
Er neigt zu hektischem und oft unüberlegtem Handeln, wodurch er mit seinen Aufgaben paradoxerweise langsamer fertig wird, da vieles schiefgeht und er nacharbeiten muss. Das überstürzte In-Aktion-Treten kostet also nicht nur viel Zeit, sondern auch reichlich Energie, was ihn dann zusätzlich ausbremst.

Entwicklungschance: strategisch planen
Dem Krebs-Zwillinge-Mann sei das Erlernen mentaler Techniken im Rahmen eines Coachings empfohlen. Die dort vermittelten Methoden helfen ihm, unbrauchbar gewordene Verhaltensmuster durch hilfreiche neue zu ersetzen. So gewinnt er an Konstanz und klarem,

strategisch klugem Denken, was sein Ansehen und Wohlbefinden in allen Lebensbereichen erhöht.

♀ Löwe, Aszendent Zwillinge

Willensstarkes Energiebündel

Eine Frau mit nie versiegender Willenskraft, reichlich Engagement und Begeisterung: Voller pulsierender Energie steht sie dem Leben grundsätzlich positiv gegenüber. Probleme sieht sie als Herausforderungen, statt sich von ihnen die gute Laune verderben zu lassen. Es ist erstaunlich, wie ihre optimistische Denkweise Glück und Gelingen unwiderstehlich anzuziehen scheint – hiervon könnten sich viele, die ihr Leben von Sorgen und Zweifeln bestimmen lassen, eine dicke Scheibe abschneiden! Der Löwe verleiht ihr Dynamik, Kampfeslust sowie auch einen Sinn für Kunst, die Zwillinge ermöglichen ihr rasches, effektives Zupacken. Das prädestiniert sie natürlich für Führungsaufgaben mit viel Verantwortung. Unterforderung dagegen macht sie nervös und unruhig, es ist tatsächlich wie bei einem Löwen, den man in einen Käfig sperrt. Wenig überraschend haben viele männliche Kollegen ein Problem mit ihr, vor allem wenn sie es nicht gewöhnt sind, sich von einer Frau führen zu lassen.

Ihr Familienleben managt sie fair und teilt jedem regelmäßige Aufgaben zu, die er gut schaffen kann. Ihr Partner steht oft vor der Wahl, sich ihrem Rhythmus anzupassen oder Beziehungsärger zu riskieren. Die Wahrscheinlichkeit ist hoch, dass er sich bei dieser tollen Frau für Ersteres entscheidet. Ihr Anspruch an das Leben ist gehoben. Sie liebt niveauvolle Gesellschaft, steht auch gern im Mittelpunkt, freut sich über Anerkennung und Lob.

Wenn das Wörtchen »Neid« nicht wär

Natürlich ruft persönliche Stärke und Ausstrahlung immer auch Herausforderer und Neider auf den Plan. Andere Frauen etwa tun sie gern als arrogant und angeberisch ab. Manche Menschen missgönnen ihr auch ihre schnelle Auffassungsgabe. An nicht ganz so »sonnigen« Tagen kann ihr dies schon einmal sehr nahegehen und sie traurig machen, da sie sich doch nur einen Austausch auf Augenhöhe wünscht.

Entwicklungschance: Klasse statt Masse

Auf keinen Fall sollte sie versuchen, sich anderen zuliebe kleiner zu machen. Vielmehr sollte sie unbeeindruckt Wärme und Freundlichkeit verschenken – und ansonsten bei denjenigen Menschen auftanken, mit denen sie auf ihrem Niveau kommunizieren kann. Das mögen nicht viele sein, aber hier zählt Klasse, nicht Masse!

Durch Sanftmut besiege man den Zornigen, durch Güte den Bösen, durch Spenden den Geizhals, durch Wahrheit den Lügner.
Mahabharata

♂ Löwe, Aszendent Zwillinge

Von Erfolg zu Erfolg

Willenskraft und Intelligenz – das sind bei diesem Charakter die Zutaten für ein gelingendes Leben. Hinzu kommt seine außerordentliche Kontaktfreudigkeit, die allerdings nicht ganz uneigennützig ist. Schließlich können gute Beziehungen ihn auch voranbringen. Er ist ein Mann der schnellen Entscheidungen, weiß zu begeistern und zu überzeugen. Er arbeitet viel und hart und verlangt dies auch von anderen.

Im Auftreten ist der Löwe-Zwillinge-Mann oft recht eitel, zumindest legt er viel Wert auf hochwertige Kleidung und wertvolle Accessoires. Vom Hut über die Armbanduhr bis zu den Schuhen muss alles edel und schick sein. Und natürlich ist da noch der Inhalt seiner Garage … Auto(s), Fahrrad, Rasenmäher, Gartengrill – hier kommt nicht nur sein Sinn für Eleganz und potente Technik zum Vorschein, sondern ganz besonders auch das Kind im Manne! Sein beruflicher Erfolg ermöglicht ihm in der Regel diese teuren »Spielzeuge«.

Auch im Privatleben will der Löwe-Zwilling alles, und zwar sofort. Wenn der Bär nicht steppt, ist dieser Mann nicht glücklich. Er will etwas erleben, und dafür greift er auch tief ins Portemonnaie. Ob es ein Streifzug durch schicke Bars, ein Segeltörn oder ein Tandem-Fallschirmsprung ist – Hauptsache, Spannung und Bewegung sind dabei. Ruhige Momente sind bei ihm rar, er wird scheinbar nie müde, und die überraschenden Ideen gehen ihm auch nicht aus. Für seine Familie und seine Freunde ist es bisweilen anstrengend, mit ihm Schritt zu halten, doch Beschwerden hört man von ihnen kaum: Schließlich wissen sie es zu schätzen, dass ihnen mit ihm nie langweilig wird.

Nur nichts überstürzen!
Oft packt ihn die Ungeduld, wenn andere ihm in seinem Tempo nicht folgen können, und er handelt nicht mehr fair. Auch kommt es vor, dass er Entscheidungen trifft, die schwer nachvollziehbar sind und durch die er eine Menge Geld in den Sand setzt.

Entwicklungschance: immer mit der Ruhe
Ein wenig mehr Geduld würde diesem Mann gut zu Gesicht stehen und ihm Sympathien einbringen. Er muss einfach erkennen, dass er seine Erwartungen an sich selbst nicht auf andere übertragen darf. Außerdem sollte er vor waghalsigen Entschlüssen eine Denkpause

einlegen, um nicht zu viel zu riskieren. So spart er nicht nur Geld, sondern auch Zeit, die er nun sinnvoller investieren kann – zum Beispiel in Regeneration und Erholung mit seiner Familie.

♀ Jungfrau, Aszendent Zwillinge

Die Freundlichkeit in Person

Die herausragende Eigenschaft dieser Frau ist ihre Hilfsbereitschaft. Sie stülpt aber niemandem ihre Dienste einfach auf, sondern gibt vor allem Impulse zur Selbsthilfe, ohne sich selbst in den Vordergrund zu stellen. Es bedeutet ihr sehr viel, andere glücklich zu sehen. Dank dem Zwillinge-Einfluss ist sie außerdem gedankenschnell und legt viel Wert darauf, dass im Alltag alles zügig vorangeht – manchmal wirkt sie dabei auch etwas hektisch und unruhig.

Im Beruf ist die Jungfrau-Zwillinge-Frau sehr engagiert, verlässlich und zielorientiert. Sie hat auch nichts dagegen, Führungsaufgaben zu übernehmen, wobei sie andere mit Lob und Anerkennung zu Höchstleistungen anspornt. Ihre Ziele sind generell hoch, aber mit entsprechendem Einsatz durchaus erreichbar – sie braucht diese Herausforderungen unbedingt, um täglich aufs Neue motiviert zu sein. Die Grundlage für den gemeinsamen Erfolg heißt bei ihr gegenseitige Wertschätzung – durchaus auch materiell – und Vertrauen. Ein unfreundlicher Umgangston und Ungerechtigkeit bringen sie in Rage.

Ihre Familie ist ihr unentbehrlicher Ruhepol, hier tankt sie auf, regeneriert und schöpft Kraft für ihre täglichen Aufgaben.

Zu viel Pflichtgefühl

Ihr Leben verläuft unter einem latenten inneren Druck, der sie stets etwas nervös und leicht reizbar wirken lässt und sie viel Energie kostet. Ihr Drang, helfen zu wollen, ist für die anderen schön – nur besteht die Gefahr, dass sie sehr viel mehr gibt, als sie zurückerhält.

Entwicklungschance: innere Ruhe und gesunder Egoismus
Wie herrlich wäre es, einmal wirklich innerlich zur Ruhe zu kommen! Diesen Zustand kann die aktive Zwillinge-Jungfrau erleben, wenn sie sich beim Sport so richtig verausgabt – danach stellt sich ein köstlicher Zustand von Entspannung ein, der jede Körperzelle erreicht. Auch Bewegungsmeditationen wie Qigong sowie ein möglichst gleichmäßiger Lebensrhythmus können zur Ausgeglichenheit beitragen.

Sie sollte zudem lernen, auch einmal nein zu sagen, selbst wenn das anfangs schwerfällt und etwas Übung braucht. Sicherlich sind andere überrascht, aber sie werden es bald akzeptieren und ihr umso mehr Respekt entgegenbringen.

♂ Jungfrau, Aszendent Zwillinge
Sanftmütig und klug
Der Jungfrau-Zwillinge-Mann kann in allen Belangen des Lebens auf seinen Intellekt, sein sprachliches Ausdrucksvermögen und sein strategisches Geschick vertrauen. Er ist praktisch und zupackend veranlagt und überaus vielseitig begabt. Der Zwillinge-Einfluss lockert die Jungfrau-Zurückhaltung enorm auf, was ihm viele Sympathien einbringt. Umgekehrt wirkt der Jungfrau-Einfluss ausgleichend auf die manchmal wankelmütigen Zwillinge. Dieser Mann ist im Kollegenkreis sehr beliebt, und man fragt ihn gern um Rat, weil er kompetent und hilfsbereit ist. Auch in einer leitenden Position agiert er stets fair und berechenbar, denn Loyalität ist für ihn keine Einbahnstraße.

Als Partner, Vater und Freund ist der Jungfrau-Zwillinge-Mann angenehm liebenswert und fast immer gut aufgelegt. Seine Familie ist sein Ein und Alles, und er wacht mit Argusaugen über ihr Wohlergehen. Wehe dem, der hier den Frieden und das Glück zu stören versucht! Eine solche Person würde ihr blaues Wunder erleben und hätte die überaus seltene Gelegenheit, den sonst so sanftmütigen, heiteren Jungfrau-Zwillinge-Mann ausrasten zu sehen.

Leicht nervöse Grundstimmung

Bei aller vordergründigen Gelassenheit ist diesem Charakter auch oft eine permanent vorhandene unterschwellige Unruhe zu eigen, die sich in leichter Nervosität äußern kann und besonders zum Vorschein kommt, wenn viel zu erledigen ist und scheinbar alles zu langsam geht.

Entwicklungschance: Ordnung im Leben schaffen

Einen stabilen Lebensrhythmus zu finden ist für ihn die wichtigste Aufgabe. Dabei helfen ihm unter anderem feste Alltagsrituale wie das Frühstück am nett gedeckten Tisch, die Kurzmeditation in der Mittagspause und später der entspannende Abendspaziergang. Zudem können mentales Training und regelmäßiger Sport die innere und äußere Harmonie im Leben des Jungfrau-Zwillinge-Mannes fördern und ihm helfen, sich von alten, unbrauchbar gewordenen Verhaltensmustern zu lösen.

Nur die Ruhe ist heiter, die uns die Vernunft schenkt.
Seneca der Jüngere

♀ Waage, Aszendent Zwillinge
Erfolgreicher »Treibauf«

Wo die Waage-Zwillinge-Frau ist, da geht es rund: Voller Enthusiasmus und im Rekordtempo erledigt sie alles, was anfällt, und das immer erfolgreich. Andere werden von dieser optimistischen Betriebsamkeit angesteckt, sodass nichts liegen bleibt. Kaum ist eine Sache geschafft, wird die nächste in Angriff genommen. Denn sie weiß: Will man große Ziele erreichen und Visionen wahr machen, muss man viele kleine Aktivitäten aufrechterhalten. Da sie überdies zum Führen und Motivieren begabt ist und keine Verantwortung scheut, ist sie ein unschätzbarer Gewinn für jedes Unternehmen.

Erfolg, Anerkennung und eine tiefe innere Befriedigung über das Geschaffte sind ihr Treibstoff, und das gilt nicht nur im Beruf, sondern auch in der Freizeit – etwa beim Sport – und in ihrem Zuhause. Die Waage-Zwillinge-Frau hat einen hohen Anspruch an das Leben, an sich selbst und an ihre Mitmenschen. Besonders wichtig sind ihr ein gepflegtes Äußeres und niveauvolle Umgangsformen. Manche empfinden sie als etwas arrogant, was aber gar nicht zutrifft, vielmehr können diese Menschen oft mit ihrer natürlichen Autorität nicht umgehen.

Sie schätzt kunstvoll zubereitete Speisen, schöne Kleidung und Urlaube mit Sporteinheiten. Hausarbeit ist dagegen gar nicht ihr Ding, hier findet sie entweder eine Hilfe, oder der Lebensgefährte übernimmt seinen gerechten Anteil. Auch hierbei sowie generell in der Freizeit soll alles flott gehen – da eckt sie das eine oder andere Mal bei Partner und Familie an, wenn diese es etwas langsamer angehen lassen möchten. Doch sie setzt sich in der Regel durch: Findet der Mann ihres Herzens einmal partout seine Manschettenknöpfe nicht, geht sie eben schon mal los und genießt den Abend. Mit dieser Frau als Partnerin, Freundin, Mutter oder Kollegin hat man dennoch eine grundehrliche, stets verlässliche, tatkräftige und zudem eloquente und unterhaltsame Gefährtin zur Seite, die einen nie enttäuscht.

Höchstgeschwindigkeit überschritten!

Mit ihrem Tempo haben andere manchmal ein Problem – nicht nur, weil sie nicht mithalten können, sondern auch, weil die Waage-

Zwillinge-Frau eine Aufgabe meist schneller an sich nimmt, als andere »Hier!« rufen können. Das kann Neid auslösen.

Entwicklungschance: eine Atempause zur rechten Zeit
Etwas mehr innere Ruhe und öfter mal ein tiefes Atemholen würden ihr und den Menschen in ihrem Umfeld guttun. Meditation kann hier sehr hilfreich sein.

 Waage, Aszendent Zwillinge

Lebenslust pur
Ein Mann mit Witz, Charme, Unternehmungsgeist und Ideenreichtum, mit einem blitzblanken Intellekt und hellwachen Geist: Er ist schlagfertig, aufgeschlossen und überaus redegewandt. Seine Standpunkte vertritt er stets mit einem Lächeln und mit einleuchtenden Argumenten. Seine sympathische, freundliche Art ist Trumpf.

Im Beruf ist er ein Macher und überschreitet regelmäßig alle Tempolimits, gerät dabei aber nie aus der Spur. Viele bewundern seine Gabe, aus wenig viel zu machen. Seinen Kollegen gegenüber ist er immer fair, und er beherrscht die seltene Kunst, auch unangenehme Wahrheiten so auszusprechen, dass andere damit klarkommen. Dieser Mann kann auch Niederlagen und Fehlschlägen etwas Positives abgewinnen, und sei es einen Lerneffekt. Schlechte Laune gibt es bei ihm kaum einmal, da er stets rechtzeitig Gegenmaßnahmen ergreift. Vorbildlich ist er auch in Sachen Umgangsformen und gepflegtes Äußeres. Er hat schlicht ein Talent für das Leben, wovon wir alle mehr gebrauchen könnten – ein Glück, dass er andere an seinem positiven Grundgefühl teilhaben lässt und sie damit ansteckt.

Der Waage-Zwillinge-Mann ist ein großer Genießer, ein Charmeur und oftmals ein Kunstliebhaber. Für die schönen Dinge des Lebens gibt er auch gern mal etwas mehr Geld aus. Seine Familie ist sein Ein und Alles, es muss wohl kaum noch erwähnt werden, dass sie glücklich und lachend mit ihm durchs Leben geht und ein liebevolles, sonniges und originelles Zuhause mit ihm teilt.

Wenn doch einmal Wolken aufziehen

»Leben ist nicht nur Pommes und Disco«, lautet ein berühmter Spruch aus dem Ruhrgebiet, und natürlich gibt es auch im Leben des Waage-Zwillinge-Mannes Unwägbarkeiten. Er wird sie natürlich alle meistern, keine Frage.

Entwicklungschance: Schattenstunden nutzen

Im Fall der Fälle sollte er sich selbst erlauben, auch mal traurig, wortkarg, erholungsbedürftig … was auch immer zu sein. Schließlich ist er ansonsten Sonnenschein genug, und mit wirklich allen seinen Gefühlen ehrlich umzugehen kann sein Persönlichkeitsprofil nur gewinnbringend abrunden.

Die großen Seelen sind wie hohe Berggipfel.
Der Wind peitscht sie, die Wolken hüllen sie ein, aber man
atmet leichter und kräftiger auf ihnen als anderswo.
Romain Rolland

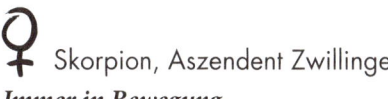 Skorpion, Aszendent Zwillinge

Immer in Bewegung

Die Skorpion-Zwillinge-Frau hat zwei interessante Prägungen, die eine ebenso interessante Persönlichkeit ergeben können, wenn ihre Potenziale richtig genutzt und in Harmonie gebracht werden. Sie besitzt ein faszinierendes, charismatisches Wesen und verfügt über eine stark ausgeprägte Intuition. Sie spürt bevorstehende Ereignisse schon, wenn andere mit dem Kopf noch voll bei ihrer aktuellen Beschäftigung sind. Sie ist zudem tatkräftig und engagiert, das liegt auch in ihrem Bewegungsdrang begründet: Kaum sitzt sie einmal, fällt ihr etwas ein, was noch getan werden muss. Alles soll bei ihr schnell gehen, etwas anderes »kommt ihr nicht in die Tüte«. Sie sucht Herausforderungen und meistert sie erfolgreich. Dafür nimmt sie auch sehr gern anerkennende Worte entgegen. Betrachtet man ihre herausragenden Leistungen dagegen als allzu selbstverständlich, kann sich Groll in ihr aufbauen und ihre Motivation schwächen.

Auch in ihrem Privatleben soll alles möglichst flott und wie geschmiert laufen, zum Beispiel beim Familienausflug oder beim Sport. Trödeln ist ihr ein Graus! In Familie, Partnerschaft und Freundeskreis ist die Skorpion-Zwillinge-Frau eine herzerfrischende, charmante, sympathische und meistens gut aufgelegte Gefährtin. Sie ist niemals oberflächlich, nimmt das Leben aber überwiegend leicht – und die Dinge, wie sie kommen.

Ein belastendes Talent

Ihre Fähigkeit, Ereignisse vorauszuahnen, kann belastend für sie sein, weil die Ahnung ihr im Kopf herumgeht und sie ganz allein damit ist. Zugleich können andere mit ihrem schnellen Denken und Handeln oft nicht mithalten und empfinden sie dann nicht selten als arrogant, zumal Diplomatie nicht ihre große Stärke ist.

Entwicklungschance: Pausen für Geist und Körper

Eine große Aufgabe für sie ist sicherlich, echte Vorahnungen von unnötigen Bedenken unterscheiden zu lernen. Eine schwer fassbare Ahnung einmal auszusprechen kann bereits den gedanklichen Knoten lösen und verhindern, dass sie sich in einem Geflecht von Ängsten verstrickt. Auch eine kleine sportlich bewegte Auszeit an der frischen Luft kann sehr dabei helfen, gedanklich die Spreu vom Weizen zu trennen.

In Sachen Diplomatie sollte sie trainieren, vor dem Reden und Handeln immer eine klitzekleine Atempause einzulegen: »Ist das wirklich das, was ich jetzt tun oder sagen will? Was werden die Folgen sein?« Auch ist mehr Zeit für Regeneration ihr sehr ans Herz zu legen, damit Körper und Geist wieder zur Hochform auflaufen können.

♂ Skorpion, Aszendent Zwillinge

Feingefühl und Leidenschaft

Dieser Mann ist besonders geprägt von einem außergewöhnlichen Feingefühl und einem untrüglichen, eigenständigen Urteilsvermögen. Er ignoriert sämtliche für andere verbindlichen Grenzen und geht mit Leidenschaft, Zähigkeit und Ehrgeiz seinen Weg. Mit ihm darüber zu diskutieren ist möglich, aber sinnlos, da er irgendwie immer die besseren Argumente hat. Diese Eigenschaften vermögen ihn im Beruf ebenso voranzubringen, wie sie seinem Erfolg im Weg stehen können. Bisweilen hat man sogar den Eindruck, dass er sich selbst auf den Füßen steht …

Wie fast alle Skorpion-Geborenen verfügt er über eine sehr starke und verlässliche Intuition, er ahnt viele Dinge voraus und besitzt zudem eine sehr sichere Menschenkenntnis. Insgesamt hat er eine kaum mit Worten zu beschreibende Aura, wodurch er auf Menschen, die dafür eine Antenne haben, sehr anziehend wirken kann. Seine Gefühle äußern sich höchst stürmisch und leidenschaftlich, er liebt mit Haut und Haar. In Partnerschaft, Familie und Freundeskreis können sich alle auf den Skorpion-Zwillinge-Mann verlassen. Seine außergewöhnlichen Einfälle sorgen für Abwechslung, und wer ihn gut kennt, kann auch seine manchmal rätselhaften Verhaltensweisen deuten und einen guten Draht sowie eine tragfähige Beziehung zu ihm aufbauen.

Schwer einzuschätzen

Aufgrund seiner Vorahnungen agiert er oft vorsichtig und skeptisch. Viele Menschen irritiert das, da sie nicht dieselben intuitiven Einblicke haben. Zudem verhält er sich manchmal rätselhaft, wenn er sich in der Gegenwart eines anderen nicht wohlfühlt. Eine gewisse Lockerheit und Gelassenheit fehlen ihm dann. Generell wirkt er zuweilen etwas starr und inflexibel.

Entwicklungschance: ganzheitlich wachsen

Um sowohl an Lockerheit und Gelassenheit zu gewinnen, sich aber zugleich Entschlusskraft und Tiefgang zu bewahren, muss er trainieren, beide Aspekte zum richtigen Zeitpunkt einzusetzen. Wenn ihm das gelingt, verfügt er über Möglichkeiten, von denen andere nur träumen können. Ein gezieltes mentales Training unter fachlicher Anleitung kann ihn hierbei wirkungsvoll unterstützen.

> *Alles regelt sich nach einem Gesetz des Gegensatzes,*
> *das zugleich ein Gesetz des Ausgleichs ist.*
> Theodor Fontane

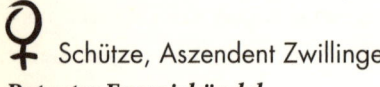 Schütze, Aszendent Zwillinge

Patentes Energiebündel

Die aktive Schütze-Zwillinge-Frau zeichnet sich durch ihren hellwachen Geist und ihre schnelle Auffassungsgabe aus, was ihr im Rennen um attraktive Führungsaufgaben einen deutlichen Vorteil verschafft. Meist weiß sie schon nach der Hälfte des Satzes, was der andere sagen will, und ohnehin sieht sie meist mit einem einzigen Blick, was zu tun ist. Oft können Kollegen ihrem Tempo nicht folgen und fühlen sich abgehängt, was aber niemals ihre Absicht ist. Sie kann sogar sehr gekränkt sein, wenn ihr andere die überdurchschnittliche Leistungsbereitschaft übelnehmen und sie dies wissen oder spüren lassen.

In ihrer Freizeit lebt diese Frau ihre Lust an Aktivität oft beim Sport aus, und da darf es schon mal etwas Besonderes sein wie Drachenfliegen, Trail-Biking oder Wellensurfen – an Mut und Ausdauer fehlt es ihr nicht. In ihrem Zuhause verbreitet sie manchmal etwas Unruhe, doch ihre Familienmitglieder schätzen ihre Betriebsamkeit letztlich, denn sie kommen so in den Genuss vieler Annehmlichkeiten und eines gut strukturierten Tagesablaufs. Familie und Freunde wissen, dass sie sich auf diese Frau immer verlassen können. Alle mögen und brauchen ihre Art, Farbe in den grauen Alltag zu bringen! Die Schütze-Zwillinge-Frau schätzt ein schönes Ambiente und legt viel Wert auf eine stilvolle Wohnumgebung mit sorgsam platzierten Hinguckern wie Kunstgegenständen und besonderen Fundstücken. Im Urlaub spielt die Kultur des jeweiligen Landes eine bedeutende Rolle für sie, und sie saugt alle neuen Eindrücke begierig auf.

Manchmal innerlich »gebeutelt«

Wenn etwas nicht nach ihren Wünschen geht, ist sie schnell enttäuscht und verletzt. Durch ihre ständige innere Unruhe wirkt sie zudem manchmal etwas launenhaft – oft fühlt sie sich einfach nicht richtig gut und weiß gar nicht, warum.

Entwicklungschance: persönlicher Glücksrhythmus

Um zu mehr Ausgeglichenheit zu finden, seien ihr das Einüben mentaler Techniken und ein möglichst gleichmäßiger Lebensrhythmus empfohlen. Wenn es ihr gelingt, feste Alltagsrituale und regelmäßige, wirklich erholsame kurze und längere Pausen in ihr Leben zu integrieren, wird sie glückliche Zufriedenheit ernten – und noch mehr Sympathien.

♂ Schütze, Aszendent Zwillinge
Springinsfeld mit Potenzial

Der Schütze-Zwillinge-Mann bevorzugt es, die Dinge pragmatisch anzugehen – allerdings unter einer Voraussetzung: Er muss einen Sinn in seinem Tun sehen, will eine Aufgabe von Grund auf verstehen. Möglicherweise wurde das schon in seiner Schulzeit zum Problem, da er mit oberflächlichen Informationen nichts anfangen konnte und seine Noten aus diesem Grund hinter seinen geistigen Möglichkeiten zurückblieben. Im Beruf packt er die Dinge beherzt an, nur braucht er für das Gelingen auch Unterstützung, nämlich fähige und überaus motivierte Kollegen. Doch hier wären manchmal mehr Gelassenheit und Souveränität im Umgang gefragt. Eine besondere Begabung ist sein ungewöhnlich großes rhetorisches Talent – er hört sich allerdings auch selbst gern reden, manchmal allzu gern und ausgiebig, ohne rechtzeitig zu bemerken, dass er seine Zuhörer überstrapaziert.

Im Privatleben ist der Schütze-Zwillinge-Mann ebenfalls immer auf Achse und hüpft von einem Vorhaben zum nächsten. Kaum ist etwa an einem schönen Sommerabend der Grill angeschürt, muss noch schnell im Internet etwas in Erfahrung gebracht werden, doch kurz vor dem entscheidenden Klick fällt ihm ein, dass er ja noch mit einem Freund telefonieren wollte. Und inzwischen sind die Grillkohlen schon halb verglüht … Selten tut er etwas ausschließlich und in Ruhe – auf diese Weise geht ihm viel Energie, Erkenntnis und auch Empathie verloren.

Im Freundeskreis, in seiner Familie und besonders von seinen Kindern kann der Schütze-Zwillinge-Mann lernen, sich in Ruhe mit etwas zu beschäftigen. Die anderen danken es ihm mit viel Wärme und Zuneigung, und so liegt im intensiv erlebten Zusammensein mit anderen seine Basis zur Weiterentwicklung.

Heute hier, morgen dort
Sein ruheloser Lebensstil hat zur Folge, dass er zu wenig regeneriert und sich völlig überfordert, was sich in Aggressionen und ruppigem Verhalten äußern kann. Bei ihm gibt es zudem in vielen Angelegenheiten keine goldene Mitte, sondern vor allem unruhiges, unentschlossenes Hin-und-her-Schwanken, wobei seine Begeisterung und Motivation ihn häufig kurz vor dem Ziel im Stich lassen. Weil er sich in seinem Getriebensein oft nicht gut auf andere einlassen kann, kehrt ihm mancher den Rücken.

Entwicklungschance: Zeit und Ruhe
Das Erlernen mentaler Techniken wäre ein Gewinn für ihn, denn persönliche Weiterentwicklung kann ihm mehr Konstanz und viele Sympathien einbringen – und mehr Zeit und Ruhe für sich und seine Lieben.

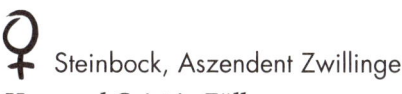 Steinbock, Aszendent Zwillinge
Herz und Geist in Fülle
Das sind zwei sehr unterschiedliche Einflüsse, die sich in vielen Bereichen des Lebens ideal ergänzen. Die Steinbock-Zwillinge-Frau kann flatterhaft und ruhelos sein, sie kann sich aber auch konzentriert und ernsthaft einer Aufgabe widmen. Die Kunst liegt darin, beides in Einklang zu bringen. Diese Frau ist nicht leicht zu gewinnen und gehört nicht zu den schnell Entschlossenen. Sie agiert stets mit

Vorsicht und setzt sich realistische Ziele. Mit Menschen, die laut polternd oder mit leerem, großspurigem Gerede daherkommen, kann sie gar nichts anfangen.

Im Beruf ist sie überaus zupackend, gewissenhaft und sehr ehrgeizig, auch Führungsaufgaben füllt sie kompetent aus. Sie ist sehr loyal und erwartet dies auch von ihren Kollegen. Ehrlich geäußerte Anerkennung nimmt sie gern entgegen und lässt sich davon zusätzlich beflügeln. Sie muss nicht im Mittelpunkt stehen, möchte aber auf jeden Fall verantwortlich wichtige Abläufe mitgestalten.

Im Privatleben schätzen Partner, Familie und Freunde die Steinbock-Zwillinge-Frau aufgrund ihrer herzlichen Art und Originalität. Sie ist eine unterhaltsame, feinsinnige Gesprächspartnerin, überrascht andere oft mit neuen Ideen und verwöhnt sie auch gern mal mit einzigartigen Genüssen aus Küche und Weinkeller. Wer diese warmherzige, hinreißende Frau einmal für sich gewonnen hat – was lange dauern kann, da sie die Menschen auf Herz und Nieren prüft –, der hat eine wunderbare Gefährtin zur Seite, in guten wie in schlechten Zeiten.

Vorsicht, zerbrechlich!

Ihre Seele ist besonders fein und verletzbar. Wer lange ihr Vertrauen genießen möchte, der sollte ihr stets achtsam und respektvoll gegenübertreten.

Entwicklungschance: dickeres Fell

Allerdings kann sie ihrerseits versuchen, sich ein etwas dickeres Fell zuzulegen und insgesamt gelassener und ruhiger zu werden. Sie sollte in diesem Zusammenhang auch üben, Kritik nicht persönlich zu nehmen, sondern als hilfreichen Impuls zu nutzen. Dabei kann ihr regelmäßiges Meditieren sehr viel nutzen, ebenso Sport und ausreichend Zeit für sich selbst und für eigene Interessen.

♂ Steinbock, Aszendent Zwillinge
Charme und ein wenig Irrwitz

Auch beim Mann ergänzen sich die beiden unterschiedlichen Prägungen sehr gut, wenn es ihm gelingt, die unterschiedlichen Talente zu entfalten. Dieser Mann liebt die Perfektion ebenso wie das Gewinnen, zugleich mangelt es ihm nicht an Lässigkeit und Charme. Im Umgang mit Menschen ist er zunächst zurückhaltend, weil er auch verletzlich ist, doch wenn man ihn besser kennt und sein Vertrauen gewinnt, erlebt man ihn relaxt, witzig und fast immer gut aufgelegt. Es lohnt sich also, sich von seiner scheinbaren Unnahbarkeit nicht abschrecken zu lassen!

Im Beruf arbeitet der Steinbock-Zwillinge-Mann wie besessen und mit vollem Einsatz – halbe Sachen gibt es bei ihm nicht. Er will besser sein als alle anderen, und dafür braucht es hohe Ziele, eine gewisse Risikobereitschaft und blitzsaubere Ergebnisse. Mit Präzision, Können und Leistung rast der Steinbock-Zwillinge-Mann dem Erfolg entgegen.

Das Privatleben tritt natürlich etwas in den Hintergrund, denn schließlich hat der Tag für jeden von uns nur 24 Stunden – auch wenn dieser Mann mehr aus seiner Zeit herauszuholen scheint als andere. Familie und Freunde können sich zwar grundsätzlich auf ihn verlassen, doch wünschen sie sich vermutlich, öfter und ausgiebiger seine unterhaltsame Gesellschaft genießen zu dürfen.

Leben auf der Überholspur

Ein rasanter Lebensstil hat seinen Preis. In diesem Fall leiden das Zwischenmenschliche, die eigene Regeneration und eventuelle Hobbys darunter. Mit Geld kann man nicht alles kaufen, vor allem nicht Liebe, Freundschaft und Gesundheit!

Entwicklungschance: die Kurve kriegen

Dieser Mann sollte darauf achten, sich nicht von seinem beruflichen Ehrgeiz verschlingen zu lassen, so viel Spaß es auch machen mag, von Erfolg zu Erfolg zu eilen. Hilfreich ist hier ein möglichst regelmäßiger Lebensrhythmus mit festen Zeiten für Arbeit, Familie und Freizeit. Fürs Private gelten also genauso fixe Termine wie im Beruf! Mit diesem Kniff kann er sich selbst clever überlisten und aus seinem Leben in allen Bereichen etwas den Druck herausnehmen.

♀ Wassermann, Aszendent Zwillinge

Universalgenie mit guter Laune

Zu den wunderbaren Gaben dieser Frau mit Bodenhaftung und hohen Zielen zählen eine blitzschnelle Auffassungsgabe, große Intelligenz, viel Verantwortungsbewusstsein und ein exquisites ästhetisches Empfinden, um nur einige zu nennen. Es wäre nicht hinreichend zu sagen, dass Erfolg ihr etwas bedeutet – nein, er ist ihr Leben. Sie liebt es, in Eigenregie dafür zu sorgen, dass ihre Visionen Wirklichkeit werden. Besonders wichtig ist ihr ein niveauvoller Umgangston. Gerade Männer greifen hier manchmal daneben, weil sie sich durch die Souveränität der Wassermann-Zwillinge-Frau provoziert fühlen – sie müssen aber schnell einsehen, dass sie damit keinen Blumentopf bei ihr gewinnen. Je mehr Respekt man ihr entgegenbringt, desto eher wird die Zusammenarbeit ein Erfolg, und desto mehr profitiert man von ihren genialen Lösungsstrategien.

Im privaten Bereich legt die Wassermann-Zwillinge-Frau ebenfalls viel Wert auf Stil und Niveau, ob im Umgang miteinander oder bei der Gestaltung ihres Zuhauses. Sie hat gern fröhliche Menschen um sich herum und bevorzugt sportliche Urlaube in einer natürlichen Umgebung. Ihre Freunde und Bekannten fragen sie oft nach ihrer Meinung oder ihrem Rat zu den unterschiedlichsten Situationen des Lebens, da ihr gutes Urteilsvermögen berühmt ist. In der Partnerschaft braucht sie ein ebenbürtiges Gegenüber – sie möchte hier auftanken und sich auf Augenhöhe austauschen, deshalb sollte der andere ebenso eigenständig sein wie sie selbst. Auch eine gerechte Arbeitsteilung im gemeinsamen Zuhause ist für sie eine Selbstverständlichkeit.

Einsame Spitze
Diese starke Frau bewegt etwas und ist in allen Lebensbereichen kompetent und verlässlich. Das verleiht ihr eine mitreißende, sehr anziehende Ausstrahlung. Ihr Erfolg ruft aber leider bei manchen Menschen Neid hervor, und ihr Selbstbewusstsein wird ihr nicht selten als Arroganz ausgelegt. Andere wiederum fühlen sich durch ihre beeindruckende Persönlichkeit regelrecht eingeschüchtert. Nichts davon liegt jedoch im Interesse der Wassermann-Zwillinge-Frau, solche Reaktionen machen sie eher traurig und manchmal auch ein wenig einsam.

Entwicklungschance: gelegentlicher Positionscheck
Auf keinen Fall sollte sie sich anderen zuliebe kleiner machen, als sie ist! Es genügt, wenn sie ab und zu ein wenig Tempo herausnimmt und ihre Aufmerksamkeit auf ihr eigenes Befinden und die Signale der anderen richtet: »Bin ich im Einklang mit mir? Was braucht der andere gerade?« Ansonsten gilt: Wer nicht will, der hat schon!

 **Wassermann, Aszendent Zwillinge**
Think big!
Sympathisch und offen für (fast) alles, strategisch begabt und enthusiastisch bei der Sache, ist der Zwillinge-Wassermann ein Reformer und, wenn es sein muss, auch ein Umstürzler. Ihn faszinieren bahn-

brechende technische Innovationen ebenso wie neue, wegweisende Denkmodelle. In seiner täglichen Arbeit ist ihm keine Aufgabe zu schwierig, kein Plan zu ungewöhnlich, denn er will das Unmögliche möglich machen und die Grenzen des Machbaren ausloten. Manche finden sein Handeln übertrieben, aber das ist ihm herzlich egal. Zur Weißglut bringt es ihn dagegen, wenn der Geschäftspartner oder Mitarbeiter nicht auf den Punkt kommt und sich in Detailfragen verliert. Da kann es schon mal passieren, dass er einfach aus dem Raum geht und den anderen sich selbst überlässt. Diese Freiheit um jeden Preis nimmt er sich, weil er sonst das Gefühl hat, unerträglich viel Zeit und Energie zu verlieren. Bei alldem mag es überraschen, dass er auch eine starke soziale Ader hat. Er weiß immer genau, wo es brennt und wo wirklich Hilfe benötigt wird. Hier engagiert er sich unbürokratisch und ohne nachzurechnen.

In seiner Freizeit spielt Sport eine wichtige Rolle, denn dabei tankt er auf, und sein Geist kann regenerieren für neue Höhenflüge. »Sportlich« ist er auch in Liebesdingen, weil sein Charme ihm viele Herzen zufliegen lässt. Natürlich führt das bisweilen zu verletzten Gefühlen bei anderen, und es wird besonders kritisch, wenn er in einer festen Beziehung lebt. Denn der Zwillinge-Wassermann besitzt zwar viel taktisches Geschick, aber wer ihn gut kennt, der durchschaut seine Manöver. Dennoch ist dieser Mann immer und zu jeder Zeit für seine Lieben da und sehr bemüht um ihr Wohlergehen.

Wenn das süße Leben bitter schmeckt
Dolce Vita und Freiheit um jeden Preis – das geht bei ihm manchmal so weit, dass er seine Mitmenschen damit vor den Kopf stößt oder sogar sehr verletzt. Und dann sitzt er da und wundert sich, dass die anderen sich abwenden: Er hat es doch nicht böse gemeint!

Entwicklungschance: das schätzen lernen, was man hat
Er sollte unbedingt lernen, dass er nicht alles haben oder jede Gelegenheit ergreifen muss. Träumen und Flirten schaden oft nicht, des Weiteren gilt allerdings: »Was du nicht willst, dass man dir tu ...«   .

 Fische, Aszendent Zwillinge

Mitreißender Tatendrang
Zwei Welten treffen hier aufeinander: Tiefgründigkeit und Sensibilität sowie Beschwingtheit und Leichtfüßigkeit, wobei Letztere eher im Vordergrund stehen. Die Fische-Zwillinge-Frau ist stets etwas unruhig, alles soll schnell und sofort erledigt werden. Ihre sensible und verletzbare Seite kommt zum Vorschein, wenn man sich ihr gegenüber im Ton vergreift. Sie ist bereit, beherzt anzupacken, scheut keine Mühen und keine Arbeit, was ihr viel Bewunderung einbringt. Im Beruf engagiert sie sich über das geforderte Maß hinaus, was andere manchmal ausnutzen. Sie ordnet sich im Prinzip aber nicht gern unter, sondern gibt lieber den Ton an.

Auch in ihrer Familie hat sie die Fäden in der Hand und reißt die anderen mit ihrer Begeisterung mit. Sie mag sportliche, gesellige Urlaubsreisen mit zahlreichen Aktivitäten und viel Abwechslung. Freunde und Bekannte schätzen und bewundern sie für ihr energievolles Auftreten, ihre Wärme und ihr Einfühlungsvermögen und die Freude, mit der sie ihre Aufgaben angeht. Ihr Partner und ihre Kinder genießen das Zusammensein mit ihr ungemein.

Ohne Pause
Manchmal verleitet ihre Tatkraft sie dazu, über ihre Grenzen hinauszugehen. Wenn sie dann merkt, dass sie nicht so viel aus einem Tag herausholen kann wie geplant, wird sie schnell ärgerlich und nervös,

manchmal auch schnippisch und ungerecht. Mit Kritik und Niederlagen kann sie außerdem nicht gut umgehen.

Entwicklungschance: nur die Ruhe!
Sie könnte vieles lockerer und entspannter angehen; dabei hilft es,
wenn sie lernt, eine gewisse Ruhe in ihre Aktivitäten zu bringen und
auch die Regeneration nicht zu kurz kommen zu lassen. Also, liebe
Fische-Zwillinge-Frau: nicht immer alles auf einmal tun wollen, sondern die Aufgaben in kleine, gut schaffbare Häppchen einteilen. Aufgaben, die nicht sofort drankommen, können Sie ja auf die To-do-
Liste schreiben. Das beruhigt ungemein und macht das tägliche Tun
effektiver!

 Fische, Aszendent Zwillinge
Beschwingte Begeisterung
Wie bei der Frau mit dieser Prägung treffen auch bei ihm eine weiche, empfindliche und eine leichtfüßig-beschwingte Seite aufeinander, wobei hier ebenfalls Letztere dominiert. Grundsätzlich ist der
Fische-Zwillinge-Mann ein Macher, der hart arbeitet, viel leistet und
sich, wenn nötig, durchkämpft. Er ist aber auch etwas wankelmütig.
Denn er folgt meist seinen Impulsen, ist schnell von etwas begeistert,
wendet sich jedoch ebenso schnell wieder etwas Neuem zu, was ihm
lohnender erscheint. Deshalb wirkt er auf andere oft ein wenig
sprunghaft und unberechenbar.

Der Fische-Zwillinge-Mann braucht im Privatleben den Freiraum,
auch mal zu ungewöhnlichen Zeiten für berufliche Dinge da zu sein.
Jedoch sind die Geborgenheit und Liebe in seiner Familie eine ganz
wichtige Glücks- und Kraftquelle für ihn, ebenso tun ihm verlässliche Freunde, die auch in unruhigen Zeiten an seiner Seite bleiben,
ausgesprochen gut.

Jonglieren mit zu vielen Bällen

Sein Wankelmut verunsichert viele, die mit ihm zu tun haben. Zudem will er immer alles selbst schaffen und delegiert zu wenig, weil er es insgeheim den anderen nicht zutraut, die Aufgaben zur Zufriedenheit zu lösen. Auch können einige bei dem hohen Tempo, das er vorgibt, nicht mithalten. Insgesamt verzettelt er sich oft und steht dann mächtig unter Druck, sieht seine Felle davonschwimmen und verbreitet ordentlich Tohuwabohu. Manchmal gerät er so auch in unnötige Konflikte, die lange nachwirken und ihm auf Dauer schaden können.

Entwicklungschance: Ruhe und Kontinuität

Mit etwas mehr Souveränität wird er erfolgreicher und zugleich glücklicher sein. Der Weg dorthin: dem Gefühl dafür, was im Moment das Richtige ist, folgen lernen. Meditation kann hier sehr hilfreich sein, ebenso die Begegnung mit sich selbst, ruhig und ohne Leistungsdruck, wie man sie etwa bei schönen Spaziergängen, beim Bergwandern und Bootfahren oder auch bei einem handwerklichen Hobby erlebt. Schafft er es, etwas besser einer klaren Linie zu folgen, spart dieser kreative Arbeiter Energie und gewinnt viele Sympathien.

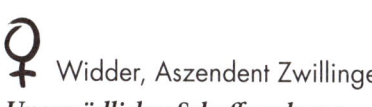 Widder, Aszendent Zwillinge

Unermüdlicher Schaffensdrang

Willenskraft und geistige Beweglichkeit sind das Erfolgsrezept der Widder-Zwillinge-Frau, die kaum einmal müde zu werden scheint. Sie ist geradlinig, ehrgeizig und tatkräftig, zugleich sehr empfindsam und vorsichtig. Im Beruf können sich alle voll und ganz auf sie verlassen, sie ist immer offen für Neues und für konstruktive Vorschläge, und auch ihr selbst gehen selten die guten Ideen aus. Sie arbeitet mit Leidenschaft und viel Begeisterung, aber nur, wenn sie genügend

Freiraum in ihrem Handeln hat und ein vertrauensvoller, freundlich-sachlicher Umgangston herrscht.

In ihrer Familie bestimmt sie gern die Richtung, aber immer mit motivierender Begeisterung statt mit Herumkommandieren. Sie führt eben gern – weil sie es kann, nicht, weil sie andere unterjochen will. Auch im Freundeskreis schätzt man ihre erfrischende Dynamik und lässt sich nur zu gern von ihr zu spannenden Unternehmungen inspirieren.

Wenn die Pferde durchgehen

Die Widder-Zwillinge-Frau kann sich regelrecht in einen Rausch arbeiten. Es ist nicht immer ganz einfach für sie, ihre Emotionen im Zaum zu halten. In ihrer Begeisterung für lohnende Ziele geht sie oft bis an ihre Grenze und darüber hinaus. Sie überdreht dann leicht, manchmal ohne Rücksicht auf ihre Gesundheit.

Entwicklungschance: Energien zügeln, Kräfte einteilen

Sie sollte sich ihre Kräfte einzuteilen lernen und vielleicht immer schon dann einen Gang zurückschalten, wenn sie erste Zeichen der Ermüdung wahrnimmt. Als Faustregel für die Leistungsfähigkeit gilt: Nach neunzig Minuten Konzentration ist eine kleine Erholungspause angesagt. In dieser Zeit kann sie zum Beispiel mit einer Yoga-, Atem- oder Dehnübung oder einem kleinen Spaziergang wieder auf den Boden kommen. Das ist für sie die allerbeste Gesundheitsvorsorge! Zudem erhält sie sich so ihre produktive Begeisterung für alles, was sie tut.

♂ Widder, Aszendent Zwillinge

Kreativ und tatkräftig

Diese Charakterzüge sind zusammen unübertroffen: handwerkliches Geschick, Intelligenz, Kreativität und eine gute Portion Durchsetzungsvermögen sorgen für Erfolge. Der Widder-Zwillinge-Mann ist bodenständig und zugleich immer offen für Neues – besonders für Herausforderungen, die er mit viel Begeisterung angeht. Alles, was neu ist, spornt ihn zu Höchstleistungen an, die er dann auch zu bringen bereit ist.

Als Partner und auch als Vater ist der Widder-Zwillinge-Mann immer zugewandt und hilfreich. Seine Familie ist sein Ein und Alles, hier findet er die Ruhe, die ihm im Berufsalltag öfter mal fehlt. Da wird es ihm schon mal verziehen, dass er ganz gern flirtet … Im Freundeskreis mag man seine sympathische, witzige Art, seinen Humor und seine guten Einfälle. Langeweile wird man in seiner Gesellschaft kaum einmal erleben!

Zwischen Mut und Wankelmut

Wenn etwas nicht sofort klappt, reagiert er oft damit, dass er einfach die »Baustelle« wechselt – es fehlt ihm schlicht manchmal an Geduld und Entschlossenheit. Da er so ständig unvollendete Werke produziert, erlebt er selten wahre Zufriedenheit mit dem Geleisteten – eine Tatsache, die er jedoch gern verdrängt. Ganz ähnlich läuft es mit seiner Gefühlswelt, die mehr Konstanz gut vertragen könnte.

Entwicklungschance: dem roten Faden folgen

Wenn es diesem Mann gelingt, seine Ausdauer in vielen Dingen des Lebens zu trainieren, wird das nicht nur gut für seinen Erfolg sein, sondern auch für sein Selbstwertgefühl und seine allgemeine Lebenszufriedenheit. Auch wird er dadurch die Wertschätzung von anderen erfahren, die er dank seines liebenswerten Wesens verdient hat. Er sollte lernen, Geduld zu haben und seine Ziele planvoll zu erreichen.

♀ Stier, Aszendent Zwillinge

Immer in Aktion

Dies ist eine ebenso erdverbundene wie empfindsame Frau, die eine klare Vorstellung von ihrem Leben hat, aber auch einen etwas unruhigen Lebensrhythmus. Jedenfalls ist für sie ein Platz auf dem Siegertreppchen bereitet, und den verdient sie sich mit großem Einsatz immer wieder neu. Sie sucht die Herausforderung und überschreitet gern Grenzen, die andere als gegeben hinnehmen. Sie braucht die Bewegung und Abwechslung in allen Bereichen ihres Lebens. Im Beruf will sie verantwortlich führen, dabei geht sie stets mit gutem Beispiel voran und fordert auch von den Mitarbeitern Bestleistungen. Etwas Anerkennung nimmt sie für ihre Leistungen gern entgegen. Unbedingte Voraussetzung ist für sie jedoch ein respektvoller, taktvoller Umgangston; wer laut wird oder sich überheblich gibt, kann ebenso gut gleich gehen.

In ihrer Familie ist die Stier-Zwillinge-Frau die sonnige Mitte mit ihrer unerschütterlichen Verlässlichkeit, viel Einsatz und vielen guten Ideen. Im Freundes- und Bekanntenkreis spricht sich schnell herum, dass sie eine herausragende Gastgeberin ist. Sie verschenkt Liebe und versprüht Begeisterung, sodass man sich in ihrer Gesellschaft auch im grauen Winter wie an einem heiteren Sommernachmittag fühlt.

Die Pein der Ungeduld

Viele Menschen können ihr in ihrem schnellen Denken und Handeln nicht folgen. Das erfüllt die Stier-Zwillinge-Frau schnell mit Gefühlen von Frust und Enttäuschung und macht sie zum Teil auch ärgerlich. So wichtig ihr das erfolgreiche Vorankommen aller Beteiligten ist, so sehr schmerzt und nervt es sie, wenn irgendwo Sand im Getriebe zu sein scheint.

Entwicklungschance: Langsamkeit entdecken
Sie sollte innere Ruhe und Ausgeglichenheit suchen, etwa bei Meditation, Yoga, festen Alltagsritualen und ausgedehnten Spaziergängen in der Natur. Dann kann sie sich auch besser auf das eventuell gemächlichere Tempo anderer einlassen – und erkennt vielleicht, dass man im Trab vieles entdeckt, was einem im Galopp entgeht.

♂ Stier, Aszendent Zwillinge
Harmonie gewinnt!
Auch beim Stier-Zwillinge-Mann treffen Bewegung und Bodenständigkeit aufeinander und wollen in Einklang gebracht werden, um das persönliche Potenzial zu entfalten. Im Beruf sucht dieser Mann die Verantwortung und will ein sorgsam zusammengestelltes Team führen. Er geht dabei immer mit gutem Beispiel voran und freut sich auch über gelegentliches Lob und anerkennende Worte. Maßgeblich in der Zusammenarbeit mit ihm ist ein niveauvoller Umgangston. Hier reagiert er überaus empfindlich und zieht sich bei »Zuwiderhandlung« schnell zurück.

In seinem Zuhause mag er eine angenehme, gediegene Atmosphäre, die zum Ausruhen, zur Muße und zum gemütlichen Beisammensein einlädt. Seine Kinder sind sein ganzer Stolz, er schätzt es, gemeinsam mit ihnen die Natur zu erkunden, und er mag Abenteuer- und Actionspiele genauso gern wie sie. Harmonie ist für ihn das Wichtigste, denn nur in Ruhe und Frieden kann er wirklich auftanken und seine Energien bewahren. Deshalb liegt ihm viel daran, Streit zu vermeiden und die Energie sinnvoller einzusetzen. In der Partnerschaft

bringt er seine Kreativität und Originalität ein, sodass das Zusammenleben zwar harmonisch ist, aber niemals langweilig wird. Auch im
Freundeskreis ist er mit diesen Eigenschaften natürlich sehr gefragt.

Hopp oder top?
Der bodenständige Stier in ihm will nach klaren Prioritäten, überlegt
und geplant handeln. Die Zwillinge-Seite jedoch will alles schnell
über die Bühne bringen, sodass Konflikte zwischen den beiden Per-
sönlichkeitsanteilen nicht ausbleiben.

Entwicklungschance: Mut zur Mitte
Der Stier-Zwillinge-Mann sollte einen Weg der Mitte suchen, um seine Talente sinnvoll und effektiv einzusetzen. Veränderung erfordert
immer Mut, doch er sollte sich klarmachen: Wenn er selbst sein Le-
bensschiff nicht in sichere Gewässer bringt, übernehmen andere das
Steuer. Und das ist ganz sicher nicht in seinem Sinne.

Aszendent Krebs

♀ Krebs, Aszendent Krebs
Herzenswärme und Tatkraft
Diese harmonieliebende und überaus verlässliche Frau, die in ihrem
Beruf aufgeht und immer auf dem Boden der Tatsachen bleibt,
wünscht sich von der Arbeit hauptsächlich, dass sie Spaß macht und
sinnvoll ist. Ihr Realismus und zugleich ihr Einfühlungsvermögen
bringen ihr viel Anerkennung. Es ist ihr ein Herzensbedürfnis, anderen zur persönlichen Entfaltung zu verhelfen, auch ist es ihr oft ein
Anliegen, Älteren und Schwächeren ihre Hilfe und Unterstützung
zukommen zu lassen.

Sie ist ein ausgesprochener Familienmensch, ihre Kinder und Verwandten bestimmen im Wesentlichen ihren Tag. Hier ist ihr nichts zu viel, sie weiß auch fast immer eine Lösung. Wenn sie es sich zeitlich einrichten kann, geht sie darüber hinaus den Nachbarn gern zur Hand und leistet tatkräftige Unterstützung. Für ihre Familie ist sie ein Glücksgriff, sie gestaltet das Zusammenleben und nicht zuletzt auch die Wohnatmosphäre einmalig schön. Als Partnerin ist auf sie stets Verlass, und es ist einfach immer wieder aufs Neue eine besondere Gunst, mit ihr Zeit verbringen zu dürfen. Als wäre das noch nicht genug, erweist sie sich zudem als eine grandiose Gastgeberin – und freut sich über ehrliche Anerkennung dafür, die sich auch gern mal in einem schönen Blumenstrauß ausdrücken darf! Sie ist überall beliebt und geachtet, alle Menschen finden schnell einen Zugang zu ihr.

Besonders zu erwähnen ist noch, dass sie auch auf Reisen alles im Griff hat, denn ist ihr Organisationstalent einmal geweckt, ergibt eines das andere, und wenn sie improvisieren muss, läuft sie zur Höchstform auf. Sie tut alles mit Herzensfreude.

Vorsicht, Verausgabung!
Sowohl im Beruf als auch privat muss für sie immer Harmonie und Ausgeglichenheit herrschen, sonst fühlt sie sich unwohl. Oft gibt sie dafür mehr, als sie zurückbekommt, und fühlt sich dann ausgenutzt und erschöpft.

Entwicklungschance: vier Buchstaben für mehr Zufriedenheit
Das Zauberwort heißt »nein«. Wer auch mal an sich selbst denkt und sich selbst etwas gönnt, einfach mal nichts tut oder einer spontanen Laune folgt, der erweist damit anderen ebenfalls einen Dienst – denn schließlich ist gute Laune ansteckend!

Das höchste Gut ist die Harmonie der Seele mit sich selbst.
Seneca der Jüngere

♂↗ Krebs, Aszendent Krebs

Hier spielt die Musik!

Dieser Mann muss und will immer kämpfen und hat dabei wesentlich mehr Potenzial, als mancher vermutet. Er braucht nur zu lernen, positive Gedanken zu hegen und mehr an seine persönlichen Fähigkeiten und Talente zu glauben. Im Beruf ist er sehr verlässlich und auch beliebt und erfolgreich. Er fühlt sich wohl, solange er keine Verantwortung in exponierter Position tragen soll. Er macht einfach seinen Job, und den macht er gut.

Er ist hilfsbereit und immer für andere da. Zudem ist er stets gut aufgelegt und gesellig. In einer harmonischen Gesellschaft blüht er auf, besonders wenn Frauen anwesend sind … Da holt er schon einmal ein Musikinstrument hervor und gibt etwas zum Besten, denn für Musik hat er eine große Begabung. Er braucht dazu keine Noten, er spielt rein aus seinem Gefühl und singt aus dem Bauch heraus. Die Gäste sind begeistert, und jetzt blüht er auf, spürt die Resonanz und das Gefühl der Anerkennung, das für ihn ganz elementar ist. Als Künstler gehört er zu den ganz Großen, egal, ob er seine Leidenschaft zum Beruf macht oder nicht. Seine Familie, seine Partnerin und seine Kinder sind der Augenstern dieses Mannes, aus einem harmonischen Familienleben bezieht er seine Kraft und Zufriedenheit. Wichtig sind ihm dabei aber auch seine persönlichen Freiräume.

Unnötige Missklänge

Der Krebs-Krebs-Mann ist launisch, manchmal wankelmütig, sehr empfindlich und teilweise nachtragend. Um sich vor derartigen Belastungen zu schützen, baut er einen schützenden Panzer um sich herum auf, sodass manche ihn ganz falsch einschätzen. Wenn er bereits oft von Menschen enttäuscht worden ist, kann er nicht mehr so schnell Vertrauen aufbauen. Seine Verletzlichkeit spürt sein Gegenüber und reagiert darauf je nach eigenem Charakter. Seine Zurückhaltung und Bescheidenheit bringt diesen Mann um viele Chancen, doch richtet er sich oft damit ein.

Entwicklungschance: zurück in den Rhythmus

Um mehr Freude und Begeisterung zu empfinden, glücklicher und zufriedener zu sein, sollte er üben, aus seinem eigenen Schatten zu treten. Dabei sehr hilfreich sind mentale Techniken – und natürlich seine Musik!

♀ Löwe, Aszendent Krebs

Ein Geschenk für die Menschheit

Stolz und Fürsorglichkeit zeichnen diese Frau aus und ergeben eine überaus angenehme Persönlichkeit – selbstbewusst, tiefgründig und grundehrlich: eine mit beiden Beinen im Leben stehende Frau mit vielen Interessen und Talenten. Ihre Stärken sind ihr innerer Antrieb, gesunder Ehrgeiz und ein hoher Anspruch an das Leben. Im Beruf ist sie engagiert und anspruchsvoll, teamfähig und kompromissbereit. Wichtig ist ihr dabei, dass sie sich mit ihrer Aufgabe identifizieren kann. Ihre Ziele im Leben sind hoch, aber stets realistisch. Alles, was diese Frau beginnt, führt sie auch erfolgreich zu Ende. Sie verabscheut Nachlässigkeit, Oberflächlichkeit und unseriöses geschäftliches Handeln.

Besonders wichtig ist ihr die Harmonie untereinander sowie Fürsorglichkeit und Hilfsbereitschaft für nicht so privilegierte Menschen. Es ist ihr ein großes Bedürfnis, Schwächere zu unterstützen. Wärme, Liebe und Zuneigung sind ihre Triebfedern und helfen ihr, eine ungeheure Energie und Motivation zu entwickeln. In ihrer Familie hat die Löwe-Krebs-Frau natürlich einen hohen Stellenwert. Ihr gesamtes privates Umfeld schätzt nicht nur ihre Talente als Gastgeberin, sondern auch ihre große Fürsorge, ihre Liebenswürdigkeit und ihre Wärme, die sie jedem schenkt.

Wenn andere zu viel nehmen

Manchmal geht ihre Hilfsbereitschaft zu weit, nämlich dann, wenn andere sie ausnutzen. Es kommt vor, dass sie gar nicht merkt, wie sie zum Spielball fremder Interessen wird.

Entwicklungschance: Hilfe zur Selbsthilfe leisten

Wo darf und sollte Hilfsbereitschaft enden? Hier muss die Löwe-Krebs-Frau versuchen, jeweils die richtige Grenze zu setzen und sich die Frage zu beantworten: »Braucht der andere meine Hilfe wirklich – oder ist er nur zu bequem, um sich selbst zu helfen?« Manchmal hilft man jemandem viel nachhaltiger, wenn man ihn entschieden auf seine eigenen Ressourcen hinweist!

♂ Löwe, Aszendent Krebs
Geborener Genießer

Dynamik und Zurückhaltung müssen hier unter einen Hut gebracht werden. Dieser Mann ist einerseits ein selbstbewusster Macher, bisweilen mit dem Hang zum Übertreiben. Seine weiche, gemütliche Seite hingegen hält es mit Gelassenheit, Ruhe und Empathie. Wenn es ihm gelingt, die zwei Seiten in Einklang zu bringen, profitieren beide voneinander. Denn der Löwe-Krebs-Mann hat großartige Anlagen, er ist ein guter Redner und kann Menschen mitreißen und begeistern. Er ist durchaus auch eitel und selbstdarstellerisch, was er aber durch eine große Portion Charme ausgleicht.

In seiner Partnerschaft und Familie wird er sehr geliebt und geschätzt. Man kann sich immer auf ihn verlassen, und er findet eine Lösung für alle kleinen und großen Sorgen. Auch der Genuss ist ihm nicht fremd, ob schönes Essen oder guter Wein, tolle Musik oder ein knisterndes Kaminfeuer: Er kann mit Haut und Haar genießen, besonders gern mit anderen zusammen, ob zu zweit oder im Kreis seiner Freunde. Seine Herzenswärme endet aber nicht bei denen, die er täglich um sich hat, nein, er ist auch ein Mann für sozial schwache und hilfsbedürftige Menschen und hilft, wo sich die Gelegenheit bietet.

Hin- und hergerissen

Den inneren Konflikt zwischen den beiden Grundcharakteren kann man sich beim Löwe-Krebs-Mann vorstellen wie ein Tauziehen, da die Kräfte, die in ihm wirken, doch sehr gegensätzlich sind. Das ist für ihn sehr anstrengend und kostet ihn viel Energie.

Entwicklungschance: den eigenen Standpunkt festigen

Es gibt eine wunderbare Möglichkeit, einen solchen inneren Konflikt zu besänftigen, nämlich ein fachlich angeleitetes mentales Training. Damit wird es dem Löwe-Krebs-Mann gelingen, die belastenden Muster zu erkennen und aufzulösen. Dadurch wird seine Persönlichkeit nach innen wie nach außen harmonischer, er wird glücklicher und erfolgreicher und gewinnt viele Sympathien und auch echte Freunde hinzu. Darüber hinaus gewinnen seine Wortwahl und sein Auftreten dadurch sehr.

Stell dir jeden Morgen diese drei Fragen:
Was ist gut in meinem Leben? Worüber kann ich glücklich sein?
Wofür kann ich dankbar sein?
Henry David Thoreau

♀ Jungfrau, Aszendent Krebs

Die Ruhe in Person

Diese Frau ist erdverbunden, einfühlsam und hat immer die Gemeinschaft im Blick. Ihr Intellekt ist dabei analytisch und vernunftbetont, bei ihr hat alles Ordnung und System. Chaos und Zufälle möchte sie möglichst ausschließen, was ihr durch ihre Präzision, Gründlichkeit und ihr Wissen sogar weitgehend gelingt. Im Beruf ist sie verlässlich, kompetent und zielstrebig, legt aber auch Wert auf Wärme und einen fairen Umgang. Sie bleibt stets auf dem Boden der Tatsachen und hebt nie ab. Aufgrund ihrer angenehmen und freundlichen Art findet sie leicht Zugang zu Menschen.

Für Luftschlösser hat sie auch in Herzensangelegenheiten wenig übrig. Liebe und Partnerschaft sollen eine solide Basis gegenseitigen Verstehens und Vertrauens haben. Im Freundeskreis mag und schätzt man sie sehr, doch übermäßig gesellig und unternehmungslustig ist sie nicht unbedingt. Lieber genießt sie die Ruhe in der Natur und in ihrem schönen Zuhause und empfängt wenige, ausgesuchte Gäste, die sie liebevoll bewirtet. Ihr familiärer Kreis ist das sichere Terrain, wo sie sich entfalten und erholen kann.

Vom Geben, Nehmen und Festhalten

Festhalten und Besitzen ist ein Thema bei ihr, ob in ihrer Vorratskammer, ihrem Kleiderschrank oder auch in der Partnerschaft – wo es natürlich am ehesten Probleme hervorruft, zumal sie durchaus diskussionsfreudig ist.

Freigebig zeigt sie sich jedoch, wenn ihre Hilfsbereitschaft gefragt ist, aber dabei gibt sie meist mehr, als sie zurückbekommt. Darüber ärgert sie sich zwar, tut es aber dennoch immer wieder und ist dann oft enttäuscht.

Entwicklungschance: Loslassen üben

Hebt man die köstlichste Speise zu lange auf, verdirbt sie – Ähnliches gilt auch im übertragenen Sinne. Der klugen Jungfrau-Krebs-Frau wird es leichtfallen zu erkennen, dass das Leben heute, hier und jetzt gelebt werden will. Auch ihre Hilfsbereitschaft darf immer wieder einmal auf den Prüfstand: Braucht der andere wirklich Hilfe, oder will sie ihn auch unterbewusst ein wenig mehr an sich binden? Dieses unbeabsichtigte Spiel macht oft letztendlich alle Beteiligten hilflos. »Mutig Ballast abwerfen und auf zu neuen Ufern!«, das möchte man ihr zurufen!

 Jungfrau, Aszendent Krebs

Easy Living

Der Jungfrau-Krebs-Mann hat es schön mit seinen beiden Prägungen. Er ist gelassen, ausgeglichen und meistens in aufgeräumter Stimmung. Er ist sehr erd- und naturverbunden und sozial eingestellt. Er denkt vernünftig und methodisch, ist stark erfolgsorientiert, aber auch sehr eigen und individualistisch veranlagt. Der nüchterne Jungfrau-Zug wird durch den Krebs-Einfluss gefühlsbetonter und empfindsamer. Harmonie ist ihm in allen Lebensbereichen grundlegend wichtig. Im Beruf sind seine Präzision, Gründlichkeit und Verlässlichkeit ein echtes Pfund, ebenso seine Allgemeinbildung und Fachkompetenz. Hilfsbereitschaft wird bei diesem Mann großgeschrieben, er gibt gern und hilft anderen oft.

Für Luftschlösser hat der Männertyp wenig übrig, dazu ist er einfach zu bodenständig. Auch Themen wie »Liebe«, »Partnerschaft« und »Familie« möchte er nach vernünftigen und wohlüberlegten Grundsätzen regeln. Er ist aber ein geselliger und lebenslustiger Mensch, der sich gern als Vorreiterrolle fühlt. Als Gast ist er beliebt, nicht zuletzt wegen seiner musikalischen Talente. Der Jungfrau-

Krebs-Mann ist ein liebevoller Partner und Vater, der lediglich hier und da seinen Dickkopf durchsetzen will, und das nicht immer zum richtigen Zeitpunkt.

Widerstände und Stolperfallen

Dieser Mann verfügt über ein äußerst kritisches Urteilsvermögen, was von anderen nicht immer geschätzt wird, zumal, wenn sie Widerspruch und andere Meinungen nicht gut vertragen. Manchmal gibt er auch zu viel, zögert zu lange und grübelt zu ausgiebig. Der Jungfrau-Krebs-Mann neigt überdies zum Festhalten und zum Besitzenwollen, was vor allem in der Partnerschaft zu Problemen führen kann.

Entwicklungschance: »Relax!«

Etwas mehr Lockerheit und Gelassenheit würden ihm guttun. Und was seinen Eigensinn und seinen kritischen Geist angeht, sollte er etwas diplomatischer vorgehen. Die Menschen verstehen den Text »zwischen den Zeilen« oft besser, als er denkt – er sollte sich darin üben zu erkennen, wann er wirklich deutlicher werden muss. Dann kann er seine geistigen und seelischen Anlagen viel erfolgreicher nutzen!

Wer eine Freude an sich bindet, des beschwingtes Leben schwindet;
wer die Freude küsst im Flug, hat der Sonne stets genug.
William Blake

♀ Waage, Aszendent Krebs
Reiches Gefühlsleben

Diese intelligente, charismatische Frau liebt Erfolg und Eigenständigkeit, legt Wert auf viel Niveau und strebt im Beruf stets Führungsaufgaben an, sie kann sich aber durchaus auch in ein Team einfügen.

Sie hat viel Verständnis und Anteilnahme für ihre Mitmenschen, dafür erntet sie Vertrauen und schafft für sich und ihre Mitarbeiter eine gute Basis. Über Verlässlichkeit und Ehrlichkeit braucht man bei ihr nicht zu reden, diese Qualitäten besitzt sie von Natur aus.

Geborgenheit in einer intakten Familie und einem schönen Zuhause zu erleben ist ihr ein Grundbedürfnis. Partner, Kinder und Freunde dürfen sich glücklich schätzen, ihre Nähe zu genießen, und geben ihr die Wärme und Anerkennung zurück, die sie braucht, um glücklich zu sein.

Geist versus Gefühl

Ihr Intellekt und ihre Entscheidungen werden immer wieder von ihrer Intuition und ihrem reichen Gefühlsleben auf den Prüfstand gestellt, was zu inneren Konflikten führt, die sie manchmal etwas launenhaft oder wankelmütig erscheinen lassen. Oft fehlt ihr daher die Sicherheit, um auch mal etwas spontan zu entscheiden. Sie ist sehr darauf angewiesen, dass sie in ihrer Familie die nötige Geborgenheit bekommt. Anderenfalls wachsen die beschriebenen Probleme, weil es ihr nicht mehr gelingt, das Gefühl des Aufgehobenseins in der Welt in den Alltag mit hineinzunehmen.

Entwicklungschance: an sich glauben

Für sie kann es sehr hilfreich sein, durch das Erlernen mentaler Techniken ihre Souveränität zu trainieren und sich selbst mehr zu vertrauen. Besonders das Neinsagen müsste sie üben und bei einem einmal geäußerten Nein auch bleiben. Sie sollte ihrem Herzen einen Stoß geben und diese persönliche Veränderung angehen, um sich zu stabilisieren und um zu lernen, positiver und energischer zu denken. Das Potenzial dazu hat sie eindeutig, sie muss sich nur auf den Weg machen und an sich glauben.

Die kürzesten Wörter, nämlich »ja« und »nein«,
erfordern das meiste Nachdenken.

Pythagoras

♂ Waage, Aszendent Krebs

Herz aus Gold

Grundsolide, liebenswert, freiheitsliebend und warmherzig? Das kann nur der Waage-Krebs-Mann sein! Geborgenheit ist für ihn ein Grundbedürfnis – das ihn aber auch manchmal daran hindert, Vorhaben mit ungewissem Ausgang in die Tat umzusetzen. Deshalb sind seine Partnerin und seine Kinder für ihn die beste Basis, mit Liebe und Harmonie Kraft zu tanken. Für ihn spielen Wärme und Zuneigung eine wesentliche Rolle im Leben, er braucht sie auch, um gute Leistungen abrufen zu können. Wenn es ihm gutgeht, stellt sich der Erfolg wie von selbst ein. Bei Streit oder in einer vergifteten Atmosphäre sinkt seine Leistungsfähigkeit rapide, und er hat keine Lust mehr, Großes zu bewegen. Deshalb ist es wichtig, dass man ihn im richtigen Ton anspricht; dann kann man mit ihm Pferde stehlen. Er gehört nicht zu den Machern, sondern will in Frieden und mit Freude seine Aufgaben erfüllen. Mit Zwang und Druck erreicht man bei ihm gar nichts, eher blockiert man ihn damit. Er ist zu intelligent und eigenständig, um auf Autoritätsgehabe einzusteigen.

Eine seiner besonderen Stärken liegt in seiner Begabung für Musik und Gesang. Musik zu machen ist Labsal für seine Seele und eine Freude für seine Zuhörer. Und dem Waage-Krebs-Mann bereitet es viel Freude, Leute glücklich und zufrieden zu machen! Er kann sehr viel Verständnis und Anteilnahme für seine Mitmenschen entwickeln, und es kommt viel Positives zu ihm zurück. Auch ehrenamtliche gemeinnützige Tätigkeit ist ihm stets ein Anliegen. Wenn er die nötige Zeit und Muße hat, hilft er und tut, was die Situation erfordert.

Der Waage-Krebs-Mann ist überaus sympathisch, zugänglich und ein echter Genießer. Auch als Vater, Partner oder Freund ist er unübertroffen, nimmt sich viel Zeit und ist immer da, wenn es ein Problem gibt. Das schätzen alle Beteiligten natürlich sehr.

Zögern, zaudern, träumen
Seine Willenskraft lässt ihn manchmal im Stich, er ist dann zu passiv und auch etwas gleichgültig. Seine immer wiederkehrende leichte Launenhaftigkeit ist ebenfalls eine Eigenschaft, die das Leben nicht leichter macht.

Entwicklungschance: ins kalte Wasser springen
Er darf seine Zurückhaltung und sein Phlegma aufgeben und einfach aktiver und agiler am Geschehen teilnehmen. Dabei kann ihm eine besondere, fordernde Sportart helfen wie etwa Mountainbiking, Höhlenklettern im Team oder Eisschwimmen. Hierbei erfährt er hautnah, wie wichtig richtiges Handeln im richtigen Moment ist.

 Skorpion, Aszendent Krebs
Die Kraft der Sanftmut
Die sehr empfindsame und sanfte Frau, die dennoch mit viel Willenskraft, Durchsetzungsvermögen und Zähigkeit aufwarten kann, ist besonders dann eine große Kämpferin, wenn es um Gerechtigkeit und Fairness geht. Zudem verfügt sie über eine außergewöhnliche intuitive Begabung, ahnt vieles im Voraus. In ihr reiches Innenleben gewährt sie nur ganz wenigen Menschen spontan Einblick, für die meisten bleibt sie lange ein Geheimnis. Im Beruf hat bei ihr aber alles Hand und Fuß, hier ist sie eine feste Größe – stets verlässlich und auch bereit, mehr zu tun, als »Dienst nach Vorschrift« zu leisten. Voraussetzung ist ein harmonisches Umfeld als Basis für den gemeinsa-

men Erfolg, ebenso ein guter Umgangston, hier ist sie sehr empfind-lich. Sie mag auch weder allzu flapsige Sprüche noch flache Witze. Die Skorpion-Krebs-Frau ist eine in allen Lebensbereichen verlässli-che, sehr liebenswerte Frau mit der Tendenz, sehr viel zu geben und wenig zu nehmen.

In ihrem Zuhause jongliert sie gekonnt mit allem, was zu erledigen ist, und mag es besonders, ihrer Vorratskammer und Küche exquisite Speisen zu entlocken – das ist für sie mehr ein Hobby und eine Kunst als eine Pflicht. Ihre über alles geliebte Familie und ihre Gäste wissen dies überaus zu schätzen!

Die Grenzen der Tatkraft
Sie neigt dazu, es im Beruf, aber auch im Privatleben mit ihrem Ein-satz immer wieder zu übertreiben und über die Grenzen der norma-len Belastbarkeit hinauszugehen. Ginge es nach ihr, könnte der Tag 48 Stunden haben, doch hat das Universum es nicht umsonst anders eingerichtet.

Entwicklungschance: rechtzeitig auftanken
Sie sollte lernen, sich regelmäßig zu regenerieren, zu relaxen und ins-besondere besser auf die Signale ihres Körpers zu hören. Werden die Energiespeicher nicht regelmäßig früh genug aufgetankt, ist der Akku irgendwann erschöpft! Meist kündigt sich der Ruhebedarf mit deutlichen Zeichen an, die sie aber gern ignoriert. Sie sollte üben, diese Signale zu erkennen und ernst zu nehmen, und sich dann auch etwas gönnen, wonach ihr der Sinn steht – sei es ein schöner Spazier-gang, ein Lesestündchen oder ein Nickerchen auf der Couch.

♂ Skorpion, Aszendent Krebs
Doppelportion Gefühl

Zwei sehr sensible und tief empfindende Charakterzüge treffen hier aufeinander. Der Skorpion-Krebs-Mann ist sehr einfühlsam und sanftmütig, was ihm viel zu oft als Schwäche ausgelegt wird. Denn dieser Mann hat durchaus Willenskraft, Durchsetzungsvermögen und Zähigkeit zu bieten. Er lebt diese Eigenschaften eben auf eine gefühlvolle und wärmende Art, was denjenigen Menschen, die das nicht verstehen, Spielraum für Fehlinterpretationen bietet. Im Beruf ist er sehr kreativ und eigenständig, arbeitet meist auch als Selbstständiger, etwa als Optiker, Maler, Architekt oder Musiker. Alles, was mit Kreativität und Tief- sowie Weitblick zu tun hat, zieht ihn magisch an und motiviert ihn. Er arbeitet dagegen sehr ungern unter einem Vorgesetzten, da er Kontrolle und Bevormundung verabscheut.

Der Skorpion-Krebs-Mann ist etwas Besonderes in seiner ganzen Denkweise und seinem Verhalten sowie mit seiner feinen, kreativen und musikalischen Ader. Seine Qualitäten sind einzigartig, doch man kommt meist nur in ihren Genuss, wenn man sich die Mühe macht, ihn zu begreifen. Er hat ein reiches Innenleben, das ihm wichtiger ist als seine Außendarstellung. Manchmal weiß man auch nicht, ob er Spaß macht oder ernst ist, denn er weiß durchaus um seine Undurchschaubarkeit und spielt gern ein wenig Katz und Maus mit den Unwissenden da draußen … Für Partnerschaft, Familie und Freundeskreis bedeutet das natürlich, dass die anderen sich schon ein bisschen anstrengen und einfühlen müssen – aber es lohnt sich!

Pflänzchen Rührmichnichtan?

Oft verhält er sich anderen gegenüber sehr passiv und zurückhaltend, dadurch wird er oft verkannt und völlig falsch eingeordnet. Mit Kritik und Niederlagen kann man ihm jedoch schnell zu nahe treten.

Entwicklungschance: Augen auf und durch!

Mit mentalem Training kann er seine inneren Reibungsverluste minimieren. Etwas mehr Offenheit, Lockerheit und Gelassenheit bringen ihm dann viel Sympathie ein. Zudem entdeckt er, welche Vorteile es hat, das Leben und besonders den Austausch mit anderen etwas aktiver in die Hand zu nehmen.

> *Man ist in der Lage, etwas zu tun,*
> *weil man glaubt, dazu in der Lage zu sein.*
> Vergil

♀ Schütze, Aszendent Krebs

Zwischen Nestwärme und Abenteuerlust

Die Schütze-Krebs-Frau ist lebensbejahend und mit einer reichen Gefühlswelt beschenkt. Sie ist ein Familienmensch, der Nestwärme braucht, um glücklich zu sein. Der Krebs-Einfluss nimmt der Schütze-Frau immer wieder den Wind aus den Segeln, was ihren Idealismus und Optimismus oftmals leicht dämpft. Auch die Reiselust der Schütze-Krebs-Frau verträgt sich nicht immer mit ihrem Wunsch nach Geborgenheit, der letztlich meist siegt. Andererseits braucht sie größtmöglichen persönlichen Freiraum, Abwechslung sowie neue Impulse und Eindrücke. An ihrem Arbeitsplatz ist sie erfolgreich – wenn der Umgangston stimmt. Falls nicht, gibt es keine Basis einer Zusammenarbeit. Besonders Kritik muss man bei ihr sachlich und vorsichtig anbringen, um damit zu ihr durchzudringen. Lob bedeutet ihr dagegen sehr viel, es motiviert sie zu Höchstleistungen.

Die Schütze-Krebs-Frau schätzt Geselligkeit und braucht Menschen um sich herum zum kommunikativen Austausch. Sie kann eine mitreißende Lebensfreude ausstrahlen, wenn sie glücklich und zufrieden ist. Sie ist eine großartige Frau mit viel Esprit und Feuer, was ihre Familie und ihre Freunde sehr schätzen und anerkennen.

Kritik: wie ein Schlag ins Gesicht
Diese tolle Frau lässt sich leider durch Kritik allzu leicht aus der Fassung bringen, weil sie vieles zu persönlich nimmt und sich dadurch selbst unter Druck setzt. Oft endet es damit, dass sie tief gekränkt, traurig oder ärgerlich ist. Dies wird sie immer wieder in Konflikte bringen und kann viel von ihrer Energie rauben.

Entwicklungschance: in ruhigeres Fahrwasser finden
Die beschriebenen belastenden Situationen hätte sie gar nicht nötig, wenn sie etwas mehr in sich ruhte. Falls es ihr gelingt, ausgeglichener zu reagieren, gewinnt sie an Erfolg und Anerkennung ebenso wie an Lebensqualität.

> *Man reist nicht, um anzukommen,*
> *sondern um zu reisen.*
> Johann Wolfgang von Goethe

♂ Schütze, Aszendent Krebs
Unterwegs zu großen Zielen
Der Schütze-Krebs-Mann sucht immer den Sinn im Leben, hat große Ziele und Visionen im Fokus. Er ist voller Idealismus und beseelt von der Idee, eine Mission zu erfüllen. Ganz wichtig sind für ihn Reisen und die zahlreichen Begegnungen dabei. Er ist dementsprechend ständig auf großer Fahrt, getragen von der Hoffnung und Zuversicht, universelle Zusammenhänge zu enträtseln. Aber auch sonst ist dieser Mann ständig in Bewegung, etwa beim Sport in der geliebten Natur.

Auch soziales Engagement und ein starker Gerechtigkeitssinn zeichnen ihn aus. Gedämpft wird sein Enthusiasmus nur durch den sicherheitsbetonten Krebs-Einfluss, was aber manchmal gar nicht so schlecht ist, um nicht abzuheben.

Ungemein wichtig ist für ihn sein persönlicher Freiraum – diesen braucht er, um im Beruf und privat sein Potenzial entfalten zu können. Wer ihn einengen und bevormunden will, erlebt umgehend das Ende seines Engagements. Je mehr Entfaltungsmöglichkeiten und Verantwortung dieser Mann hat, desto leistungsfähiger ist er. Sonderaufgaben und knifflige Fälle sind für ihn willkommene Herausforderungen, die er so gut wie immer mit Bravour löst. Bemerkenswert ist seine Offenheit, er nimmt kein Blatt vor den Mund und legt die harten Fakten auf den Tisch. Er spricht aus, was andere denken, und erntet Respekt dafür.

Als Partner wie auch als Vater und als Freund ist auf ihn Verlass. Seine Familie hütet er wie seinen Augapfel, und sie ist seine sichere Basis, um seine Vorhaben beherzt realisieren zu können. Dass er darüber hinaus noch ein besonderes musikalisches Talent hat, rundet das ansprechende Charakterbild ab.

Wenn das Fernweh peinigt

Er kennt eigentlich nur einen wirklichen Konflikt, nämlich den zwischen Fernweh und Heimatverbundenheit. Hier entscheidet er immer aufgrund von Vernunft und Bauchgefühl.

Entwicklungschance: Freiraum als A und O

Mit größtmöglichem Freiraum im Alltag kann er die Zeit bis zur nächsten Reise gut überbrücken. Mit genau diesem Argument sollte er sich diese Möglichkeit auch schaffen – wem an ihm gelegen ist, der wird Verständnis dafür aufbringen.

♀ Steinbock, Aszendent Krebs
Raue Schale, weicher Kern

Dies ist eine starke und dennoch sehr vorsichtige Frau, deren besondere Stärken eine ausgesprochen gute Konzentrationsfähigkeit, Geduld, Ausdauer und Gründlichkeit sind. »Von nichts kommt nichts«, könnte ihr Motto lauten, ihre Erfolge erreicht sie mit viel Geschick, Fachkenntnis und Zielstrebigkeit. Sie legt viel Wert auf Stabilität und Sicherheit. Ihr beruflicher Aufstieg und die damit verbundene persönliche Entwicklung werden im Leben der Steinbock-Krebs-Frau immer eine zentrale Rolle spielen. Sie ist dabei nicht am schnellen Geld interessiert, sondern strebt nachhaltigen Erfolg an, und dafür ist sie bereit, hart zu arbeiten.

Um ihre Energie ganz zur Entfaltung bringen zu können, benötigt sie Vertrauen und vor allem viel Freiraum. Bevormundung und Kontrolle sind ihr überaus lästig und dämpfen ihren Enthusiasmus. Wer sie als Person für eine gemeinsame Sache gewinnen will, der muss zunächst ihr Vertrauen gewinnen, und das kann dauern – viele Menschen haben leider nicht so viel Geduld. Manchmal wird ihre Vorsicht ihr sogar als Arroganz ausgelegt. Dabei verpasst man viel, wenn man die Mühe scheut, diese ehrliche, verlässliche Frau für sich zu gewinnen!

Das gilt auch im privaten Bereich: Wer sich von ihrer rauen Schale nicht abschrecken lässt, wird reich mit Liebe und Zuneigung belohnt. In ihrer Familie zeichnet sie sich durch eine besondere Fürsorglichkeit aus. Wenn sie in einer Paarbeziehung sehr glücklich ist, kann sie leidenschaftlich lieben, hinzu kommt eine große Beständigkeit – wenn das keine wunderbare Mischung ist!

Innerliche Zugkräfte

Es entstehen bisweilen Spannungen zwischen den beiden Charakter-
prägungen, die sich in einem reservierten, übermäßig beherrschten
bis misstrauischen Verhalten äußern können, während der andere
Anteil in ihr sich öffnen möchte. Diese zeitweilige Zerrissenheit
macht sie besonders leicht verletzbar.

Entwicklungschance: Hartes und Weiches in Einklang bringen

Wenn sie es schafft, den beiden Grundzügen in ihrem Charakter gerecht zu werden, kann das die Steinbock-Krebs-Frau zu einem gleichzeitig sensiblen und stabilen Menschen machen. Dann wird sie sehr
glücklich, denn ihr Leben steht unter einem guten Stern. Ein schöner
Weg liegt in Musik, Tanz und bildender Kunst, da sich hier Hartes
und Weiches harmonisch zu einem stimmigen Gesamtkunstwerk
verbinden.

♂ Steinbock, Aszendent Krebs

Ecken, Kanten und viel Gefühl

Hier trifft der reservierte, oft misstrauische Steinbock auf den sensiblen, harmonieliebenden Krebs – eine Konstellation, bei der Empfindsamkeit großgeschrieben wird. Der Steinbock-Krebs-Mann schwebt
zwischen Ernst- und Launenhaftigkeit, Kreativität, Fürsorglichkeit
und zeitweisem In-sich-Ruhen. An erster Stelle stehen bei diesem
Mann beruflicher Erfolg und ein gesichertes Einkommen. Dafür ist
er bereit, konzentriert und ausdauernd zu arbeiten. Sich in ein Team
einzufügen fällt ihm recht schwer, es sei denn in ein Team Gleichran-
giger und Gleichgesinnter. Denn auf Bevormundung und Kontrolle
reagiert er allergisch, Diplomatie ist ebenfalls nicht sein Steckenpferd. Oft wirkt er unnahbar und wenig zugänglich, manchmal auf
manche Menschen sogar arrogant bis überheblich. Die harte Schale

soll natürlich seinen weichen Kern schützen. Um mit ihm wirklich in Kontakt zu kommen, braucht es eine respektvolle, sachliche Sprache.

Sein Talent für Musik muss vielleicht aus dem Dornröschenschlaf geweckt werden, aber wenn das gelingt, öffnet es ihm viele Herzen. Ein harmonisches und glückliches Familienleben und ein stabiler, verständiger Freundeskreis sind für ihn so wichtig wie das tägliche Brot.

Einigeln: nicht immer die richtige Wahl

Von seiner Gefühlswelt dringt meist nicht viel nach außen, er versucht oft, seine Emotionen für sich zu behalten. Dadurch ordnen ihn viele ganz falsch ein. Es liegt an ihm selbst, das zu ändern, um im rechten Licht zu erscheinen.

In der Liebe und im Freundeskreis gibt er sich wechselhaft, da es ihm auch hier bisweilen nicht gelingt, seinen Gefühlen den richtigen Ausdruck zu geben.

Entwicklungschance: sich öffnen und flexibel bleiben

Durch ein gezieltes Coaching mit der Vermittlung mentaler Techniken kann der so begabte Steinbock-Krebs-Mann mehr Souveränität und Lockerheit entwickeln. Er schafft es dann, sich mehr zu öffnen, kommunikativer auf die Leute zuzugehen und seine Gefühle in angemessener Weise zum Ausdruck zu bringen – was nicht nur den anderen, sondern natürlich auch ihm selbst guttut.

Der größte Hochmut oder der größte Kleinmut
ist die größte Unkenntnis seiner selbst.
Baruch de Spinoza

♀ Wassermann, Aszendent Krebs

Hellwache Forscherin

Hier trifft der aufgeweckte und vielseitig engagierte Wassermann auf den gefühlsbetonten und sensiblen Krebs – zwei Prägungen, die es nicht immer ganz leicht miteinander haben, aber durchaus voneinander profitieren. Einerseits ist diese Frau ausgestattet mit Ehrgeiz, Flexibilität, Führungsqualitäten und einer großen Offenheit für Neues. Andererseits hinterfragt sie vieles kritisch und ist intuitiv begabt. Beruflich zieht die Wassermann-Krebs-Frau das selbstständige Arbeiten vor, deshalb ist sie oft in Berufen wie Übersetzerin, Wissenschaftlerin, Juristin oder Ärztin zu finden. Sie bevorzugt es, eigenständig, verantwortungsvoll und auch kreativ tätig zu sein. Sie wächst über sich hinaus, wenn sie die Gelegenheit sieht, etwas Besonderes zuwege zu bringen, das viel Resonanz in der Öffentlichkeit erfährt. Diese Art von Bestätigung ist für ihr Ego sehr wichtig.

Als Partnerin und in ihrem Freundeskreis ist sie sehr anspruchsvoll; sie sucht und braucht tiefgründige Gespräche, mit oberflächlichem Gerede kann sie wenig anfangen. Manche Menschen wollen sich nicht darauf einlassen, wie sie alles hinterfragt, bis es grundlegend geklärt ist. Doch es ist eben der Antrieb dieser Frau, den Dingen auf den Grund zu gehen! Wenn ihre Kinder ins Alter der »Warum?«-Fragen kommen, entsteht also eine wunderbare Gesprächsbasis! In ihrem Zuhause legt sie Wert auf ein schönes Ambiente, eine Einrichtung in warmen Farben und Materialien. Außerdem umgibt sie sich gern mit Bildern und anderen Objekten und Kunstgegenständen, die ihr persönlich etwas bedeuten und sie immer wieder aufs Neue zur geistigen Auseinandersetzung anregen.

Innere Hindernisse

Die beiden Prägungen lassen das Erkennen und Äußern der wahren Gefühle nur zum Teil zu. Das führt dazu, dass die Wassermann-Krebs-Frau oft Pläne nicht umsetzt, weil sie plötzlich zu zweifeln und zu zögern beginnt. So hat sie oft das Gefühl, sich trotz ihrer guten Anlagen selbst im Weg zu stehen.

Entwicklungschance: Ziele im Blick

Sie kann ihre Ziele besser erreichen, wenn sie mentale Techniken einübt und dabei belastende Verhaltensmuster durch neue, erfolgreichere Muster ersetzt. Die Grundlagen, um Herausragendes zu erreichen, hat sie wie kaum eine andere, sie muss gegebenenfalls nur etwas mehr Konstanz entwickeln.

♂ Wassermann, Aszendent Krebs

Charme und Esprit

Der strategisch-dynamische Wassermann und der introvertierte, empfindsame Krebs profitieren beim Mann ebenso voneinander. Besonderes Talent hat er im musikalischen, auch im Gesangsbereich. Er ist ein sympathischer, angenehmer Zeitgenosse, der sich mit so ziemlich allen gut versteht. Sein Charme, seine menschliche Wärme und sehr oft auch sein tolerantes Verständnis treffen auf viel Sympathie. Seine Kollegen mögen die Kommunikation und den Umgang mit ihm. Im Gegenzug bittet er sich viel Freiraum für sein Tun aus, egal, welche Position er innehat.

Der Krebs-Wassermann ist ein Kulturliebhaber und hat auch für gemeinnützige Zwecke eine Ader. Gerade sozial schwache und hilfsbedürftige Menschen unterstützt er konkret, und er nimmt sich Zeit für Gespräche auf Augenhöhe. Im Freundes- und Bekanntenkreis ist er eine treibende Kraft, aber nicht, weil er unbedingt den Ton angeben will, sondern weil man seine mitreißende Redegabe mag. Auch wenn es ums Stimmungsanheizen geht, ist der Krebs-Wassermann mittendrin statt nur dabei, meist indem er seine musikalischen Fähigkeiten einbringt oder Witze so gekonnt erzählt, dass man schon beim ersten Wort lachen muss.

Seinen Urlaub verbringt er bevorzugt mit Freunden, er mag die Berge und das Wasser, wandert gern und kehrt ebenso gern zu einem guten Essen, einem schönen Glas Rotwein und fröhlichem Beisammensein ein. Als Charmeur und wahrer Gentleman macht er keine Kompromisse bei Stil und Niveau. Darauf legt er viel Wert, allein schon seine Eitelkeit verbietet ihm, aus der Rolle zu fallen. Seine Partnerin und seine Kinder sind ihm heilig. Seine besondere Liebe und Zuneigung zu seinen Liebsten ist in Stein gemeißelt, egal, was da kommt.

Bloß nicht provozieren
Einengung mag er so wenig, dass er schon mal gereizt zu »knurren« beginnt, wenn ihm jemand zu sehr auf die Pelle rückt. Dann kann er sehr ungemütlich werden. Seine Liebste wiederum hütet er wie der Ritter sein Burgfräulein – manchmal mehr, als nötig wäre!

Entwicklungschance: ruhig Blut!
Witz und Charme sind ihm reichlich gegeben. Manchmal wäre es gut, wenn er sich ihrer auch in hitzigen Situationen bediente; und wer nicht zwischen den Zeilen lesen kann, der bekommt es dann eben noch mal in Leuchtschrift. Seiner Partnerin wiederum sollte er den Freiraum lassen, den er auch für sich selbst beansprucht.

♀ Fische, Aszendent Krebs

Herz und Courage

Diese Frau ist geprägt von einer reichen Gefühlswelt und großer Leidenschaft. Sie gilt als außergewöhnliche Persönlichkeit, die herzlich ist und auch beherzt zupacken kann. Stets handelt sie zum Wohle der ihr vertrauenden Mitmenschen. Ihre großen Stärken liegen ebenso im beruflichen Führungsbereich wie in der Gestaltung ihres privaten Umfelds: In der Liebe, im Freundeskreis und im Familienleben ist sie genauso wie in ihrem Job ein Ausnahmetalent und tut hier wie dort alles mit Herz und Hand. »Ganz oder gar nicht«, so könnte ihr Motto lauten. Mit Druck erreicht man bei dieser Frau nichts; sie schmettert dies kurz und bündig ab. Sie ist eben eine leidenschaftliche Kämpferin und macht ihr eigenes Ding. Andere bedeuten ihr dennoch sehr viel. Mit Menschen zusammenzuarbeiten und sich mit ihnen auszutauschen ist für sie das Salz in der Suppe und die Butter auf dem Brot. Aggressionen sind ihr fremd und Ellbogeneinsatz erst recht. Ein aktives gesellschaftliches Leben ist ihr wichtig, doch sucht sie sich auch einen engeren Kreis besonderer Vertrauter.

Die Fische-Krebs-Frau ist oft mit Fähigkeiten ausgestattet, die ans Übersinnliche grenzen: Ahnungsvermögen, ein sicherer Instinkt und Weit- bis Hellsichtigkeit sind bei ihr besonders ausgeprägt. Bildhafte Vorstellung und Träume spielen in ihrem Leben eine bedeutende Rolle. Sie hat einen hohen Anspruch an sich selbst und auch gegenüber allen anderen. Das Schöne, Gute und Hochwertige und der Genuss spielen eine wichtige Rolle, ob in ihrem Zuhause, beim Essen oder im Urlaub.

In der Partnerschaft hat sie viel Zärtlichkeit, Romantik und seelischen Tiefgang zu bieten. Ihre Kinder liebt und versorgt sie hingebungsvoll.

Verausgabung für andere

Sie ist ein sehr hilfsbereiter Mensch, selbst solchen Zeitgenossen gegenüber, die es vielleicht gar nicht verdient hätten!

Entwicklungschance: erst prüfen, dann helfen

Es gibt einen ganz einfachen »Lackmustest« dafür, ob Helfen gut investierte Energie ist. Erstens: Verlangt der andere immer mehr, oder versucht er, sich nach der kleinen Starthilfe selbst zu helfen? Zweitens: Wäre er bei Bedarf auch selbst zur Stelle? Ihre gute Intuition hilft der Fische-Krebs-Frau, sich diese Fragen zu beantworten und so ihre Energien zu schonen.

♂ Fische, Aszendent Krebs

Leben, so wie ich es mag

Sensibilität, Tiefgang und Intuition: Wie kaum einem anderen ist dem Fische-Krebs-Mann das Feingefühl in die Wiege gelegt. Er ist bekannt für seinen guten, empathischen und immer hilfsbereiten Umgang mit Menschen, er begreift sie, kann sie berühren und ihnen allein schon mit seiner Gelassenheit weiterhelfen. Wichtig dabei ist allerdings, dass er ohne Druck und Bevormundung vorgeht. Meist ist er deshalb selbstständig tätig, weil er dann so schalten und walten kann, wie er will – und vor allem, wann er will. Er arbeitet auch am Abend oder am Wochenende, wenn er Lust dazu hat, oft ohne Rücksicht auf Familie oder Freunde.

Einmal in Fahrt, kann der Fische-Krebs-Mann die Menschen begeistern, oft auch mit Musik und Gesang. Er ist zudem ein großer Charmeur. Seine Beziehungen halten meist nicht sehr lange, weil er sich immer wieder gern neu verführen lässt.

Verbrannte Erde

Mit Disziplin und Selbstbeherrschung ist dieser Mann nicht unbedingt auf du und du. Er hat zum Beispiel Mühe, sich an Termine und Verabredungen zu halten – ihn selbst belastet das aber eher wenig. Doch entsteht dadurch ein Bild von ihm, das für ihn in der Gesellschaft und Arbeitswelt nicht gerade von Vorteil ist. Durch sein egoistisch wirkendes, für andere oft nicht nachvollziehbares Verhalten verliert er nicht nur Sympathien, sondern auch Ansehen.

Entwicklungschance: Boden gutmachen

Ihm sei dringend geraten, seine Gewohnheiten und Verhaltensmuster zu überprüfen und bei Bedarf zu verändern. Dies bringt ihn weiter, und vor allem gewinnt er dadurch verlorenes Land zurück. Wenn es diesem Mann gelingt, sich ein wenig auf andere einzustellen, wird er sein Potenzial leben können, sein Sympathiebarometer auf »steigend« stellen und mehr Zugang zu anderen bekommen. Denn Fähigkeiten und Talente sind beim Fische-Krebs-Mann im Überfluss vorhanden, er muss sie nur nutzen.

Die eigene Zuverlässigkeit lernt man erst schätzen,
wenn man sich auf andere verlassen muss.
Aus Italien

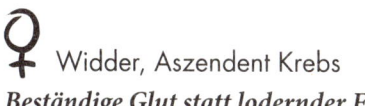 Widder, Aszendent Krebs

Beständige Glut statt lodernder Flamme

Die Widder-Krebs-Frau ist erdverbunden und rücksichtsvoll, geradlinig, aber eher introvertiert und zurückhaltend, sie braucht viel Sicherheit und Geborgenheit und findet diese in einer harmonischen Partnerschaft, einem heimeligen Zuhause und einem vertrauten

Freundeskreis. Sie ist nicht so schnell von etwas begeistert und schon gar nicht risikofreudig. Sie prüft alle Fakten gründlich, bevor sie eine Entscheidung trifft. Druck und Zwang lehnt sie ab und übt beides auch selbst nicht aus.

Ein respektvoller Umgangston ist für sie sehr wichtig. Wer sie gewinnen will, muss Geduld haben – wenn sie aber einmal eine Entscheidung getroffen hat, steht sie auch konsequent dazu. Auf sie ist rundum Verlass, darauf legt sie auch gesteigerten Wert. Was sie beginnt, das bringt sie zum Erfolg, und zwar mit aller Präzision und Solidität. Aber nur, wenn sie dabei genügend Freiraum hat! Wer sie zu etwas drängen und zwingen will, darf es ruhig versuchen … es wird beim Versuch bleiben.

In ihrem Zuhause und in der Freizeit geht die Widder-Krebs-Frau ebenso planvoll und verlässlich vor wie im Beruf, es gibt bei ihr nirgendwo halbe Sachen. Wer sie zur Partnerin, Mutter oder Freundin hat, der darf sich glücklich schätzen.

Vom Kurs abgebracht
Sie will in ihrem Leben einer klaren Linie folgen. Leider gelingt dies nicht immer so, wie sie selbst es möchte, denn oft hat die Widder-Krebs-Frau zu viel Verständnis für ihre Mitmenschen. Dadurch entstehen immer wieder Situationen, in denen sie sich verpflichtet fühlt, die versalzene Suppe anderer auszulöffeln.

Entwicklungschance: Eigene Ziele gehen vor!
Bevor sie reflexhaft hilft oder sich einbringt, sollte sie überlegen, welche Folgen das haben könnte, wie viel von ihrer Zeit es vermutlich in Anspruch nehmen wird – und ob es wirklich nötig ist. Mit einem klaren Nein können die meisten ohnehin besser umgehen als mit Ungeduld und Gereiztheit.

♂ Widder, Aszendent Krebs

No risk, no fun

Zwei sehr unterschiedliche Einflüsse und die Herausforderung, sie in Einklang zu bringen, bestimmen das Leben des Widder-Krebs-Mannes. Er ist bodenständig und erfolgsorientiert, seine Maxime ist es, schnelle und kühne Entschlüsse zu fassen. Er gibt sich ziemlich selbstbewusst und möchte hochgesteckte Ziele erobern, vergisst aber dabei Vorbereitung, Planung und Etappenziele. Er ist oft mehr als risikofreudig, was natürlich mitunter schiefgeht. Doch spornt ihn die Entdeckerfreude, die Lust auf Neues immer wieder an. Wie kein Zweiter kann er seine Energien spontan mobilisieren, er ist ein unerschrockener, dynamischer Pionier. Der Krebs-Einfluss macht ihn jedoch auch vorsichtig bis wankelmütig und bremst ihn immer wieder aus.

In Sachen Liebe ist vom unverbindlichen Flirt bis hin zur leidenschaftlichen Eroberung alles drin, mit der Beständigkeit hält er es dagegen weniger. Bei seinen Freunden und, falls vorhanden, seiner Familie hat er dennoch einen dicken Stein im Brett, weil seine musikalische Ader und seine lockere Art bei allen gut ankommen, und er genießt diese Beliebtheit auch in vollen Zügen.

Wenn »des Teufels Advokat« spricht

Was der mutige, impulsive Widder anfängt und aufbaut, zweifelt der vorsichtige Krebs an, daher geraten seine Ziele und Pläne immer wieder in Gefahr. Auch Ausdauer oder gar Ordnung und System sind nicht seine Steckenpferde, sei es im Tagesgeschäft, im Freizeitbereich oder in der Liebe.

Entwicklungschance: dem inneren Ratgeber folgen

Ganz wichtig ist es beim Widder-Krebs-Mann, belastende, einschränkende Verhaltensmuster mithilfe von mentalem Training aufzulösen, um ohne Reibungsverluste den gewünschten Erfolg zu ernten. Wenn er lernt, eine Aufgabe zu Ende zu bringen und erst dann eine neue zu beginnen, und wenn es ihm gelingt, seine gegensätzlichen Persönlichkeitsanteile in Einklang zu bringen, gewinnt er einen untrüglichen inneren Kompass für alle Fragen und Entscheidungen in seinem Leben.

♀ Stier, Aszendent Krebs
Ausgeglichen und liebevoll

Die empfindsame und fürsorgliche Frau mit einem besonders ausgeprägten Familiensinn ist romantisch, sehr anschmiegsam und zärtlich, und sie hat ein besonderes Gespür im Umgang mit anderen. Sie beweist außerdem täglich, dass auch gefühlsbetonte Menschen ihre Ziele erreichen! Diese Frau ist sehr ausgeglichen und fast immer gut gelaunt und zufrieden. Ohnehin ist es ihr Bestreben, in Glück und Zufriedenheit zu leben, und dies vermittelt sie auch anderen. Insbesondere Kinder sowie alte Menschen und all jene, die nicht auf der Sonnenseite leben, liegen ihr sehr am Herzen und fühlen sich ihrerseits zu ihr hingezogen. Im Beruf ist die Stier-Krebs-Frau eine großartige Vermittlerin und ein Organisationstalent. Sie muss nicht unbedingt auf der Führungsebene tätig sein; der zwischenmenschliche Bereich bedeutet ihr mehr und genießt ihre besondere Aufmerksamkeit.

In ihrem Zuhause steckt die Stier-Krebs-Frau mit ihrer Güte, Liebe und Wärme die anderen an, ihr Partner und ihre Kinder fühlen sich bei ihr besonders geborgen. Obendrein sind ihre Koch- und Verwöhnkünste unübertrefflich. Alle, die sie kennen, lieben und schätzen die Stier-Krebs-Frau, mehr Anerkennung und Zuneigung kann einem Menschen wohl nicht widerfahren. Sie ist eine ganz großartige Frau mit so viel Wärme, dass Eisberge schmelzen!

Zu bescheiden?

Vorsichtig und zurückhaltend, wie sie ist, bringt sie sich um so manche Gelegenheit, für sich selbst noch mehr zu erreichen. Dabei hat sie durchaus das Talent für höhere Aufgaben. Doch ihre Bodenständigkeit und Zurückhaltung hindern die Stier-Krebs-Frau ab und zu daran, neue und ungewohnte Wege zu gehen. Oft macht sie zu viele Dinge mit sich selbst aus, statt darüber deutlich und klar zu sprechen.

Entwicklungschance: aus dem Schatten heraustreten

Sie sollte lernen, gegebenenfalls über eine Sorge zu reden und öfter nein zu sagen; so kann sie Energie sparen und Resignation vermeiden. Auch im Geben sollte sie in Zukunft achtsamer werden – es ist sicherlich nicht falsch zu geben, nur gibt diese Frau wesentlich mehr, als sie nimmt, und das kann auf Dauer zu Erschöpfung und Traurigkeit führen.

 Stier, Aszendent Krebs

Ein Herz von Mann

Der Stier-Krebs-Mann ist bodenständig, kreativ, feinfühlig und sehr fürsorglich. Er genießt es, nicht im Zentrum zu stehen, sondern in Ruhe und mit Distanz zu agieren – immer gelassen und mit hohem Qualitätsanspruch. Lärm und Hektik sind nicht sein Ding. Er lässt es besonnen angehen und vertraut stets auf seine besonderen Stärken im zwischenmenschlichen Bereich.

Menschen spielen im Leben des Stier-Krebs-Mannes eine zentrale Rolle, er ist ein Philanthrop, und andere spüren das. Wärme, Liebe und Zuneigung sind seine Richtlinie im Leben. Man findet ihn sowohl in sozial orientierten wie auch in musischen Berufen, zum Beispiel als Therapeut, Mediator oder Künstler. Doch selbst wenn seine Lebensreise ihn in ein ganz anderes Fachgebiet geführt hat: Wo er geht und steht, will dieser Mann den Menschen helfen, ihr Verständnis untereinander fördern, ihnen Freude bereiten und sie glücklich sehen. Seine Intuition und sein Feingefühl stellen die Weichen dafür. Er findet stets den richtigen Ton, hat immer ein offenes Ohr, besonders für Schwächere, und nimmt sich Zeit für sie. Dieser Mann beweist, dass man mit rücksichtsvollem und gefühlsbetontem Verhalten ebenso seine Ziele erreicht, wenn es auch unter Umständen etwas länger dauert.

Besonders ausgeprägt ist darüber hinaus sein Familiensinn. Nie würde er zulassen, dass seine Lieben zugunsten seiner Arbeit in den Hintergrund treten. Seine humorvolle und liebenswerte Art ist auch die Basis für gute Freundschaften und gute Nachbarschaft, und das macht ihn richtig glücklich.

Gutmütig aus Gewohnheit

Manchmal ist er zu vorsichtig, zurückhaltend und nachgiebig, was ihm andere oft als Schwäche auslegen und worunter auch sein Selbstbewusstsein leidet.

Entwicklungschance: öfter im eigenen Interesse entscheiden

Er darf ein bisschen an sich arbeiten und sein Selbstwertgefühl aufpolieren. Vor allem sollte er lernen, sich nötigenfalls zu wehren und nicht einfach alles gleichermaßen stoisch hinzunehmen. Sonst besteht die Gefahr, dass er ausgenutzt wird; und das hat er weder nötig, noch hat er es verdient.

Sage: Ich bin ich! Und wie du sagest, fühl es auch
in deinem kleinen Ich des großen Iches Hauch.
Friedrich Rückert

♀ Zwillinge, Aszendent Krebs

Begeisterung und Engagement

Freude und Tatkraft werden bei ihr großgeschrieben – die unbeschwerte Dynamik wird allerdings manchmal getrübt von Zweifeln und belastenden Gedanken, die ihre Pläne durchkreuzen können. Darüber ist die Zwillinge-Krebs-Frau natürlich nicht froh, aber sie lässt es auch zu oft über sich ergehen. Dabei ist sie eine überaus intelligente und lebenslustige Frau. Sie besitzt eine tolle Ausstrahlung und ein sympathisches Wesen. Sie kann alles schaffen, sie muss es nur angehen – das beherzte Tun ist bei ihr der Schlüssel, der alle Türen öffnet. Im Beruf möchte die Zwillinge-Krebs-Frau auf der einen Seite führen, auf der anderen Seite ist ihr aber die Verantwortung dann doch oft zu groß, und sie bleibt deshalb lieber in der zweiten Reihe. Das Problem sind hier wieder ihre Zweifel und ihre Unschlüssigkeit.

In ihrem Zuhause fühlt sich die Zwillinge-Krebs-Frau in ihrem Element: Sie ist immer für Partner und Familie da, schätzt ein schönes Ambiente und eine in warmen Farben eingerichtete Wohnung. Sie muss sich rundum wohlfühlen können in ihrer selbstgestalteten heimischen Welt, um richtig glücklich zu sein. In ihrem Freundeskreis ist sie ebenfalls unentbehrlich und reißt die anderen mit ihren guten Ideen und einer großen Portion Spaß mit – oft auch mit ihrer musikalischen Begabung.

Manchmal steht sie sich selbst im Weg

Die Zwillinge-Krebs-Frau erfährt wie gesagt immer wieder durch Zweifel und Unentschlossenheit vermeintlich unüberwindliche Grenzen – zu ihrem eigenen Kummer. Sie hat zwar eine große Vorstellungskraft, doch mit der Verwirklichung klappt es eben nicht immer wie gewünscht. Oft übernimmt sie sich außerdem in ihrer Fürsorge und gibt einfach zu viel, was dann darin endet, dass sie sich immer wieder ärgert und traurig ist. Im Umgang mit anderen ist sie oft schnell verletzt und nimmt vieles zu persönlich.

Entwicklungschance: über den eigenen Schatten springen
Diese wunderbare Frau sollte lernen, ihre Zweifel und ihre oft übertriebene Zuwendung mithilfe von mentalen Techniken zu überwinden. Das erdet sie, und sie erreicht mehr Konstanz, mehr Sicherheit und ein souveränes Auftreten. Sie sollte auch weniger nachtragend sein, damit kann sie viel Energie sparen und anderswo sinnvoll nutzen. Die Zwillinge-Krebs-Frau ist ein großartiger Mensch mit vielen Talenten und Möglichkeiten. Sie darf das Leben ruhig etwas gelassener angehen!

♂ Zwillinge, Aszendent Krebs
Schlagfertig und gut aufgelegt
Der Zwillinge-Krebs-Mann hat viele Talente, praktische und vor allem geistige. Er ist ein flexibler Tausendsassa mit schneller Auffassungsgabe. Manchmal überholt er sogar sich selbst ... Immer ist er in Eile, aber auch stets aufgeschlossen und freundlich. Seine belebende und witzige Ausstrahlung bringt ihm große Beliebtheit ein, zumal er auch eine ruhige und gelassene Seite hat. Er probiert aus und informiert sich sorgfältig, bevor er sich für etwas entscheidet. Typisch für ihn ist seine Reiselust. Den Tourismus muss ein Zwillinge-Typ erfunden haben! Besonders stark wird er, wenn er ohne Druck und Zwang eine Tätigkeit verrichtet, die ihm Spaß macht und mit der er andere begeistern kann. Er ist sehr musikalisch und bezaubert sein Umfeld damit. Die Anerkennung tut ihm gut und motiviert ihn zu mehr.

Im Gefühlsbereich handelt er oft unverbindlich, Zuneigung ist bei ihm eher vom Kopf gesteuert. Womöglich bleibt er lang Junggeselle, weil Freiheit für ihn so wichtig ist. Für ihn zählt, ob andere geistig auf seiner Wellenlänge sind, das gilt in der Liebe ebenso wie bei Freundschaften.

Multitasking hat selten Erfolg

Er bringt es wie kaum ein anderer fertig, mehrere Aufgaben gleichzeitig zu verfolgen. Dabei besteht die Gefahr, dass er sich verzettelt und vieles unvollendet bleibt. Das führt natürlich bei Kollegen und Freunden auf Dauer zu Irritationen und belastet ihn auch selbst. Zudem ist der Zwillinge-Krebs-Mann manchmal hektisch und wird dann auch mal ungerecht, was nicht sein müsste.

Entwicklungschance: Was du tust, das tue ganz …

… halbes Werk hat selten Glanz! Statt bisweilen hektisch und unverlässlich zu sein, sollte er noch mehr Souveränität, Gelassenheit und Kontinuität entwickeln und seine Vorhaben auch wirklich in die Tat umsetzen. Wenn es ihm gelingt, seine Sprunghaftigkeit in den Griff zu bekommen und seine Tugenden positiv und sinnvoll einzusetzen, werden sich sein Erfolg und seine Lebenszufriedenheit steigern.

Immer die gegenwärtige Stunde, das ist Gottes Stunde.
Das ist das Stück Ewigkeit und das Stück Chaos,
das um Gestaltung ringt – in dir – durch dich.
Gottfried Keller

Aszendent Löwe

♀ Löwe, Aszendent Löwe

Königin der Löwen!

Eine löwenstarke Frau, für die zuallererst der Erfolg zählt – in Führungspositionen fühlt sie sich zu Hause, denn sie will und kann viel Verantwortung tragen. Wenn sie wieder einmal ein hochgestecktes Ziel ins Visier nimmt, scheint sie Champagner im Blut zu haben, und sie ist meist vor dem angepeilten Termin fertig. Je größer die Herausforderung, desto mehr spürt sie dieses Prickeln in ihren Adern ... Sie ist schnell, flexibel, extravertiert und hat ein besonderes Talent dafür, Wesentliches von Unwesentlichem zu trennen. Bei ihren zügig getroffenen Entscheidungen will sie daher auch freie Hand haben – mit dem Versuch der Bevormundung und Kontrolle sowie mit unangemessener Kritik macht man sich diese temperamentvolle Frau nicht zur Freundin! Gelegentliche anerkennende Worte weiß die stolze »Löwin« jedoch durchaus zu schätzen.

Auf ihr Äußeres legt sie gesteigerten Wert, es ist immer perfekt. Am liebsten entdeckt sie direkt am Laufsteg die elegantesten Modetrends, und sie scheut hier auch keine Ausgabe. Ihr Geschmack in diesen Dingen ist einfach erlesen. Die Löwe-Löwe-Frau reist zudem sehr gern und liebt sportliche Urlaube, etwa mit Golf, Tennis, Klettern, Snowboarden oder Skifahren. Auch hier reizt sie der Erfolg. Nur Mutter und Hausfrau zu sein ist nicht ihr Ding, ihr Beruf ist ihre Berufung. Eventuell vorhandene »Löwenjungen«, sprich ihre Kinder, umhegt sie jedoch ebenso zärtlich und verlässlich wie konsequent. An ihre Partnerschaft und ihre Freundschaften stellt sie sehr hohe Ansprüche. Ihr nahezukommen ist reizvoll, aber nicht ungefährlich. Sie braucht eben unbedingt stets ein ebenbürtiges Gegenüber!

Wilde Jagd

Oft überfordert sie ihre Mitmenschen mit dem zügigen Tempo, das sie an den Tag legt, denn wenn die anderen nicht so mitziehen (können), wie sie es sich wünscht, empfindet sie das als Sand im Getriebe. Dann kann sie sehr ungeduldig reagieren, was oft zu Stress mit Kollegen und in der Familie führt. Auch treibt sie sich selbst manchmal so unbarmherzig an, dass ihr Energiekonto rote Zahlen schreibt.

Entwicklungschance: Probier's mal mit Gemütlichkeit!

Jeder Mensch hat seine ganz eigenen Qualitäten beizutragen – ein etwas behäbiger Träumer hat vielleicht geniale Geistesblitze, ein »geborener Schussel« kann dafür möglicherweise mit sozialer Intelligenz punkten. Wenn sie dies berücksichtigt und sich zudem selbst mehr Erholung gönnt, läuft es für sie noch viel besser.

 Löwe, Aszendent Löwe

Geballte Kraft

Der Löwe-Löwe-Mann ist selbstsicher, stolz und immer für ein Kämpfchen zu haben. Er verlangt sehr viel vom Leben, ist aber ebenso bereit, alles zu geben. Erfolg ist für ihn kein Zufall, sondern bedeutet harte und kontinuierliche Arbeit. Im Beruf tritt er selbstbewusst auf, besitzt Organisationstalent und Führungsqualitäten und greift entsprechend zielstrebig nach der Macht. Er entscheidet gern und leistet viel. Tief in seinem Inneren findet er, dass überall so gedacht werden sollte, wie er denkt. Solange seine Mitarbeiter nach seinem Geschmack arbeiten, gibt er sich entspannt und großzügig. Aber wehe, jemand hält sich nicht an seine Maßgaben – dann gibt's Ärger und auch das ein oder andere Löwengebrüll.

Im Zentrum der Aufmerksamkeit zu stehen ist für ihn selbstverständlich. Wenn es jedoch darum geht, Schwächeren zu helfen, schlüpft dieser geborene Selbstdarsteller umgehend in die Beschützerrolle – aus einem ehrlichen inneren Bedürfnis heraus. Hier zeigt er oft Herz und überrascht damit alle, die bisher nur seine harte Seite kannten. Ihn als Freund zu haben ist eine Bereicherung. Denn er ist ein mitreißender Stimmungsmacher und ein fast immer gut gelaunter Mensch, der Zuversicht und Lebensfreude verbreitet. Als Familienvater, Partner und Freund ist er absolut verlässlich und verantwortungsbewusst. Dass er gern den Ton angibt und hiervon auch nicht abkommen wird, muss den anderen allerdings bewusst sein.

Wenn der Löwe los ist
Dieser Mann weiß, dass er gut ist, und zeigt das auch – bis hin zu einem leichten Hang zur Selbstherrlichkeit. Manchmal übertreibt er es zudem mit seinem Arbeitseifer und verärgert dadurch seine Kollegen, da diese sich zurückgesetzt fühlen. Belastend für sein Umfeld sind aber vor allem seine gelegentlichen überfallartigen Zornesausbrüche.

Entwicklungschance: die eigenen Kräfte kontrollieren
Er sollte lernen, generell maßzuhalten, sowohl was sein Selbstbild und sein Auftreten betrifft als auch hinsichtlich seines Arbeitspensums. Um ausgeglichener zu werden, können ihm Ausdauersport und Kampfsportarten helfen, wo er lernt, seine Kräfte zu bündeln, seine Aggressivität unter Kontrolle zu bringen und entspannter zu agieren. Auch das Trainieren mentaler Techniken kann diesem erfolgreichen Mann helfen, insgesamt zu mehr Ausgewogenheit zu finden.

♀ Jungfrau, Aszendent Löwe
Ihr Typ ist gefragt!
Ein gesunder Egoismus vereint sich hier wohltuend mit Wärme, Zuneigung und Hilfsbereitschaft. Diese Frau wird von einer großen Be-

geisterung getragen und ergreift stets die Initiative, statt einfach anderen zu folgen. Sie ist sogar überaus ehrgeizig, gibt gern den Ton an und steht ebenso gern im Mittelpunkt. Auf der anderen Seite ist sie auch schnell gekränkt und kann recht nachtragend sein. Im Beruf will sie Großes erreichen. Dafür ist sie bereit, hart zu arbeiten und bis an ihre Grenzen zu gehen. Ein guter Umgangston unter den Kollegen spielt dabei eine wesentliche Rolle, davon ist ihre Motivation abhängig. In einer positiven Atmosphäre kann sie ihre Fähigkeiten zum Nutzen aller entfalten, und nur dann fühlt sie sich auf Dauer an ihrer Wirkungsstätte wohl. Geht sie dagegen dem Unternehmen verloren, ist sie kaum adäquat zu ersetzen.

In ihrem Zuhause, in Partnerschaft, Familie und Freundeskreis ist die Jungfrau-Löwe-Frau ebenso unersetzlich wie im Beruf. Sie ist die tragende Säule, der Fels in der Brandung und das Feuer der Begeisterung – alles auf einmal.

Verletzter Rückzug
Die Jungfrau-Löwe-Frau ist sehr von sich überzeugt, manchmal etwas zu sehr. Ein schroffer, unfreundlicher Ton kränkt sie vielleicht gerade deshalb so tief, weil er an ihrem Selbstbild kratzt. Das weckt Aggressionen und verbraucht eine Menge Energie, die sie anderswo gewinnbringend einsetzen könnte. Eine solche Situation macht sie langfristig unwillig und richtig unglücklich. Sie braucht Wärme und Zuneigung – wenn sie die nicht (mehr) spürt, empfindet sie das als sehr bedrückend und zieht sich dann irgendwann zurück.

Entwicklungschance: leben und leben lassen
Sich selbst und andere annehmen – wenn diese tolle Frau das lernt, werden sich viele Störfaktoren in Luft auflösen. Jeder tut, was er kann, niemand ist perfekt und nur ganz selten meint es jemand böse, wenn er sich etwas im Ton vergreift. Die Devise heißt also: Sich von den

Launen anderer unabhängig machen und Perfektionsansprüche loslassen – an sich selbst, an das eigene Leben und an die Mitmenschen.

♂ Jungfrau, Aszendent Löwe

Erfolg mal zwei

Der Jungfrau-Löwe-Mann lässt sich durch nichts aufhalten – alles,
was er erreichen will, erreicht er auch, und zwar mit System, klaren
Konzepten und einer unglaublichen Willenskraft. Dazu kommt eine
besondere Originalität sowie Begeisterungsfähigkeit und Motivation.
Er ist im Beruf ein aktiver Leader mit klaren Vorstellungen, wie alle
ihre Aufgaben zu erledigen haben. Was er beginnt, wird zum Erfolg
gebracht, und sei es noch so schwierig. Im Beruf wie auch in der Freizeit, besonders im Sport, ist er ein Draufgänger, der immer gewinnen
will und dafür auch mal die Ellbogen einsetzt. Niederlagen sind für
ihn wie ein Stich ins Herz.

Ein besonderes Faible hat dieser bisweilen überraschend charmante Mann für ein feines Mahl und erlesene Weine in guter Gesellschaft – kaum etwas kann ihn zufriedener machen. Seine Familie ist
ihm eine Herzensangelegenheit, seine Kinder nehmen einen ganz
besonderen Stellenwert ein. Als Partner, als Vater und als Freund ist
er sehr eigenwillig, aber unterhaltsam sowie immer verlässlich und
hilfsbereit.

Selbstverliebt bis ins Detail

Jungfrau und Löwe neigen beide zu mangelnder Objektivität und zu
egozentrischem Verhalten. Der Umgang mit dem Jungfrau-Löwe-Mann ist nicht einfach; das beginnt damit, dass er mit Kritik nicht
gut umgehen kann und bei Fehlschlägen die Schuld meist bei den
anderen sucht. Sein Perfektionismus steht ihm ebenfalls immer wieder im Weg, denn er ist sehr verärgert, wenn nicht jedes Detail genau

wie geplant klappt. Seine Eitelkeit und sein Stolz machen ihn dabei nicht gerade zugänglicher, dasselbe gilt für seinen Hang, sich in den Vordergrund zu stellen und Gespräche an sich zu reißen.

Entwicklungschance: neue Sichtweisen entdecken
Wenn es ihm gelingt, aus seinem egozentrischen Weltbild etwas herauszutreten und die Dinge auch mal aus der Sicht anderer zu sehen, wird das sein Ansehen auf ein ganz neues Niveau heben. Es wird zudem seine zwischenmenschlichen Kontakte bereichern und vertiefen und sein Leben insgesamt leichter und schöner machen.

Einen wirklich großen Mann erkennt man an drei Dingen:
Großzügigkeit im Entwurf, Menschlichkeit in der Ausführung
und Mäßigkeit beim Erfolg.
Otto von Bismarck

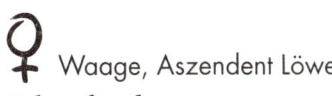 Waage, Aszendent Löwe
Lebensfreude pur
Begeisterung, Lebenslust und zwischenmenschliche Harmonie: Das sind die Eckpfeiler im Leben der Waage-Löwe-Frau. Sie tritt souverän auf, hat Stil und Niveau und einen ziemlich hinreißenden Charme. Deshalb ist diese kluge, geistreiche Frau immer und überall mittendrin. Sie hat einen hohen Anspruch an alle Aspekte des Lebens und an ihr Umfeld. Durchschnitt genügt ihr nicht, für sie darf es immer etwas mehr sein. Sie wartet aber nicht darauf, dass ihr die guten Dinge in den Schoß fallen, sondern packt selbst an.

Große Ziele spielen stets eine Rolle in ihrem täglichen Arbeitsablauf. Im Beruf ist sie folgerichtig an der Spitze vorzufinden, es fällt ihr leicht, sich dort zu behaupten und sich in Szene zu setzen. Sie ist wie geschaffen für Verantwortung und tägliche Herausforderungen, und sie bevorzugt anspruchsvolle Aufgaben – je schwieriger, umso mehr Motivation entwickelt sie. Ihre Führungsqualitäten sind aber auch deshalb ausgezeichnet, weil sie im zwischenmenschlichen Bereich punkten kann. Von ihren Kollegen erwartet sie Souveränität und Übersicht – was sie gar nicht mag, ist ein kleinmütiges oder großspuriges Auftreten. Bevormundung und Kontrolle rauben ihr jegliches Vertrauen. Und Vertrauen ist für sie das maßgebliche Merkmal einer guten, harmonischen Zusammenarbeit. Sie steht zu dem, was sie tut, und auch zu dem, was sie denkt und sagt. Deshalb geht sie Konflikten nie aus dem Weg und hört sich gern die Argumente der anderen an. Wenn diese überzeugend sind, hat sie auch die Größe, ihren Kurs zu ändern oder sich einer guten Sache anzuschließen.

Eine harmonische Familie und ein lebendiges Zuhause mit vielen Gästen bedeuten der Waage-Löwe-Frau viel. Dort holt sie sich die Kraft für ihren beruflichen Alltag und kann allen mit ihrem ansprechenden Wesen auch selbst viel Energie geben.

Die Schüchternheit der anderen

Manche Menschen unterstellen ihr Arroganz und ein übersteigertes Selbstbewusstsein. Das ist schade, denn so kann schließlich kein gewinnbringender zwischenmenschlicher Austausch entstehen.

Entwicklungschance: nach Perlen tauchen

Sie liegt meistens richtig mit ihrer grundsoliden Art, die Dinge zu sehen, und hat sich selten etwas vorzuwerfen. Denjenigen Menschen, die eine gewisse Scheu vor ihr zu haben scheinen, sollte sie vielleicht manchmal einfach mehr Zeit lassen – möglicherweise entwickeln sich gerade hier sehr gute und gedeihliche Kontakte.

♂ Waage, Aszendent Löwe

Strahlemann im besten Sinne

Die Lebensfreude und Begeisterung, die der Waage-Löwe-Mann an den Tag legt, ist mitreißend. Es gibt kaum einen Tag, an dem er nicht positiv gestimmt und gut aufgelegt ist – und bereit zum »Pferdestehlen«. Er tritt stets souverän auf, hat perfekte Manieren und einen sehr gepflegten Stil, ein wenig Eitelkeit sei ihm hiermit verziehen. Viel Charme ist ihm in die Wiege gelegt worden: Immer ein kleines Lächeln auf den Lippen, immer einen Spruch parat – so kennt man ihn und so liebt man ihn. Diplomatisches Geschick hat er ebenfalls im Gepäck. Dass er den Mittelpunkt sucht und auch braucht, ist nur folgerichtig.

Der Waage-Löwe-Mann wird immer entweder in leitender Position arbeiten oder sein eigenes Unternehmen führen. Etwas anderes kommt für ihn nicht infrage, denn er ist geboren zum Führen, zum Begeistern und zum Gewinnen. Als Führungskraft genießt er hohes Ansehen und Vertrauen, denn er ist bereit, auch selbst die Ärmel hochzukrempeln. Er ist ein großer Motivator und begeistert schon durch sein vorbildhaftes Verhalten. Der Waage-Löwe-Mann versteht es auch, zu genießen und zu feiern, und dann wird nicht gekleckert, sondern geklotzt. Alles vom Feinsten, koste es, was es wolle, Hauptsache, alle sind glücklich und genießen.

Im Privatleben ist er oft gemeinnützig engagiert, und man bittet ihn immer wieder einmal, das eine oder andere Amt zu übernehmen. Gerade im sozialen Bereich hat er ein besonderes Gespür dafür, wo Hilfe und Unterstützung dringend notwendig sind. Seine Familie, seine Partnerin und seine Kinder sind sein Ein und Alles, er umsorgt sie nicht nur liebevoll, sondern er gibt und bekommt von ihnen auch die Wärme und Zuneigung, die sie alle sich wünschen und die sie glücklich und zufrieden machen.

Manchmal fast zu beliebt

Dieser großartige Mann hat kaum »Sollbruchstellen«, außer dass er sich manchmal einfach überfordert, weil er so gefragt ist.

Entwicklungschance: sich auch mal auf den Lorbeeren ausruhen

Pause, Feierabend, Wochenende, Urlaub – dies ist das große Thema, wo er sich mehr gönnen darf und sollte. Er hat es verdient!

> *Grau, teurer Freund, ist alle Theorie,*
> *und grün des Lebens goldner Baum.*
> Johann Wolfgang von Goethe

♀ Skorpion, Aszendent Löwe

Mut und Tatkraft

Die Skorpion-Löwe-Frau ist eine sehr starke Persönlichkeit mit vielen Fähigkeiten. Grundsätzlich ist sie ein »Alphatier«, will andere anleiten, Verantwortung tragen und eigenständig arbeiten. Dazu hat sie nicht nur den nötigen Mut, sondern sie verfügt auch über reichlich taktisches Geschick. Ihre größte Stärke liegt aber in ihrer Intuition und ihrer Feinfühligkeit. Gleichzeitig besitzt sie Antrieb und Begeisterung, ihr geht alles leicht und schnell von der Hand. Ehrlich gemeinte Worte der Anerkennung nimmt sie dafür gern an! In ihrem Beruf braucht sie einen angemessenen Entscheidungsspielraum, ein niveauvolles Miteinander und gegenseitiges Vertrauen – dies ist ihre Basis für eine fruchtbare langfristige Zusammenarbeit. Sie lehnt Kontrolle und Bevormundung entschieden ab, und der Umgangston spielt bei ihr eine entscheidende Rolle. Sie könnte den Spruch »Der Ton macht die Musik« erfunden haben und ist diesbezüglich sehr empfindlich. Wer das nicht auf dem Zettel hat, der wird ihren Unmut auf die eine oder andere Weise spüren. Auch niveaulose und oberflächliche Menschen mag sie gar nicht. Sie hat einen sehr hohen Anspruch an sich und andere.

In Familie und Freundeskreis ist die Skorpion-Löwe-Frau ebenfalls Wortführerin und übernimmt gern Verantwortung, von Urlaubsvorbereitungen und Einladungen bis zur Planung des neuen Familienwohnsitzes. Ihr sind zahlreiche Talente in die Wiege gelegt, und deshalb bedeutet für sie vieles, was anderen zu groß oder zu schwierig wäre, keine besondere Anstrengung. Die Skorpion-Löwe-Frau hat eine beeindruckende Ausstrahlung und ist für alle eine große Bereicherung.

Zu stark für manche
Einige Menschen fühlen sich von ihrer Tatkraft überfordert – meist trifft es diejenigen unter den Herren der Schöpfung, die eine starke Frau noch immer als Bedrohung empfinden und ihr Charisma nicht akzeptieren wollen.

Entwicklungschance: Fingerspitzengefühl trainieren
Da hilft alles nichts – manchmal muss sie wohl einfach über ihren Schatten springen, um zum Beispiel männliche Kollegen mit diplomatischem Geschick ins Boot zu holen. Dies kann sie sowohl im täglichen Umgang als auch begleitend im Rahmen eines professionellen Coachings trainieren.

Am liebsten erinnern sich die Frauen an die Männer,
mit denen sie lachen konnten.
Anton Tschechow

♂ Skorpion, Aszendent Löwe

Tanz auf dem Vulkan

Dieser Mann, der viele fasziniert, ist ebenso tiefgründig und fantasiebegabt wie feurig und dynamisch. Er tut alles mit Leidenschaft, und
seine Gefühle brodeln schnell über, was ihn durchaus attraktiv und
interessant machen kann. Seine wichtigsten Lebensziele sind Erfolg
und Anerkennung – im Beruf ebenso wie im gesellschaftlichen Leben und besonders in der Liebe. Als Kollege oder Chef ist er nicht
leicht zu durchschauen – man kann kaum einschätzen, was er als
Nächstes vorhat. Grundsätzlich erwartet er viel von seinen Mitarbeitern, ist aber auch bereit, selbst weit über die Grenzen hinauszugehen. Wenn er sich einmal in die Arbeit gestürzt hat, kann daraus mitunter ein Marathon werden, der nicht selten auch den Abend oder
das Wochenende einschließt.

In Partnerschaft, Familie und Freundeskreis ist er durchaus verlässlich und liebevoll, zudem ist er immer ein interessanter Gesprächspartner. Aber schöne Stunden zu zweit, mit den Kindern sowie mit Freunden kommen aufgrund seiner Leidenschaft für die
Arbeit oft einfach zu kurz.

Lieber nicht reizen!

Mit Kritik und Niederlagen kommt er gar nicht klar. Eine solche Situation empfindet er als Schmach, vor allem, wenn Dritte das Ganze
mitbekommen. Hier reagiert er unberechenbar. In der Partnerschaft
drückt sich sein unbedingter Erfolgswille darin aus, dass er zur Eifersucht und zu Besitzansprüchen neigt – was er natürlich nicht gern
zugibt, aber kaum verbergen kann.

Oft verhält er sich bei diesen persönlichen Reizthemen ungerecht,
was man ihm nicht so schnell verzeiht. Dann verliert er Sympathien
und Ansehen; nicht wenige machen anschließend einen weiten Bo-

gen um ihn, um verletzenden Wortgefechten auszuweichen. Dabei hätte er all das gar nicht nötig.

Entwicklungschance: üben, cool zu bleiben
Er sollte täglich üben, auch in schwierigen Situationen locker und gelassen zu bleiben. Zudem sollte er sich regelmäßig regenerieren, er muss unbedingt Geist und Körper die verbrauchte Energie zurückgeben. Dann wird er allmählich ausgeglichener und kann auch in Konfliktsituationen angemessen und fair auftreten.

 Schütze, Aszendent Löwe
Feuer und Eis
Starke Gefühle und ein starker Erfolgswille zeichnen die Schütze-Löwe-Frau gleichermaßen aus. Das Feuer der Leidenschaft und der Begeisterung lodert in ihr; es spendet Wärme und Leben, doch mag sich der eine oder andere schon die Finger daran verbrannt haben. Diese Frau will bestimmen und lässt sich äußerst ungern etwas sagen. Sie hat eine unvergleichliche Art, schnell und oft unkonventionell ihre Ziele zu erreichen. Mitunter geht das den Kollegen ordentlich gegen den Strich, doch der Erfolg gibt ihr meistens recht! Deshalb sollte man sich Kritik an ihrem Vorgehen gut überlegen – und diese, wenn sie tatsächlich nötig ist, in sachlichem, sorgfältig gewähltem Ton anbringen, denn Kritik ist für sie eine heikle Angelegenheit.

Allgemein ist sie jedoch gar nicht so unnahbar, wie sie durch ihr großes Selbstvertrauen anfangs wirkt. Ihre Begeisterung ist ansteckend, und sie kommt schnell in Kontakt mit anderen. Diese erzählen ihr relativ bald auch private Dinge, da sie ihr rasch vertrauen. Wenn man mit dieser Frau eine Freundschaft oder eine Liebesbeziehung aufbauen will, muss man aber eines beachten: Man darf sie niemals zu bevormunden oder gar zu kontrollieren versuchen. Da zieht sie sich sofort mit einem eisigen Kommentar zurück. Auch eine niveauvolle Sprache ist ihr sehr wichtig.

Die Schütze-Löwe-Frau mag Reisen über alles, ist naturverbunden und kulturinteressiert. Familie und Freundschaften liegen ihr sehr am Herzen, aber ihre Freiräume und ihre Selbstbestimmtheit ebenso. Sie ist eine starke Persönlichkeit mit überraschend viel Feingefühl. Die Qualität des Austauschs auch auf der emotionalen Ebene ist ihr Gradmesser für ein harmonisches Miteinander.

Emotionale Berg-und-Tal-Bahn
In ihrer leidenschaftlichen Herangehensweise an das Leben ist sie oft von gegensätzlichen starken Gefühlen hin- und hergerissen, was anstrengend für die Menschen in ihrer Umgebung, aber vor allem für sie selbst sein kann.

Entwicklungschance: energieschonend leben
Es gibt fast immer einen Mittelweg, und man muss nicht gleich entweder in die Tiefe stürzen oder die Sterne vom Himmel holen. Wenn sie dies erkennt und wirklich akzeptiert, wird es ihr in vielen Situationen entscheidend bessergehen. Vor allem vergeudet sie dann weniger Energie und hat mehr Reserven, wenn es einmal eng wird.

♂ Schütze, Aszendent Löwe
Erfolgreich aus Erfahrung
Die Straße zum Erfolg führt über Anhöhen und durch Täler, das hat dieser außergewöhnliche Mann bereits erfahren, und er hat dadurch eine große emotionale Tiefe und charakterliche Stärke entwickelt. Er strahlt Wärme, Selbstvertrauen und Zuversicht aus und verfügt über einen natürlichen Ehrgeiz sowie große Ideen. Dabei versucht er immer, alle Beteiligten auch emotional mit ins Boot zu holen, und so

werden viele hohe Ziele mit vereinten Kräften erreicht. Sein Organisationstalent und seine Fähigkeit, andere zu begeistern und zu motivieren, sind bemerkenswert. Dass er auch mal hart und fordernd sein muss, ist klar. Die Menschen schätzen ihn für das, was er tut, und sind gern Teil seines Teams.

Auch beim Sport ist der Schütze-Löwe-Mann immer vorn mit dabei, und bei gesellschaftlichen Ereignissen lässt er seinen ganzen Charme spielen. Er sucht in seiner Freizeit aber nicht nur den Spaß, sondern ist zudem sehr engagiert auf gemeinnütziger Ebene. Insgesamt darf festgestellt werden: Er weiß, dass er gut ist, und er ist daher durchaus ein bisschen eitel. Seine ansehnliche »Verpackung« sowie sein bevorzugtes hochwertiges Ambiente spiegeln sein gutes Selbstwertgefühl wider.

Als Vater, Partner und Freund glänzt er mit Freundlichkeit, Liebenswürdigkeit und Ausstrahlung. Seine Familie ist sein großer Reichtum; aus ihr zieht er seine ganze Kraft für die vielfältigen Aufgaben im täglichen Leben. Alle um ihn herum sind froh und glücklich darüber, dass er da ist, und geben ihm viel zurück.

Zu viel auf einmal
Natürlich gibt es auch beim Schütze-Löwe-Mann Schwachstellen. Oft übertreibt er sein Engagement, will zu viel auf einmal erreichen, da geht dann schon auch einmal etwas schief. Außerdem stellt er oft zu hohe Ansprüche an andere und ist enttäuscht, wenn sie nicht erfüllt werden.

Entwicklungschance: Mut zur Lücke
Er sollte frühzeitiger abwägen, ob ein Vorhaben wirklich realisierbar ist oder ob er es lieber unterlässt. Dadurch erspart er sich Stress, Ärger und oft auch Kosten, denn nun kann er sich voll und ganz den lohnenderen Aufgaben widmen. Seine Erwartungen an andere darf

er ruhig etwas zurückschrauben und sich lieber positiv überraschen lassen, als sich zu ärgern. Jeder Mensch leistet eben, was er kann!

♀ Steinbock, Aszendent Löwe

In der Ruhe liegt die Kraft

Eine starke Persönlichkeit mit zwei sehr unterschiedlichen Prägungen, und gerade dies macht sie mehr als interessant – jeder will mit dieser Frau ins Gespräch kommen und sie näher kennenlernen. Das ist aber gar nicht so leicht: Zunächst hält sie sich bedeckt und ist abwartend, sie öffnet sich nicht sofort, sondern sondiert erst einmal, was da auf sie zukommt. Vielleicht besitzt sie ja gerade deshalb eine solche Anziehungskraft! Im Beruf allerdings führt diese Haltung oft dazu, dass man sie anfangs unterschätzt. Doch das gibt sich bald …

Sie ist auf Sicherheit bedacht, geht keine Risiken ein und kann unnahbar wirken, wenn ihr Gegenüber nicht ihren Vorstellungen entspricht. Wichtig ist bei ihr die Sprache, deren man sich bedient. Sie legt gesteigerten Wert auf eine niveauvolle Ausdrucksweise, auf Taktgefühl und Höflichkeit. Machos, Großsprecher und oberflächliche Menschen lässt sie grundsätzlich nicht in ihre Welt. Für viele wirkt sie daher unnahbar und arrogant, was sie aber in Wirklichkeit gar nicht ist.

Sie besitzt reichlich Sensibilität und Feingefühl und kann dadurch viel Verständnis für andere aufbringen. Stets braucht sie einen angemessenen Entscheidungsspielraum, eine immer korrekte und sachliche Ansprache sowie gegenseitiges Vertrauen. Ist dies erfüllt, stehen ihr viel Motivation und Tatkraft zur Verfügung, sowohl im Beruf als auch privat. Große Lobeshymnen braucht sie hier wie dort nicht. Dennoch nimmt sie gern ein sachlich formuliertes Lob entgegen.

In ihrer Familie und im Freundeskreis gibt die Steinbock-Löwe-Frau auf ihre ganz eigene, ruhige und unbestechliche Weise den Ton an – zum Wohle aller! Wem sie ihre Nähe und Zuwendung gewährt, dem verleiht sie damit zugleich ein rares und kostbares »Qualitätssiegel«.

Manchmal zu abwartend
Sie könnte gelegentlich in zwischenmenschlichen Belangen etwas mehr auf andere zugehen, weil sie mit ihrer Zurückhaltung mithin gute Gelegenheiten und gewinnbringende Bekanntschaften verpasst.

Entwicklungschance: auch mal ins kalte Wasser springen
Rückzug ist auch später noch möglich – wenn ihre Intuition es erlaubt, darf sie ruhig mal ein wenig Sicherheit zugunsten einer großen Chance drangeben. Aufgrund ihrer geistigen Gaben steht die Steinbock-Löwe-Frau ja ohnehin über den Dingen!

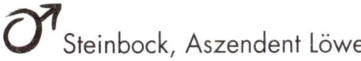 Steinbock, Aszendent Löwe

Mann der Tat
Ehrgeiz und ein hoher Anspruch an sich selbst und andere bilden den Grundstein dieser energiegeladenen Persönlichkeit. Die besonderen Eigenschaften des Steinbock-Löwe-Mannes sind Konzentrationsfähigkeit, Geduld und Ausdauer, gute Bodenhaftung, Sorgfalt – und Eitelkeit. Die Karriere ist das zentrale Thema in seinem Leben, und wenn er auch ganz unten anfangen muss. Ein echter Steinbock-Löwe kann als Liftboy starten und auf der Chefetage landen. Für seine Erfolge ist er bereit, hart zu arbeiten und alle Hindernisse zu überwinden. Dabei legt er aber stets Wert auf Sicherheit und Stabilität, das gebietet ihm sein Realismus. Es geht ihm weniger um Ruhm und Reichtum als vielmehr um Ehre und Verantwortung – kurz: um eine gesellschaftliche Stellung, die er sich durch eigene Leistung verdient hat.

Zum einen kann er unnahbar und kühl sein, zum anderen hat er einen weichen Kern. Die Liebe nimmt er genauso ernst wie den Beruf. Er ist ein treuer Weggefährte, den nichts umwirft und auf den man sich absolut verlassen kann. Auch im familiären Bereich steht er immer seinen Mann. Zu Kindern hat er einen sehr guten Draht, sie schätzen seine Verlässlichkeit und Aufrichtigkeit. Auch im Freundeskreis ist dieser Mann natürlich eine Institution.

Gefühlswelt auf Stand-by

Der bedingungslose Erfolgswille ist seine Achillesferse und bringt ihn immer dann in Gefahr, wenn Niederlagen oder Kritik eingesteckt werden müssen. Damit hadert dieser Mann sehr und beginnt dann manchmal, an seinem eingeschlagenen Weg zu zweifeln, statt seinem inneren Wegweiser zu vertrauen und innere Kraftquellen zu nutzen. Die Gefühlswelt verursacht aber noch in anderer Hinsicht Turbulenzen: Es fällt ihm zum Teil sehr schwer, seine Gefühle richtig auszudrücken und sie auch klar zu zeigen. Hier sind einfach Blockaden vorhanden, die ihn oft unnahbar und abweisend erscheinen lassen, was aber gar nicht seiner inneren Haltung entspricht.

Entwicklungschance: eine neue Sichtweise

Gerade vermeintliche Fehlschläge machen uns klüger und stärker, sie sind in der Rückschau oft Meilensteine auf dem Weg zu besonderen Erfolgen! Wer nie mit einer Niederlage klarkommen musste, wird eher im Mittelmaß verharren.

Im Umgang mit anderen sollte er üben, seine falsche Scheu aufzugeben und auch seine weiche Seite zu zeigen. Mit professioneller Hilfe kann er versuchen, alte Blockierungen aufzulösen und sich vertrauensvoller dem Leben hinzugeben.

♀ Wassermann, Aszendent Löwe

Hoch hinaus

Über dieser Frau wurde ein Füllhorn an Fähigkeiten und Begabungen ausgeschüttet, was ihr einen ganz besonderen Weg im Leben ermöglicht. Um ihn auch gehen zu können, hat sie natürliche Autorität, Intelligenz und viel Energie mit dazubekommen. Dank ihrer Tatkraft und schnellen Auffassungsgabe darf es bei ihr beruflich etwas Besonderes sein. Sie wird nur glücklich, wenn sie ihre Fähigkeiten voll ausspielen kann. Hervorzuheben sind ihre herausragende Sprachbegabung und ihr exzellentes Gedächtnis – ob lange Besprechung oder Liedtext, sie merkt sich mühelos wirklich alles. In ihrem Beruf agiert sie effizient und souverän. Zu überzeugen vermag man sie nur, wenn die Argumente Hand und Fuß haben und sie in allen Details zustimmen kann.

Sie ist gewissenhaft und gründlich in allen Bereichen des Lebens, und sie hat einen tollen Geschmack, was den Stil ihrer Kleidung und ihrer Wohnung angeht. Ihr Zuhause ist der Ort, wo sie Kraft tankt für die Verwirklichung ihrer Pläne. In der Partnerschaft knistert es zunächst, später kann es auch krachen. Denn nicht jeder vermag ihre Ausstrahlung und Stärke einfach so hinzunehmen. Sie braucht ein ebenbürtiges Gegenüber, jemanden, der ihre herausragende Persönlichkeit als Bereicherung, nicht als Bedrohung empfindet. Im Freundeskreis schätzt man ihre Lebensfreude und Begeisterungsfähigkeit und lässt sich gern davon anstecken.

Zu spitze Ellbogen?

Manche Menschen schätzen sie als arrogant ein und tun ihr damit nicht nur unrecht, sondern bringen sich auch um eine wertvolle, bereichernde Bekanntschaft. Ein echtes Problem liegt allerdings durchaus darin, dass diese Frau manchmal zu wenig Rücksicht auf andere nimmt, etwa wenn diese eher zurückhaltend oder gemächlicher handeln. Deshalb lässt sich der falsche Eindruck zunächst nicht so leicht entkräften.

Entwicklungschance: andere annehmen, wie sie sind
Begabungen sind immer auch Verpflichtungen – sie sollte lernen, sich etwas feinfühliger auf die individuellen Wesenszüge ihre Mitmenschen einzustellen und ihre eigenen Fähigkeiten in den Dienst der Allgemeinheit zu stellen. So gewinnt sie mehr Ansehen und Nähe zu anderen. Davon profitieren alle Seiten!

> *Geistreich sein heißt, sich leicht verständlich zu machen,*
> *ohne deutlich zu werden.*
> Jean Anouilh

♂ Wassermann, Aszendent Löwe
Robin Hood mit kleinen Fehlern
Eine gerechtere Welt? Ja, bitte! Für dieses Ideal setzt sich der Löwe-Wassermann mit seinem ganzen Elan ein. Der Schutz und die Hilfe für Schwächere und Notleidende sind sein Herzensthema. Doch sollte man ihn nicht als zu weich unterschätzen: An Selbstbewusstsein und Entschlossenheit mangelt es ihm keineswegs. Er ist ein Macher, ein Leader mit Ambitionen für mehr. Er denkt groß, und so tritt er auch auf. Bei ihm ist alles möglich, und wenn nicht, wird es möglich gemacht. Alles, was er anpackt, setzt er auch um. Seine besonderen Stärken liegen dabei in seinem ungeheuren Antrieb, seinem strategischen Geschick und seiner schnellen Auffassungsgabe. Für ihn zählt nur der Erfolg – er sucht nicht nach Problemen, sondern ist an Lösungen interessiert. Auf viele Menschen, auch auf Kol-

legen, wirkt er allzu selbstsicher, aber er kann ja nichts dafür, dass ihm alles so leicht von der Hand geht!

Der Löwe-Wassermann kann auch ein großer Charmeur sein. Diese Facette seiner Persönlichkeit verleiht ihm viel Ausstrahlung und wirkt sehr anziehend auf andere. Seine Familie ist aber sein höchstes Gut, für Partnerin und Kinder tut er alles, und seine Energie ist niemals erschöpft. Seine Lieben und auch seine Freunde können sich zu jeder Zeit auf ihn verlassen.

Immer der (eigenen) Nase nach

Natürlich rufen seine unübersehbaren Fähigkeiten und Erfolge Neid hervor – doch damit hat er überhaupt kein Problem. Vielmehr fehlt es ihm selbst ein wenig an innerer Ausgewogenheit. In seinem großen Engagement merkt er manchmal gar nicht, dass es ihm bei einer Sache eigentlich nur noch um seinen persönlichen Erfolg geht – hier tappt er durchaus auch des Öfteren in die Eitelkeitsfalle.

Er fährt schon mal ein Projekt gegen die Wand und handelt damit auch auf Kosten anderer, doch wird dies schnell abgehakt, um sofort zur Tagesordnung überzugehen. Kommt in der Folge Kritik auf, kann ihn das regelrecht aggressiv machen. So hinterlässt er viel verbrannte Erde, was er gar nicht nötig hätte, wenn er nur mal die Scheuklappen abnähme und nach rechts und links blickte statt immer stur geradeaus.

Entwicklungschance: heißes Herz, kühler Kopf

Mehr Gelassenheit, Feingefühl und Übersicht zu entwickeln ist ein Muss für diesen Mann! Wenn er lernt, öfter abzuwägen, statt sich immer wieder aufs Neue zu verrennen, ist das die beste Investition in ein gelingendes, wahrhaft erfolgreiches Leben.

♀ Fische, Aszendent Löwe

Eine Frau mit Wirkung

Angenehme Bescheidenheit trifft hier auf natürliche Grandezza, Selbstlosigkeit auf Selbstbewusstsein. Der Fische-Idealismus bekommt damit eine unwiderstehliche Vertreterin der guten Sache. Grundsätzlich zählen für den Fische-Löwe-Charakter Erfolg und Niveau. Mit viel Antrieb und Begeisterung ist diese Frau deshalb unaufhaltsam auf dem Weg nach oben, ob im Beruf, im Privatleben und privaten Engagement sowie nicht selten auch im Sport. Gern arbeitet sie als Führungskraft und wünscht, dass man ihren Fähigkeiten Vertrauen entgegenbringt. Sie schätzt ein harmonisches Umfeld und arbeitet gern mit auffassungsschnellen, unkomplizierten Menschen zusammen, die sachlich an ihre Aufgaben herangehen. Ein angemessener Umgang ist ihr überaus wichtig, auch weiß sie um den Wert von Lob und Anerkennung. Unsachliche Kritik, Intoleranz, Oberflächlichkeit und Niveaulosigkeit sind ein rotes Tuch für sie.

Ihr Zuhause ist gut durchorganisiert, das verschafft ihr Zeit für geistige Interessen, Sport und schöne Unternehmungen mit Familie und Freunden. Sie ist eine attraktive, interessante Frau, mit der man einfach gern Zeit verbringt. Auch trägt sie täglich alles dazu bei, damit ihr Wunsch, in Harmonie und Frieden zu leben, Wirklichkeit wird. Wärme und Zuneigung sowie Geist und Humor gehören für sie unbedingt zu einem erfüllten Alltag.

Rätselhafte Stimmungsschwankungen

Manchmal macht sie sich das Leben selbst schwer, nämlich dann, wenn die Fische Oberwasser gewinnen. In diesen Momenten wirkt sie labil, scheint nicht so recht zu wissen, was sie will, und kann ihr Tagwerk nicht mit dem gewohnten Esprit angehen. Danach ärgert sie sich über sich selbst und die verlorene Zeit.

Entwicklungschance: der eigenen Intuition vertrauen

Die Fische-Löwe-Frau sollte ihr Vertrauen in sich selbst festigen. Im Grunde weiß sie nämlich stets genau, was im Moment das Richtige ist, sie muss nur ihr instinktives Wissen von emotionalen Störgeräuschen befreien. Dabei kann ihr das Einüben mentaler Techniken helfen. Dann schafft sie es, ihre innere Klarheit unabhängig von äußeren Umständen beizubehalten und ihre außerordentlichen Fähigkeiten voll auszuschöpfen – und das zum Wohle aller.

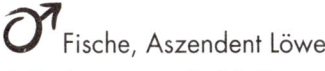 Fische, Aszendent Löwe

Selbstbewusstes Multitalent

Selbstlosigkeit und Bescheidenheit versus Pauken und Trompeten: Gelingt es, diesen Gegensatz mit Leben zu füllen, kann etwas Großes entstehen. Die Kreativität, Intuition, Begeisterung und Eigenständigkeit dieses Mannes verschaffen ihm viele Möglichkeiten im beruflichen wie auch im privaten und gesellschaftlichen Bereich. Er ist ein erfolgreicher, zielstrebiger und ehrgeiziger Mensch mit dem Hang zur autoritären Führung, was nicht immer so viel Anklang bei seiner Familie, seinen Mitarbeitern und Freunden findet. Wenn er aber nicht den Macho spielt, sondern einfach auf dem Boden bleibt, werden die Menschen sich ihm von selbst zuwenden. Es reicht vollkommen aus, die vorhandenen Ressourcen mit Anstand und Stil zu nutzen. Kaum jemand wird ihm dann die Butter vom Brot nehmen können. Er ist ein gefragter Redner und rhetorisch hochbegabt. Doch sollte er immer auch daran denken, dass in der Kürze die Würze liegt.

Sofern er es schafft, in Partnerschaft, Familie und Freundeskreis sein Ego ein wenig hintanzustellen, wird er dort gefragt, vielgeliebt und wohlgelitten sein.

Wenn der Löwe sich zu stark fühlt

Oft gewinnt der Löwe-Einfluss die Oberhand, daher stehen Eigensinn, Egoismus und unüberlegtes Handeln seinem beruflichen und gesellschaftlichen Erfolg immer wieder im Weg. Ebenso bremsen ihn seine Unnahbarkeit und sein sarkastischer Humor, seine Eitelkeit und Wichtigtuerei oft aus. Auch überarbeitet er sich teils maßlos und denkt nicht an die Folgen. Diese können schneller eintreten, als er meint!

Entwicklungschance: zurück zur Bescheidenheit

Er sollte lernen, die mit ihm arbeitenden und zusammenlebenden Menschen fair und loyal zu behandeln. Wenn er locker und gelassen bleibt und seine natürliche Uneigennützigkeit wiederentdeckt, braucht er sich letztlich gar nicht anzustrengen, ihm wird alles wie von selbst zufallen.

Der Fische-Löwe-Mann hat es in der Hand, durch ein gezieltes mentales Training seine Möglichkeiten optimal zu nutzen. Auch über mehr Zeit für Regeneration und für Partnerschaft und Familie sollte er nachdenken. Die Arbeit dient dem Lebensunterhalt, die Erholung dem Glück und der Gesundheit!

Ich habe drei Schätze, die ich hüte und hege:
Der erste ist die Liebe, der zweite ist die Genügsamkeit,
der dritte ist die Demut. Nur der Liebende ist mutig,
nur der Genügsame ist fähig zu herrschen.

Laotse

♀ Widder, Aszendent Löwe
Optimistin aus Überzeugung

Selbstbewusstsein pur und natürliche Autorität zeichnen die Widder-Löwe-Frau aus – wahrlich gute Voraussetzungen, um höchste Ziele zu erreichen. Doch trotz ihres gesunden Egoismus hat sie den Beschützerinstinkt einer Löwenmutter: Ihr liegt sehr daran, Schwächeren oder in Not Geratenen zur Seite zu stehen. Abgerundet wird diese tolle Kombination durch unbeirrbaren Optimismus und unwiderstehliche Tatkraft. Sie will viel erreichen, und je höher ein Ziel ist, desto mehr setzt sie sich dafür ein. Schließlich wächst man mit seinen Aufgaben! Auch sportlich liebt sie die Herausforderung, insbesondere anspruchsvolle, actionreiche Sportarten wie zum Beispiel Snowboarden, Trail-Biking, Kitesurfen oder Fallschirmspringen bieten ihr das Hochgefühl, das sie sucht. Ihr Freundeskreis setzt sich überwiegend aus Leuten zusammen, die Nervenkitzel aller Arten ebenso mögen wie sie.

Es ist wenig überraschend, dass der Widder-Löwe-Frau für große Häuslichkeit sowohl die Zeit als auch die Lust fehlt. In der Partnerschaft wird es mit ihr nie langweilig, mag man dies nun als Gewinn oder als Gefahr verstehen. Eines ist jedoch sicher: Sie steht felsenfest im Leben, ist unerschütterlich, intelligent und ausgesprochen interessant. Ihre Kinder hält sie an der ganz langen Leine: Sie sollen ihre Kräfte erproben und schnell selbstständig werden. Doch wenn Not an der Frau ist, dann wird sie sofort da sein.

Zu beeindruckend?

Es gibt natürlich Menschen, die mit ihrer starken, außergewöhnlichen Persönlichkeit nicht klarkommen. Manche empfinden sie sogar als arrogant, was aber gar nicht zutrifft. Sie ist lediglich nicht bereit, sich zurückzunehmen, nur damit andere sich nicht schwächer fühlen.

Entwicklungschance: gegenseitiger Respekt

Wie kann sie anderen Menschen, die vielleicht nicht über ihre Gaben oder ihr Temperament verfügen oder einfach schüchterner sind, auf Augenhöhe begegnen? Hierzu bedarf es reichlich Feingefühls, das sie durchaus besitzt. In ihrem Tatendrang fehlt ihr wohl manchmal die Geduld, sich auf andere einzulassen. Doch können alle nur gewinnen, wenn es ihr gelingt, im zwischenmenschlichen Bereich ein wenig Druck herauszunehmen. Die Qualitäten eines Menschen zeigen sich eben manchmal erst auf den zweiten oder dritten Blick.

 Widder, Aszendent Löwe

Energie pur

Der Widder-Löwe-Mann bringt sehr ähnliche Prägungen mit wie die Frau mit derselben Kombination – jedoch rufen diese Qualitäten in unserer Gesellschaft weniger Widerstand hervor, wenn ein Mann sie auslebt. Feuer, Dynamik und ein kaum zu überbietendes Selbstbewusstsein sind hier vereint. Sein Anspruch an sich selbst ist ebenso hoch wie derjenige der anderen an ihn, denn sein Optimismus, seine Führungsqualitäten und sein Tatendrang sind sofort spürbar und wecken große Erwartungen. Er setzt sich unaufhaltsam für seine Ziele und Visionen ein, vergisst aber auch nicht die Schwächeren und die hilfsbedürftigen Menschen in seinem Umfeld. Er ist stets ansprechbar, wenn er Hilfe leisten kann. Vielleicht liegt sein Geheimnis darin, dass er zugleich über einen gesunden Egoismus verfügt – und somit auch über die nie versiegende Energie, für andere da zu sein. Ein ausgebrannter Helfer wird er jedenfalls zu keiner Zeit sein.

Seine größte Stärke ist seine immer positive Einstellung zum Leben; er ist stets prima aufgelegt, hat eine gute, starke Ausstrahlung und geht die Dinge so an, wie sie gerade kommen. Wer versucht, ihn nachhaltig aus dem Konzept zu bringen, der kann ebenso gut schon mal beginnen, den Mount Everest abzutragen. Als Ausgleich für seinen täglichen harten Einsatz gönnt er sich und anderen gern etwas Gutes, sei es ein Fest im Freundeskreis oder ein Candlelight-Dinner in trauter Zweisamkeit. Dass er gern flirtet, sieht man ihm nach, da er weiß: »Gegessen wird daheim.« Unterm Strich ist er ein großzügiger, erfolgreicher und sympathischer Mann mit Stil und Niveau, der auch seinen Kindern ihre eigenen Wege und besonderen Wünsche gönnt.

Der tägliche Neid
Ein rotes Tuch ist er für Menschen, die ihm nicht folgen können oder die sich dauernd zurückgesetzt fühlen und neidisch auf seinen Erfolg sind. Aber er sollte sich nicht beirren lassen und einfach weiter seinen Weg gehen.

Entwicklungschance: Atempausen genießen
Er sollte lernen, abzuschalten und zu regenerieren, auf seine Gesundheit zu achten und seinem Privatleben mehr Raum zu geben, denn das Leben ist kürzer, als er glaubt. Darüber hinaus sollte er auch den Ratschlag für sein weibliches Pendant unbedingt beherzigen!

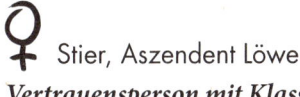 Stier, Aszendent Löwe
Vertrauensperson mit Klasse
Selbstsicher, großzügig und freundlich: eine Frau, der man sofort vertraut, und das zu Recht. Sie ist eine souveräne Führungspersönlichkeit und geht gern neue Wege. Stillstand heißt für sie Rückschritt; deshalb investiert sie viel Zeit, Geld und Geduld, wenn es ums Vorwärtskommen geht. Sie arbeitet mit Herzblut, bis es heißt: Ziel erreicht! Dasselbe erwartet sie auch von ihrem Team. Niveau und Stil sind ihr in die Wiege gelegt, guter Geschmack ist ihr Maßstab. Hier neigt sie dazu, persönlichen Wohlstand anzuhäufen. Ganz klassisch:

ein gut und kostbar gefüllter Schuhschrank. Doch genießt sie auch jeden der vergänglichen Augenblicke des Lebens. Ein schönes Dinner, ob für zwei oder mit guten Freunden, an einem besonderen Ort, zum Beispiel mit Blick über die Stadt oder das Meer: Das ist für sie der Inbegriff eines gelungenen Abends – bewundernde Blicke von den Nachbartischen inklusive. Auch schöne Ferien mit Kultur genießt sie in vollen Zügen.

In ihrem Zuhause schaltet und waltet die Stier-Löwe-Frau nach ihrem Geschmack, und die anderen sind gut beraten, ihr perfektes Management des Haushalts einfach zu schätzen. Sie delegiert hier effektiv, jeder muss sein Scherflein beitragen, damit mehr Zeit für die wirklich wichtigen Dinge bleibt. In Partnerschaft und Freundeskreis liebt und bewundert man sie – was sie mit Haut und Haar genießt.

Selbstüberschätzung und Sammeltrieb

Die Gefahr, anmaßend zu sein und sich selbst zu überschätzen, lauert bei einer Stier-Löwe-Frau durchaus. Andere beizeiten zu Wort kommen zu lassen und sie in ihrem individuellen Wesen wertzuschätzen fällt ihr oft nicht so leicht.

Sie häuft gern Dinge an, die schön und edel sein mögen, doch nach der ersten Freude eher Ballast sind. Ebenso sammelt sie Komplimente und Anerkennung. Bleiben diese mal über längere Zeit aus, wird sie missmutig und unlustig.

Entwicklungschance: Wertvolles wertschätzen

Andere zu respektieren und anzunehmen ist die wichtigste Lernaufgabe für diese intelligente Frau. Auch Dinge, die sie besitzt und gern durch noch schickere, bessere neue ersetzt, verdienen einen zweiten Blick: Vieles lässt sich entstauben, aufpolieren, herrichten, neu entdecken. Vielleicht macht sie ja sogar ein Hobby daraus, diese Gegenstände achtsam und liebevoll zu behandeln. Eine gute Übung ist das auch für den Umgang mit anderen Menschen – und mit sich selbst, denn hinter der Selbstüberschätzung und dem Wunsch nach Anerkennung stehen oft Selbstzweifel und Verletzlichkeiten.

Stier, Aszendent Löwe
Leben auf großem Fuß

Stärke und Selbstsicherheit auf der einen, Großzügigkeit und Freundlichkeit auf der anderen Seite: Der Stier-Löwe-Mann hat ein Talent fürs Leben, das seinesgleichen sucht. Er ist kreativ, aber kein Träumer, sondern sehr erfolgsorientiert und zielstrebig. Da er offen für Neues ist, investiert er Zeit und Geld auch in innovative Projekte. Wenn er von einer Idee überzeugt ist, arbeitet er diszipliniert, fast wie besessen daran, sie Wirklichkeit werden zu lassen. Auch von seinen Kollegen erwartet er vollen Einsatz sowie konstruktives und lösungsorientiertes Denken. Wer nicht mitzieht, findet sich da schnell außen vor. Ist ein Ziel mit vereinten Kräften erreicht, wird gemeinsam gefeiert, und zwar nicht zu knapp.

Der Stier-Löwe-Mann bewegt sich gekonnt in Gesellschaft und Geschäftswelt, er ist ein Vorbild an Stil und niveauvoller Gesprächsführung. Natürlich weiß er dies und ist auch ein wenig eitel, er hört sich gern reden und sieht sich gern im Spiegel – doch im Grunde geht es ihm vor allem darum, nicht Mitläufer, sondern Motor zu sein. Dass er als geborener Charmeur auch mal übers Ziel hinausschießt, liegt wiederum in seiner Selbstverliebtheit begründet. Er kann sich dann einfach nicht zügeln und will der Welt zeigen, was für ein großartiger Mann er ist.

In Partnerschaft und Freundeskreis kann das immer wieder zu Irritationen führen, doch letztlich wissen alle, was sie an ihm haben. Seine Familie bedeutet ihm sehr viel; dort findet er die Augenblicke der Ruhe und Erholung, die er dringend braucht.

Menschlichkeit in Gefahr

Anmaßung und Selbstüberschätzung sind diesem Mann nicht fremd. Seine enorm herzliche Ausstrahlung kann Mittel zum Zweck werden und verliert damit an Echtheit. Auch seine Neigung zu persönlichem Wohlstand und Luxus kann unter Umständen zulasten der Menschlichkeit gehen.

Entwicklungschance: zur Mitte finden

Die größte Herausforderung für ihn heißt maßhalten, sei es bei privaten Luxusgütern, sei es beim Reden und Kontakteknüpfen. Das wertzuschätzen, was man hat, den anderen zuzuhören und sie aufmerksam wahrzunehmen ist das Gebot der Stunde!

Es hilft ihm sehr, öfter mal runterzukommen und zu regenerieren, vorzugsweise in der Natur. Denn ohne innere Ruhe, Gelassenheit und nicht zuletzt Gesundheit kann er alle seine Projekte und Pläne in den Wind schreiben.

♀ Zwillinge, Aszendent Löwe

... und Action!

Die Zwillinge-Löwe-Frau ist ein erfolgreiches Energiebündel mit Durchsetzungsvermögen und souveränem Auftreten. Obendrein verfügt sie über eine außerordentlich hohe soziale Intelligenz. Die Karriereleiter beziehungsweise die Treppe in die Chefetage nimmt sie leichten Schrittes und weiß andere dauerhaft mit Herz und Kopf zu führen. Was sie heute gemeinsam mit ihrem Team anpackt, steht morgen ganz groß in den entsprechenden Journalen. Sie besitzt eine außergewöhnlich rasche Auffassungsgabe, ist hochflexibel, kreativ und geschickt. Sie erwartet von allen Menschen in ihrem Umfeld ein niveauvolles Verhalten. Konfrontation scheut sie jedoch nicht, wenn sie nötig ist.

In ihrer Freizeit und besonders im Urlaub sucht die Zwillinge-Löwe-Frau die sportliche Herausforderung, etwa beim Klettern oder Wildwasserfahren. Am Abend darf es dann aber ein gutes Essen im Kreis der Freunde, der Familie oder zu zweit sein. Allzu besinnlich wird es bei ihr jedoch nicht, denn sie bevorzugt Action und Abwechslung. Falls sie Kinder hat, findet man sie und den Nachwuchs schon mal im Klettergarten, auf dem Baumwipfelpfad, im Riesenrad oder zumindest auf dem Abenteuerspielplatz. In ihrem Leben muss Bewegung sein, sonst fühlt sie sich nicht lebendig.

Unter Hochspannung
Viele männliche Kollegen können der agilen, blitzschnell handelnden Zwillinge-Löwe-Frau oft nicht folgen, haben deshalb oft Probleme mit ihr und neigen dann dazu, einen völlig falschen Eindruck von ihr zu entwickeln. Sie ist immer von einer inneren Unruhe erfüllt und dem Drang, alles schnell und sofort zu machen. Dadurch verbreitet sie Hektik. Die Zwillinge-Löwe-Frau setzt sich durch ihr Verhalten stets stark unter Druck und überfordert dabei auch ihre Gesundheit, was zu chronischen Krankheiten führen kann.

Entwicklungschance: aufmerksam wahrnehmen
Es ist für sie wichtig, öfter das Gespräch mit anderen zu suchen. Außerdem sei ihr angeraten, mehr auf die Signale ihres Körpers zu achten und rechtzeitig Maßnahmen wie Zeiten der Regeneration, mentales Training, Yoga und sonstige gesundheitsfördernde Aktivitäten einzuleiten. Ihr Körper und ihre Gesundheit werden es ihr danken.

*Ohne die Klasse der Müßiggänger wären
die Menschen heute noch Barbaren.*
Bertrand Russell

♂ Zwillinge, Aszendent Löwe

Das pralle Leben

Ein wohltemperierter Mann, so könnte man ihn nennen. Er vibriert vor Lebendigkeit, schnappt aber niemals über, da ihm zugleich Sicherheit und Konstanz zu eigen sind. Er weiß sich durchzusetzen um seiner großen Ziele willen – dieser Ehrgeiz betrifft sowohl seine eigene Karriere als auch die im Team angestrebten Erfolge. Führungsqualitäten wurden ihm in die Wiege gelegt, auch wenn sie immer wieder mal Schwankungen unterworfen sind. Aber er bleibt am Ball und lässt sich nicht entmutigen.

Auch im sportlichen Bereich ist der Zwillinge-Löwe-Mann ein Gewinner. Etwas anderes, als zu den Besten zu gehören, zählt für ihn nicht. In seiner Freizeit bringt er ordentlich Leben in das Geschehen; überall, wo er auftaucht, herrschen Spaß und Ausgelassenheit. Erntet er reichlich Resonanz, dreht er auf und steckt alle mit seiner Lebensfreude an. Denn er gibt sich immer positiv eingestellt, auch dann, wenn ihm nicht danach ist, aber seine positive Grundhaltung überwiegt. Er hat einen untrüglichen Sinn für Situationskomik und ist überdies musikalisch begabt.

Als Freund und Partner ist stets auf ihn Verlass, und wenn er etwas zusagt, dann vergisst er es nicht, sondern kümmert sich so bald wie möglich darum. Seine Familie und seine Kinder liebt er über alles. Und es muss wohl nicht gesagt werden, dass auch noch viel von einem »Lausbub« in ihm selbst steckt … Er ist ein Genießer, der gern mal bei einem schönen Bier oder Wein die Seele baumeln lässt. Auch seinen Ruf als Sympathieträger und patenter Lösungsfinder genießt er nach Kräften, hier kann er durchaus etwas eitel sein.

Der zweite vor dem ersten Schritt
Manchmal ist er einfach zu ungeduldig, etwa in Karriereangelegen-heiten, und dann stellen sich Rückschläge ein. Oft handelt er auch im Eiltempo und verzettelt sich, wird dann fahrig und kann seine Führungsaufgaben nicht mehr optimal wahrnehmen. Das wiederum irritiert seine Mitarbeiter natürlich, da sie ihn sonst ganz anders kennen.

Entwicklungschance: eins nach dem anderen
Er kann es sich leichter machen, wenn er etwas ruhiger und mit grö-ßerem Bedacht ans Werk geht. Mehr Gelassenheit und Konstanz soll-te er sich nach und nach aufbauen, um die Schwankungen und die innere Hektik auszugleichen.

 Krebs, Aszendent Löwe
Stark und gefühlvoll
Ein echter Krebs gilt als hochsensibel – so ist die Krebs-Löwe-Frau überaus empfindsam, daher handelt sie vorsichtig und oft zurückhal-tend. Sie muss ihren zarten Kern schließlich irgendwie schützen. In der Regel verlässt sie sich auf ihr Gefühl und fährt meist gut damit. Sie ist immer mit Herz und Seele bei der Sache. Liebe, Wärme und Geborgenheit sowie Hilfsbereitschaft sind für diese Frau elementar. Mit dem Löwe-Einfluss verändert der häusliche und oft verschlosse-ne Krebs seine Grundhaltung, wird dominanter, offener und zielstre-biger. Aber auch die Sehnsucht nach Anerkennung, Lob und Nähe wird stärker und wichtiger.

Diese Frau ist überaus beständig. Statt oberflächlich zu handeln, schlägt sie lieber Wurzeln – selbst am Arbeitsplatz schätzt sie eine familiäre Atmosphäre. Die Arbeit dient ihr aber meist vor allem zum Broterwerb, im Vordergrund stehen ein gemütliches Zuhause und ein harmonisches Familienleben – dies sind für sie die Schlüssel zu Glück und Erfolg. Ein geborgener Platz, an dem sie die raue Welt vergessen und auftanken kann, ist sehr wichtig für sie, ebenso Raum für ihre geistigen Interessen wie zum Beispiel die Musik.

Die Krebs-Löwe-Frau ist eine mitfühlende und zugleich selbstbewusste Persönlichkeit mit viel Verantwortungsgefühl und einem starken Beschützerinstinkt. Sie kümmert sich um Schwache und Benachteiligte und liebt Kinder in besonderem Maße. Wenn Freunde in Nöten sind, Kummer haben oder sich einfach mal fallenlassen möchten, ist sie die erste Anlaufstelle.

Das Gefühl der Schutzlosigkeit

Weil meist Gefühle ihre Entscheidungen bestimmen, besteht die Gefahr, dass sie tief enttäuscht oder verletzt wird und dabei unnötig viel Energie verbraucht. Von etwaigem Liebeskummer wird sie besonders hart getroffen, weil sie mit ihrem Herz auch ihre Seele verschenkt – womit der Partner womöglich überfordert ist. Wer sich jedoch in ihre vielschichtige Gefühlswelt hineinversetzt, wird reich belohnt.

Entwicklungschance: die Löwenkräfte nutzen

Die Überbrückung des Gegensatzes zwischen Krebs und Löwe setzt auf lange Sicht einen gewissen Lernprozess voraus, doch an Flexibilität mangelt es ihr gewiss nicht. Generell bevorzugt der Krebs die Zurückgezogenheit, während der Löwe das Rampenlicht braucht. Doch so mag gerade die Löwe-Kraft dazu beitragen, dass sich der Krebs auch seine eigenen Träume erfüllen kann und etwas weniger verletzbar wird.

♂ Krebs, Aszendent Löwe

Viel Herz und viel Tamtam

Der Krebs-Löwe-Mann ist ein sehr liebenswerter, mitfühlender Mensch mit viel Verantwortungsgefühl und einem großen Beschützerinstinkt. Besonders am Herzen liegt es ihm, für schwächer gestellte und benachteiligte Menschen sowie Kinder und auch in Nöte geratene Freunde da zu sein. Dieser umgängliche, angenehme Mann hat aber auch Entertainerqualitäten, er ist ein begabter Musiker und ein unterhaltsamer Gesprächspartner. Möglicherweise hat er diese Talente sogar in seine Berufswahl einfließen lassen, sehr zur Freude seiner Mitmenschen.

Wo er sich aufhält, da ist Stimmung, Begeisterung und Leben. Anerkennung und ehrliches Lob beflügeln ihn durchaus. Ja, etwas eitel ist er schon, und er legt viel Wert auf sein Äußeres. Für seine gute Figur schmeißt er sich abends gern an die Geräte im Fitnessstudio – und der Trend, dass in den Städten neuerdings wieder schicke Barbiersalons eröffnen, kommt ihm womöglich entgegen.

Überaus wichtig ist ihm sein persönlicher Freiraum. Wenn »die Wildnis ruft«, zieht er schon mal spontan auch noch am späten Abend die Joggingschuhe an, steigt aufs Fahrrad oder geht eben auf ein Bierchen um die Ecke – doch wenn man ihm diese kleinen Freiheiten lässt, kommt er zuverlässig bald wieder zurück. Seine generelle Umtriebigkeit kann, muss aber nicht eine Belastung für die Familie sein, denn gerade die Partnerschaft profitiert ja, wenn jeder genug Luft zum Atmen hat. Auch im Freundeskreis sucht dieser Mann vor allem Leichtigkeit und Spaß.

Wenn der Damm bricht

Man darf ihn nicht unterschätzen; er ist zwar fast immer freundlich, sympathisch und nett, aber wehe, wenn man ihn zum Beispiel mit

Kritik unter Druck setzt: Dann wird er in Sekundenschnelle von Dr. Jekyll zu Mr. Hyde, sein Verhalten schlägt um in Aggression und beißenden Sarkasmus. Auch neigt er generell dazu, eitel, egoistisch und manchmal ungerecht zu sein.

Entwicklungschance: Klarheit schaffen
Es gibt eine Alternative dazu, von »nett« übergangslos auf »unfreundlich« zu schalten – nämlich stattdessen auf »bestimmt« zu schalten und klar zu sagen, was man möchte und was nicht. Im Grunde ärgert er sich vor allem über sich selbst, wenn er ernst werden muss und dadurch sein sonniges Selbstbild ins Wanken gerät. Dies zu erkennen kann für ihn der erste Schritt zu einem positiven Lernprozess sein.

Aszendent Jungfrau

♀ Jungfrau, Aszendent Jungfrau
Vernunft geht vor!
Die doppelte Jungfrau ist erdverbunden und sozial veranlagt, Hilfsbereitschaft und Teilen werden bei ihr großgeschrieben. Alles, was sie tut, hat Ordnung und System und folgt einem durchdachten Plan. Präzision, Gründlichkeit und Verlässlichkeit spielen für sie eine wichtige Rolle. Sie denkt stets vernünftig und analytisch. Sowohl eine gute Allgemeinbildung als auch auf dem neuesten Stand gehaltene Fachkenntnisse in ihrem Beruf gehören zu ihren Basiswerten. So viel grundsolides Denken und Handeln bedeutet aber nicht, dass sie keinen Humor hätte! Sie weiß intelligente Scherze, arglose Schelmenstreiche und Situationskomik durchaus zu schätzen und ist bis zu einer gewissen Grenze einfühlsam und tolerant.

Für Luftschlösser hat sie allerdings wenig übrig, auch nicht in Herzensangelegenheiten. Liebe, Partnerschaft, Familiengründung und Freundschaften stehen unter dem Stern der Vernunft, die stets den Gefühlen vorangeht. Manche mögen darüber zunächst den Kopf schütteln, doch wer einmal in einer Notlage ihr offenes Ohr und ihre verlässliche Unterstützung erlebt, der erkennt ihre wahren menschlichen Qualitäten. Dasselbe gilt für langjährige Freunde: Sie wissen ihre Vernunft und ihren klaren Verstand Jahr für Jahr mehr zu schätzen.

Ausgesprochen gesellig gibt sich die doppelte Jungfrau nicht, dennoch ist sie ein gern gesehener Gast. Lädt sie selbst einmal ein, empfinden ihre Gäste dies als besondere Ehre. Für ihre Kinder ist sie natürlich ein Fels in der Brandung, doch da sie Chaos verabscheut, zieht beim Blick ins Kinderzimmer schon mal Donnergrollen in ihr auf, und das entlädt sich spontan!

Energiehaushalt in den Miesen
Ihre Hilfsbereitschaft kann so groß sein, dass sie viel mehr gibt, als sie bekommt. Das heißt, ihr Energiekonto ist häufig im Minus – sie ist dann enttäuscht, traurig und ärgerlich, was sie sich selbst aber gar nicht zugesteht. Sie bekommt wegen dieser Emotionen sogar oft unterschwellige Schuldgefühle.

Entwicklungschance: »meine Zeit!«
Für die Gesellschaft ist diese Frau ein Schatz, für sich selbst dürfte sie aber ruhig etwas mehr herausholen! Also sollte sie üben, sich als die Nummer eins in ihrem Leben zu betrachten. Sie darf sich selbst etwas gönnen – und auch mal nein sagen. Am besten, sie richtet sich einen Nachmittag oder Abend in der Woche oder eine halbe Stunde an jedem Tag ein: Diese Zeit gehört nur ihr. Sie hat es wirklich verdient!

♂ Jungfrau, Aszendent Jungfrau

Ein klarer Fall

Bei diesem Mann gibt es keine halbherzigen Pläne und aus der Luft gegriffenen Ideen. Er setzt nicht auf Träumereien und Hirngespinste, sondern auf handfestes Können, auf Präzision, Vernunft und Verlässlichkeit. Ein geregeltes Leben und geordnete Verhältnisse sind die Basis für seine Zufriedenheit und seinen Erfolg, ob im Beruf oder in Herzensangelegenheiten. Er wirkt daher nüchtern und angenehm klar und berechenbar. Doch innerlich kann es bei ihm sehr wohl mächtig brodeln, und gelegentlich entlädt sich diese Energie im Konfliktfall. Er versucht aber immer, sich im Griff zu haben und die Auseinandersetzung mit Argumenten und Diplomatie zu lösen. Seine besondere berufliche Stärke liegt im methodischen Vorgehen, darüber hinaus ist er didaktisch sehr begabt. Wenn es etwas Neues planvoll im Team zu entwickeln gilt, ist er der richtige Mann am richtigen Ort.

Wer ihm persönlich nahekommen will, darf nicht leicht einzuschüchtern sein. Oft wirkt er unnahbar und reagiert aus der Sicht des anderen abweisend. Doch das hat einfach mit seiner analytischen Herangehensweise an das Leben zu tun. Er schaut sich eine Angelegenheit – oder einen Menschen – eben gern erst einmal genauer an, bevor er sich auf etwas einlässt. So viel sei aber verraten: Es lohnt sich dranzubleiben! Fragt man seine Familie oder langjährige Freunde, wird man nur Positives über diesen zu hundert Prozent verlässlichen, klugen Individualisten hören. Er könnte lediglich öfter einmal über seinen Schatten springen und etwas von der Wärme und Zuneigung zurückgeben, die ihm entgegengebracht wird.

Tunnelblick

Sein Streben nach Perfektion steht ihm häufig im Weg, weil er dann zu sehr an Details festhält und das große Ganze aus den Augen verliert und zu starr handelt. Auch seine leichte Egozentrik und sein Eigensinn machen ihm und anderen das Leben nicht gerade leichter. So empfindet er etwa jede Kritik als persönliche Niederlage.

Entwicklungschance: flexibler handeln
Er sollte ruhig mal einen Umweg in Kauf nehmen, wenn dieser zum Erfolg führen könnte, auch sind manche Vorschläge anderer einen Gedanken wert. Prinzipien sind schließlich nur ein Leitfaden und dürfen uns nicht in unseren Handlungsmöglichkeiten einschränken! Kritik sollte er für seine Weiterentwicklung nutzen – wenn sie ihn zu sehr demotiviert, kann es hilfreich sein, einige schnell wirksame mentale Techniken anzuwenden.

♀ Waage, Aszendent Jungfrau
Innerer Frieden und Harmonie
Hier sind Gefühl und Verstand in sehr selten zu findendem Einklang. Es gibt keine Extreme im Gefühlsleben und Agieren der Waage-Jungfrau. Man weiß bei ihr immer, woran man ist, und ihr friedvolles Inneres strahlt auf andere ab. Wer gestresst, genervt, überfordert zu ihr kommt, verlässt ihr gemütliches, angenehm pragmatisch gestaltetes Zuhause ein gutes Stück entspannter, klarer und glücklicher. Ihre Zeit teilt sie folglich zwischen ihrer Arbeit und ihrem mitmenschlichen Wirken auf. Doch auch ihr Vergnügen und persönliche Genüsse kommen nicht zu kurz, sie tut sich selbst gern etwas Gutes und bleibt genau deshalb stets gut aufgelegt und großzügig.

In ihrer Arbeit ist sie sehr kompetent und stellt ihr Können in den Dienst des Teams. Sie mag keine gefeierte Solistin sein, sondern lieber gekonnt ihren Part im großen menschlichen Orchester spielen. Sie ist sehr anspruchsvoll, etwa was ihr Äußeres, ihre Freizeitgestaltung und das geistige Niveau ihrer Gesprächspartner betrifft.

In Familie, Partnerschaft und Freundeskreis liebt und achtet man sie über die Maßen. Bei aller Harmonie lässt sie keine Langeweile oder Trägheit aufkommen, sondern begeistert und überrascht die anderen immer wieder mit ihrem Ideenreichtum.

Zu oft für andere da

Wenn diese Frau überhaupt eine nennenswerte Schwäche hat, dann liegt diese in ihrem großen Altruismus begründet: Manchmal vergisst sie eben doch ihre eigenen Bedürfnisse und verpasst den richtigen Moment, um nein zu sagen. Aus denselben Gründen kommt es auch vor, dass sie nicht über belastende Dinge spricht, sondern vor sich hin grübelt. Das dämpft natürlich ihre Stimmung.

Entwicklungschance: sich schwache Momente zugestehen

Wenn sie auf ihre innere Stimme hört und ihrem Gefühl vertraut, wird ihr die Entscheidung darüber, ob ein Nein angebracht ist, leichter fallen. Denn was hilft es, wenn sie sich aufarbeitet? Auch dürfte sie sich Sorgen ruhig einmal von der Seele reden – sie leistet so viel für andere, dass sie ruhig auch mal deren Zeit in Anspruch nehmen kann. Damit würde sich die Waage-Jungfrau einen großen Gefallen tun, und dann würde sie ihre Energien nicht sinnlos vergeuden.

> *Man muss sich durch die kleinen Gedanken,*
> *die einen ärgern, immer wieder hindurchfinden*
> *zu den großen Gedanken, die einen stärken.*
> Dietrich Bonhoeffer

♂ Waage, Aszendent Jungfrau

Herz und Kopf in Einklang

Sein Erfolgsrezept ist die Kombination von Geradlinigkeit und Flexibilität: Der Waage-Jungfrau-Mann stellt sich auf Menschen und Situationen immer wieder neu ein, statt an vorgefassten Meinungen und starren Abläufen zu hängen. Hinter dieser Fähigkeit steht ein besonderer Einklang von Gefühl und Verstand, der ihm zuverlässig den jeweils richtigen Weg zeigt. Seine Führungsqualitäten beruhen auf dieser inneren Gewissheit und Sicherheit, nicht auf Machtstreben, und das bringt ihm viel Achtung und viele Sympathien ein.

Nicht nur im Beruf, sondern ebenso, wenn es um gemeinnützige Anliegen geht, sucht man seinen Rat und seine Mitarbeit. Er übernimmt gern Verantwortung und erkennt stets selbst, was gerade zu tun ist. Auch in seiner Freizeit, etwa beim Sport, ist er vorne mit dabei. Zudem ist er ein großer Genießer und schätzt kulinarische Genüsse in guter Gesellschaft ebenso wie Wellness in Therme oder Sauna. Hierbei regeneriert er und füllt seine Energiedepots wieder auf – es zeichnet ihn besonders aus, dass er gut für sich selbst sorgt, um anschließend wieder mit ganzer Kraft für andere da zu sein. Er braucht dabei keineswegs großen Luxus, doch gediegen und schön soll es schon sein. Viel Zeit und Aufmerksamkeit widmet er seiner Partnerschaft und seinen Kindern. Er will, dass seine Lieben glücklich sind, und ist zugewandt, ehrlich, hilfsbereit und immer da, wenn man ihn braucht.

Perfektionismus kann stressig sein

Kritik und Fehlschläge tun ihm sehr weh, und er kann sie nur schwer verarbeiten. Auch übertreibt er es gelegentlich mit seinem Streben nach Perfektion und seinem Pochen auf Pünktlichkeit.

Entwicklungschance: einfach mal fünf gerade sein lassen

Das ist eine tägliche Übungsaufgabe für diesen kompetenten Mann. Nicht jeder verfügt eben über seine innere Klarheit und Konsequenz. Weiterhin als gutes Vorbild vorangehen, anderen und auch sich selbst Schwächen und Unzulänglichkeiten zugestehen – wenn ihm das gelingt, wird er einer der glücklichsten und gelassensten Menschen unter der Sonne sein.

♀ Skorpion, Aszendent Jungfrau

Ausgeglichen und patent

Die Skorpion-Jungfrau ist eine analytisch denkende, planvoll vorgehende Kopfarbeiterin, die ohne Ellbogeneinsatz, aber mit viel fundiertem Wissen zu überzeugen weiß. Obwohl ihr Temperament hin und wieder mit ihr durchgeht, kriegt sie doch immer die Kurve und findet rechtzeitig zurück zu ihrer angenehm nüchternen Art. Es schadet auch gar nicht, wenn sie ab und zu überraschend Emotionen zeigt! Vielmehr kann sie damit andere ein wenig aufrütteln, sie mitreißen und begeistern oder ihnen, wenn nötig, zurück in die Spur helfen. Grundsätzlich strebt sie im Beruf leitende Aufgaben an. Für dauerhaften Erfolg sorgen ihre ausreichende Bodenhaftung, ihr Feingefühl und zudem ihr verlässlicher Instinkt.

Ihr ausgeglichener Gefühlshaushalt gründet auf der Wärme und Zuneigung, die sie in Partnerschaft, Familie und Freundeskreis in Umlauf bringt. Sie ist eine empfindsame, wunderbare Frau mit ebenso viel Tatkraft wie Feingefühl, mit anziehender Ausstrahlung und einem sonnigen Gemüt. Wohl denen, die sie zu ihrem Kreis zählen!

Gebremster Tatendrang

Manchmal lässt sich diese pragmatische Frau dazu verleiten, anderen ungefragt die Arbeit abzunehmen: »Ach, das mach ich doch schnell für dich!« Nicht immer stößt das auf Gegenliebe. Auch gibt es Menschen, die nicht mit ihr an einem Strang ziehen wollen und sich ihr zeitweise auch widersetzen – dahinter steckt wohl, dass sie insgeheim fürchten, ihr nicht das Wasser reichen zu können. Schade!

Entwicklungschance: loslassen und Zeit gewinnen
Sie sollte einfach etwas aufmerksamer darauf achten, andere mit ihrem Tatendrang nicht zu überfahren und zu überfordern. Nicht alles, was herumliegt, bleibt liegen – ein jeder hat eben sein eigenes Tempo und sein individuelles System. Zudem könnte sie die andere geschenkte Zeit sicher besser nutzen, zum Beispiel für einen früheren Feierabend und mehr Zeit mit ihrer Familie und mit Freunden. Wenn sie anderen nicht hineinfunkt und sie einfach mal machen lässt, wird das bei ihren Mitmenschen auch viel Widerstand auflösen.

Jeder Mensch ist ein anderes Land.
Aus Afrika

♂ Skorpion, Aszendent Jungfrau
Im Elfenbeinturm
Hier kann diese Konstellation etwas mehr Reibung hervorrufen. Sensibilität ist eben nicht unbedingt eine Eigenschaft, die es einem Mann in unserer Gesellschaft leicht macht. Dabei hat er, ebenso wie die Frau dieser Prägung, so gute Gaben, allen voran Sorgfalt und Liebe zum Detail. Er tut sich nicht auf Anhieb leicht mit anderen, umgekehrt gilt das genauso. Doch wenn er unbeirrt bei der Sache bleibt, wird er andere zu überzeugen wissen – mit fundierter Fachkompetenz, Individualität, Disziplin und wohlüberlegtem Vorgehen, mit Voraussicht sowie durchaus auch mit diplomatischem Geschick.

Dann muss er die Ellbogen nicht einsetzen, um Erfolg zu haben, und wird harmonisch mit anderen zusammenwirken können. Hilfreich ist dabei, dass ihm kaum einmal wirklich die Pferde durchgehen – und wenn doch, merkt er es gleich und reißt sich am Riemen. Sein analytischer Verstand hat für ihn letztlich immer den höheren Stellenwert.

In Partnerschaft und Familie kann er durchatmen und mehr Gefühle zulassen. Die Wärme, Liebe und Zuneigung, die ihm dort geschenkt werden, tun ihm gut, und er kann sie auch erwidern. In der Freizeit müssen die Freunde ihn immer mal ein wenig aus der Reserve locken und ihn mit interessanten Unternehmungen »ködern«.

Eine Mauer um das Ich

Weil er überaus empfindsam ist, zieht er sich gern in den Elfenbeinturm der Überheblichkeit zurück und wappnet sich zusätzlich mit beißendem Sarkasmus. Ein weiterer Zufluchtsort ist seine Arbeit – wenn ihm das Zwischenmenschliche zu anstrengend wird, stürzt er sich oft dort hinein und taucht stundenlang ab – und sei es am Abend oder übers Wochenende.

Entwicklungschance: Resonanz erleben

Wie man in den Wald hineinruft, so schallt es heraus: Diese Botschaft wirklich zu verstehen kann ihn schon einen großen Schritt weiterbringen. Des Weiteren hilft es ihm sehr, regelmäßig zu regenerieren und sich etwas Gutes zu tun, sei das ein langer Spaziergang, ein Wellnessaufenthalt im Thermalbad, ein Konzert, eine Lesung … Dann lässt die innere Anspannung nach und mit ihr der Konflikt zwischen Abgrenzung und dem Wunsch nach zwischenmenschlichem Austausch. Nicht zuletzt ist für ihn das Zusammensein mit guten Freunden unschätzbar wertvoll. Wenn er sich ein wenig mehr öffnet, werden die Vorbehalte anderer sich in Luft auflösen. Er kann dann glücklicher, freier und angenehmer leben.

♀ Schütze, Aszendent Jungfrau

Schlummerndes Potenzial

Großzügigkeit und Perfektionismus: Geht das zusammen? Die Schütze-Jungfrau ist der lebende Beweis, dass diese Gegensätze – ob nun mehr oder weniger harmonisch – in einer Person vereint sein können. Die Devise »Leben und leben lassen« ist ihr durchaus sympathisch. Zugleich wendet sie sich gern mit penibler Genauigkeit kniffligen Detailfragen zu und verliert dabei nicht selten das große Ganze aus den Augen. Sie geht mit viel Gefühl und noch mehr Sorgfalt an ihre Aufgaben heran, was ihr schwierige Entscheidungen nicht unbedingt leichter macht. Jeder, der sie einigermaßen kennt, weiß aber, dass sie keine Kontrolle und Bevormundung duldet.

Da sie sehr empfindsam ist, kann man sie leicht verletzen. Weil sie zudem etwas wankelmütig ist, trauen sich Freunde oft nicht mehr richtig, ihr nahezukommen. So gehen also oftmals beide Seiten in eine Schutzhaltung, was die Freundschaften mithin etwas unverbindlich, um nicht zu sagen, oberflächlich werden lässt. Dabei kann man mit ihr wunderbar lachen, musizieren, feiern und Abenteuer erleben, etwa schöne sportliche Bergwanderungen oder Restaurantbesuche mit exotischen Speisen. Vorausgesetzt, sie fühlt sich wertgeschätzt und angenommen.

Eine ganz starke Seite an ihr ist ihre große Hilfsbereitschaft und ihr gemeinnütziges Interesse, und in ihrem Zuhause fühlt sich die Schütze-Jungfrau bestens aufgehoben und verwöhnt ihre Lieben nach Strich und Faden. Die Familie ist ihre Basisstation, wo sie auftankt und sich in ihrem Tun und Sein bestätigt fühlt.

Wenn kaum etwas zurückkommt

In ihrer Hilfsbereitschaft geht sie oft zu weit und verausgabt sich völlig. Wenn dann noch zu wenig zurückkommt, ist sie gekränkt und wird traurig. Auch ihre große Ordnungsliebe und ihr Perfektionismus finden nicht immer das gewünschte Echo – besonders wenn ihre Kinder ins Teenageralter kommen, kann der Familienfrieden dadurch erheblich gestört sein.

Entwicklungschance: eine klare Perspektive finden

Sie sollte sich selbst und ihren Potenzialen viel mehr Beachtung schenken und in ihrem Leben Ziele definieren, sowohl kleine als auch große. Die meisten Menschen unterschätzen völlig, wie wichtig klar formulierte Ziele sind! Gelingt es dieser Frau gar, ihre Berufung im Leben zu finden, wird das ihre Energie befeuern und all die täglichen praktischen und emotionalen Ärgernisse in den Hintergrund treten lassen.

 Schütze, Aszendent Jungfrau

Abenteuer leben

Dieser Mann ist ein ungestümer Macher, andererseits zeigt er sich in seiner Präzision und Ordnungsliebe oft überaus penibel – kein Wunder, dass manche nicht so recht schlau aus ihm werden. Seine recht freizügige Lebenseinstellung wird ihm von Leuten, die ihn nicht gut kennen, gern als Angebertum ausgelegt. Doch in Wahrheit ist er aufrichtig und grundanständig. Er ist aber nun mal ein Individualist mit sehr eigenen Vorstellungen und macht sich selbst mit Leidenschaft das Leben schwer. Er geht lieber den extremen Weg und hebt waghalsig ab, statt seine hervorragenden Talente und Fähigkeiten – zum Beispiel im handwerklichen oder musikalischen Bereich sowie, man höre und staune, in der Küche – zu nutzen und am Boden zu bleiben.

Letzteres erscheint ihm viel zu bieder und langweilig, er braucht einen gewissen »Thrill«, will immer gern ein wenig verwegen wirken und sich von der Masse abheben.

Alles Gesagte lässt sich ohne Weiteres auf seinen Umgang mit den Menschen in seinem Umfeld übertragen, seien es seine Freunde, seine Partnerin oder seine Kinder. Hier spielt er, ohne es zu wollen, oft ein Spiel mit dem Feuer, verlangt seinen Nächsten viel Geduld und Toleranz ab.

Tiefsitzende Angst

Hinter seinem manchmal überzogenen, mutwilligen Verhalten steckt die tief verwurzelte Angst, in Wahrheit nur ein »kleines Würstchen« unter vielen anderen zu sein – einer, den niemand beachtet. Er fürchtet, zu verschwinden und mit dem Hintergrund zu verschmelzen, wenn er sich nicht ab und zu groß und wichtigmacht.

Entwicklungschance: in Gemeinschaft einzigartig bleiben

Er hat es gar nicht nötig, sich so mutwillig aufzuführen. Wenn er sich traut, einer von vielen zu sein, wird er eine große Erleichterung und Entspannung spüren: Er kann aufhören mit seiner Show und sich dem Leben anvertrauen, kann seine Vorzüge und Stärken einsetzen und dadurch viel Ansehen und viele Sympathien gewinnen.

Überrascht wird er dann feststellen, dass ihm erheblich mehr Energie zur Verfügung steht und dass viele Menschen (wieder) auf ihn zukommen. Er wird plötzlich mehr Zeit haben für seine Familie, wird mehr regenerieren und damit auch ausgeglichener und zufriedener sein. Er kann sein Leben ganz anders, nämlich gelassener und souveräner, gestalten. Plötzlich macht es ihm dann wieder Freude, im Beruf Erfolge einzufahren – und er wird ein wenig erstaunt feststellen, dass er tatsächlich geliebt wird.

♀ Steinbock, Aszendent Jungfrau

Vorbild für alle

Gäbe es sie nicht, müsste sie erschaffen werden – diese wunderbare, empfindsame, tiefgründige Frau, die so viel Wärme ausstrahlt. Sie ist zugleich sehr zielstrebig und verantwortungsbewusst, liebt Ordnung und genaues Arbeiten. Jeder Mensch, der eine Steinbock-Jungfrau um sich haben darf, kann sich glücklich schätzen, das gilt für den privaten Bereich ebenso wie für das Berufsleben. Sie stellt sich nie in den Vordergrund, doch sie gibt der Firma, der Familie und dem Freundeskreis die Seele. Sie ist einer von jenen Menschen, die wie ein Mahnmal der Menschlichkeit inmitten unserer hektischen, lauten, egoistischen Welt wirken. Man hat den Eindruck, dass sie so ist, wie Menschen eigentlich gedacht sind.

Jeder möchte ihr nahe sein, doch sollte man sich Mühe geben, ihr auch gerecht zu werden. Denn sie ist durchaus wählerisch, wenn es um den Kreis der Personen geht, mit denen sie ihre tiefsten Einsichten und innigsten Gefühle teilt.

Ein Stapel Arbeit

Ihre Ordnungsliebe übertreibt sie manchmal – ein bisschen weniger würde auch reichen. Ihr unermüdlicher Fleiß lädt so manchen dazu ein, ihr noch diese und noch jene Aufgabe aufzubrummen. Oft ist sie so bescheiden und pflichtbewusst, dass sie den immer größer werdenden Stapel nur mit einem Seufzen quittiert und sich an die Arbeit macht – zulasten ihrer Freizeit und manchmal auch ihrer Gesundheit.

Entwicklungschance: dem Ich etwas mehr Raum geben

Sie hat es keinesfalls nötig, sich ausnutzen zu lassen und die ungeliebten Arbeiten der anderen zu übernehmen. Schließlich ist sie nicht auf dieser Welt, um es allen recht zu machen. Sie darf ruhig etwas Widerspruchsgeist entwickeln und das Neinsagen üben; und dann sollte sie die gewonnene Zeit auch mal nach Lust und Laune nutzen, sich selbst etwas Gutes gönnen: eine kleine Auszeit, ob das nun Wellness im Thermalbad, ein schönes Essen mit der besten Freundin, eine kleine Fahrradrunde oder ein Leseabend auf der Couch ist.

Apropos zu Hause: Wenn möglich, sollte sie sich da ein eigenes Zimmer einrichten mit Möbeln und Gegenständen, die ihr etwas bedeuten. Dort kann sie immer wieder zu ihrer inneren Mitte finden.

Die wichtigste Stunde ist immer die Gegenwart.
Der bedeutendste Mensch ist immer der, der dir gerade
gegenübersteht. Das notwendigste Werk ist stets die Liebe.
Meister Eckhart

♂ Steinbock, Aszendent Jungfrau
Erfolgreicher Pragmatiker
Man nehme die Zielstrebigkeit des Steinbocks, gebe die Ordnungsliebe der Jungfrau hinzu – und hat einen Menschen, der immer oben mit dabei ist und großartige Erfolge feiern kann. Er ist fleißig und bescheiden und zieht es vor, im Hintergrund zu wirken. Im Mittelpunkt zu stehen ist ihm nicht wichtig, und er braucht das auch nicht für sein Ego. Er ist an guten Ergebnissen interessiert, diese geben ihm mehr Bestätigung als ein Platz auf dem Siegertreppchen! Da er so zurückgezogen schaltet und waltet, ist er etwas schwer einzuschätzen. Denn er redet nicht viel, hat aber ebenso hohe Erwartungen an andere wie an sich selbst. Mit Lob ist er zudem vorsichtig, denn er möchte nicht, dass sich jemand auf den empfangenen Lorbeeren ausruht. Wie sehr angemessen anerkennende Worte überaus motivie-

rend und anregend wirken können und somit ein wichtiger Erfolgs-
faktor sind, vergisst er dabei gern.

In Partnerschaft, Familie und Freundeskreis ist er immer verlässlich und hilfsbereit. Aber auch hier könnten ein wenig mehr Wärme
und Zuneigung nicht schaden!

Gefühle auf dem Abstellgleis

Dass er Emotionen nur bedingt zeigen kann, belastet ihn auch selbst.
Mit seinem unterkühlten Auftreten läuft er Gefahr, immer weiter
in die Abschottung zu geraten – weil die Menschen sich nicht mehr
an ihn herantrauen oder weil sie denken, er hielte sich für etwas Besseres.

Kritik und Fehlschläge sind ihm ein wahrer Graus, denn sie verlangen ihm ab, aus der Reserve zu kommen und sich unangenehmen
Gefühlen zu stellen. Am schlimmsten ist für ihn das Gefühl, dass er
jetzt die Unterstützung anderer benötigt – da muss man ja freundlich
sein! Er kann nun nicht mehr vor und nicht zurück, und einen Sei-
tenausgang gibt es nicht.

Sein großes Pflichtbewusstsein wiederum kann dazu führen, dass
er seine persönlichen Bedürfnisse nicht wahrnimmt und jenes leise
Stimmchen in sich überhört, das ihn inständig um eine Pause bittet,
um schöne, entspannte, genussvolle Momente in angenehmer Gesellschaft …

Entwicklungschance: raus aus dem Kabuff!

Gefühle kommen und gehen, sie verbinden uns mit anderen. Sie hel-
fen uns, Rückschläge zu verarbeiten, und zeigen uns so manchen
Weg, den wir bisher nicht auf der Karte hatten. Niemand muss vom
Eremiten zum Hansdampf werden – schon ein kleines Lächeln, eine
nette Handreichung, ein anerkennendes Nicken kann viel bewirken.
Diesem fähigen Mann könnte das Einüben mentaler Techniken mit

einem guten Coach viel Erfolg, Wohlbefinden in seinem Umfeld und Entspannung bringen.

♀ Wassermann, Aszendent Jungfrau

Kreative Vordenkerin

Um all die Krisen auf der Erde zu bewältigen, bräuchte es mehr Menschen wie die Wassermann-Jungfrau. Sie ist überaus intelligent und schöpferisch, zukunftsorientiert und modern, legt Wert auf Unabhängigkeit und Humanität. Sie denkt in großen Dimensionen und hat auch keine Scheu, sich für ihre Ziele auf ein großes Parkett zu wagen. Zielstrebigkeit und die Lust daran, immer wieder etwas Neues dazuzulernen, werden in ihrem Leben stets eine wichtige Rolle spielen. Sie verfügt über eine Fülle geistiger und praktischer Fähigkeiten und hat ein großes Netzwerk an Gleichgesinnten, belässt es aber nie bei dem Vorhandenen – dafür ist sie viel zu offen und wissbegierig. Sie gibt sich dabei niemals mit pauschalen Antworten zufrieden, hinterfragt alles und ist auch sich selbst gegenüber wachsam: Auf keinen Fall möchte sie »betriebsblind« werden und ihr Handeln von festgefahrenen Meinungen und Mustern bestimmen lassen. Der Jungfrau-Einfluss verleiht dieser Frau ein hohes Maß an sozialer Kompetenz und Menschlichkeit. Fähig und tatkräftig, wie sie ist, steht sie gern im Dienst der Menschheit.

In der Partnerschaft braucht sie den regen geistigen Austausch, aber auch viel Lachen, Liebe und Wärme. Für ihre Kinder ist sie die Größte, da ihre Liebe ebenso unerschöpflich ist wie ihr Ideenreichtum. Dasselbe gilt in ihrem Freundeskreis, wo sie mit ihrem Esprit und ihrem Gemeinschaftssinn einfach unentbehrlich ist. Wer mit ihr durchs Leben tanzen darf, der ist wirklich vom Glück verwöhnt.

Undank als Lohn?

Kritik und Fehlschläge setzen ihr sehr zu, ebenso leidet sie darunter, wenn man ihren Einsatz für allzu selbstverständlich nimmt. Sie wartet zwar nicht darauf, doch über ein paar Worte der Anerkennung für ihr Handeln würde sie sich durchaus freuen.

Entwicklungschance: Steter Tropfen höhlt den Stein

Tatsache ist: Lob ist in unserer Gesellschaft Mangelware, ganz im Gegensatz zu Kritik. Wenn alles gut läuft, wird das einfach so hingenommen; erst wenn es Probleme gibt, wird kommentiert. Da hilft nur, sich die eigenen Leistungen immer wieder selbstbewusst vor Augen zu halten – am besten schriftlich! – und mit gutem Beispiel voranzugehen.

Wenn diese überall gern gesehene Frau mal ganz spontan anderen ihre Anerkennung ausspricht, löst das mit etwas Glück einen Aha-Effekt aus: »Aha, so ein Lob motiviert ja richtig, das sollte man wirklich auch mal tun!« Und schon hat sie die Welt wieder ein Stückchen besser gemacht.

♂ Wassermann, Aszendent Jungfrau

Auf zu neuen Ufern!

Auch der Mann mit dieser Prägung ist sehr wissbegierig und immer darauf aus, seinen Horizont zu erweitern und »up to date« zu sein. Seine geistigen und praktischen Fähigkeiten wirken sehr harmonisch zusammen, und er weiß sich vornehm und souverän auf jedem Parkett zu bewegen. Besonderen Wert legt er auf gedeihliche, kooperative zwischenmenschliche Kontakte. Er ist ein Individualist mit einem Plan: Alles, was er schaffen will, wird strategisch ausgetüftelt und abschließend bis ins Detail geprüft. Das prädestiniert ihn für einen technischen Beruf in der Abteilung Entwicklung, doch sind diese Eigenschaften natürlich auch im sozialen Bereich, in der Wirtschaft, im Handwerk und so weiter höchst willkommen. Die Hauptsache ist für ihn, dass jeder Tag neue Herausforderungen bietet und das Ergebnis seiner Arbeit von allgemeinem Nutzen und Interesse ist.

Als Führungskraft zu arbeiten ist nicht sein unbedingter Anspruch – doch wird es sich bei seinen Fähigkeiten und seiner Bereitschaft, Verantwortung zu übernehmen, kaum vermeiden lassen. Er verlangt dann zwar diszipliniertes Arbeiten, doch stets im Sinne der gemeinsamen Ziele. Auch die anderen sollen erfolgreich sein, dies fördert und unterstützt er aus ganzem Herzen!

Dieser Mann legt sehr viel Wert auf sein Äußeres und hat ein besonderes Interesse für Kunst und Kultur – auch Esskultur! Seine Familie liebt und behütet er. Er ist charmant und ein ganz leidenschaftlicher Tänzer. Abende im Freundeskreis werden mit ihm fast immer zu einem besonderen Erlebnis.

Das tägliche Klein-Klein

Natürlich ist nicht jeder Tag dafür gemacht, Großes zu schaffen. Doch manchmal wollen die Alltagspflichten gar kein Ende nehmen und setzen diesem kreativen Kopf zu, sodass die Ideen nicht mehr sprudeln und das Ganze keinen rechten Spaß mehr macht. Was seinen geistigen Freiraum betrifft, ist dieser Mann sehr empfindlich.

Entwicklungschance: zurück in den Flow

Routineaufgaben gehören in jedem Beruf und an jedem Arbeitsplatz zum Handwerk – deshalb nutzt ein Wechsel meist nur vorübergehend. Besser, er nimmt sich neben der Arbeit viel Zeit für das zeitlose Gefühl aus Kindertagen, nach dem sich so viele von uns zurücksehnen. Ob er sich nun in ein spannendes Buch vertieft, einem Hobby frönt oder einfach in die Wolken schaut: So wird seine innere Leinwand wieder frei für neue Visionen und Ideen!

♀ Fische, Aszendent Jungfrau

Verstand und Gefühl in Hülle und Fülle

Zwei ganz unterschiedliche Prinzipien wirken hier zusammen: Logik und Präzision auf der einen Seite, Intuition und Vorstellungskraft auf der anderen. Schafft es die Fische-Jungfrau, diese gegensätzlichen Charaktermerkmale in Einklang zu bringen, ist sie die geborene Problemlöserin und folgt dabei ihrem bewährten »Zweiphasenmodell«. Phase eins: Sie findet eine Lösungsstrategie, die anderen nicht einmal im Traum einfallen würde. Phase zwei: Sie sorgt kompetent für die systematische Umsetzung. Diese Frau besitzt Führungsqualitäten und jede Menge Feingefühl – somit ist sie als Chefin oder Teamleaderin überaus angenehm und sehr erfolgreich.

Sie gibt viel und hilft, wo sie kann. Auch gemeinnützige Zwecke liegen ihr am Herzen, und sie trägt mit ihrem Engagement das Ihre zum Gemeinwohl bei. In ihrer Familie, als Partnerin und als Freundin strahlt sie Wärme, Zuneigung und Verständnis aus, kann hervorragend zuhören, trösten und aufmuntern. Man kann auch mit ihr zusammen schweigen und fühlt sich doch verstanden und angenommen. Die Fische-Jungfrau ist eine große leidenschaftliche Vertreterin von Toleranz und Menschenliebe und wird auch selbst von vielen geschätzt und geliebt.

Akku leer – bitte aufladen!

Die Balance von Geben und Nehmen verschiebt sich bei ihr häufig, da sie viel gibt und wenig zurückverlangt. Das mag lange gutgehen, aber irgendwann stellt sie vermutlich fest, dass ihre Reserven aufgebraucht sind und sie sich seltsam energie- und kraftlos fühlt. Dies kann so weit gehen, dass sie ständig leicht bedrückt wirkt. Fragt man sie dann besorgt, was mit ihr sei, weiß sie keine rechte Antwort.

Entwicklungschance: ernten, was sie gesät hat

Im Grunde ist ihr natürlich klar, dass sie mehr Zeit und Ruhe für ihre eigenen Interessen bräuchte; aber da sie niemandem wehtun will, kommt ihr ein entschiedenes Nein nicht leicht über die Lippen. Doch genau das gilt es nun zu üben, schließlich hat niemand etwas davon, wenn diese handlungsstarke Frau traurig und mutlos wird. Wachstum und persönliche Weiterentwicklung sorgen dafür, dass sie auch selbst die Früchte ihrer Arbeit erntet und nicht immer nur die anderen profitieren.

♂ Fische, Aszendent Jungfrau

Freigeist mit Sinn für Ordnung

Der Fische-Mann gibt sich locker und pflegt einen sehr individuellen Lebensstil. Dieser Lebenskünstler hat aber auch die Präzision der Jungfrau mit dazubekommen – wenn es ihm gelingt, die Gegensätze unter einen Hut zu bringen, wird er Besonderes erreichen können. Der Fische-Jungfrau-Mann besitzt dann herausragende Führungsqualitäten, die er mit viel Feingefühl und Kreativität zum Einsatz bringt. Jeden Morgen stürzt er sich mit Freude in die Arbeit und versteht es, andere mitzureißen. Doch auch Pausen müssen sein, schließlich ist das Leben zu kurz, um nicht ab und zu mal einen Kuchen vom Bäcker zu holen und ihn mit den Kollegen zu genießen. Nur muss er sich anschließend wieder am Riemen reißen, denn er könnte jetzt ewig so sitzen und plaudern, und die anderen werden einen Teufel tun, ihn davon abzubringen …

Seine Familie liebt ihn und hätte ihn gern öfter um sich, schon deshalb sollte er tagsüber etwas konsequenter arbeiten und dann rechtzeitig Feierabend machen. Besonders seine Kinder brauchen seine Anteilnahme, sein Interesse und manchmal auch einfach seine starke Schulter. Im Freundeskreis wird er für seinen Ideenreichtum und seine zwischenmenschlichen Qualitäten hochgeschätzt, und man fordert seine Anwesenheit oft regelrecht ein.

Lieber keinem wehtun?

Wenn in Beruf oder Familie unpopuläre Entscheidungen zu treffen sind, kommt der Fische-Jungfrau-Mann öfter ins Schleudern. Dahinter steckt Empathie, aber auch etwas Bequemlichkeit! Spätestens, wenn seine Kinder ihn um etwas bitten mit der Begründung »Die Mama hat's verboten«, sollte er hellhörig werden. Respekt und Erfolg verschafft man sich nun mal nicht, indem man zu allem ja und amen sagt.

Entwicklungschance: wissen, was er will

Nein sagen und nach reiflicher Überlegung den eigenen Willen durchsetzen – macht man sich damit unbeliebt? Wenn er es öfter einmal ausprobiert, wird er feststellen: Das Gegenteil ist der Fall. Das heißt ja nicht, dass er seine Liebenswürdigkeit und seine Hilfsbereitschaft aufgeben muss; er muss nur lernen, die richtige Dosis zu finden. Wichtig ist natürlich, dass er jeweils selbst weiß, was er will.

> *Denken ist die Arbeit des Intellekts,*
> *Träumen sein Vergnügen.*
> Victor Hugo

♀ Widder, Aszendent Jungfrau
Organisationsgenie mit Herz

Die losstürmende Widder-Energie wird hier wohltuend abgekühlt durch jungfrautypische Qualitäten wie Ordnungssinn, systematisches Vorgehen und Hilfsbereitschaft. Die Widder-Jungfrau ist eine starke Persönlichkeit mit klaren Vorstellungen vom Leben und von ihrer Arbeitsweise. Hier lässt sie sich nicht hineinreden – wer möchte, dass sie ihre Sichtweisen ändert, muss sie überzeugen. In ihrem Beruf ist sie sehr ehrgeizig, willensstark und kämpferisch. Sie schafft fast immer, was sie sich in den Kopf gesetzt hat – vorausgesetzt, niemand raubt ihr durch Besserwisserei oder willkürlich aufgedrückte Zwänge die Energie.

Sie ist eine ausgesprochene Individualistin und gibt sich in jeder Situation so, wie es ihrem Gefühl entspricht: Sie kann zurückhaltend und kühl sein, aber auch wunderbar aus sich herausgehen und die anderen mit ihrem herzlichen Lachen und ihrer Begeisterung anstecken. Auch wenn man es ihr gerade nicht anmerkt: Im Hintergrund läuft bei ihr immer eine Art Gefühlsscanner mit, was ihr erlaubt, ihre Entscheidungen aus ganzheitlicher Perspektive zu treffen. Auch weiß sie, dass sie andere Menschen am ehesten über die Emotionen von ihren Plänen und Zielen überzeugen kann.

Für Partnerschaft, Familie und Freunde muss sie sich aufgrund ihres beruflichen Einsatzes die Zeit regelrecht freischlagen, was ihr aber meistens gelingt. Sie ist auch privat ein Organisationstalent, was die täglichen Pflichten weniger lästig und die schönen Unternehmungen reibungs- und sorgloser macht.

»Immer ich!«

Im Privatleben verlässt man sich oft darauf, dass sie die Dinge in die Hand nimmt. Aber natürlich möchte sie sich auch gern selbst einmal zurücklehnen, sei es beim Frühstück, das ihr liebevoll am Bett serviert wird, sei es bei der Autofahrt in den Urlaub, wo sie auch mal eine lecker gefüllte Eiswaffel statt des Steuers in der Hand halten möchte. Solche Verwöhnmomente sind für sie auch ein Dankeschön für ihren täglichen Einsatz – bleiben sie zu lange aus, kann sie ärgerlich und traurig werden und weiß dann oft gar nicht, warum.

Entwicklungschance: gelassen abwarten können

Sie sollte mehr Zeit für ihre Regeneration und eigene Interessen einplanen (schriftlich im Terminkalender!) und dem Geschirrberg in
der Küche, dem Papierstapel im Büro einfach mal beim Wachsen zu-
sehen, bis sich jemand anders erbarmt. Wenn es noch einen kleinen
Hinweis braucht, fällt ihr sicher die passende Formulierung ein!

♂ Widder, Aszendent Jungfrau

Die Ausgewogenheit in Person

Stürmisch wie das Meer und ruhig wie ein verborgener Waldsee:
Diese beiden Charaktermerkmale sind hier harmonisch vereint, indem sie sich gegenseitig abmildern. Deshalb kann der Widder-Jung-
frau-Mann sich über ein ausgeglichenes Gemüt freuen, das Schwung
und Willenskraft ebenso aufweist wie Ordnungsliebe, innere Ruhe
und strukturiertes Vorgehen. Er ist eine starke Persönlichkeit und ein
großer Individualist, seine Pläne setzt er mit viel Engagement und am
liebsten nach den eigenen Vorstellungen um, und zwar immer gezielt
und rasch. Dabei verbittet er sich jede Einmischung – es sei denn, der
Einwand ist aus fachlicher Sicht angebracht. Aber davon muss man
ihn erst einmal überzeugen!

Er kann sich sehr unnahbar geben, solange er eine Person oder
Situation noch prüfen muss. Doch wenn diese genaue Prüfung für
ihn das gute Gefühl ergibt, dass alles in Ordnung ist, kann er auf mitreißende Weise aus sich herausgehen. Und schließlich ist es ja auch
von Vorteil, dass er auf den äußeren Anschein nicht allzu viel gibt
und nicht oberflächlich ist.

Emotionen spielen in seinem Leben eine große Rolle. Während er
seine Gefühle nicht auf dem Präsentierteller vor sich herträgt, sind
sie in seinem Inneren höchst aktiv. Seine Partnerin, seine Kinder und
seine Freunde kennen ihn gut genug, um ihn entsprechend wertzu-

schätzen und seine Gesellschaft zu genießen. Dass er auch genügend Zeit für sie hat, muss er sich allerdings täglich neu erkämpfen.

Vorsicht, Gefühle!
Bisweilen machen ihm seine Gefühle einen Strich durch die Rechnung, denn manchmal merkt er nicht, wie sehr er bereits emotional in eine Sache involviert ist, sei es im Beruf oder im Privatleben. Seine Regungen pfuschen ihm so ins Handwerk, dass es ihn ziemlich verwirren und aus der Bahn bringen kann, weil seine sonst übliche Klarheit verlorengeht.

Entwicklungschance: nach draußen gehen
Er sollte vielleicht öfter und früher seine Gefühle zum Ausdruck bringen, sei es Zuneigung, Ärger, Freude, was auch immer. Damit tritt er in einen intensiveren Kontakt mit anderen, und nichts gärt in ihm vor sich hin. Zudem sollte er in seiner Freizeit unbedingt mehr Zeit für Regeneration einplanen, zum Beispiel für lange Spaziergänge, bei denen er in Ruhe seinen Gedanken nachhängen und seine Gefühle einfach so wahrnehmen kann, wie sie kommen, ob bei Regen, Wind oder Sonnenschein!

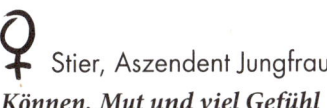 Stier, Aszendent Jungfrau
Können, Mut und viel Gefühl
Eine wunderbare Frau, die in erster Linie für andere sorgt und erst in zweiter für sich selbst. Dass dies natürlich auch Gefahren birgt, werden wir weiter unten noch sehen. In ihrem Beruf ist sie sehr kreativ, zugleich geht sie mit Logik und System vor. Das prädestiniert sie für besondere Aufgaben mit hohem Anspruch. Verlässlich bringt sie ihre Projekte gemeinsam mit ihrem Team zu erfolgreichen Ergebnissen. Probleme existieren für sie nicht, sie kennt nur Herausforderungen,

und die meistert sie mit individuellen, maßgeschneiderten Lösungen. Ihr solides Können ist hochgeschätzt und sehr gefragt. Ist doch einmal Sand im Getriebe, stellt sie sich schützend vor ihre Mitarbeiter, auch wenn sie intern durchaus klare Worte findet.

In Partnerschaft, Familie und Freundeskreis ist sie stets mit Rat und Tat zur Stelle. Das Zusammensein mit ihren Kindern liebt sie über die Maßen. Es ist ihr unendlich wichtig, ihnen ein harmonisches, sicheres Zuhause zu bieten und ihre Entwicklung beständig anzuregen und zu unterstützen. Ihre Freizeit verbringt sie außerdem am liebsten mit dem Partner und mit vertrauten Freunden. Zusammen in der Natur oder in ihrem wundervollen, gemütlich gestalteten Zuhause das Leben genießen, mit allem, was dazugehört – etwas Schöneres gibt es aus ihrer Sicht gar nicht.

Latente Erschöpfung

Sie regeneriert eindeutig zu wenig und tankt zu selten frische Energie, weil sie so viel für andere leistet. Kein Wunder also, wenn ihr Akku oft leer ist. Das macht sie nicht nur müde und manchmal etwas gereizt, sondern auch anfällig für Krankheiten.

Entwicklungschance: auch mal an sich selbst denken

Wenn sie dauerhaftes Glück im Leben finden will, muss sie ein wenig besser mit ihren Kräften haushalten und den Mut aufbringen, auch einmal nein zu sagen. Ihr Körper sendet zuverlässig Überlastungssignale, sie muss sie nur wahrnehmen und sich etwas Gutes tun – die Möglichkeiten reichen vom gemütlichen Leseabend mit abgestelltem Telefon bis hin zum ausgiebigen Wellness- oder Wanderurlaub.

Natürlich kann der Partner sie dabei nach Kräften unterstützen und muss dafür wahrscheinlich nur die eine oder andere Bequemlichkeit aufgeben, die er sich im Leben mit ihr angeeignet hat. Er sei hiermit eindringlich dazu aufgerufen, denn diese wunderbare Frau an seiner Seite hat seine Mitwirkung mehr als verdient!

 Stier, Aszendent Jungfrau

Klare Konturen

Diese Prägungen greifen ineinander wie zwei Teile eines Puzzles. Den Stier-Jungfrau-Mann kann man einen tüchtigen Lebenskünstler nennen, und bei ihm ist das kein Widerspruch. Klare Prinzipien, Ordnung, Präzision und Verlässlichkeit sind für ihn selbstverständlich, und er erwartet sie auch von anderen. Gleichzeitig ist er ein überaus kreativer Individualist mit einem besonderen Blick bis auf den Grund der Dinge. Im Beruf agiert er sehr erfolgreich und wahrscheinlich in verantwortlicher Position. Man schätzt seine soliden Kenntnisse und sein kreatives Geschick zu Recht sehr hoch ein und vertraut auf seine Fähigkeiten. Er neigt dazu, seine Fittiche schützend über seine Mitarbeiter zu breiten und sie vor Fehlern, Kritik von ganz oben und auch vor allzu umwälzenden Veränderungen der täglichen Abläufe zu bewahren.

Als Familienvater, Partner oder auch als Freund kann man ihn stets um Hilfe und Rat bitten, und er weiß fast immer eine Lösung! Für seine Kinder ist er ein treusorgender Papa und achtet sehr darauf, genug Zeit und Muße für sie zu haben. Seine gesamte Freizeit gestaltet er eher entspannt. Ein knisterndes Holzfeuer, ein schönes Essen, ein gutes Glas Wein oder Bier, dazu die Gesellschaft der Liebsten oder guter Freunde – das sind die Zutaten, die ihn rundum glücklich und zufrieden machen.

Kleine Aussetzer

Es gibt Momente, in denen er unangemessen reagiert, ganz überraschend laut und aggressiv wird und ein Bild von sich abgibt, für das er sich später selbst schämt. Dass eine Entschuldigung fällig ist, weiß er dann selbst.

Manchmal ist er ein Eigenbrötler, verzettelt sich bei seinen kreativen Planungen, statt sich wie sonst auf Bewährtes zu verlassen. Das ruft natürlich Kritiker auf den Plan.

Entwicklungschance: Ursachenforschung und -behebung
Er sollte versuchen, die Auslöser für seine ungewohnt aggressiven Verhaltensweisen zu ermitteln, und Gegenmittel finden, damit er nicht immer wieder so viel Angriffsfläche bietet. Dadurch könnte er viel Energie einsparen und sein allgemein gutes Ansehen bewahren.

Lebenskunst besteht darin,
die eigene Natur mit der eigenen Arbeit in Einklang zu bringen.
Luis de Leon

♀ Zwillinge, Aszendent Jungfrau
Meisterhafte Menschenkennerin
Höhenflug mit Bodenkontakt: Die überaus aktive und dominierende Zwillinge-Frau wird mit dem Einfluss der Jungfrau etwas ausgebremst und immer wieder auf die Erde zurückgeholt. Sie ist verlässlich, kommunikativ und sehr beliebt in ihrem Umfeld. Ihre menschenfreundliche Denkweise wirkt sich einfach deutlich auf ihr Verhalten aus und macht sie von Grund auf sympathisch. Im Kollegenkreis genießt sie hohes Ansehen. Sie ist absolut loyal und sehr beständig. Wichtiger – und sogar viel lieber – als ein Büro auf der Chefetage ist ihr eine verantwortliche Aufgabe, bei welcher der zwischenmenschliche Bereich eine entscheidende Rolle spielt. Im Umgang mit Menschen zeigen sich ihre größten Stärken, ob bei der

Kundenbetreuung, im Ausbildungsbereich oder gleich in einem psychosozialen oder kulturellen Beruf. Hier blüht sie auf und zieht alle Register ihres Könnens.

In ihrer Familie, in der Partnerschaft und im Freundeskreis hat sie mit ihrer Ausgeglichenheit und ihrem tiefen Verständnis für die Belange der kleinen ebenso wie der großen Menschen einen guten Stand. Über positive Rückmeldungen – ein spontaner Kuss vom Liebsten, ein Strauß Gänseblümchen vom Nachwuchs, eine Einladung von Freunden – freut sie sich riesig.

Zwischen den Stühlen
Wenn sie vor die Aufgabe gestellt wird, eine möglicherweise unpopuläre Entscheidung zu treffen, bringt sie das in Gewissenskonflikte. Schließlich möchte sie auf der Seite der Schwächeren stehen. Als Anwältin der Menschlichkeit braucht sie im harten Berufsleben erhebliches diplomatisches Geschick!

Oft regeneriert sie zu wenig, um ihr Energiereservoir wieder aufzufüllen. Dies macht sie bisweilen traurig und bedrückt sie.

Entwicklungschance: achtsam bleiben
Der erste Rat an diese hoch engagierte Frau: aufmerksam für das eigene Wohlbefinden und für viel Erholung und Entspannung sorgen! Denn nur, wenn sie sich selbst rundum wohlfühlt, ist Musik drin in ihrem Alltag. Allein dann kann sie im vollen Umfang auf ihre Fähigkeiten im Dienste der Menschheit zugreifen. Und nur dann ist sie im Fall einer schwierigen Entscheidung sicher, alles ihr Mögliche getan zu haben, damit es für die Beteiligten gut ausgeht.

♂ Zwillinge, Aszendent Jungfrau

Disziplin geht vor!

Der aktive, spontane Zwillinge-Charakter gewinnt durch den Jungfrau-Einfluss an Beständigkeit. Dieser kluge Kopf stellt seine Gefühle meist eher in den Hintergrund zugunsten von Ordnung und Geradlinigkeit. Er ist ein ausgesprochener Individualist, der oft falsch eingeschätzt wird, da er sich unnahbar und zurückhaltend gibt. Dabei ist er weder überheblich, noch mangelt es ihm an Selbstvertrauen. Wer beruflich mit ihm zu tun hat, wird feststellen, dass er ein angenehmer, immer korrekter und ehrlicher Mensch ist, auf den man sich verlassen kann. Seine Aufgaben geht er mit viel Disziplin, Elan und Eigenverantwortung an. Wenn er in eine Arbeit abgetaucht ist, sollte man ihn nicht stören, schon gar nicht mit der Einladung zu etwas so Legerem wie einem Kaffeepäuschen …

Auch im Privatleben setzt er auf Ordnung und Diszipliniertheit. So schätzt er natürlich heimisches Chaos überhaupt nicht und lebt zum Beispiel seinen Kindern vor, Gegenstände, die man benutzt hat, danach wieder wegzuräumen. In der Partnerschaft sucht er geistigen Austausch und gemeinsame Entspannung, aber bitte bloß kein Gefühlschaos! Sollte er sportlich engagiert sein, ist er stets die treibende Kraft und hält die Sportfreunde mit seinem Vorbild zu konsequentem Training an.

Zu streng mit anderen und sich selbst

Manchmal könnte er lockerer, gelassener und toleranter sein und mehr auf andere Menschen zugehen. Mit Kritik und Fehlschlägen kommt er gar nicht klar.

Entwicklungschance: wagen und gewinnen

Er sollte versuchen, bei diversen Gelegenheiten einfach mal den Anfang zu machen, und ein Gespräch eröffnen, statt immer zu warten,
bis man auf ihn zukommt. Das tut nicht weh, bringt aber viele Sympathien und bietet wichtige Chancen.

In seiner Freizeit darf er sich und den Menschen in seinem Umfeld
ruhig mehr Entspannung zugestehen – die Erde dreht sich auch dann
weiter, wenn er einfach mal loslässt. Im erholten Zustand können
ihm auch Kritik und Sand im Getriebe nicht mehr viel anhaben.

*Der Sinn des Lebens besteht nicht darin,
ein erfolgreicher Mensch zu sein, sondern ein wertvoller.*
Albert Einstein

♀ Krebs, Aszendent Jungfrau

Brückenbauerin mit innerer Balance

Die Zuversicht in Person, so könnte man diese Frau zusammenfassend beschreiben. Sie ist ein wahrer Fels in der Brandung und steht
anderen mit Rat und Tat zur Seite. Im Beruf ist sie die geborene Vermittlerin, zum Beispiel wenn es darum geht, die Interessen von Ge-
schäftsleitung und Angestellten, so gut es geht, in Einklang zu bringen. Oft findet man diesen Frauencharakter aber auch gleich in
einem vermittelnden Beruf, etwa als Mediatorin, Juristin oder im
sozialen Bereich. Immer stellt sie ihr Können in den Dienst der
Menschheit und ist froh, helfen zu können. Eine Führungsposition
ist ihr nicht unbedingt wichtig, der zwischenmenschliche Bereich ist
das, was für sie zählt.

Ihre Freizeit gestaltet sie abwechslungsreich und kommunikativ,
dabei versteht sie es dank ihrer musikalischen Begabung, Brücken

zwischen den Menschen zu schlagen. Diese aktive Frau hat aber auch eine gemütliche, genussliebende Seite: Ein schönes abendliches Beisammensitzen mit Freunden tut ihr ebenso gut wie ein Mahl bei Kerzenschein mit ihrem Liebsten oder eine kleine Fahrradrunde zur nächsten Eisdiele mit den Kindern. In ihrer Familie ist sie der Mittelpunkt, um den sich alles bewegt; und auch im Freundeskreis ist sie diejenige, die alles zusammenhält. Wärme und Zuneigung, Liebe und Lachen sind überall da, wo sie auftaucht. Glücklich ist, wer sie kennen und erleben darf!

So viel Verantwortung

Natürlich wird es selbst für diese nervenstarke Frau manchmal zu viel des Guten – durch ihr Talent zum Vermitteln fühlt sie sich schnell für alles verantwortlich, doch manchmal lässt sich eben partout kein Kompromiss, keine gemeinsame Lösung finden. Das kann sehr belastend für sie sein. Auch dass andere sich gern bei ihr anlehnen und ihre Hilfe suchen, kostet sie bisweilen einfach zu viel Energie – denn bei wem kann sie sich selbst einmal anlehnen? In ihren seltenen schwachen Momenten wird ihr dann bewusst, wie erschöpft sie eigentlich ist.

Entwicklungschance: loslassen und genießen

Sie sollte den Anspruch aufgeben, jede Situation klären zu können und zu müssen. Schließlich hat sie nur begrenzten Einfluss darauf, was in anderen Menschen vorgeht. Auch hat sie zum Beispiel das Recht, nach einem langen Arbeitstag die Telefonklingel abzustellen und allein, mit ihren Lieben oder im Kreise guter Freunde den Abend zu genießen. »Entspannen und auftanken«, so lautet hier die Devise!

♂ Krebs, Aszendent Jungfrau
Gemütlicher Nachtschwärmer

Durch den Jungfrau-Einfluss gewinnt der sensible Krebs an Stabilität, Geradlinigkeit und Verlässlichkeit. Er ist ein gemütlicher, sympathischer und musikalischer Mann, dessen Lebensmittelpunkt nicht unbedingt im Beruf liegt, obwohl er dort alle Aufgaben präzise und zuverlässig ausfüllt. Er muss beruflich aber nicht im Mittelpunkt und schon gar nicht im Rampenlicht stehen – es sei denn, er hat sein Steckenpferd zum Beruf gemacht: Wenn seine Vorliebe für Musik und Unterhaltung ins Spiel kommt, wacht er auf und ist nicht zu bremsen. Spielend leicht begeistert er seine Zuhörer und verbreitet gute Stimmung. Dass er eher eine Nachtigall als eine Lerche ist, kommt ihm dabei sehr zugute. Er möchte Auszeiten haben, wann ihm danach ist, und nicht, wann es eben vorgeschrieben wird. Er will seinen eigenen Rhythmus bestimmen und nicht abhängig sein von anderen. Dann kann er richtig aufblühen.

Um zu genießen, braucht er nur Zeit und Muße, aber wenig Geld und großen Aufwand. Er sucht stets das Besondere im Einfachen, was viel von seiner Gelassenheit und inneren Ruhe erklärt. Bei ihm kann man sich abschauen, wie wenig es braucht, um glücklich und gut gelaunt zu sein. Dank seinem ausgeglichenen Gemüt hat er auch ein besonderes Talent dafür, mit viel Feingefühl zwischen den Menschen zu vermitteln und ihnen in Krisensituationen weiterzuhelfen. Erfolge in diesem Bereich genießt er sehr, und sie machen ihn glücklich.

Nach allem, was bereits gesagt wurde, dürfte es nicht mehr überraschen, dass er in Partnerschaft, Familie und Freundeskreis ebenfalls geliebt und geschätzt wird! Auch hier ist er außerdem überaus verlässlich und treusorgend.

»Zu erledigen«

Manchmal traut er sich zu wenig zu, vor allem bei Aufgaben, die ihm nicht hundertprozentig liegen. Auch mag er keinen Druck, und so bleibt die ungeliebte Aufgabe schon mal viel zu lange in ihrem Fach und drückt ihm auf die Seele.

Entwicklungschance: Was du heute kannst besorgen ...

Je länger eine unangenehme Aufgabe liegen bleibt, umso schwieriger und beängstigender erscheint sie uns. Doch wie viel Energie kostet es, wenn uns das schlechte Gewissen rund um die Uhr plagt! Also heißt es: nicht Maus, sondern Mann sein und trotzdem ran an den Speck. Sobald er tätig wird, verschwinden schon mal eine Menge Stresshormone aus dem Körper, und wie selig befreiend ist das Gefühl, wenn es geschafft ist! Alles ist gut, und meist war es rückblickend dann doch viel einfacher als gedacht.

♀ Löwe, Aszendent Jungfrau

Im Rampenlicht

Dynamik, Zielstrebigkeit und soziale Kompetenz: Das sind Zutaten für den Erfolg auf der großen Bühne des Lebens. Die Löwe-Jungfrau hat all das und noch viel mehr. Sie steht gern im Mittelpunkt und genießt es, wenn alle Augen auf sie gerichtet sind. Sie ist aber auch bereit, sehr viel zu geben und andere nach Kräften zu unterstützen. Mit Elan und Begeisterung übernimmt sie große Aufgaben und meistert diese mit Plan und Bravour. Sie geht voran und leitet, nichts anderes würde sie ausfüllen. Sie braucht immer wieder eine neue Herausforderung, an der sie wachsen kann. Stillstand bedeutet für sie Rückschritt. Trotz ihrer Stärke ist sie sehr sensibel und verletzlich. Ein respektvoller Umgangston ist für sie von maßgeblicher Bedeutung.

Sie liebt Sport, um sich auszupowern und etwas für ihre Gesundheit zu tun. Auch zu Hause bringt sie Schwung in die Bude und lebt ihrer Familie eine positive Lebenshaltung vor. Sie besitzt viel Feingefühl für die kleinen und großen Sorgen anderer, deshalb sucht man häufig ihre Nähe und ihren Rat.

Weiter, immer weiter …
Dass sie von Herzen gern hilft und alles gibt, steht außer Frage. Doch verlassen sich manche allzu sehr darauf, dass sie es schon richten wird, und stellen eigene Bemühungen ein. In ihrem großen Elan merkt sie dann oft nicht rechtzeitig, dass es genug ist und sie eine Pause braucht.

Entwicklungschance: »Es geht auch mal ohne mich!«
Sie sollte sich ruhig etwas rarmachen und muss nicht immer sofort zur Stelle sein, wenn jemand Hilfe benötigt. Einfach mal zurücklehnen und schauen, was die anderen ohne sie auf die Beine stellen – das ist eine wichtige Übung für sie, um mit ihrer Energie hauszuhalten. Wenn es wirklich mal brennt, ist sie ja trotzdem zur Stelle.

> *Die Tat ist alles, nichts der Ruhm.*
> Johann Wolfgang von Goethe

♂ Löwe, Aszendent Jungfrau
Kraft vernünftig eingesetzt
Durch den Jungfrau-Einfluss wird das typische Löwe-Verhalten etwas leiser und bescheidener, was sich im zwischenmenschlichen Bereich als sehr vorteilhaft erweist, denn das manchmal eitle Gehabe und die Wichtigtuerei des Löwen werden besänftigt. Trotzdem hat

der Löwe in diesem Mann noch genügend Kraft, um sich in den wichtigen Dingen gut in Szene zu setzen und seine Duftmarke zu hinterlassen. Diese Energie setzt er aber sinnvoll, selbstkritisch und vernünftig ein, und laute Töne hat er deshalb nicht nötig. Verstand und Gefühl sind im Einklang – meistens, denn die Gefühle jederzeit im Zaum zu halten wäre von einem echten Löwen einfach zu viel verlangt. Insgesamt ist der Löwe-Jungfrau-Mann ein Individualist mit großartigen Talenten und Fähigkeiten. Bei allem, was er tut, wägt er zunächst ab und beobachtet die Szenerie, aber wenn der richtige Zeitpunkt gekommen ist, setzt er entschlossen zum Sprung an.

Seine Familie, seine Kinder und sein Freundeskreis bedeuten ihm sehr viel. Harmonie, Wärme und Zuneigung fordert er nicht, sondern verschenkt sie einfach und kommt so wiederum auch selbst in deren Genuss.

Wenn es in ihm hochkocht

Seine Eitelkeit hält sich in Grenzen, seine Ansprüche in der Partnerschaft, an Freunde und Mitarbeiter jedoch sind immer hoch, manchmal zu hoch. Ab und zu brechen zudem die Aggression und die Dynamik des Löwen durch, ohne dass er es will. Die Ernüchterung folgt auf dem Fuß, sobald der Löwe-Jungfrau-Mann wieder zur Besinnung kommt und sieht, was er angerichtet hat.

Entwicklungschance: rechtzeitig runterkommen

Wenn den Löwen das Raubtier Gen überrumpelt und sein sonst so klarer Verstand wie benebelt ist, verblassen in den Augen der anderen schlagartig all seine großen Leistungen, so überraschend vollzieht sich die Verwandlung. Das ist doch ein Jammer! Bevor er sich und seiner guten Sache dauerhaft schadet, sollte er lernen, den Schuss zu ahnen, bevor er fällt, und rechtzeitig wieder zu sich zu kommen.

Aszendent Waage

♀ Waage, Aszendent Waage

Anführerin mit Stil

Die doppelte Waage-Frau bringt alles mit, was eine Führungskraft braucht. Sie geht stets mit gutem Beispiel voran und ermuntert die anderen, ihr zu folgen. Beruflicher Erfolg ist ihr Glücksfaktor Nummer eins. Sie braucht ihn als persönliche Bestätigung, und dafür ist sie auch bereit, vieles zu entbehren und hart zu arbeiten. Sie bewegt sich auf jedem Parkett mit Stil und Niveau, legt großen Wert auf ihr Aussehen und hält sich mit Sport fit und in Form. Kein Wunder, wenn sie ihre Gesprächspartner nicht nur mit geschliffener Rhetorik, sondern auch mit ihrem Charme und ihrer starken Ausstrahlung überzeugt.

Sie ist überall beliebt, und gute Freunde sind ihr wichtig, weil sie so gern lacht und humorvoll ist – aber ein gewisses Niveau muss immer vorhanden sein. Mackertypen und oberflächliche oder stillose Menschen lässt sie nicht in ihre Kreise vordringen. Die Familie bedeutet ihr sehr viel, dort tankt sie die Kraft für ihren Beruf und verbreitet fast immer gute Laune. Mit ihr wird es niemals langweilig. Die Waage-Waage-Frau bevorzugt die raffinierte Küche, gern auch mit exotischen Zutaten, ein schönes, hochwertiges Ambiente und Urlaube mit viel Lebensfreude, sei es Salsa in der Karibik oder Dolce Vita in Bella Italia.

Aufstand der Neider

Diese umwerfende, intelligente Persönlichkeit wird nicht selten mit Widerstand konfrontiert, etwa weil männliche Kollegen ihre Unbekümmertheit und Stärke nicht akzeptieren wollen oder man sie für arrogant hält. Leider wird Kritik daran selten direkt, angemessen und konstruktiv geäußert, sondern in selbst konstruierte Probleme und unschöne, anstrengende Vorwürfe verhüllt.

Entwicklungschance: nicht aus der Bahn bringen lassen
Sie geht das meist gelassen an und findet in der Konsequenz immer wieder die passenden Worte und eine diplomatische Lösung. Oft hilft es, wenn sie ein bis zwei Stufen hinabsteigt, um diese Menschen dort abzuholen, wo sie stehen. Sie muss aber manchmal einfach akzeptieren lernen, dass sie nicht jeden für sich und ihre Ziele gewinnen kann. Letztlich heißt es für sie, sich nicht vom Weg abbringen zu lassen und ihre eigenen Vorstellungen zu leben.

♂ Waage, Aszendent Waage
Mann von Welt
Dieser Mann mit dem doppelten Charme und Harmoniebedürfnis der Waage, verbunden mit einem ausgeprägten Gerechtigkeitssinn und einem eleganten Lebensstil, ist ein freundlicher, aufgeschlossener und immer hilfsbereiter Mensch mit Humor und Esprit. Sein Auftreten, seine Erscheinung und seine Wortwahl verraten, dass er diesen Dingen viel Aufmerksamkeit und Sorgfalt widmet. Sein ästhetisches Empfinden zeigt sich in seiner schön und angenehm gestalteten Umgebung, auch am Arbeitsplatz. Natürlich freut er sich über Komplimente wegen seines guten Stils und Geschmacks! Im Beruf steht er an der Spitze, und auch sein Führungsstil ist geprägt von angenehmen Umgangsformen.

Seine Familie und seine Freunde genießen seine guten, liebenswerten Umgangsformen ebenfalls. Ob es nun um die Abendgestaltung oder das Einrichten der gemeinsamen Wohnung mit schönen Materialien geht, mit ihm ist alles ein Genuss. Seinen Kindern liefert er ein gutes Vorbild und duldet keine Nachlässigkeiten – gern dürfen sie nach Herzenslust im Matsch spielen, doch beim Abendessen müssen die Fingernägel sauber sein! Auch bei der Urlaubsplanung ist es eine Freude, ihn an seiner Seite zu haben, weil alles sorgfältig und für alle passend geplant werden kann. Es darf durchaus auch mal ein Campingurlaub sein – aber dann nur mit dem besten und hochwertigsten Equipment! Er ist ein Lebenskünstler, ein Charmeur und Genießer; und er weiß, dass man das Leben in vollen Zügen auskosten und schätzen sollte.

Manchmal zu zaudernd

Er ist kein Freund schneller Entscheidungen und verhindert durch sein Zögern manchmal sogar, dass bereits beschlossene Maßnahmen umgesetzt werden. Das liegt daran, dass er allzu gründlich abwägt und dabei gern das Wesentliche aus den Augen verliert. Er steht sich dann selbst im Weg und ärgert sich nicht wenig darüber.

Bei bestimmten Gelegenheiten ist er kaum zu Kompromissen bereit. Dann kommt es schon mal vor, dass man ihm Arroganz unterstellt, was ihn jedoch völlig kaltlässt.

Entwicklungschance: entscheiden und erklären

Seine Entscheidungsfreude kann er durch das Einüben mentaler Techniken stärken. Das wird sich für ihn sehr lohnen.

Wenn er sich auf einen Kompromiss nicht einlassen mag oder kann, dann hilft es, sich die Zeit zu nehmen und den anderen seine Beweggründe verständlich zu machen. Schon dieses Bemühen kann die Situation entschärfen!

♀ Skorpion, Aszendent Waage

Stolz und klug

Die Skorpion-Waage-Frau ist einfühlsam, zupackend und absolut verlässlich. Sie liebt Verantwortung, und sie zieht diese auch an sich – sie sieht, was zu tun ist, und krempelt die Ärmel hoch ... Immer geht sie mit gutem Beispiel voran und überzeugt mit ihren herausragenden Leistungen. Was sie fertigstellt, das »sitzt, passt, wackelt und hat Luft« – eine Nachkontrolle ist da fast eine Beleidigung. Sie ist sehr stolz, was sich auch in ihrem stets makellosen Äußeren zeigt. Eine Diplomatin ist die Skorpion-Waage-Frau nicht, dafür ist sie viel zu geradeheraus. Dies weiß sie und will es auch gar nicht anders.

Eine besondere Begabung liegt in ihrer Vorahnung – sie spürt Ereignisse oftmals schon kommen, wenn andere noch nicht mal daran denken. Manchmal fühlt sie sich dann wie die Seherin Kassandra im alten Troja: Ihre Vorhersagen treffen so gut wie jedes Mal ein, doch immer wieder glaubt ihr niemand. Deshalb hat sie gelernt, ihre Ahnungen für sich zu behalten, was sie jedoch manchmal belastet.

Für ihre Familie bedeutet sie den Hauptgewinn und für alle Menschen in ihrem Umfeld eine große Bereicherung. Sie ist eine tolle Gastgeberin und eine leidenschaftliche Genießerin – mit Freunden zusammen aus erlesenen Zutaten ein Fünf-Gänge-Menü zaubern und schon beim Zubereiten plaudern, ein wenig naschen und ein gutes Glas Wein genießen, das ist ihre Vorstellung von einem gelungenen Abend.

Erschöpfung und kleine Ärgernisse

Anerkennung und Bestätigung bedeuten der Skorpion-Waage-Frau viel, obwohl sie so stolz ist. Bleiben anerkennende, bewundernde Worte lange aus, sinkt ihre Laune.

Sie arbeitet extrem schnell, weil ihr alles leicht von der Hand geht. Viele haben damit ein Problem, weil sie ihr nicht folgen können, das kann schon mal Missgunst und unterschwelligen Ärger auslösen. Oft überfordert sie sich durch ihre Tatkraft, denn sie ignoriert gern die Bitten ihres Körpers um eine Pause.

Entwicklungschance: alles etwas ruhiger angehen
Lob ist in unserer Gesellschaft Mangelware – da hilft es, mit gutem Beispiel voranzugehen! Sie sollte außerdem lernen, gelegentlich den Druck herauszunehmen und mit ihrem Arbeitseinsatz nicht zu übertreiben, sonst fühlen sich die anderen womöglich übervorteilt. Aber auch sich selbst zuliebe darf sie ruhig mal delegieren und sich mehr Entspannung und Regeneration zugestehen.

♂ Skorpion, Aszendent Waage
Geheimnisvoller Fremder
Die Waage-Prägung aus der Geburtsstunde hat einen ausgleichenden Einfluss auf den leidenschaftlichen Skorpion, und heraus kommt ein charmanter, freundlicher, faszinierender Mann mit einer besonderen, anziehenden Ausstrahlung. Unter der liebenswürdigen Oberfläche brodeln starke und intensive Gefühle, die sich auch gelegentlich Bahn brechen. Ein besonderes Glück besteht aber darin, dass dieser Charakter eine versöhnliche Ader hat, die ihm schnell seine innere Ruhe zurückgibt. Im Geschäftsleben ist er schwer berechenbar, dies gehört zu seiner Strategie. Ein angemessener Umgang spielt bei ihm eine entscheidende Rolle. Ein Streittyp ist er nicht, doch wer ihn einmal richtig verletzt, beleidigt oder hintergeht, der muss schon etwas Besonderes leisten, um ihm wieder auf Augenhöhe begegnen zu können.

Der Skorpion-Waage-Mann ist stolz und ein wenig eitel, er legt sehr viel Wert auf seine äußere Erscheinung und sein Auftreten. Hier kommt der Waage-Einfluss ins Spiel und bringt viel Sinn für Harmonie und Ästhetik mit. Auch wenn er es nicht zugeben möchte: Ehrlich gemeinte Anerkennung und Lob bedeuten ihm sehr viel. Eine ganz besondere Begabung ist seine feine Intuition. Er spürt Ereignisse und Veränderungen sehr früh und kann sich daher besser darauf einstellen als andere.

Privat ist er absolut verlässlich, aber eher verhalten und introvertiert. Geburtstag, Hochzeit, Jubiläen, solche Ereignisse mag er nicht an die große Glocke hängen. »Sehen und gesehen werden« ist einfach nicht sein Ding. Zwar lässt er sich schon mal überreden, mitzukommen zu einem Event, aber für ihn sind das doch eher Pflichtveranstaltungen, oft zum Leidwesen von Partnerin, Kindern und Freunden.

Der Dolch im Gewande
Er kann sarkastisch werden und sein Gegenüber damit völlig durcheinanderbringen. Manchmal macht er sich sogar einen Spaß daraus und schüttelt innerlich den Kopf über die Naivität des anderen. Auch neigt er zu allzu schnellen Urteilen über Menschen, deren Art und Auftreten nicht zu seinen persönlichen Vorstellungen passen.

Entwicklungschance: wertschätzendes Verhalten üben
Das Erlernen und Trainieren mentaler Techniken, zum Beispiel im Rahmen eines professionellen Coachings, könnte ihm große Dienste leisten.

So wie die Anmut der Ausdruck einer schönen Seele ist,
so ist die Würde der Ausdruck einer erhabenen Gesinnung.
Friedrich von Schiller

♀ Schütze, Aszendent Waage

Achtung, erhöhte Anziehung!

Die Schütze-Waage-Frau hat Charisma, eine tolle Ausstrahlung – und eine klare Vorstellung davon, wie es im Leben zu laufen hat. Sie mag es, wenn man sie um Rat fragt, und in der Regel hat sie auch immer eine hilfreiche Antwort parat. Wenn man sich um Niveau, Anstand und Feingefühl bemüht – und schon das Bemühen wird anerkannt –, dann hat man ein gutes Auskommen mit ihr. Sie zeigt ein großes Interesse an Kunst und Kultur und hat dies womöglich auch zu ihrem Beruf gemacht – sei es als Kunstschaffende, als Galeristin oder als Kulturbeauftragte einer Gemeinde. Auf jeden Fall aber findet man in ihrem Zuhause und an ihrem Arbeitsplatz entsprechende Bücher und Objekte. Hier hat sie ein großes Wissen, das sie sich durch ihr Interesse fast automatisch angeeignet hat.

Die Schütze-Waage-Frau mag sportliche Urlaube: eine Bergklamm erkunden, eine Höhle erforschen, Tauchen, Canyoning, Segeln, Urlaub mit Pferden … Hauptsache: Action und Abenteuer! Zwischendurch darf es auch noch der Besuch einer schönen Kirche, eines Museums oder der Oper sein. Sind Partner, Kinder oder Freunde eher für einen gemütlichen Strandurlaub, muss man eben Kompromisse finden. Doch weder Familie noch gute Freunde möchten lange auf die Anwesenheit dieser anregenden und großartigen Frau verzichten!

Hohes Ross?

Mit größeren Gefühlsschwankungen zwischen heiter und wolkig gibt die Schütze-Waage-Frau anderen oft Rätsel auf. Oft wirkt sie auf bestimmte Personen auch arrogant, da ihr Menschen, die unter ihrem Niveau sind, nicht folgen können. Es fällt ihr aber schwer, sich auf sie einzustellen, da sie sich in ihrem Elan nicht bremsen will.

Entwicklungschance: öfter mal ins Schritttempo wechseln

Die Gefühlswelt ins Gleichgewicht zu bringen ist ungemein wichtig, um die eigenen Energien und die der anderen zu schonen. Sie sollte unbedingt auf genügend Regeneration achten, um zu ihrer Mitte zu finden. Im Umgang mit anderen kann es manchmal ratsam sein, einen Gang zurückzuschalten und sich auf den Gesprächspartner einzupendeln.

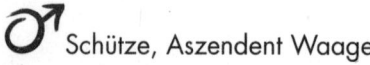 Schütze, Aszendent Waage

Charmanter Träumer

Hier stehen einer Menge von Talenten und Fähigkeiten auch Unbeherrschtheit und Übertreibung sowie ein gewisses Phlegma gegenüber. Oft fehlt es dem Schütze-Waage-Mann an Durchsetzungskraft, was für den Weg in die Chefetage eher hinderlich ist. Seine herausragenden Qualitäten liegen aber ohnehin woanders: Er läuft immer dann zur Hochform auf, wenn es darum geht, Harmonie unter den Menschen herzustellen. Er ist ein Visionär und ein Träumer, kommt jedoch immer wieder auf den Boden der Tatsachen zurück. Wenn er könnte, würde er die ganze Welt verbessern, doch da er einsieht, dass er nicht gleich die Sterne vom Himmel holen kann, fängt er eben in seinem unmittelbaren Umfeld schon mal an.

Er ist ein begeisterter Kenner und Liebhaber von Kunst und Kultur, was womöglich auch seine Berufswahl beeinflusst hat. Der Charme und die Freundlichkeit dieses Mannes sind unübertroffen. Liebe und Freundschaft zieht er magisch an und gibt auch reichlich zurück. Er strahlt einfach Wärme aus und verfügt im Privatleben über die Aura, die ihm im Beruf noch manchmal fehlt.

Kein Wunschkonzert

Oft möchte der Schütze-Waage-Mann in seinem Beruf den Ton angeben, aber das gelingt ihm nicht immer so, wie er sich das vorstellt, weil ihm das nötige überzeugende Auftreten fehlt. Hinzu kommt, dass er oft zu viel will, und zwar sofort. Damit stößt er die Menschen häufig vor den Kopf und verliert an Ansehen.

Entwicklungschance: kleine, aber feine Brötchen backen

Er sollte lernen, auf dem Boden der Tatsachen zu bleiben und jeden Erfolg zu feiern, auch wenn der den Lauf der Welt nicht ändert. Zudem muss er sich unbedingt angewöhnen, mit Menschen fair umzugehen, die nicht sein Niveau haben, und sie dort abzuholen, wo sie stehen. Notfalls muss er dafür eben eine Stufe hinabsteigen.

Sport und Bewegung können sehr ausgleichend auf ihn wirken, dadurch wird er glücklicher – und mit ihm die Menschen, die er täglich um sich hat.

> *Geniale Menschen beginnen große Werke,*
> *fleißige Menschen vollenden sie.*
> Leonardo da Vinci

♀ Steinbock, Aszendent Waage

Verborgener Schatz

Die Geradlinigkeit und Harmonie der Waage und die Empfindsamkeit und Sorgfalt des Steinbocks ergeben einen kreativen, willensstarken Charakter, der seine Schritte mit viel Bedacht wählt. Zunächst muss die »Verpackung« stimmen: Die Steinbock-Waage-Frau legt viel Wert auf ihr Äußeres und auf makellose Umgangsformen. Diese lebt sie täglich vor und erwartet sie auch von den anderen – hier ist sie überaus wachsam und empfindlich. Wer ihr gegenüber keinen angemessenen Ton anschlägt, mit dem wird sie in keine enge Verbindung mehr treten, ob beruflich oder privat.

Sie verhält sich zunächst abwartend und kommt erst aus ihrer Deckung, wenn sie Vertrauen in eine Situation oder einen Menschen gefasst hat. Sie ist eben nicht sofort Feuer und Flamme, sondern schaut sich das Ganze erst einmal in Ruhe an. Doch wenn sie endlich zu einem positiven Schluss kommt, ist sie wie ausgewechselt, geht ganz überraschend aus sich heraus und auf die anderen zu. Das Gute an diesem Verhalten: Da sie alles so eingehend geprüft hat, kann man sich ihrer einmal geschenkten Offenheit auf Dauer sicher sein.

Natürlich sind die ihr sehr nahestehenden Menschen ebenfalls handverlesen. Partner, Familie und Freunde haben in ihr eine wunderbare Gefährtin für das ganze Leben, mit der sie aufs Angenehmste ihre Zeit verbringen können.

Wenn der Mund schneller als der Kopf ist
Diplomatie zählt nicht zu ihren großen Stärken, sie ist so geradeheraus, dass sie mit ihrer Meinung oft nicht hinterm Berg hält und es manchmal gleich darauf bereut. Kritik und Fehlschläge nimmt sie sich sehr zu Herzen und kann darüber schier endlos grübeln, auch wenn die Auslöser eher banal sind.

Entwicklungschance: neue Reaktionsweisen nutzen
Ein großes rotes Stoppschild, das sie bei Gelegenheit vor ihrem inneren Auge auftauchen lässt, oder ein bewusster, tiefer Atemzug verschaffen ihr bei Bedarf eine kurze, aber ausreichende Denkpause. So kann sie sich unter Umständen viel Ärger und Energieverlust ersparen. Auch das Erlernen mentaler Techniken kann sie ein großes Stück weiterbringen, weil sie dann im Alltag hilfreiche neue Reaktionsmöglichkeiten zur Verfügung hat. Sie gewinnt damit an Souveränität,

Gelassenheit und Lebensfreude und kann beschwingter an ihre Aufgaben herangehen.

♂ Steinbock, Aszendent Waage

Schweizer Uhrwerk mit Herz

Die Ernsthaftigkeit und Kühle des Steinbocks wird hier vor die Herausforderung gestellt, sich immer wieder mit der spielerischen Waage auseinanderzusetzen, die mehr Heiterkeit und Gelassenheit ins Spiel bringen möchte. Deshalb schafft es dieser Mann, ehrgeizige und schwierige Projekte mit einem Lächeln auf den Lippen zum Erfolg zu bringen. Aber nicht, dass jemand glaubt, der Steinbock-Waage-Mann nehme irgendetwas auf die leichte Schulter: Er ist mit einer unglaublichen Präzision ausgestattet, liebt Perfektion bis ins Detail und verfügt über einen Erfolgswillen, wie ihn kaum ein anderer Charakter zu bieten hat. »Kämpfen und gewinnen«: Das ist seine Devise, und ihr ordnet er alles unter.

Das Bedürfnis nach Harmonie, Wärme und Zuneigung hat dieser Mann durchaus, doch sein Stolz steht ihm hier oft im Weg. Daher wirkt er im Umgang mit anderen manchmal übervorsichtig und allzu beherrscht oder gar gefühlskalt, was aber ganz und gar nicht zutrifft. Menschen, die ihm nahestehen, wissen das und schätzen ihn sehr. In Familie und Partnerschaft sowie im Freundeskreis ist er absolut verlässlich, rücksichtsvoll und immer hilfsbereit. Hat er einmal Vertrauen gefasst, kann das Zusammensein mit ihm der Himmel auf Erden sein, zumal dann auch sein feiner Sinn für Humor zum Tragen kommt.

Oft zu kühl

Fehlschläge einzugestehen und Kritik zu akzeptieren fällt ihm sehr schwer, schließlich ist er auf Sieg programmiert. Mit seinem unnahbaren, sehr zurückhaltenden Wesen findet er zudem nicht leicht Zugang zu anderen. Familie und Freunde schätzen und lieben ihn jedoch und wünschen sich, er hätte mehr Zeit für sie, statt dass er alles seiner Arbeit unterordnet.

Entwicklungschance: Mut zu Gefühlen und Glück
Er sollte etwas lockerer und gelassener sein und die Dinge nicht so verbissen sehen. Schließlich ist er auch nur ein Mensch und als solcher niemals wirklich perfekt. Wenn es ihm gelingt, dem spielerischen Waage-Einfluss mehr Raum zu geben, wird sein Leben, auch das berufliche, besser, entspannter und zugleich ertragreicher.

Mehr Regeneration und mehr schöne Unternehmungen mit Familie und Freunden schließlich wären das Sahnehäubchen auf dem Eisbecher, samt Schokostreuseln, Knusperwaffel und Papierschirmchen.

♀ Wassermann, Aszendent Waage
Bezaubernde Idealistin
Diese Frau mit den besten Aussichten, Großes zu erreichen, besitzt viel natürliche Autorität und Tatkraft und ist somit für leitende Aufgaben mit großer Verantwortung prädestiniert. Je größer und schwieriger eine Aufgabe ist, desto wohler fühlt sich diese energiegeladene Frau. Sie geht dabei niemals über die Meinungen, Ideen und Einwände ihrer Mitarbeiter hinweg, sondern diskutiert in regelmäßigen Gesprächen alle Einzelheiten und auch Ungereimtheiten mit ihnen. Der ehrliche Dialog spielt in ihrem Leben eine wichtige Rolle.

Freundschaft bedeutet der Wassermann-Waage-Frau sehr viel, für ihre Freunde sowie für ihre Familie würde sie das letzte Hemd geben. Auch im privaten Bereich ist sie aufgeschlossen für die Meinungen anderer. Sie liebt angeregte Diskussionen, bei denen es ruhig hoch hergehen darf – solange man danach in guter Stimmung zusammenbleibt. Von Äußerlichkeiten lässt sie sich nicht beeindrucken, und oberflächliches Gerede ist ihr zuwider. Das heißt aber nicht, dass man mit ihr nicht auch herzlich lachen, Schabernack treiben und flirten kann. Sie liebt das Leben und ist ein Gewinn für alle Menschen in ihrem Umfeld. Ihre Kinder lieben es, ausgelassen mit ihr herumzutoben und gemeinsam allerlei Spiele auszuhecken. Aber auch für ihre Fragen und Sorgen hat sie immer ein offenes Ohr. Ihr Partner darf sich glücklich schätzen, sie an seiner Seite zu haben. Er sollte wissen: Solange er sie nicht in ihrem aufgeschlossenen, temperamentvollen Wesen einengt, wird dieses Glück andauern …

Alles so interessant hier!

Die Waage-Wassermann-Verbindung von Harmoniebedürfnis und Menschlichkeit ist grundsätzlich positiv. Schwierigkeiten können auftreten, wenn der Idealismus und die Fantasie das Steuer übernehmen und dafür die Zielstrebigkeit ein wenig verlorengeht. Weil diese Frau so vielseitig interessiert ist, lässt sie sich eben auch leicht ablenken.

Entwicklungschance: den Bogen nicht überspannen

Der beschriebene Wesenszug stellt zwar eine gewisse Gefahr dar, doch macht er diese Frau auch sympathisch – und so kommt die Wassermann-Waage-Frau oft auch einfach mit ihrem Charme ans Ziel. Natürlich sollte sie achtgeben, es nicht zu übertreiben, und auf ihr gutes Gefühl für Situationen und Stimmungen hören.

♂ Wassermann, Aszendent Waage

Verlässlicher Lebemann

Niveau und Harmoniebedürfnis treffen auf Tatkraft, Begeisterung und strategisches Geschick. Hinzu kommt eine natürliche und offene Ausstrahlung, mit der dieser Mann nahezu alle Menschen für sich gewinnt. Im Beruf ist der Waage-Wassermann so erfolgreich, weil er eine verbindliche sowie umgängliche Art an den Tag legt und weil er einerseits gut delegieren, andererseits aber auch selbst zupacken kann. Er ist ein Freigeist ohne wie auch immer geartete Voreingenommenheit.

Entweder füllt er eine Aufgabe im Führungsbereich aus oder eine andere Position, in der er viel Freiraum und Verantwortung für sein Handeln genießt. Er braucht wahrlich niemanden, der ihm dauernd auf die Finger guckt. Sehr genervt ist er meistens von langen Sitzungen und schier endlosem Gerede. Das ist für ihn vergeudete Zeit, denn das allermeiste könnte man doch in wenigen Sätzen abhandeln! Da kann es schon mal vorkommen, dass er in seiner Ungeduld einfach aufsteht und sich ein wenig die Füße vertritt …

Als Familienvater, Partner und Freund ist er ebenfalls großartig. Alle schätzen seinen klaren, klugen Kopf, seine Entscheidungsfreude und seine angenehme, witzige Art. Seine Freizeit nutzt er gern für sportliche Aktivitäten, und da macht er keinen Unterschied zwischen einer Radtour mit der Familie oder einem Fußballturnier als engagierter Freizeitsportler. Für ihn ist das alles Spaß an der Bewegung, Geselligkeit, Lebensfreude pur, gewürzt mit einer Prise Ehrgeiz. Ein schönes gemeinsames Essen rundet seine unterhaltsamen freien Tage ab, ob im Biergarten, in der Pizzeria, im Sternerestaurant – oder an der heimischen Grillstation, wo er auch schnell mal für alle etwas zaubert. Ja, er ist ein wunderbarer und sehr liebenswerter Mann, und wer seinen persönlichen Freiraum respektiert, kann das Leben an seiner Seite genießen.

Wenn andere der Neid packt

Dieser tolle Mann hat natürlich Neider, die ihm seine – scheinbar spielend leicht errungenen – Erfolge nicht gönnen. Das sind Gelegenheiten, bei denen er tatsächlich mal kratzbürstig wird, denn solche Missgunst kann er gar nicht nachvollziehen.

Entwicklungschance: drüberstehen!

In diesen Situationen sollte er gelassener und ruhiger reagieren, denn bis die Neider dort hinkommen, wo er heute schon steht, ist es eben ein langer Weg.

 Fische, Aszendent Waage

Sanfte Macht

Die Fische-Waage-Frau ist feinfühlig und tiefgründig, zugleich tritt sie nach außen sehr gewinnend und niveauvoll auf. Sie verfügt über eine ganz besonders sanfte, naturgegebene Autorität: Ehe man sich's versieht, hat man ihren Willen ausgeführt, ohne dass sie allzu bestimmt oder gar laut geworden war. Sowohl im Beruf wie auch in der Familie trägt die Fische-Waage-Frau gern Verantwortung. Eine kultivierte Sprache spielt bei ihr eine ganz entscheidende Rolle, ebenso eine schöne Umgebung, die ihr ästhetisches Empfinden anspricht. Ob ihrer besonderen Feinfühligkeit ist sie auch leicht verletzbar. Sie braucht in allen Lebensbereichen viel Harmonie, Wärme und Zuneigung und ist auch bereit, diese zu schenken. Man mag die freundliche und lebenskluge Frau und fühlt sich in ihrer Gesellschaft auf Anhieb wohl. Ein besonderes Talent hat sie im Verfassen von Reden und anderen Texten, ihre Treffsicherheit, was den richtigen Ton angeht, ist einfach beeindruckend.

Von Liebe und Freundschaft versteht sie viel. Sie sieht diese Dinge aus einem spirituellen Blickwinkel, was ihr tiefe Einsichten, viel Toleranz und Verständnis ermöglicht. Daher ist sie auch eine hervorragende Vermittlerin bei Konflikten und eine vielgesuchte Trösterin. Vor allem jedoch ist sie eine lebensfrohe, interessante Gefährtin, deren Gesellschaft man gar nicht hoch genug einschätzen kann.

Labile Wetterlagen
Sie neigt zu Unentschlossenheit und eben auch zu großer Verletzbarkeit, womit sie sich oft selbst das Leben schwer machen kann.

Entwicklungschance: mehr Stabilität aufbauen
Es ist ganz wichtig, dass die Stärke und Konstanz aus ihrem Aszendenten sich nicht in der Tiefgründigkeit der Fische auflöst. Deshalb sei ihr das Einüben mentaler Techniken mit der Hilfe eines erfahrenen Coachs empfohlen. Mit wenig Aufwand kann sie so an Stabilität gewinnen, noch mehr über sich selbst erfahren und zu großen Erfolgen im Leben gelangen.

> *Sage mir, mit wem du umgehst, so sage ich dir,*
> *wer du bist; weiß ich, womit du dich beschäftigst,*
> *so weiß ich, was aus dir werden kann.*
> Johann Wolfgang von Goethe

♂ Fische, Aszendent Waage
Glückssucher und -finder
Charme und Gefälligkeit versus Ehrgeiz und Ellbogen, das ist der innere Konflikt dieses Mannes, wobei erstere Qualitäten meist gewinnen – getreu der Devise »Der Klügere gibt nach«. Der Fische-Waage-Mann weiß durchaus, was er will, doch wird er seine Vorstellungen auch durchsetzen? Das erscheint ihm dann doch oft übertrieben auf-

wendig. Er konzentriert sich auf seine innersten Tugenden und Talente und ist meist zufrieden damit. Ohnehin ist er nicht unbedingt ein Leader, vielmehr glänzt er als Vermittler mit reichlich diplomatischem Geschick und Einfühlungsvermögen.

Mit seiner großen Freundlichkeit und seiner sympathischen Ausstrahlung ist er aber auf jeden Fall ein Gewinner und verfügt über ein großes Netzwerk an hilfreichen Kontakten. Der Fische-Waage-Mann findet leicht Zugang zu anderen Menschen, man schätzt seine niveauvolle Art und kommuniziert auch gern mit ihm. Im Bereich der Kommunikation liegt auch sein herausragendes Talent, nämlich Texte für Reden und andere Zwecke zu verfassen; zugleich ist er auch selbst ein exzellenter Redner. Er trifft immer den richtigen Ton und weiß die Zuhörer oder Leser zu begeistern.

Er ist ein großer Genießer und Ästhet. Für Liebe und Freundschaft hat er ein besonderes Gespür und kann meist auch souverän mit den »Ecken und Kanten« der anderen umgehen, ebenso hat er einen guten Draht zu Kindern. Liebe, Zuneigung und Spaß sind für ihn überaus wichtig, um richtig glücklich zu sein. Das Leben soll aus seiner Sicht vor allem Freude, Glück und Genuss bereiten. Es darf kein Kampf sein, sondern es muss sinnerfüllt und voller schöner Momente sein. Dieser Mann ist beseelt von innerem Frieden und macht sich nur die wirklich nötigen Gedanken um materielle Werte.

Steuererklärung und andere Quälgeister

Wenn es gilt, entschlossen zu handeln oder eine lästige, aber eben nötige Aufgabe zu Ende zu bringen, kommt ihm oft seine Unentschlossenheit in die Quere. Ach, wäre doch alles im Leben schön und anregend!

Entwicklungschance: Augen auf und durch!

Er wird seinen Weg gehen und braucht vielleicht nur manchmal einen Schubs in die richtige Richtung. Den kann ihm zum Beispiel das Erlernen mentaler Techniken geben. (Das macht sogar Spaß, versprochen!)

♀ Widder, Aszendent Waage

Vermittlerin mit viel Gefühl

Die Kämpferin mit Führungsqualitäten und viel Durchhaltevermögen zeigt Stärke nach außen, doch im Innersten ihres Herzens ist sie sehr empfindsam und fein gewirkt. Harmonie und das Verständnis untereinander sind sehr wichtig für sie, in einer kühlen Umgebung, in der jeder nur funktionieren soll, hat sie keinen Auftrag. Wenn aber das Drumherum passt (oder wenn sie es passend gemacht hat), kann sie andere wunderbar motivieren und für eine Sache begeistern – auch für hohe Ziele, die man nur gemeinsam erreicht. Sie hat einen verbindenden Einfluss auf die Menschen in ihrem Umfeld, sodass alle ihr Wissen und Können in die Waagschale werfen für den gemeinsamen Erfolg.

Die Widder-Waage-Frau hat eine klare Vorstellung vom Leben und ist genau deshalb womöglich noch auf der Suche nach dem wahren Glück. In einer Beziehung braucht sie ein großes Maß an Freiheit und Verständnis, zu viel Enge schnürt sie unerträglich ein. Hat sie sich aber einmal entschieden zu vertrauen, ist sie eine großherzige, verlässliche, charmante und unterhaltsame Gefährtin. Das gilt auch im Freundeskreis, wo man sich glücklich schätzt, sie in seiner Mitte zu haben.

Welt in der Kältestarre

Wenn die Kälte in unserer Welt ihr zu viel wird, dann kann sie stur, unnahbar, ungerecht und sehr launisch werden, oft sogar egoistisch und rechthaberisch. Es gibt wenige Menschen, die sich dann noch an sie herantrauen und ihr genau das geben, was ihr jetzt helfen könnte: ein Kompliment, ein paar nette Worte, ein komplizenhaftes Augenzwinkern …

Entwicklungschance: die sonnige Insel in sich selbst finden
Sie weiß es bereits: Immer wieder einmal muss man die anderen ein wenig aus der Reserve locken, sodass der tägliche Umgang miteinander nicht zur lähmenden Routine erstarrt. Damit es ihr nicht mehr passiert, dass sie sich in dieses kühle Funktionieren mit hineinziehen lässt, sollte sie ein kleines wärmendes Ritual für den Alltag entwickeln. Ein erfahrener Mentaltrainer kann sie dabei unterstützen. Davon profitieren die Menschen in ihrer Umgebung ebenso wie sie selbst!

> *Der beste Weg, einen Freund zu haben,*
> *ist, selbst einer zu sein.*
> Ralph Waldo Emerson

♂ Widder, Aszendent Waage
Energie und innere Ruhe
Der Widder-Waage-Mann ist eine starke Persönlichkeit mit Führungsqualitäten. Er hat klare Vorstellungen davon, wie etwas ablaufen muss. Klarheit und System, das sind aus seiner Sicht unverzichtbare Voraussetzungen für erfolgreiche Arbeit, und damit fährt er sehr gut. Aber auch Harmonie, Fairness und Offenheit liegen ihm sehr am Herzen; denn er weiß, dass sie die Grundlage für eine angenehme, kooperative Zusammenarbeit sind. Er ist ein großer Vermittler und ein emotionaler Kämpfer, kann andere hervorragend moti-

vieren und begeistern. Die Ziele, die er ausgibt, sind immer hoch, aber mit vereinten Kräften erreichbar.

Bei Einladungen und Festen ist er ein gefragter Gesprächspartner. Er kann dann sehr humorvoll sein und auch einmal voll aus sich herausgehen – so, wie ihn eigentlich nur wenige Menschen kennen. Auch beim Sport kann er richtig aufdrehen, möglicherweise musste er zu Hause etwas Platz für Trophäen schaffen …

In Partnerschaft, Familie und Freundeskreis ist auf ihn immer Verlass. Es gibt aber neben zweisamen und geselligen Stunden auch jene Momente, in denen er allein mit sich sein möchte. Dann liest er ein Buch, geht eine Runde laufen oder träumt einfach vor sich hin. Solche Momente braucht sicher jeder von uns fürs innere Gleichgewicht; dieser Mann versteht es perfekt, den richtigen Zeitpunkt dafür zu wählen.

Inneres Tauziehen der Kräfte

Dieser Mann hat zwei etwas widersprüchliche Prägungen: Der Widder ist entschlussfreudig, impulsiv und spontan, während die Waage kompromissbereit und auf Harmonie bedacht ist. Daher erlebt er oft einen inneren Widerstreit dieser Anteile.

Entwicklungschance: erst A, dann B

Erst abwägen, dann handeln: Klingt einfach und ist es im Prinzip auch. Beim Widder-Waage-Mann läuft aber manchmal beides gleichzeitig ab, und hier ist des Rätsels Lösung, warum er sich dann öfter umentscheidet und dadurch leicht wankelmütig wirkt. Ein gezieltes mentales Training kann ihm hier sehr wertvolle Dienste leisten.

Lass dich nicht davon abbringen,
was du unbedingt tun willst. Wenn Liebe und Inspiration
vorhanden sind, kann es nicht schiefgehen.
Ella Fitzgerald

♀ Stier, Aszendent Waage

Gelungene Mischung

Hier geben sich zwei unterschiedliche, aber gut harmonierende Prägungen ein Stelldichein und machen ihre Trägerin zu einer überaus liebenswürdigen, charmanten und aufgeschlossenen Persönlichkeit, die überall gern gesehen ist. Die Stier-Waage-Frau ist bodenständig, sehr loyal und liebevoll. Auf der anderen Seite hat sie durchaus das Zeug für eine leitende Position. Sie kann aber manchmal recht bequem und gemütlich sein. Dynamik wird bei ihr nur großgeschrieben, wenn es die Situation erfordert und aus dem schnellen Handeln etwas Sinnvolles entstehen kann. Mit anderen Worten: bloß keine unnötige Hektik! Ihre Mitarbeiter wissen ihre gelassene Art sehr zu schätzen, aber sie passt schon auf, dass der Schlendrian nicht das Tagesgeschäft übernimmt.

Die Stier-Waage-Frau hat einen feinen Sinn für Ästhetik, schätzt die schönen Künste und die Kultur allgemein. Sie legt großen Wert auf gute Kleidung und ein reizvolles Ambiente, möglichst auch an ihrem Arbeitsplatz. Im Urlaub gönnt sie sich und ihren Lieben ein gemütliches Ferienhaus oder ein angenehmes Hotel. Sonne, Meer, Kunst, Kultur und gutes Essen – so kann sie Kraft schöpfen für ihre Arbeit.

Im Freundes- und weiteren Bekanntenkreis genießt die Stier-Waage-Frau einen besonderen Stellenwert. Niveau und Anstand sind hier für sie besonders wichtige Werte, da geht sie keinesfalls Kompromisse ein. In Partnerschaft und Familie ist sie sehr fürsorglich, liebevoll und bleibt immer interessant.

Mit der Tür ins Haus

In manchen Bereichen ist die Stier-Waage-Frau sehr resolut mit dem Hang zum Perfektionismus, wobei es ihr gelegentlich etwas an diplomatischem Geschick fehlt.

Manchmal erhält sie auf Dauer zu wenig zurück für ihre engagierten Leistungen, dann kann sie schon mal ein wenig unleidlich werden.

Entwicklungschance: der letzte Schliff

Diplomatie lässt sich trainieren, ebenso das Neinsagen. Diese Frau ist eine so großartige Persönlichkeit, dass man solche Arbeit an sich selbst schon fast als Kür bezeichnen könnte. Also nur zu!

Wir sind nichts; was wir suchen, ist alles.
Novalis

♂ Stier, Aszendent Waage

Charmeur mit Ecken und Kanten

Auch der Mann mit diesen Prägungen zeigt sich überaus charmant, entgegenkommend, kommunikativ und besonders gesellig. Er ist ein überall gern gesehener Gast und ein geschätzter Gastgeber, offen für die schönen Künste. Es ist ihm zudem immer ein Anliegen, andere Kulturen zu entdecken und zu verstehen. Seine Liebenswürdigkeit und seine Hingabe sind bemerkenswert, er ist kreativ, feinfühlig, empfindsam und sehr auf Harmonie bedacht. Erfolg und seine Position in der Gesellschaft sind ihm dabei sehr wichtig. Er muss nicht unbedingt im Mittelpunkt stehen, aber eine tragende Rolle darf es schon sein. Trotz aller Zugewandtheit versucht er jedoch stets, einen gewissen Abstand zu seinen Mitmenschen einzuhalten. Er will nicht verglichen und in irgendeine Schublade gesteckt werden, daher hat er eine Scheu vor wie auch immer gearteten Gruppen.

Er neigt im Beruf bisweilen zur Bequemlichkeit und delegiert gern. In dieser Hinsicht pickt er sich des Öfteren die Rosinen aus dem Kuchen und tut lieber etwas, was ihm Spaß macht. Wenn die von den anderen erbrachten Ergebnisse dann aber nicht seinen Vorstellungen entsprechen, entlockt ihm das schon mal einen Seufzer der Art: »Wenn man nicht alles selber macht!« Doch man lässt ihm das meistens durchgehen, denn seine Kreativität und sein Einfallsreichtum sind unersetzlich. Er ist immer auf der Suche nach neuen Ideen und Möglichkeiten, wofür er auch Reisen um die ganze Welt auf sich nimmt.

Der Stier-Waage-Mann ist ein großer Genießer und charmanter Gesprächspartner. Seine Familie, seine Partnerin und seine Kinder sind sein Herzblut, und bei ihnen kann er auftanken und Kraft schöpfen. Auch im Freundeskreis sucht und findet er viel Erholung, entsprechend wählt er seine Freunde so, dass sie ihn in der »Bilanz« nicht mehr Energie kosten, als sie ihm geben.

Zu viel verlangt

Oft hat er, wie schon erwähnt, zu hohe Erwartungen an seine Mitarbeiter. Wenn diese Ansprüche nicht erfüllt werden, kann er richtig giftig werden. Das sollte er rasch ändern, weil es ihn natürlich auf Dauer Sympathien und Ansehen kostet.

Entwicklungschance: andere Arbeitsweisen akzeptieren

Er sollte einsehen, dass andere Menschen eben andere Vorstellungen von einem guten Ergebnis haben; und wenn er ganz ehrlich ist, bedeutet »anders« nicht automatisch »schlechter«.

♀ Zwillinge, Aszendent Waage
Heller Kopf, bezauberndes Lächeln

Die Zwillinge-Waage-Frau ist liebenswürdig und gedankenschnell, und mit diesen Eigenschaften erreicht sie spielend leicht auch die höchsten Ziele. Sie hat eine Fülle von Talenten, sowohl praktische als auch geistige. In Lichtgeschwindigkeit überblickt sie eine Situation, erfasst, was zu tun ist, und setzt es gekonnt um. Immer wieder verblüfft sie damit, dass sie in der Lage ist, mehrere Dinge gleichzeitig zu tun, meist ohne dass die Qualität leidet. Bei alldem sieht sie auch noch stets aus wie aus dem Ei gepellt, sodass die Frage erlaubt sei: Wie macht sie das?

Die Zwillinge-Waage-Frau ist neben ihren fachlichen Kompetenzen sehr aufgeschlossen und charmant, sie weiß, dass ein verbindliches Lächeln und ein freundliches Wort manchmal eher zum Ziel führen als lange Argumentationsketten. Harten Konfrontationen geht sie dagegen lieber geschickt aus dem Weg. Kunst ist geistige Nahrung für sie, oft findet man sie etwa bei Ausstellungen und in Konzerten. Ebenso erfreut sie andere mit ihrem musikalischen Talent und hat sicher auch Leinwand oder Zeichenmappe zu Hause.

Was Gefühle betrifft, bleibt sie ein wenig unverbindlich. Ihre Romantik liegt eher in einem geistigen Austausch. Ansonsten hält sie gern einen gewissen Abstand ein. Sie ist wissbegierig und kontaktfreudig und will das Leben ausgiebig studieren, bevor sie sich ewig bindet. So kommt das Thema »Familie« vielleicht ein bisschen später in ihren Fokus. Bis dahin ist ihr großer Freundeskreis sozusagen ihre Familie.

Gleicher Planet, verschiedene Welten

Oft ist sie ihren Kollegen einfach zu schnell, was nicht selten zu Reibungen führt. Denn viele können ihr nicht folgen und fühlen sich abgehängt. Andersherum kann sie es manchmal gar nicht fassen, wie lange es bei anderen dauert, bis der Groschen fällt und etwas Brauchbares herauskommt … Und weder sie noch die anderen können irgendetwas dafür!

Entwicklungschance: sich auf andere einschwingen
Am besten kann das oben beschriebene Problem aufgelöst werden, indem man sich einander annähert: Die Zwillinge-Waage-Frau sollte sich also einerseits in Geduld üben und andererseits den anderen öfter einmal Anregungen geben, wie sie die Dinge rationeller anpacken können. Das wichtigste Werkzeug ist hier aber der Humor, der beiden Seiten nie ausgehen sollte.

♂ Zwillinge, Aszendent Waage
Eisbrecher mit vielen Talenten
Die größte Stärke des Zwillinge-Waage-Mannes ist seine sympathische Ausstrahlung. Mit seinem verbindlich freundlichen Auftreten und seiner positiven Lebenshaltung nimmt er andere sofort für sich ein. Oft braucht er keine großen Reden zu schwingen, sondern bringt mit einem Lächeln und ein paar zugewandten Worten das Eis zum Schmelzen. Statt harter Konfrontation sucht er eher das diplomatische Gespräch und hat damit, dank seinem großen Feingefühl, auch meist Erfolg. Er zeigt ein großes Talent dafür, auch in den schwierigsten Situationen den Überblick zu behalten und sich souverän zu bewegen.

Er hat gelernt, zu genießen und sich zu erholen. Im Privatleben bleibt er oft unverbindlich und spielt auch ganz gern mal den Hahn im Korb. Seine künstlerischen und kulturellen Neigungen sind ein wichtiger Bestandteil seiner Freizeit, hierbei kann er durchatmen und völlig versinken. Es bleibt ihm aber immer noch genügend Zeit für gemeinnütziges Engagement, das ist ihm ein großes Anliegen. Oft hat er zudem sportliche Ambitionen.

In der Partnerschaft und in seinem großen Freundeskreis ist er stets ein gut aufgelegter, unterhaltsamer Gefährte – solange man nicht versucht, ihn einzuengen. Er ist einfach vielseitig interessiert und engagiert, und dieser Grundhaltung wird er immer treu bleiben.

Heute hier, morgen dort

Ob im Beruf, in der Familie oder im Freundeskreis – oft wird ihm seine Offenheit als Arroganz oder Gefühlskälte ausgelegt, weil er sich plötzlich etwas ganz anderem zuwendet und die Mitmenschen sich »vergessen« fühlen. Das führt unnötigerweise zu Enttäuschung und Unzufriedenheit auf beiden Seiten.

Entwicklungschance: Konstanz und Verständnis

Wie bei der Frau mit dieser Prägung liegt die Lösung im gegenseitigen Annähern: Einerseits sollte er bewusst trainieren, auch mal länger bei einer Sache zu bleiben. Ihm läuft in der Zwischenzeit nichts davon – und wenn doch, ist er schneller! Andererseits lautet die Aufgabe, bei anderen Verständnis zu wecken und ihnen klarzumachen, dass sie von seiner Umsicht und schnellen Auffassungsgabe ja auch profitieren.

Unanfechtbare Wahrheiten gibt es überhaupt nicht,
und wenn es welche gäbe, wären sie langweilig.
Theodor Fontane

♀ Krebs, Aszendent Waage

Zartbesaitete Romantikerin

Die Krebs-Waage-Frau ist sehr empfindsam und tief beeindruckbar. Sie verlässt sich in der Regel auf ihr Gefühl und fährt meist gut damit. Liebe und Geborgenheit sind elementare Themen für sie, doch leider bleibt sie von Liebeskummer nicht immer verschont, da sie mit ihrem Herzen auch ihre Seele verschenkt. An ihrem Arbeitsplatz schätzt die Krebs-Waage-Frau eine gute Atmosphäre und das kollegiale Zusammenwirken. Was sie auch tut, sie ist immer mit Leidenschaft und Sorgfalt bei der Sache. Sie gilt als die Seele des Teams und sorgt stets für harmonische Stimmung. Immer zeigt sie sich hilfsbereit und kann sich gut in andere einfühlen. Durch den Waage-Einfluss ist sie aber durchaus auch zielstrebig und besitzt eine natürliche Autorität, die bei anderen keine Widerstände hervorruft.

Harmonie ist auch in ihrer Freizeit der Schlüssel zum Erfolg. Sie mag ein gemütliches Heim und ein harmonisches Familienleben. Doch schlägt sie keine Wurzeln auf dem Sofa, sondern öffnet ihr Haus gern für Gäste. Die Krebs-Waage-Frau ist eine geborene Diplomatin und Vermittlerin, die mit ihrer Wärme und ihrem Charme viele überzeugt.

Zögern und zaudern

Sie neigt dazu, manchmal allzu vorsichtig und zurückhaltend zu sein, und bis sie aus ihrer Deckung kommt, ist der günstige Moment oft schon verstrichen. Darüber ärgert sie sich nicht wenig, will doch die aktivere Waage in ihr etwas zielstrebiger sein. Hier ist ein gewisser Lernprozess nötig.

Entwicklungschance: etwas mehr »Biss« entwickeln

Flexibilität hat die Krebs-Waage-Frau genügend, nur an Entschluss-kraft mangelt es ihr ab und zu. Wenn es ihr in Zukunft gelingt, ihre vorsichtige Zurückhaltung mit ihrer aktiven, dynamischen Seite in Einklang zu bringen, ist sie in der Lage, sich auf jede Situation ange-messen einzustellen und ihre Fähigkeiten besser in Szene zu setzen.

> *Du bist mutiger, als du glaubst, du bist stärker,*
> *als du scheinst, und du bist klüger, als du denkst.*
> Christopher Robin in »Pu der Bär« von Alexander Milne

♂ Krebs, Aszendent Waage

Liebenswerte Kompetenz

Der Krebs-Waage-Mann ist sehr empfindsam, eher zurückhaltend und nicht allzu risikobereit. Der Waage-Einfluss versorgt ihn aber durchaus mit Dynamik, Durchsetzungsvermögen und diplomati-schem Geschick. Er besitzt einen hintergründigen Charme, der ihm immer wieder zugutekommt, wenn er bei anderen an Grenzen stößt. In der Gesellschaft genießt er hohes Ansehen, weil man sein niveau-volles Auftreten schätzt. Er ist rhetorisch begabt und kann fachliche Themen anschaulich und interessant an den Mann und an die Frau bringen.

Er pflegt eine besondere Beziehung zur Musik, kann vielleicht auch selbst ein Instrument spielen und zudem wunderbar singen. Grundsätzlich folgt er im Leben eher seinem Gefühl, auf das er sich auch immer verlassen kann. Gern engagiert er sich für gemeinnützi-ge oder nachbarschaftliche Anliegen. In allen Lebensbereichen schätzt er eine familiäre Atmosphäre, seine Familie und ein gemüt-lich eingerichtetes Heim sind die Basisstation, an der er auftankt.

Liebe, Wärme, Zuneigung und Geborgenheit sind für den Krebs-Waage-Mann mehr als Worte – er erfüllt die Begriffe mit Leben. Nur dann geht es ihm gut, und er hat seine volle Energie zur Verfügung. In Partnerschaft, Familie und Freundeskreis heißt das Schlüsselwort »Harmonie«, und er ist auch bereit, viel dafür zu tun, damit sie lange – oder am liebsten für immer – erhalten bleibt.

Verpasste Chancen
An Flexibilität wird es dem Krebs-Waage-Mann nicht mangeln, wohl aber an seiner Entschlusskraft. So kann es schon mal passieren, dass er eine gute Gelegenheit verpasst und sich danach ärgert.

Entwicklungschance: sich aus der Deckung wagen
Wenn es ihm gelingt, seine Zurückhaltung mithilfe seiner aktiven, dynamischen Seite etwas zu lockern, kann er in jeder Situation angemessen reagieren und so seine Fähigkeiten viel besser einsetzen.

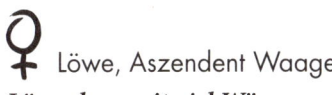 Löwe, Aszendent Waage
Löwenherz mit viel Wärme
Hier haben wir es mit einer sehr dynamischen, optimistischen und erfolgsorientierten Persönlichkeit zu tun. Sie ist immer wachsam und bereit, zum Sprung anzusetzen, um etwas Gutes zu bekommen. Ihr Selbstvertrauen ist unerschütterlich, zugleich ist sie sehr feinfühlig und empfindsam. Die Löwe-Waage-Frau ist ein stolzer Mensch mit besonderen Fähigkeiten. Führungsqualitäten, gesunder Ehrgeiz und eine unerschöpfliche Ausdauer sind ihr in die Wiege gelegt, und sie besitzt einen untrüglichen Instinkt für den sicheren Erfolg. Aber auch Güte, Großzügigkeit und Beschützerinstinkt sind bei ihr stark ausgeprägt. Sie hat ein großes Herz für Schwächere sowie vom Schicksal Benachteiligte und hilft ihnen nach Kräften, sich aus ihrer

misslichen Lage zu befreien. Wärme, Zuneigung und gegenseitiges Verständnis können aus ihrer Sicht nicht durch Geld und materielle Güter aufgewogen werden.

In ihrem Privatleben ist sie sehr gesellig und harmonieliebend. Sie begeistert mit Charme, Eleganz und einem ideenreichen Unternehmungsgeist. In Partnerschaft und Familie sowie im Freundeskreis gibt sie stets abwechslungsreiche Impulse und ist zugleich überaus verlässlich.

Innere Zerrissenheit

An Liebe und Partnerschaft stellt diese Frau sehr hohe Ansprüche. Werden diese Erwartungen nicht erfüllt, insbesondere was Wärme und Einfühlsamkeit betrifft, leidet ihr inneres Gleichgewicht darunter. Hier liegt auch oft die Ursache für eine gewisse Traurigkeit und Zerrissenheit, die sie sich oft nicht erklären kann.

Entwicklungschance: die Messlatte tiefer legen

Was ihre hohen Ansprüche an andere angeht, muss die Löwe-Waage-Frau lernen, ihre Erwartungen ein wenig niedriger anzusetzen – erstens, um die anderen nicht zu überfordern, zweitens, um sich selbst vor Enttäuschungen zu schützen. Auch etwas mehr Diplomatie könnte ihr ab und an nicht schaden.

Liebe ist nicht das, was man erwartet zu bekommen,
sondern das, was man bereit ist zu geben.
Katharine Hepburn

 Löwe, Aszendent Waage

Pure Sonnenenergie

Dieser Mann auf der Sonnenseite des Lebens, der vom ersten Moment an fasziniert und überzeugt, ist elegant in Kleidung, Ausdrucksweise und Verhalten, versteht die Kunst zu leben und fühlt sich auf jedem Parkett zu Hause. Ein wenig eitel ist er schon, doch sein liebenswerter, aufrichtiger Charme macht das wett. In seiner Brust schlägt ein großes, heißes Löwenherz – nur etwas diplomatischer könnte er manchmal sein. Im Beruf ist er wahrscheinlich in einer Führungsposition tätig – oder unaufhaltsam auf dem Weg dorthin. Wo er aufkreuzt, da ist immer Bewegung, Begeisterung und gute Stimmung im Spiel. Für ihn gibt es keine Probleme, nur Herausforderungen. Er denkt stets optimistisch und zukunftsorientiert, denn er weiß, dass unsere Gedanken und Einstellungen unsere Realität schaffen. Um diese Haltung auch den anderen nahezubringen, nutzt er gern Seminare, Weiterbildungen und persönliche Anreize. Er arbeitet hart für die gemeinsamen Ziele und verlangt das auch von seinen Mitarbeitern.

Da er weiß, dass das Schicksal es gut mit ihm gemeint hat, ist es ihm ein Anliegen, der Gesellschaft etwas zurückzugeben, sei es persönlicher Einsatz, Geld oder beides. Das Gemeinwohl liegt ihm ebenso am Herzen wie das seiner Familie. In Familie und Partnerschaft sowie im Freundeskreis ist er immer verlässlich und korrekt. Man schätzt seinen Fleiß, seine Wärme und Zuneigung, die er mit vollen Händen und aus ganzem Herzen verschenkt.

Wenn er sich in eine Sache verbeißt

Manchmal muss man ihn zu Ruhe und Regeneration regelrecht zwingen, weil er bei wichtigen Projekten oft nicht loslassen kann. Damit schadet er auf Dauer seiner Gesundheit, denn was wir in jungen

Jahren noch locker wegstecken, kostet uns später oft viel zu viel Energie – was dieser geborene Optimist natürlich nicht so gern einsehen mag.

Entwicklungschance: sich gemeinsam etwas Gutes tun
Eine besondere Kraftquelle ist es für ihn, zusammen mit der Liebsten oder mit guten Freunden den Alltag komplett zu vergessen und festlich zu speisen – entweder in einem schönen Restaurant oder nachdem man gemeinsam aus erlesenen Zutaten ein Mahl zubereitet hat. Das ist die reinste Energietankstelle für alle Beteiligten, und er fragt sich danach zu Recht, warum er das nicht viel öfter macht.

♀ Jungfrau, Aszendent Waage
Immer ein Ass im Ärmel
Der Charakter dieser Frau ist geprägt von Sorgfalt und sozialem Handeln sowie Originalität und einer beschwingten Leichtigkeit. Der Jungfrau-Einfluss ist zudem für ihre großen Führungsqualitäten verantwortlich. Gelingt es ihr, diese Kompetenz und ihre soziale Ader in Einklang zu bringen, so verschafft ihr das im Beruf und in der Gesellschaft hohe Anerkennung. Auf diesen Lorbeeren ruht sie sich aber niemals aus, sondern sie verdient sie sich jeden Tag aufs Neue und erwartet auch von ihren Mitarbeitern unbedingten Einsatz. Sie findet in (fast) jeder Situation eine Lösung – selbst wenn alles zusammenzubrechen droht, schüttelt sie noch den passenden Trumpf aus dem Ärmel und überrascht die Menschen in ihrem Umfeld immer wieder damit.

Die meisten beneiden sie um ihre Attraktivität, um ihr Auftreten und nicht zuletzt um ihren guten Geschmack. Im Freundes- und Kollegenkreis ist sie sehr beliebt. Ihre Familie und ein eigenes Heim bedeuten ihr viel, dafür wird die Waage-Jungfrau ihre ganze Kraft einsetzen.

Zu hoher Besitzanspruch
Diese Frau will etwas besitzen, womit sie ihrem Partner, ihren Kindern und zuweilen auch ihren Freunden zu wenig Freiraum lässt. Das treibt die anderen aber eher weg, statt sie fester an sie zu binden.

Entwicklungschance: loslassen lernen
Es ist eine ganz einfache Wahrheit, dass wir die Menschen, die wir lieben, frei atmen und ihrer eigenen Wege gehen lassen müssen, damit sie uns nahe bleiben. Diese stolze, starke Frau sollte sich ruhig selbst einmal fragen, wie viel Einschränkung und Einengung sie sich gefallen lassen würde.

Wer nicht zufrieden ist mit dem, was er hat, der wäre auch nicht zufrieden mit dem, was er haben möchte.
Berthold Auerbach

♂ Jungfrau, Aszendent Waage
Tatkräftiger Lebemann
»Vernunft oder Laisser-faire?«, lautet die Frage, mit der sich der Jungfrau-Waage-Mann ständig auseinandersetzen muss. Nicht selten mit dem Ergebnis, dass Harmoniebedürfnis und Selbstlosigkeit die Oberhand über Durchsetzungsfähigkeit und Führungsqualitäten gewinnen. Er ist gutmütig und feinfühlig, wenn er auch zuweilen zur Unentschlossenheit neigt. Doch was soll's? Was sein dezenter Charme nicht richten kann, das gleicht er mit Fleiß und Beständigkeit aus.

Er ist ein Individualist mit eigenen Ideen und hält wenig von großen Reden. Viel lieber ist es ihm, wenn einfach getan wird, was getan werden muss. Da er sich nicht gern dreinreden lässt, findet man ihn am ehesten in einer selbstständigen Tätigkeit. Dennoch: Unpünktlichkeit und das Nichteinhalten von Zusagen ist das Schlimmste, was man ihm antun kann, dafür hat er keinerlei Verständnis, da er selbst so verlässlich und korrekt ist. Er legt sehr viel Wert auf Ansehen, steht gern im Mittelpunkt und feiert Erfolge gern mit allem Drum und Dran. Seine Familie und seinen Freundeskreis hält er mit Charme und Verlässlichkeit zusammen, man schätzt seine Tatkraft ebenso wie sein Talent zum Entspannen und Genießen.

Egozentrische Momente
Er neigt sehr stark zu egozentrischem Verhalten. Dies grenzt ihn oft ein, weil er dann zu wenig offen ist für andere. Auf einige Menschen wirkt er sogar arrogant, was so gar nicht seinem Wesen entspricht.

Entwicklungschance: sich in andere hineinversetzen
Ein wenig mehr Lockerheit und Gelassenheit würde ihm guttun. Er ist natürlich das Zentrum seiner eigenen Welt – das gilt aber auch für jeden anderen Menschen, daran sollte er sich öfter erinnern.

Aszendent Skorpion

♀ Skorpion, Aszendent Skorpion

Empfindsamer Sturkopf
Eine wunderbare Frau mit einzigartigen Gaben und Möglichkeiten! Die doppelte Skorpion-Frau ist geradlinig, ehrgeizig, kämpferisch, nicht unbedingt diplomatisch, dafür sehr verletzbar. Am liebsten ist es ihr, wenn sie ihre Arbeit so erledigen kann, wie sie es für richtig hält. Egal, was diese Frau unternimmt, sie tut es immer mit Herzblut und viel Verantwortungsbewusstsein. Ihr Ehrgeiz und ihr Fleiß sind bemerkenswert. Sie ist eine Kämpferin und gibt nie auf, will immer das Beste erreichen – dass es aber nicht immer so läuft, wie sie sich

das vorstellt, ist eine andere Sache. Eine besondere Stärke ist ihre Vorahnung. Sie spürt und erahnt kommende Ereignisse, an die andere gar nicht denken. Mit oberflächlichen Menschen, geschmacklosen Witzen und platten Sprüchen kann sie überhaupt nichts anfangen.

In Familie und Partnerschaft ist die doppelte Skorpion-Frau großartig. Die Liebsten gehen bei ihr über alles. Sie ist eine tolle Gastgeberin und auch eine ausgezeichnete, leidenschaftliche Köchin.

Schwarzweißdenken

Sie urteilt nach dem Entweder-oder-Prinzip, abstufende Unterscheidungen nimmt sie nicht vor. Das erlaubt kein diplomatisches Vorgehen und lässt sie oft eine gute Gelegenheit verpassen.

Entwicklungschance: Diplomatie üben

Die Skorpion-Skorpion-Frau sollte unbedingt ihr diplomatisches Geschick trainieren, damit sie sich nicht ständig selbst um die Butter auf dem Brot bringt.

> *Man kann einen Menschen nichts lehren,*
> *man kann ihm nur helfen, es in sich selbst zu entdecken.*
> Galileo Galilei

♂ Skorpion, Aszendent Skorpion
Schillernde Gefühlswelt

Hier kommt eine geballte Ladung an Willen, Tatkraft und Ehrgeiz, aber auch Unberechenbarkeit. Manchmal ist dieser Mann ein Buch mit sieben Siegeln, man weiß gar nicht, wie man sich ihm gegenüber verhalten soll. Er kann Menschen und Situationen völlig durcheinanderbringen. Zunächst jedoch ist er ein höchst sensibler, tiefgründiger und kreativ veranlagter Mann mit einer überaus hohen Intelligenz. Seine größte Stärke ist seine Intuition, er kann viele Ereignisse schon lange im Voraus spüren.

Er will etwas in Bewegung bringen, auch unter der Prämisse »Koste es, was es wolle«. Er hat gelernt, dass Angriff die beste Verteidigung ist, denn nach seinem verletzten Innenleben scheint niemand zu fragen. Intelligenz, schnelle Auffassungsgabe, untrüglicher Instinkt für die Schwächen des Gegenübers machen den doppelten Skorpion-Mann zu einem schlauen, aber auch kühnen Verhandlungspartner, der den Konflikt nicht scheut.

Menschen, die er liebgewonnen hat und denen er vertraut, können sich dagegen voll und ganz auf ihn verlassen. Andere wiederum müssen sich erst bewähren, bevor er ihnen sein volles Vertrauen schenkt. Sein Zweifel ist einfach ein Selbstschutz, der ihn vor Niederlagen bewahren soll. In der Partnerschaft hat er auch so seine Probleme, nur wenige begreifen seine ungeheuer feine und zugleich mächtige Gefühlswelt. Wenn es dann doch gelingt und er sein Herz zu verschenken beschließt, kann er nicht nur ein großartiger Liebhaber, sondern auch ein wunderbarer Partner und Vater sein, der viel Wärme schenkt. Was für die Partnerschaft gilt, lässt sich ebenso über seine Freunde sagen.

Provokant zum Selbstschutz

Weil er höchst sensibel, tiefgründig, kreativ und intelligent ist, steht er sich oft auf den eigenen Füßen. Kritik, Bevormundung und Besserwisserei kann er nicht leiden und geht zu den entsprechenden Menschen sofort auf Konfrontationskurs. Im Dialog wird er dann sarkastisch und provoziert Streit, der meistens zum Eklat führt. Dadurch verliert er natürlich an Sympathie und Ansehen. Im schlimmsten Fall wird er gemein und lässt seine Gegner in die Falle laufen, wo er sie noch quält.

Entwicklungschance: Notbremse ziehen!

Hier ist dringend ein mentales Training mit der Hilfe eines erfahrenen Coachs angebracht, damit er sich nicht vollends aufs Abstellgleis stellt.

♀ Schütze, Aszendent Skorpion

Superfeine Antennen

Die Schütze-Skorpion-Frau ist gekennzeichnet von Leidenschaft und Kampfgeist. Ihr ist es ein besonderes Anliegen, ihre Freiheit und Unabhängigkeit unter allen Umständen zu wahren. Nichts würde sie mehr belasten, als von jemandem abhängig zu sein. Sie würde sich in so einem Falle wie lebendig begraben fühlen. Deshalb ist es für sie sehr wichtig, sich früh auf eigene Füße zu stellen und ihren Weg, ihr Ziel und ihre Wünsche selbstständig zu realisieren.

Ganz wichtig ist ihr auch, ob in der Partnerschaft oder im Beruf, dass man sie nicht einengt, zu etwas zwingt oder sie gar bevormundet. Das wäre für sie ein Grund, alles sofort zu beenden. Damit würde sie natürlich auch nicht glücklich. Mit einem messerscharfen Urteil ist sie meist schnell bei der Hand, und in der Regel liegt sie mit ihrer Einschätzung sogar richtig. Das hat viel mit ihrer Intuition zu tun, sie verfügt über die besondere Gabe, Kommendes zu spüren und zu erkennen.

Ihr Engagement ist immer von großer Begeisterung geprägt, egal, ob es um persönliche Belange geht oder um berufliche Interessen. Sie gibt beständig ihr Bestes. Ein sportlicher Urlaub mit immer wieder wechselnden Sportarten ist für sie eine willkommene Herausforderung, hier findet sie Bestätigung und kann an ihre Grenzen gehen. Als Partnerin, Mutter oder Freundin ist sie einzigartig und ebenso zielorientiert wie im beruflichen Bereich. Wer sie zur Partnerin haben darf, kann sehr stolz sein, weil sie sehr aktiv und intellektuell auftritt – einfach eine tolle, adrette und bezaubernde Frau.

Von Gefühlen gebeutelt

Ihr Problem ist ihre schwankende Gefühlswelt. Himmelhoch jauchzend oder zu Tode betrübt: Die Schütze-Skorpion-Frau kennt hier keine Mitte. Oft nimmt sie auch vieles zu persönlich und zieht sich einen Schuh an, der ihr nicht passt. Diplomatie zählt ebenfalls nicht zu ihren besonderen Stärken.

Entwicklungschance: die Balance finden

Ihre Gefühlswelt kann sie durch das Erlernen mentaler Techniken in den Griff bekommen. In der Kommunikation mit anderen könnte sie mit etwas Geschick und Verständnis doch vieles einfacher und ruhiger gestalten.

> *Da es sehr förderlich für die Gesundheit ist,*
> *habe ich beschlossen, glücklich zu sein.*
> Voltaire

♂ Schütze, Aszendent Skorpion

Freiheit über alles!

Aktivität, Freiheit und Begeisterung auf der einen Seite, Leidenschaft, Sensibilität und Kreativität auf der anderen kommen hier zusammen. Dennoch wird sich der Skorpion-Charakter in den wesentlichen Bereichen durchsetzen und die Fäden in der Hand behalten. Er neigt dazu, vorgefasste und oft zu schnelle Entscheidungen nochmals zu überdenken. In vielen Fällen stellt sich das als positiv heraus und schützt vor Verlusten, die der Schütze-Typ im Übereifer immer wieder verursacht. Der Schütze-Skorpion-Mann ist ein Macher, ein Leader, der immer an die Grenzen seiner Möglichkeiten geht, kein Risiko scheut und auch schon mal Lehrgeld bezahlt. Doch damit hat er kein Problem, denn bei ihm gilt der Satz »Wo gehobelt wird, da fallen Späne«, und mit dieser Einstellung hat er meistens Erfolg. Er verfügt über eine besonders schnelle Auffassungsgabe und einen sehr wachen Geist. Oft geht ihm alles zu langsam, dann wird er ungeduldig und auch schon einmal ungerecht. So kann es durchaus vorkommen, dass er vorzeitig eine Sitzung oder Tagung verlässt, weil ihm die Diskussionen und Vorträge zu lange dauern und er diese kostbare Zeit für etwas anderes zu benötigen glaubt.

Der Schütze-Skorpion-Mann ist ein Workaholic und schiebt im Privatleben gern alles auf die Arbeit und begründet so, dass er zu wenig Zeit für seine Lieben hat. Er achtet auch zu wenig auf seine Gesundheit, was sich bisweilen in Aggression und Unausgeglichenheit zeigt. Durch dieses oft unnötige Verhalten verliert er zahlreiche Sympathien und viel Ansehen.

Arbeit ist nicht der einzige Lebensinhalt

Er denkt nicht gern über sein Auftreten und seine Außenwirkung nach und untermauert dadurch sein arrogantes und oft überhebliches Verhalten, das er dank seiner Talente und Fähigkeiten überhaupt nicht nötig hätte. Er sollte sich auch ins Bewusstsein rufen, dass Geld und Geldverdienen nicht alles ist im Leben, es gibt noch andere schöne Beschäftigungen!

Entwicklungschance: menschliche Qualitäten schätzen

Er sollte genauer Maß nehmen und rücksichtsvoll gegenüber sensiblen und verletzbaren Menschen sein. Auch können viele seinen schnellen Gedanken einfach nicht folgen. Er muss die Skorpion-Tugenden nutzen, indem er mehr Verständnis für andere entwickelt und den Fuß etwas vom Gaspedal nimmt. Die Menschen in seinem Umfeld werden es ihm danken!

♀ Steinbock, Aszendent Skorpion

Unfassbar unnahbar

Die Steinbock-Skorpion-Frau ist ein Ausnahmecharakter, besonders was ihr Auftreten in der Öffentlichkeit angeht. Sie zeigt sich überaus unnahbar. Das hat damit zu tun, dass sie ein sehr kritischer und sicherheitsliebender Mensch ist. Der erste Eindruck, den man auf sie macht, entscheidet darüber, ob man mit ihr im Gespräch bleibt oder nicht. Sie legt einen gesteigerten Wert auf einen niveauvollen Umgang und bevorzugt die leisen, feinen Töne. Sie ist sehr zielstrebig und erfolgsorientiert und entfaltet ihre Stärken, wenn sie sich verstanden und ausreichend feinfühlig behandelt fühlt. Kontrolle und Zwang verabscheut sie, diese zerstören jedes aufgebaute Vertrauen sofort wieder. Dabei ist Loyalität im Grunde eine Selbstverständlichkeit für sie. Es mag überraschen, doch Lob und Anerkennung tun ihr gut und schenken ihr Energie und Motivation. Fleiß und Ehrgeiz sind ihr ohnehin in die Wiege gelegt. Sie ist mit großer Intuition ausgestattet: Viele künftige Ereignisse spürt sie weit im Voraus.

Im privaten Bereich ist die Steinbock-Skorpion-Frau eine wunderbare Partnerin, Freundin, Sportkameradin und Mutter. Sie ist eine herausragende Gastgeberin und mag es, neue Gerichte auszuprobieren. Sie gibt alles für ihre Familie und nimmt sich dabei selbst eher zurück. Die Entwicklung ihrer Kinder liegt ihr besonders am Herzen. Die Steinbock-Skorpion-Frau ist also ein ausgesprochener Gefühlsmensch. Wer es schafft, sie zu gewinnen, hat eine Gefährtin fürs Leben.

Zu viel Gefühl

Ihre Sensibilität in Ehren, aber manchmal legt die Steinbock-Skorpion-Frau zu viele Dinge auf die Goldwaage und belastet sich damit, was sie eigentlich überhaupt nicht nötig hätte.

Entwicklungschance: weniger Energieverluste
Sie kann in vielen Bereichen lernen, etwas lockerer und gelassener zu sein und so mit ihren Energien besser hauszuhalten. Das Erlernen mentaler Techniken könnte sie hier einen wichtigen Schritt weiterbringen.

♂ Steinbock, Aszendent Skorpion
Kraftpaket mit viel Leidenschaft
Der Steinbock-Skorpion-Mann ist sehr zielstrebig und meistert die täglichen Herausforderungen des Lebens mit Bravour. Er ist von einer Perfektion und Disziplin angetrieben, die ihresgleichen suchen. Erfolg ist für ihn kein Zufall, sondern entsteht aus einer perfekten Planung, eiserner Disziplin und einem optimal funktionierenden Team. Nichts wird dem Zufall überlassen, sondern es wird alles minuziös und transparent durchgeplant. Die unerreichte Fähigkeit dieses Charakters liegt aber in der Entwicklung von neuen Projekten. Das spornt ihn derart an, dass er über sich hinauswächst. Sein Ideenreichtum ist unerschöpflich, ein Geschenk für ihn und alle Menschen. Für ihn ist es dabei nicht wichtig, im Mittelpunkt zu stehen, sondern er will einfach in Ruhe und ohne großes Aufsehen seine Arbeit verrichten.

Seine Gefühle sind tief und intensiv, oft wird er von ihnen regelrecht hin- und hergerissen. Im Freundeskreis kann er jedoch ganz entspannt sein, wenn er einmal von seiner Arbeit loskommt. Seine Familie fühlt sich auf der sicheren Seite, denn weder die Liebe noch das Geld werden ihnen jemals ausgehen. Der Steinbock-Skorpion-Mann hat ein besonderes Händchen für private Geldanlagen. Manchmal sagt man ihm Geiz oder zumindest übertriebene Sparsamkeit nach, was tatsächlich auch ein wenig zutrifft.

Viel Angriffsfläche

Natürlich hat er viele Neider – nicht nur, weil er derart erfolgreich ist, sondern auch weil er sehr unnahbar und kurz angebunden sein kann und den Dialog nicht sonderlich pflegt. Das legt man ihm nur allzu gern als Angeberei oder Arroganz aus, um wenigstens irgendetwas Schlechtes an ihm zu finden.

Entwicklungschance: etwas zugänglicher werden

Es ist normal, dass andere Menschen gekränkt sind und sich vor den Kopf gestoßen fühlen, wenn man ihnen nicht mal ein kleines biss-chen entgegenkommt. Hier sollte er seinen Sarkasmus zügeln und anderen ab und zu ein Lächeln oder ein paar anerkennende Worte schenken. Das tut nicht weh, und vor allem verpflichtet es zu nichts.

Es ist nicht gesagt, dass es besser wird, wenn es anders wird.
Wenn es aber besser werden soll, muss es anders werden.
Georg Christoph Lichtenberg

♀ Wassermann, Aszendent Skorpion
Unermüdliche Forscherin

Diese äußerst interessante Frau, die zum einen sehr tatkräftig und aktiv sein kann, zum anderen sehr empfindsam und feinfühlig, ist eine Reformerin mit einer höchst fortschrittlichen Gesinnung. Sie legt großen Wert auf ihre persönliche Unabhängigkeit und hat ein idealistisches Menschenbild. An irdischen Gütern zeigt sie sich weni-ger interessiert, umso mehr an tiefen Einsichten und universellen Wahrheiten. Sie möchte den Dingen immer auf den Grund gehen und mag sich nicht mit Oberflächlichkeit anfreunden. Im Beruf hat sie genaue und ebenfalls sehr idealistische Vorstellungen. Sie kann sowohl im Bereich von Erfindung und Entwicklung tätig sein als auch in einem sozialen beziehungsweise einem Lehrberuf. Eines ist sicher: Sie wird nie aufhören zu lernen, denn sie weiß, dass man niemals auslernt.

Sie legt Wert auf Stil sowie auf einen ehrlichen Umgang miteinander. So erwartet sie, dass man sich gegenseitig zuhört und zu verstehen bemüht. Der ehrliche Dialog hat eine hohe Priorität für sie. Freundschaft und Gemeinschaft bedeuten der Wassermann-Skorpion-Frau sehr viel. Auch Liebesangelegenheiten betrachtet sie unter dem Gesichtspunkt der geistigen Verbindung – sie kann sich nur in jemanden verlieben, der auf ihrer Wellenlänge ist.

Für diese Frau ist es immer entscheidend, was hinter der Fassade steckt. Dies entdeckt sie auch sehr schnell, denn sie verfügt über eine außergewöhnliche intuitive Begabung. Sie spürt auch lange im Voraus, wenn sich irgendetwas Wichtiges tut oder wenn eine Veränderung naht. Für Kinder hat sie eine Menge übrig, vor allem wenn diese in das Alter kommen, in dem sie beginnen, Fragen zu stellen.

Blockierte Intuition

Ihre Geradlinigkeit ist für sie selbst ganz normal, ihr Umfeld fühlt sich dadurch allerdings oft ein wenig überfordert. Innerlich mag es sie vor Probleme stellen, wenn sie zwischen echten intuitiven Eingebungen und fixen Ideen nicht mehr unterscheiden kann, was sie stark blockiert und belastet.

Entwicklungschance: zurück zur Einfachheit

Eine selbstkritische Betrachtungsweise und Flexibilität gehören zu ihren wichtigsten Lernaufgaben. Besonders Meditation und Ausdauersport können die Gedanken klären und die Blockade auflösen.

♂ Wassermann, Aszendent Skorpion

Fairer Einzelkämpfer

Der Wassermann ist strategisch geschickt, sehr humorvoll und charmant, der Skorpion dagegen unnahbar, egozentrisch und schwer zu durchschauen. Aufgrund seiner feinen Intuition zeigt er sich anderen gegenüber sehr empfindlich bis launisch. Dieser Mann ist daher ein bedingungsloser Einzelkämpfer. Er legt großen Wert darauf, seine Unabhängigkeit zu bewahren, und arbeitet somit sehr ungern in einem Angestelltenverhältnis. Man muss ihm aber bescheinigen, dass er stets ein fairer Gegner oder Mitstreiter ist. Als Geschäftspartner verhält er sich intelligent und förderlich für den gemeinsam errungenen Erfolg. Man kann mit ihm Kompromisse schließen und sich von seinen besonderen Fähigkeiten inspirieren lassen.

Freundschaft und Partnerschaft bedeuten ihm sehr viel, hier kommt der Wassermann-Einfluss zum Tragen. Seine Familie ist das Herzstück seines Lebens, auch wenn er oft gern mehr Zeit für sie hätte. Das sollte er aber schnellstens ändern, denn die Kleinen wachsen geschwind aus den Kinderschuhen heraus, und ehe er sich's versieht, hat er die schönste Zeit mit ihnen verpasst.

Fixe Ideen

Bestimmte Vorstellungen können bei ihm zu fixen Ideen werden. Es scheint dann so, als klemmte ein vergessener Schraubenschlüssel im Getriebe seines Geistes. Das Problem ist, dass er in solchen Situationen nicht mehr zwischen echten intuitiven Eingebungen und utopischen Vorstellungen und Zielen unterscheiden kann.

Entwicklungschance: klarer Gedankenstrom

Unter den beschriebenen Umständen sind ihm als wichtigste Lernaufgaben eine selbstkritische Betrachtungsweise und die Entwicklung von mehr Flexibilität anzuraten. Besonders Meditation und Ausdauersport können die Gedanken klären und die Blockade auflösen. Dann kann er seine besonderen Talente wieder nutzen und aus seinen Erfahrungen lernen.

> *Wer nach außen schaut, träumt.*
> *Wer nach innen schaut, erwacht.*
> C. G. Jung

 Fische, Aszendent Skorpion

Natürlich geistreich

Die Fische-Skorpion-Frau bezaubert mit einem wunderbaren, liebevollen und empfindsamen Charakter. Geprägt von einer starken Sensibilität und einer intensiven Vorahnung, spürt sie viele Ereignisse schon lange im Voraus. Dies ist ihr größter Reichtum. Wärme, Liebe und Zuneigung sind die Elemente, nach denen sie sich immer sehnt. In ihrem Beruf ist sie extrem verlässlich und sehr bodenständig, Kontrolle und Bevormundung will und braucht sie nicht. Angemessene Worte der Anerkennung beflügeln sie. Die Fische-Skorpion-Frau ist nie überheblich und muss nicht im Mittelpunkt stehen (wenn ihr genau das auch ab und zu Spaß macht). Sie ist sehr kritisch und abwartend und nicht unbedingt sofort offen und gesprächsbereit. Sie geht zunächst auf Nummer sicher und prüft sehr sorgfältig ihr Umfeld und die Gegebenheiten. Sie ist einfach vorsichtig und überlässt nicht gern etwas dem Zufall.

Ihre Ausstrahlung wirkt sehr natürlich und wärmend. Ihr Lebenselixier ist nicht weniger als eine intakte, liebevolle Beziehung zu allen Menschen. Sie gibt sich sehr fürsorglich und ist somit natürlich auch eine wunderbare Mutter. Ihre Gäste bewirtet sie mit großer Hingabe, man könnte fast sagen, dass sie eine orientalische Auffassung von Gastfreundschaft hat. Das wissen auch ihre zahlreichen Freunde, die daher um eine Einladung bei ihr beinah Schlange stehen.

Misstöne vertreiben sie sofort

Der Umgang mit dieser Frau ist gar nicht immer so leicht; denn wer es nicht versteht, ihre Gefühle zu respektieren, wird sehr schwer Zugang zu ihr finden. Sie hat kein Verständnis für niveaulose oder gar überhebliche und oberflächliche Menschen. Wenn sie das feststellt, zieht sie sich ganz schnell zurück und entfernt sich vom Schauplatz. Das wird ihr oft als Arroganz ausgelegt, die aber nicht zu ihren Charakteristika zählt.

Entwicklungschance: auch mal den Takt vorgeben

Statt immer gleich das Weite zu suchen, sollte sie trainieren, dagegenzuhalten und anderen ruhig auch mal die Meinung zu geigen. Sie hat es nicht nötig, sich vertreiben zu lassen, nur weil ihr jemand ohne Verstand und Gefühl entgegentritt.

♂ Fische, Aszendent Skorpion

Feingeist mit Weitblick

Doppelter Tiefgang mit großer Kreativität, einer feinen Intuition und bemerkenswerten Vorahnungen: Heraus kommt ein Naturell, das unter allen Männercharakteren als einmalig bezeichnet werden muss. Oft scheiden sich bei ihm die Geister, weil er so undurchschaubar ist und viele sein Verhalten nicht nachvollziehen können. Dynamik und unbedingte Durchsetzungskraft gehören nicht zu den hervorstechenden Eigenschaften des Fische-Skorpion-Mannes. Mit Vorliebe schmiedet er Pläne, die dann aber immer wieder im Sande verlaufen, weil es ihm an der nötigen Konsequenz und Ausdauer fehlt. Seine

Stärken liegen jedoch ohnehin in anderen Bereichen. Seine feingeistige Art, seine Vielseitigkeit, sein Einfühlungsvermögen und sein sicherer Instinkt sind hier besonders zu nennen.

Ganz wichtig ist ihm eine selbstständige, verantwortliche Tätigkeit, bei der er seine Fähigkeiten optimal einbringen kann. Sein sicherer Instinkt, sein Weitblick und seine Hellsichtigkeit sind seine größten Trümpfe. So baut er im Beruf ausschließlich auf sein Gefühl. Auf Druck reagiert er mit Rückzug oder Aggressivität, anerkennende Worte zum richtigen Zeitpunkt dagegen sind für ihn die beste Motivation – wenn die Worte ehrlich gemeint sind. Dieser Mann wird immer ein Geheimnis bleiben, und das kann eine überaus faszinierende Wirkung haben. Es ist wunderschön, mit ihm als Partner, Vater oder Freund Zeit zu verbringen.

Aus der Balance geraten

Wenn er aus dem Gleichgewicht gerät, ist er regelrecht ungenießbar. Er nimmt dann alles gleich persönlich und kann über ein falsches Wort in Zorn geraten.

Entwicklungschance: das Wesentliche sehen

Ein bisschen mehr Lockerheit und Gelassenheit würden ihm guttun. Das Tauziehen zwischen Idealismus und Rückzug wird sonst zur ernsten Belastung. Er muss lernen, zum Wesentlichen zu kommen, statt seine Kraft mit Nachrangigem zu vergeuden. Dann kommt er auch eher zu wirklicher innerer Ruhe.

Die Erfahrung lehrt uns, dass Liebe nicht darin besteht,
dass man einander ansieht, sondern dass man
gemeinsam in gleicher Richtung blickt.
Antoine de Saint-Exupéry

♀ Widder, Aszendent Skorpion

Große Pläne

Hier treffen Führungsqualitäten, Durchsetzungsvermögen, Sensibilität und eine Prise Sturheit aufeinander. Die Widder-Skorpion-Frau hat eine starke, einnehmende Aura sowie den Mut und die Kraft, ihre Ziele mit Entschlossenheit zu verfolgen. Ihre Art zu führen ist einfach genial. Sie weiß, was sie will, und sie weiß auch stets genau, was sie tun muss, um ihre Vorstellungen Wirklichkeit werden zu lassen. Diese Frau will und braucht keine Kontrolle, das sollte man in der Zusammenarbeit mit ihr unbedingt beachten. Denn anderenfalls kann man sie schnell auf die Palme bringen, und die Zusammenarbeit trägt dann keine Früchte mehr. Wichtig sind also Harmonie, Vertrauen und Ehrlichkeit. Sie muss außerdem Wärme und Zuneigung spüren, um Großartiges bewegen zu können. Lob und angemessene Anerkennung beflügeln und motivieren sie zu ihren außergewöhnlichen Leistungen.

Die Familie sowie die Freunde und Bekannten schätzen ihre Aktivität und ihre Geradlinigkeit. Weil sie jedem etwas von ihrem Urvertrauen abgibt, fühlen sich alle gut aufgehoben in der Gesellschaft dieser großartigen, interessanten Persönlichkeit.

Empfindliche Störungen

Entscheidend ist im Umgang mit der Widder-Skorpion-Frau der richtige Ton. Wenn sie irgendwo empfindlich ist, dann im Bereich der Sprache. Hat man hier einmal danebengegriffen oder sie – zumindest aus ihrer Sicht – zu Unrecht kritisiert, ist die Verbindung zu ihr gestört. Dann verschließt sie sich, und erst einmal kommt keiner mehr an sie heran. Sie ist jetzt beleidigt und eingeschnappt und hat keine Lust, irgendetwas zu tun.

Entwicklungschance: gemeinsame Frequenz finden

Sie sollte lernen, Kritik als Hilfe auf dem Weg zum Erfolg zu sehen. Auch sprachliche Patzer der anderen sollte sie nicht gleich auf die Goldwaage legen. Vielmehr darf sie sich doch darüber freuen, dass sie selbst so taktvoll und feinfühlig ist. Gelassenheit, Humor und Toleranz, das sind Reaktionsweisen, von denen sie und alle in ihrem Umfeld profitieren.

> *Der Humor ist keine Gabe des Geistes,*
> *er ist eine Gabe des Herzens.*
> Ludwig Börne

 Widder, Aszendent Skorpion

Teamworker in spe

Beim Widder-Skorpion-Mann steht der Wille zum Erfolg über fast allem anderen. Er ist durchsetzungsstark und dynamisch, will immer möglichst eigenständig handeln und lässt sich keinesfalls dreinreden. Dabei übersieht er manchmal, dass die Menschen, mit denen er zusammenarbeitet, auch gute Ideen haben. Wenn er ihnen mehr Beachtung schenkt und sie in seine Überlegungen und Vorhaben einbezieht, können alle zusammen Großes schaffen. Gelingt das, sind diesem fähigen Mann und seinem Team grandioses Ansehen und viele Sympathien sicher. Gemeinsam kann man dann am Erfolg tüfteln, und das in entspannter und kreativer Atmosphäre.

Die Familie wie auch die Freunde und Bekannten schätzen seine Aktivität und seine Geradlinigkeit. Weil er den Menschen ringsumher ein sicheres Gefühl geben kann, fühlen sich alle geborgen in der Nähe dieses tatkräftigen, selbstgewissen Mannes. Doch würden etwas mehr Zeit, Wärme und Zuneigung nicht schaden.

Zu viel Ellbogeneinsatz

Er muss lernen, dass Siege und Erfolg nicht alles im Leben sind – denn gern stellt er sie über die Menschen in seiner Umgebung und nimmt diese gar nicht mehr richtig wahr. So kann keine gute, vertrauensvolle Zusammenarbeit aufkommen.

Zudem kann er mit Kritik nicht gut umgehen und rastet dann möglicherweise richtiggehend aus, ebenso, wenn andere Fehler machen. Oft erdrückt die Dominanz des Widder-Skorpion-Mannes sein Umfeld!

Entwicklungschance: mehr Menschlichkeit!

Er muss unbedingt lernen, sachliche Kritik als Hilfe auf dem Weg zum Erfolg zu sehen. Auch verzeihen zu können und Nachsicht zu üben gehört zum Handwerkszeug eines Leaders! Ein bisschen mehr Toleranz kann die typische Situation entschärfen und dazu beitragen, mehr gegenseitiges Verständnis zu entwickeln.

Eine sinnvolle und nachhaltige Chance für ihn wäre das Trainieren mentaler Techniken. Er sollte außerdem versuchen, für mehr Entspannung und Regeneration zu sorgen. Auch regelmäßiger Sport gehört in seine tägliche Terminplanung. Damit wird er ausgeglichener und gewinnt erheblich an Sicherheit und Gelassenheit, Sympathien und Ansehen; und er wird ein ebenso erfolgreicher wie glücklicher und zufriedener Mann.

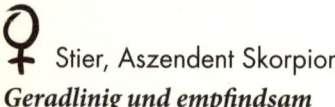 Stier, Aszendent Skorpion

Geradlinig und empfindsam

Die Stier-Skorpion-Frau ist eine hochinteressante Persönlichkeit, bei der die Gefühlswelt eine herausragende Rolle spielt. Sie ist bodenständig, erfolgsverliebt und sehr geradlinig. Ihre Stärken liegen in einer ausgeprägten Disziplin, einem kaum zu überbietenden Fleiß und einem Engagement, wie man es nur sehr selten antrifft. Im Beruf ist sie ein Volltreffer, engagiert bis in die Haarspitzen und bereit, jeden Tag vollen Einsatz zu bringen. Ein paar ehrliche anerkennende Worte nimmt sie gern entgegen. Druck, Bevormundung und Kontrolle dagegen verabscheut die Stier-Skorpion-Frau. Wer sie hier auf dem falschen Fuß erwischt, kann viel Vertrauen und Kooperationsbereitschaft zerstören. Sie hat eine sehr feine, empfindsame Seele und ist somit auch sehr leicht verletzbar. Wem es aber gelingt, diese Frau in ihrem Sein zu begreifen und anzusprechen, der hat mit ihr einen wunderbaren Menschen gewonnen, der alles von Herzen tut.

Sie ist eine vorzügliche, charmante Gastgeberin, der es immer wieder gelingt, ihre Gäste mit besonderen Überraschungen zum Staunen zu bringen. Kochen ist für sie ein wunderbar ausgleichendes Hobby, bei dem sie bereits eine gewisse Meisterschaft errungen hat. In ihrem Zuhause hat die Stier-Skorpion-Frau immer alles im Griff. Ihre Lieben und ihre Freunde verwöhnt sie nach Strich und Faden und zeigt ihnen so ihre Zuneigung.

Unnötige Überlastung

Diese Frau glaubt im Grunde ihres Herzens, dass ohne sie gar nichts läuft, daher delegiert sie ungern und opfert sich stattdessen auf – oft auf Kosten ihrer Gesundheit. Sie geht häufig an ihre Grenzen und ist bitter enttäuscht, wenn die Mitmenschen dies nicht wertschätzen. Für andere ist es schwer, ihr Verhalten zu begreifen.

Entwicklungschance: die Regie abgeben

Die Stier-Skorpion-Frau muss lernen, mehr zu kommunizieren, damit alle Gelegenheit haben, falsch gelaufene Dinge zu erläutern und aufzuklären. Zudem darf sie sich ruhig darauf verlassen, dass sie auch dann noch geliebt und gebraucht wird, wenn sie es sich mal gemütlich macht und die anderen schalten und walten lässt. Denn ganz tief drinnen fürchtet sie – völlig zu Unrecht –, dass sie sich Liebe und Zuwendung im wahrsten Sinn des Wortes erarbeiten muss.

♂ Stier, Aszendent Skorpion
Liebenswerter Teufel

Der Stier-Skorpion-Mann hat viele Talente, Fähigkeiten und Neigungen. Seine größte Stärke ist seine Intuition: Er spürt Ereignisse lange vor ihrem Eintreten. Er ist sehr kreativ, feinfühlig und empfindsam – all das kommt ihm im täglichen Zusammenspiel mit anderen Menschen zugute. Er hat aber auch eine andere Seite, kann unnahbar und überheblich auftreten. Wenn ihm jemand unsympathisch erscheint, mag er sarkastisch werden und sich geheimnisvoll geben, sodass alles an ihm abprallt. Sein Gegenüber weiß dann nicht mehr, wie er sich verhalten soll; und genau das macht dem Stier-Skorpion-Mann Spaß.

In der Regel ist der Stier-Skorpion-Mann Unternehmer, weil er selbstverantwortlich arbeiten möchte. Er hat meistens einen Beruf, bei dem Kreativität und Sensibilität eine entscheidende Rolle spielen, zum Beispiel in der Modebranche, als Grafiker oder auch als Therapeut. Mit Menschen, die Hilfe brauchen, kann er wundervoll umgehen.

In der Familie verhält er sich überraschenderweise lammfromm, sein Verhalten gegenüber Partnerin und Kindern ist vorbildlich und liebenswert. Er gibt viel Wärme und Zuneigung weiter und erhält ebenso viel zurück. Ähnliches gilt auch in seinem engeren Freundeskreis.

Zanken und zündeln

Schwierig wird es, wenn ihm im Berufsleben jemand ständig widerspricht, das kann schon mal bis zum Eklat führen. Auch fixe Ideen und utopische Vorstellungen sind bei diesem Charakter keine Seltenheit. Kritik und Fehlschläge treffen ihn hart, damit kann er gar nicht umgehen. Er nimmt das oft alles viel zu persönlich. Ganz kritisch ist aber sein »Talent«, in bestimmten Personenkreisen Feuer zu legen und Streit zu entfachen.

Entwicklungschance: zurück in den wohltemperierten Bereich
Vergeben und Verzeihen muss er schnellstmöglich lernen. Denn das ist der einzige Weg, eingerissene Brücken wieder aufzubauen. Auch seine Spielchen mit dem Feuer sollte er schleunigst einstellen. Wärme (nicht Hitzigkeit!) und Zuneigung sind doch zwei ganz wichtige Elemente in seinem Leben, wenn er es auch nicht unbedingt zugeben möchte. Wenn er sich darauf besinnt, diese Werte auch im Berufsleben erfolgreich einzusetzen, lohnt sich das für ihn und für die anderen sehr.

♀ Zwillinge, Aszendent Skorpion
Temperament pur!
Hier wird es nie langweilig! Bei der Zwillinge-Skorpion-Frau ist immer Feuer und Bewegung im Spiel. Genialität, Ehrgeiz, Geradlinigkeit und Loyalität sind ihre großartigen Gaben, unterstützt durch ihre Begeisterungsfähigkeit. Abgerundet werden diese positiven Merkmale durch eine sehr starke Intuition, viel Einfühlungsvermögen und eine ungeheure Beharrlichkeit. In ihrem Beruf ist die Zwillinge-Skorpion-Frau eine Institution. »›Geht nicht‹ gibt's nicht!«, so könnte ihr Motto lauten. Manchmal schießt sie dabei etwas übers Ziel hinaus und muss von einem wohlmeinenden Kollegen wieder sanft auf den Boden geholt werden.

Die Zwillinge-Skorpion-Frau entwickelt auch in ihrer Freizeit bei allem viel Esprit, sei es beim Sport, beim Werkeln in Haus und Garten oder beim ausgelassenen Zug um die Häuser mit guten Freunden. Ihr

Partner und ihre Familie genießen ihre tolle Ausstrahlung und ihr nie müde werdendes Engagement in allem, was sie unternimmt.

Ganz kleine Macken und Kratzer
Natürlich hat sie auch einige Schwachstellen, allen voran eine geringe Frustrationstoleranz und oft auch einen latenten Mangel an Selbstwertgefühl. Manchmal mutet sie sich auch zu viel zu, und immer wieder will sie mit dem Kopf durch die Wand.

Auf der einen Seite ist die Zwillinge-Skorpion-Frau ständig in Aktion und »zu allen Schandtaten bereit«, auf der anderen kann sie unschlüssig und wenig diplomatisch sein.

Entwicklungschance: nur ein bisschen aufpolieren
Die beschriebenen Verhaltensweisen sind überwiegend Kleinigkeiten, die sie locker in den Griff bekommen könnte. Dann wird sie ihre einmalige Ausstrahlung zu ihrem Vorteil und zum Wohle aller nutzen. Mit etwas mehr Souveränität und Feingefühl entwickelt diese Frau nun ein Persönlichkeitsprofil, das seinesgleichen sucht.

> *Der Urgrund alles Schönen besteht*
> *in einem gewissen Einklang der Gegensätze.*
> Thomas von Aquin

♂ Zwillinge, Aszendent Skorpion
Cleveres Stehaufmännchen
Der Zwillinge-Skorpion-Mann lebt im Spannungsfeld von Wankelmut und Stabilität, daher ist er etwas schwer zu durchschauen. Seine Direktheit sorgt für klare Verhältnisse, wobei aber ruhig etwas mehr Taktgefühl im Spiel sein dürfte. Dieser Mann ist fleißig und umtrie-

big und hat den Hang, schnell begeistert zu sein und etwas bewegen zu wollen. Der Wille ist immer da, nur die Konstanz lässt nicht selten zu wünschen übrig. Seine besondere Stärke sind sein hellwacher Geist und sein fixer Verstand. Kaum ein anderer männlicher Charakter hat eine so schnelle Aufnahmefähigkeit. Diese prädestiniert ihn für ein Team, das im Bereich von Erfindung und Entwicklung arbeitet. Manchmal müssen die Kollegen ihn in seiner Begeisterung etwas bremsen und ihn mit sanftem Druck wieder auf den Boden der Tatsachen holen.

Oft sehnt er sich nach mehr innerer Ruhe und Gelassenheit – im Privatleben wie auch im Beruf. Aber schon während sich Ruhe einstellt, keimt in ihm die Unruhe, ob er nicht draußen irgendetwas verpassen könnte … Seine innere Hektik wird ihn wahrscheinlich immer begleiten. Er ist einfach ein Tausendsassa, ein Gesellschaftsmensch, der Leute begeistern und motivieren kann. Familie und Freundeskreis sollten entweder immun gegen derartige Turbulenzen sein – oder mitschwingen und die Gesellschaft dieses interessanten Mannes nutzen, um selbst nicht allzu gemütlich zu werden … je nach Temperament und Vorlieben.

Meister des Unvollendeten

Seine schnelle Begeisterung für eine neue Aufgabe flaut oft genauso schnell wieder ab, sodass viele verheißungsvolle Projekte unfertig liegen bleiben. Unzufriedenheit ist hier programmiert, und wenn dann noch Kritik an ihm laut wird, kann er zynisch, übersensibel und unangemessen reagieren.

Entwicklungschance: Talente und Fähigkeiten vollenden

Hier sollte er ansetzen, seine Gewohnheiten und Verhaltensmuster zu erkennen und zu ändern. Dabei kann ihn das Erlernen mentaler Techniken hervorragend unterstützen. Dann könnte er sein großes

Potenzial an Talenten und Fähigkeiten viel umfassender entfalten und nutzen.

♀ Krebs, Aszendent Skorpion

Feingefühl mal zwei

Gleich doppelt sensibel und empfindsam ist diese Frau. Ihre Schmerzgrenze liegt niedrig; das heißt, sie ist sehr leicht zu kränken. Sie ist aber auch gemütvoll und neben ihrer Empfindlichkeit sehr einfühlsam. Grundsätzlich kann sie sich auf ihr Gefühl verlassen, besonders weil sie durch den Skorpion-Einfluss über eine starke Vorausahnung und Intuition verfügt. Liebe und Harmonie sind ein elementarer Bestandteil ihres Lebens; Hingabe, Zärtlichkeit und Romantik ebenso. Im Übrigen ist sie sehr hilfsbereit und – wenn sie will – imstande, ihren Mitmenschen ihre Wünsche und Sorgen von den Augen abzulesen. Am Arbeitsplatz ist für sie eine familiäre Atmosphäre sehr wichtig. Sie ist eine kreative, gestaltende Mitarbeiterin, die zwar Verantwortung und genügend Freiraum, jedoch nicht unbedingt eine Führungsaufgabe will.

Die Krebs-Skorpion-Frau schätzt ein gemütliches Heim mit schöner Atmosphäre. Das ist wichtig für sie: ein sicherer Hort, an dem sie die raue Welt vergessen und sich richtig entspannen kann. Sie ist eine sehr treue und verlässliche Partnerin und Freundin, die viel Zuneigung, Wärme und Anerkennung schenken will. Was sie auch tut, sie ist immer mit ganzem Herzen bei der Sache.

Achtung, Verletzungsgefahr!

Der starke Einfluss des Skorpion-Aszendenten verleiht ihr ein Höchstmaß an Feingefühl und Verletzlichkeit. Sie nimmt Kritik oft viel zu persönlich und fährt dann sofort den Stachel aus. Doch das ist ein entscheidender Fehler, denn dieses Verhalten geht immer nur auf Kosten ihrer eigenen Energie.

Entwicklungschance: Souveränität und Gelassenheit

Auch mit Niederlagen sollte diese Frau lockerer umzugehen lernen, denn sie gehören zum Leben dazu und weisen den Weg zum Erfolg! Sie sollte in Zukunft ihre Gefühle dosiert einsetzen und vieles gelassener sehen, dann wird es ihr auf Dauer wesentlich bessergehen.

Was sie sich unbedingt aneignen sollte, ist mehr Diplomatie und Überlegtheit, um nicht immer so spontan zu antworten, ohne sich die Konsequenzen überlegt zu haben. Damit erleichtert sie sich den Umgang mit Kollegen und Freunden, und sie erlangt mehr Souveränität.

 Krebs, Aszendent Skorpion

Von Herz zu Herz

Zwei außergewöhnliche, besonders sensible Prägungen, die sich sehr unterstützen und zum Teil auch ergänzen: Wer ein echter Krebs ist, der ist auch ein sensibles Seelchen, hier allerdings zusätzlich stark vom Skorpion-Einfluss geprägt. Wir haben es also mit einem empfindsamen, empfänglichen und schnell beeindruckbaren Mann zu tun. Eine besondere Stärke weist er auf der psychischen Seite auf: In seinem ganzen Leben ist er vorsichtig und zurückhaltend. Im Umgang mit Menschen ist er gemütvoll und feinfühlig. In gewissen Situationen kann man sein Verhalten nicht voraussehen und oft nicht nachvollziehen. Aber das ist eben das Geheimnis des Skorpions. Er erweist sich als ein scharfer Beobachter, dessen kritischen Augen nichts entgeht. Er kann taktieren, manchmal zynisch sein und andere auch verletzen, je nach Situation und Laune. Wer in der Lage ist, sich in ihn hineinzuversetzen, wird eine tiefschichtige Gefühlswelt kennenlernen. Am Arbeitsplatz ist für ihn die familiäre Atmosphäre sehr wichtig. Er zeigt sich als ein kreativer, gestaltender Mitarbeiter, der nicht unbedingt die Führung anstrebt.

Grundsätzlich verlässt sich der Krebs-Skorpion-Mann auf sein Gefühl. Liebe und Harmonie sind elementar in seinem Leben. In Sachen Hingabe, Zärtlichkeit und Romantik können ihm wenige das Wasser reichen. Ein gemütliches Heim und ein harmonisches Familienleben sind für ihn der Schlüssel zum Erfolg. Hier kann er die raue Welt vergessen und richtig ausspannen. Er ist ein treuer, anhänglicher Partner und Freund. In einer Beziehung erwartet er tiefe Zuneigung, Anerkennung und vor allem viel Wärme. Oberflächliche oder riskante Abenteuer lehnt er ab. Er schlägt lieber Wurzeln, wo er sich heimisch fühlt.

Achillesferse Kritikfähigkeit

Fehlschläge und Kritik kann er nur schwer verarbeiten, weil er oft vieles zu persönlich nimmt. Seine Belastungs- und Kritikresistenz ist nicht sehr hoch, weil er sich durch seine feine Art und Sensibilität das Leben oft selbst schwer macht. Häufig steht er sich hier selbst im Weg und ist nicht flexibel genug.

Entwicklungschance: gelassener werden

Etwas mehr Lockerheit und Gelassenheit sind angesagt. Dabei kann ihn das Erlernen und Einüben mentaler Techniken, etwa im Rahmen eines professionellen Coachings, bestens unterstützen.

♀ Löwe, Aszendent Skorpion

Energie und Wärme

Der Charakter einer Löwe-Skorpion-Frau reicht von dynamisch bis explosiv. Sie ist sehr erfolgsorientiert und mit Führungsqualitäten ausgestattet. Sie will im Mittelpunkt stehen und wünscht sich Anerkennung, Freiraum und Vertrauen. Wenn diese Voraussetzungen gegeben sind, bewegt sie die Welt. Ihr Engagement und ihre Leidenschaft, Großes in

Gang zu setzen, sind immer ihr Ziel und auch ihre Berufung. Diese Frau besitzt eine rasche Auffassungsgabe und die Fähigkeit, sehr schnell zu handeln. Damit haben viele ihrer Kollegen Probleme, es entstehen deswegen oft Neid und Missgunst. Kontrolle und Bevormundung mag eine Löwe-Skorpion-Frau grundsätzlich nicht. Entscheidungen zu treffen und sie entsprechend umzusetzen ist für sie immer eine große Herausforderung und Freude. Nichts kann sie glücklicher machen als beruflicher Erfolg und die Bestätigung durch ihre Arbeit.

Im Urlaub sucht sie sportliche Aktivität, aber auch ein schönes Ambiente, um glücklich zu sein und sich lebendig zu fühlen. In der Familie ist die Löwe-Skorpion-Frau die helle Sonne, um die alles kreist. Für den Haushalt und sonstige »Nebensächlichkeiten« beschäftigt sie eine Fachkraft – oder die Arbeit wird gerecht unter den Familienmitgliedern aufgeteilt. So gewinnt sie Zeit, etwa für ihren großen Freundeskreis.

Ich, ich, ich!
Ihre Prägung ist zum Teil auch sehr egozentrisch. Damit hat die Löwe-Skorpion-Frau bisweilen ein Problem in der Gesellschaft, im Kollegenkreis und darüber hinaus. Sie hegt genaue Vorstellungen, die sie vielfach kompromisslos umsetzt – ohne Rücksicht auf Verluste. Dadurch verliert sie viel Ansehen. Ihre Lebensziele sind mehr als anspruchsvoll, immer wieder schießt sie hier übers Ziel hinaus, und so manches Vorhaben endet in einer Sackgasse.

Entwicklungschance: runter vom Egotrip!
Die Mäßigung ihres Egos und ihres Ehrgeizes sollte die wichtigste Lebensaufgabe für eine Löwe-Skorpion-Frau sein. Wenn sie das in den Griff bekommt, ist sie unübertrefflich. Wichtig ist auch, sich etwas mehr Zeit zum Regenerieren zu nehmen und kleine Auszeiten einzuplanen. Ihr unermüdlicher Fleiß und Einsatz in allen Ehren,

aber etwas mehr Ruhe und Gelassenheit dabei tun gut und führen auch zum Ziel.

♂ Löwe, Aszendent Skorpion

Heller Kopf mit scharfer Zunge

Zwei starke, sehr unterschiedliche Prägungen treffen hier aufeinander. So ist der dynamische und ehrgeizige Löwe kaum zu bremsen, der sensible und oft eigensinnige Skorpion möchte sich nicht dem Naturell des Löwen unterordnen. Im Beruf ist dieser Mann ein Macher, teils unnahbar und exzentrisch, aber sehr fähig und innovativ. Sein scharfer Intellekt und seine Intuition bringen ihm viele Vorteile, nur sollte er sie auch diplomatisch nutzen. Seine Auffassungsgabe ist sensationell, und die Umsetzung der unterschiedlichsten Vorhaben meistert er herausragend. Er muss aber auch lernen, andere zu akzeptieren, die nicht seiner Meinung sind und seinem Tempo nicht folgen können. Da heißt es, eine Stufe herabzusteigen und die Menschen dort abzuholen, wo sie stehen – sie werden es ihm danken! Wenn er sich im zwischenmenschlichen Bereich etwas mehr Mühe gibt, wird er auch eine positive Resonanz verspüren … Die Leute werden dadurch mehr Zugang zu ihm finden und ihn wesentlich positiver und fairer bewerten.

Im Urlaub sucht er immer die sportliche Herausforderung, während seine Liebste vielleicht gemütlich mit Buch und Drink am Strand liegt. Seinen Freundeskreis stellt er sich aber durchaus (auch) nach sportlichen Gesichtspunkten zusammen.

Kampf gegen sich selbst

Wenn es nicht gelingt, dass die beiden Prägungen einen Konsens finden, werden viele Energien sinnlos verpuffen. Oft bekämpft er sich selbst. Sein Egoismus und seine Sturheit schaden ihm am allermeisten. Dadurch verliert er an Durchsetzungskraft und Reputation.

Entwicklungschance: Vereinigung der Kräfte

Es ist an der Zeit, Möglichkeiten und Lösungen zu suchen, die zwei starken Prägungen zu einer Einheit zu verbinden. Jede der beiden muss einen Schritt auf die andere zugehen, damit der Löwe-Skorpion-Mann sich als harmonisches Ganzes präsentieren kann. Beschäftigen sollte er sich auch mit seinen Reaktionen auf Kritik und Fehlschläge. Wichtig ist außerdem, dass er mehr regeneriert und sich Auszeiten gönnt, in denen er seinen Akku wieder auflädt.

> *Große Zeiten sind es immer nur, wenn's beinah schiefgeht,*
> *wenn man jeden Augenblick fürchten muss:*
> *Jetzt ist alles vorbei. Da zeigt sich's.*
> Theodor Fontane

♀ Jungfrau, Aszendent Skorpion

Talent und Lebensfreude

Hier treffen zwei extrem unterschiedliche Prägungen aufeinander. Die Jungfrau ist sehr sozial, bodenständig und hilfsbereit, der Skorpion sensibel, schnell verletzbar, tatkräftig und erfolgsorientiert. Diese beiden Energien unter einen Hut zu bringen, sodass sie einigermaßen kooperieren, ist Lebensaufgabe dieser Frau. Im Beruf ist die Skorpion-Jungfrau eine sehr gute Teamarbeiterin mit dem Hang zur Führung. Viele Menschen fühlen sich zu ihr hingezogen, weil sie Wärme und Souveränität ausstrahlt.

In ihrer Familie ist sie eine Größe, weil sie jeden Tag mit Herzblut und Begeisterung dabei ist. Sie mag es, Gäste zu bekochen und zu verwöhnen. Wer sie als Gattin oder Partnerin gewinnen konnte, hat eine verlässliche Gefährtin, mit der es sich auch ein ganzes Leben lang gut aushalten lässt.

Wenn zu wenig zurückkommt

Oft ist es so, dass sie gibt, gibt, gibt und dabei das angemessene Nehmen vergisst. Dann trifft ein, worunter diese Frau immer wieder leidet, nämlich ausgenutzt zu werden oder sich zumindest so zu fühlen, was auf Dauer zu Unzufriedenheit und auch Traurigkeit bei ihr führen kann.

Entwicklungschance: an sich arbeiten

Dem Gefühl, ausgenutzt zu werden, kann sie wirkungsvoll vorbeugen, indem sie lernt, nein zu sagen, bei ihrem Nein zu bleiben und nicht immer wieder in alte Muster zurückzufallen. Auch um ihre beiden Grundcharaktere unter einen Hut zu bringen, ist es wichtig, dass diese Frau einige Gewohnheiten und eingefahrene Verhaltensmuster überprüft und – wenn nötig – angemessen verändert.

Ein Optimist ist ein Mensch, der ein Dutzend Austern bestellt
in der Hoffnung, sie mit der Perle, die er darin findet,
bezahlen zu können.
Theodor Fontane

♂ Jungfrau, Aszendent Skorpion
Mann mit Überraschungseffekt

Es handelt sich hier um zwei Prägungen, die sich in den meisten Fällen positiv und erfolgreich ergänzen, wenn es auch bisweilen leichte Turbulenzen gibt. Dieser Mann ist ein bodenständiger, erdverbundener und sehr sensibler Mensch mit enormem Tiefgang. Als Einzelgänger und Individualist mit analytischem Verstand macht er sich einen Namen in der Gesellschaft. Bei diversen Anlässen blitzt immer wieder ein gewollter Zynismus bei ihm auf. Wer fair mit ihm umgeht, kann aber auch selbst Fairness erwarten. Wer dagegen versucht, ihn zu hintergehen, hat bei ihm für immer verloren. So etwas kann und will er nicht vergessen.

Harmonie, Erfolg und Anerkennung sind für ihn ganz wichtig, wenngleich er das auch nicht immer wahrhaben will. Er braucht Freiraum, um Potenziale zu entwickeln und seine tollen Leistungen in Szene setzen zu können. Bevormundung und Kontrolle mag er überhaupt nicht. Er hat ein äußerst kritisches Urteilsvermögen und eine unerklärliche Fähigkeit, gewisse Dinge und Abläufe vorauszuahnen. Schwierige Aufgaben löst er in der Regel souverän, insbesondere wenn Kreativität gefragt ist.

Der Jungfrau-Skorpion-Mann hat eine raue Schale, die nicht leicht zu durchdringen ist. Sein Wesenskern jedoch ist sehr gefühlsbetont und altruistisch. Ja, er ist gesellig und lebenslustig, wenn die richtigen Leute am richtigen Ort sind. Wer Jungfrau-Typen für spröde hält, sollte mit einem »Exemplar« Bekanntschaft schließen, um diesen Irrtum aufzulösen. Als Partner oder auch als Freund wird er nicht unbedingt leicht im Umgang sein. Dennoch ist auf ihn absolut Verlass.

Das Schwert des Sarkasmus

Man könnte ihn auch einen Jungfrau-Typ mit Stachel nennen, der nicht nur scharf rechnen, sondern ebenso gut heftig kritisieren kann. Dieser Typus beobachtet seine Mitmenschen genau und erkennt sofort den wunden Punkt, was nicht selten zu Konflikten führt.

Entwicklungschance: andere mit Respekt behandeln

Weil er sich den meisten Menschen überlegen fühlt, gewinnt er oft auf eine – für die anderen – sehr unangenehme Weise Oberwasser. Er muss aber aufpassen, nicht irgendwann ganz allein dazustehen. Denn auch die Naivität des gutmütigsten Menschen hat ihre Grenzen.

♀ Waage, Aszendent Skorpion

Schönheit und Können

Hier vereinen und reiben sich zwei großartige Prägungen innerhalb eines außergewöhnlichen Charakters. Für viele Menschen mag die Waage-Skorpion-Dame schwer zu verstehen sein, sie ist aber eine sehr starke Frau mit enormen Fähigkeiten, zugleich ist sie in ihrer Seele überaus verletzbar. Stil, Anspruch und Kreativität zeichnen sie aus. Der Waage-Einfluss gibt ihr Feingefühl für Kunst, Schönheit, Ambiente.

In ihrer Arbeitsweise ist sie schnell und zielgerichtet, vorausschauend und effektiv. Führungsaufgaben zu übernehmen wurde ihr in die Wiege gelegt. Dies ist für sie aber auch immer ein Ansporn für eigene Spitzenleistungen. Ihr geht grundsätzlich alles leicht von der Hand. Anerkennung ist für diese Frau eine wichtige Bestätigung ihrer herausragenden Jobs. Der Ton macht die Musik, Oberflächlichkeit und dumme Sprüche haben bei ihr keinen Platz. Ebenso verabscheut sie Geschrei und Profilierungssucht. Damit kann sie wirklich gar nichts anfangen. Ihre vom Skorpion bedingte hohe Sensibilität lässt sie des Öfteren unnahbar und zurückhaltend wirken, was sie tatsächlich auch ist, bis sie sich ein umfassendes Bild von dem jeweiligen Menschen gemacht hat. Ihre Vorahnungen sind oft eine Belastung für die Waage-Skorpion-Frau, weil sie meist Ereignisse schon im Vorfeld herannahen sieht, von denen sie lieber gar nichts wüsste.

In ihrem Zuhause ist sie streng, gerecht und liebevoll, und auch im Freundeskreis legt sie Wert auf Wärme, Anstand und Ehrlichkeit. Sie ist eine außergewöhnliche Persönlichkeit mit besonderen Fähigkeiten, ein Rohdiamant in schönster Frauengestalt.

Bloß keine Kritik!

Mit Kritik und Fehlschlägen hat sie echte Probleme, sie laufen schlicht und einfach ihrem Stolz zuwider.

Entwicklungschance: Nimm's leicht!
Hier kann und sollte sie an sich arbeiten, um mehr Souveränität zu entwickeln. Sie hat es eigentlich nicht nötig, sich dabei zu quälen, weil sie einfach gut ist.

 Waage, Aszendent Skorpion
Aparter Mix
Hier haben wir es mit einer hochinteressanten Mischung zu tun. So legt der Waage-Charakter Wert auf Harmonie und Diplomatie; der Skorpion will dagegen immer seinen Kopf durchsetzen, ist wenig zu Kompromissen bereit und sehr schnell verletzt und beleidigt. Dies wiederum hat mit seiner Tiefgründigkeit und seiner Sensibilität zu tun. Allerdings wird alles nicht so heiß gegessen, wie es gekocht wurde; und so steckt hinter der rauen Schale des Skorpions ein freundlicher und kompromissbereiter Mensch. Voraussetzung hierfür aber ist, den Zugang zu seinem Herzen zu finden – und das ist nur über eine niveauvolle Sprache möglich. Er kann seinerseits sehr charmant und mit Stil auftreten. Er ist ein ehrlicher und offener Mann, der zu seinen Aussagen steht – auch dann, wenn es ihm zum Nachteil gereicht, hier zeigt sich seine große Stärke.

Als Vater, Partner oder auch als Freund ist auf ihn stets Verlass, obzwar seine Ironie und sein Sarkasmus auch immer wieder verletzend wirken können, selbst wenn es nicht böse gemeint ist. Falls es ihm gelingt, ein wenig von diesem Verhalten abzulassen, wird der Waage-Skorpion-Mann davon nur profitieren, ebenso wie alle anderen in seinem Umkreis.

Im Überschwang der Selbstliebe
»Diplomatie« scheint auch im übertragenen Sinne ein Fremdwort für diesen Mann zu sein, darüber hinaus ist er egozentrisch und rechtha-

berisch, alles Elemente, die nicht zur Sympathie und schon gar nicht zum Ansehen beitragen. Oft steht er sich selbst im Weg, wenn er zu glauben scheint, er habe die ganze Welt erfunden.

Entwicklungschance: ein wenig mehr Bescheidenheit

Es ist ein großer, aufregender Entwicklungsprozess für diesen Mann, ein angemessenes Verhältnis zu sich selbst zu erreichen. Was Sympathie und Ansehen angeht, sind diese im Waage-Einfluss bestens verankert, nur stachelt der Skorpion ihn immer wieder zur Selbstüberschätzung bis zum Größenwahn an.

Dieser Mann sollte sich im Allgemeinen mehr mit den Menschen beschäftigen und begreifen lernen, dass es außer ihm noch viele andere interessante Charaktere gibt, die auch etwas können und eine eigene Meinung haben dürfen. Kein Einzelner ist das Maß aller Dinge. Wenn der Waage-Skorpion-Mann das begreift und auch bereit ist, täglich an sich zu arbeiten, werden die Menschen mehr auf ihn zugehen, sein Ansehen wird steigen, und das Leben wird ihm leichter und angenehmer, weil er seine Energien nicht mehr vergeudet.

Aszendent Schütze

♀ Schütze, Aszendent Schütze
Unterwegs nach oben

Eine Frau mit Sonne und Aszendent im Schützen steht mit beiden Füßen im Leben. Aktivität und Schwung bestimmen ihren Rhythmus. Sie handelt oft noch schneller, als sie denken kann. Reisen und Termine dominieren ihren Tagesablauf. Sie ist eine geborene Managerin, die etwas bewegen will. Stillstand bedeutet für sie Rückschritt. Nebensächlichkeiten interessieren sie nicht, ihre Konzentration ist immer auf das Wesentliche und Machbare gerichtet. Erfolg bedeutet ihr viel, nämlich nichts weniger als Zufriedenheit für ihre Seele. Sie hat es gern, wenn man sie wirken lässt und sie für ihre Aufgaben die volle Verantwortung trägt. Kontrolle und Bevormundung lehnt sie ab, beides hindert sie daran, erfolgreich und konzentriert zu arbeiten. Je mehr Vertrauen sie genießt, desto mehr Leistung kann sie abrufen. Das Führungspotenzial einer Schütze-Schütze-Frau ist bestens ausgewogen, mit viel Feingefühl und dem notwendigen Verständnis.

Die doppelte Schütze-Frau mag ausgedehnte Reisen und ist auch eine ausgewiesene Kulturliebhaberin. Exkursionen in besondere Landschaften und das Erkunden ihr unbekannter Kulturen regen sie wohltuend an. Sie ist beständig auf der Suche nach niveauvollen Menschen, mit denen sie gediegenen Spaß haben und inspirierende Gespräche führen kann. Als Gastgeberin überrascht sie immer mit hohem Niveau und besonderen Einfällen. Es bereitet ihr Freude, gute Freunde und Bekannte um sich zu scharen. Glücklich ist die Schütze-Schütze-Frau dann, wenn alles ringsumher in geordneten und liebevollen Bahnen verläuft, auch die herzliche Partnerschaft und das Geborgenheit bietende Familienleben.

Wenn die Gefühle Achterbahn fahren

Mit ihren Emotionen hat sie manchmal einige Schwierigkeiten. Diese Frau kann schnell ganz erfreut, ganz oben sein; allerdings mag sie bei negativen Erfahrungen genauso schnell völlig »runterkommen«. Ein Mittelmaß kennt sie (noch) nicht. Das hat zur Folge, dass sie durch diesen Fahrstuhleffekt sehr viel Energie und in ihrem Führungsverhalten auch die notwendige Konstanz verliert.

Entwicklungschance: Ausgleich schaffen

Sie sollte lernen, ihre Gefühlswelt besser zu kontrollieren. Dabei kann sie das Erlernen mentaler Techniken wirkungsvoll unterstützen.

♂ Schütze, Aszendent Schütze

Optimistisch und offen

Diese Kombination ist von hohen Zielen und von Erfolg geprägt; die beiden Charakteraspekte ergänzen sich und animieren sich gegenseitig dazu, immer mehr erreichen zu wollen. Der doppelte Schütze-Mann ist immer positiv eingestellt, stets nach vorn schauend. Die Suche nach den großen Wahrheiten des Lebens wird ihn bis ins Rentenalter beschäftigen. Er besitzt einen starken Glauben an das Gute im Leben und in den Menschen, und das wird der Hauptgrund dafür sein, warum er immer aktiv und engagiert bleibt. Seine größte Stärke ist seine kompromisslose Offenheit und Direktheit. Viele haben damit ein Problem, aber das interessiert ihn überhaupt nicht. Er sucht die Wahrheit nicht nur, sondern er findet sie auch, tut sie kund und handelt entsprechend. Der Schütze-Schütze-Mann ist sich nicht zu schade, die Ärmel hochzukrempeln und mit anzupacken. Dafür erwartet er aber auch, dass seine Mitarbeiter an ihre Grenzen gehen und bereit sind, Außergewöhnliches zu leisten.

In Familie und Freundeskreis schenkt man ihm viel Wärme und tiefe Zuneigung. Er sollte sich aber mehr Zeit für seine Lieben und für schöne Stunden mit ihnen nehmen!

Der Ikarus-Effekt

Immer mehr erreichen zu wollen kann auch mal zu schmerzhaften Abstürzen führen. Es kommt durchaus vor, dass der doppelte Schütze-Mann auf zu vielen Hochzeiten gleichzeitig tanzt und somit schon mal ein Geschäft oder einen Auftrag an die Wand fährt. Arbeit ist sein Leben und manchmal auch sein Problem, denn ab und zu übertreibt er sein Engagement und geht an seine gesundheitlichen Grenzen und darüber hinaus.

Entwicklungschance: Pause für die Erreichbarkeit
Wer viel arbeitet, muss auch regenerieren und den Akku wieder aufladen! Freie Tage sollten auch frei bleiben. Der Samstag und Sonntag sollten der Familie gehören; also: Handy aus! Computer aller Art abschalten! Er sollte außerdem daran denken, dass es viele Menschen gibt, die ihm weder das Wasser reichen noch sein Schritttempo halten können und die dennoch großartige Mitstreiter sind.

Gehe nicht, wohin der Weg führen mag, sondern dorthin,
wo kein Weg ist, und hinterlasse eine Spur.
Jean Paul

♀ Steinbock, Aszendent Schütze
Bodenständige Idealistin
Bei dieser Prägung wird die realistische Steinbock-Frau ihren Ehrgeiz nicht nur für den eigenen Aufstieg nutzen, sondern auch für höhere Werte einsetzen. Denn der Sinn des Lebens liegt für sie keineswegs allein im Materiellen. Moral und Ethik sind die wichtigsten Triebfedern in ihrem täglichen Handeln. Sie will keinen Job, sondern eine Lebensaufgabe. Sie hat sehr feinfühlige Gedanken und Vorstellungen. Ein niveauvoller Umgangston ist für sie ausschlaggebend, bei Zwang und Bevormundung verschließt sie sich, und es kommt keiner mehr an sie heran. Trifft man dagegen den richtigen Ton, ist sie motiviert, alles zu geben.

Die Steinbock-Schütze-Frau ist im Allgemeinen zunächst unnahbar und baut eine Mauer um sich herum auf. Diese dient ihr so lange als Selbstschutz, bis sie Sicherheit verspürt. Erst dann öffnet sie sich. So sieht es auch im familiären Bereich aus: Einengung und Kontrolle lassen bei ihr Zweifel und Missmut aufkommen, was dazu führt, dass sie ärgerlich wird. Sie ist eine stolze und intellektuelle Frau mit dem

Wunsch nach Freiheit, Harmonie und Verständnis. Man tut gut daran, ihre Sensibilität und ihr Feingefühl zu akzeptieren und auch zu
verstehen, dass sie einfach anders geartet ist als viele ihrer Bekannten
und Freunde. Ja, die Steinbock-Schütze-Frau ist etwas Besonderes,
sie legt einfach viel Wert auf Umgangsformen und Traditionen, die
dem eigenen Handeln Sicherheit verleihen. Darüber hinaus hat sie
eine besondere soziale Ader. In der Natur holt sie sich Energie zurück, ausgedehnte Reisen zu historischen Stätten runden ihre Vorlieben ab und bringen ihr Glück und Zufriedenheit.

Zu viel Einsatz?
Bisweilen übertreibt sie es mit ihrem altruistischen Engagement, was
dann für sie wie auch für ihre Familie doch eher zu einer Belastung
wird.

Entwicklungschance: mehr Zeit für sich schaffen
Sie sollte mehr Zeit für sich und ihre Familie einplanen und einmal
grundsätzlich überdenken, ob sie nicht lieber nachhaltige Impulse
zur Selbsthilfe organisieren will, statt so viele praktische ehrenamtliche Aufgaben zu übernehmen.

♂ Steinbock, Aszendent Schütze
Gewinner von Natur aus
Zwei absolute Erfolgsprägungen treffen hier aufeinander – nur dass
beide in getrennte Richtungen denken: Der realistische und unnahbare Steinbock trifft auf den lebendigen und dynamischen Schützen.
Der Mann mit dieser Kombination hat dennoch die Möglichkeit, seine Talente und Fähigkeiten wirkungsvoll einzusetzen. Erfolg und höhere Werte spielen für ihn eine ganz entscheidende Rolle. Moral und
Ethik sind die Triebfedern des Handelns. Aber auch das Gewinnen

ist ihm in die Wiege gelegt. Dafür arbeitet er hart und präzise; er gibt stets alles und erreicht auch fast immer sein Ziel. Er begibt sich oft weit über seine Grenzen, reizt die Situationen bis zum Letzten aus und geht in der Regel als Gewinner hervor.

Seine Erwartungen an die Mitarbeiter sind mehr als hoch – zum Teil »überirdisch«. Aber man kann ihm keinen Vorwurf machen, da er immer als Vorbild vorausgeht und die Dinge, bevor er sie von seinem Team verlangt, immer zuerst selbst zeigt. Er redet nicht viel, und wenn, dann lässt er grundsätzlich Taten folgen. Natürlich gibt es auch in seinem Umfeld eine Menge Neider, Zeitgenossen, die auf seine Niederlagen warten, die ihm den Erfolg nicht gönnen. Aber damit kann er leben. Große Auftritte sind nicht unbedingt sein Ding; lieber arbeitet er aus dem Hintergrund, aus der Basis heraus.

Seine Familie bedeutet ihm sehr viel, seine Kinder und seine Partnerin, aber auch gute Freunde sind seine wichtigsten Bezugspunkte im Leben. Dort kann er auch mal seine wirklichen Gefühle zeigen, was er sonst nur sehr ungern tut.

Zu viel Wucht und Härte

Oft ist er in seiner Kritik zu hart, ob gegenüber Geschäftspartnern oder Freunden. Es kann bei ihm schon auch vorkommen, dass er ein Projekt an die Wand fährt und möglicherweise viel Geld in den Sand setzt. Aber das nimmt er in Kauf. Fehlschläge und Kritik tun ihm jedoch sehr weh und kratzen stark an seinem Ego.

Entwicklungschance: Taktgefühl üben

Seine Art zu kritisieren sollte er überprüfen und ein bisschen besser dosieren! Wenn es darum geht, selbst Kritik anzunehmen, hat er noch einen enormen Lern- und Veränderungsbedarf. Aber so, wie er gestrickt ist, schafft er das mit links. Er sollte außerdem versuchen, mehr Zeit für Regeneration und Erholung zu reservieren.

♀ Wassermann, Aszendent Schütze
Führungskraft mit eigenen Vorstellungen

Die Wassermann-Schütze-Frau ist eine außergewöhnliche, starke Persönlichkeit, die sich nur manchmal selbst das Leben unnötig schwer macht. Ihre Stärken im beruflichen Bereich liegen in ihrer Tatkraft und ihren überragenden Leistungen – aber nur, wenn sie genügend Freiraum genießt. Eine ihrer großen Stärken ist die Bereitschaft sich weiterzuentwickeln. Sie möchte auch überall dabei und in alle Belange involviert sein. Neuem gegenüber zeigt sie sich grundsätzlich aufgeschlossen. Ihr Ziel ist es, wenn etwas erreicht ist, sofort etwas Neues obendrauf zu setzen. Stillstand ist für sie Rückschritt.

Die Wassermann-Schütze-Frau neigt ganz klar zum Führen und hat auch ein gutes Leaderpotenzial. Sollte sie überhaupt noch jemand über sich haben, braucht derjenige Fingerspitzengefühl, um bei ihr den richtigen Ton und vor allen Dingen die richtige Wortwahl zu finden. Denn sie ist hier unglaublich empfindlich, Bevormundung, Kontrolle und dauernde Einmischung in ihren Führungsstil mag sie überhaupt nicht. Sollte diese »Gängelung« über einen längeren Zeitraum hinweg anhalten, wird sie darüber nachdenken, das Unternehmen zu verlassen.

Im privaten Bereich gibt es nur wenige Partner, die mit der starken Persönlichkeit einer Wassermann-Schütze-Frau zurechtkommen. Sie braucht ein Visavis auf Augenhöhe, das ihre Sprache spricht.

Turbulenzen in der Gefühlswelt

Diese Frau neigt zur Rechthaberei, kann mit Kritik schwer umgehen und fühlt sich oft angegriffen. In vielen Situationen ist sie nicht locker und reagiert zum Teil überhastet und zu aggressiv. In ihrer Gefühlswelt geht es oft rund. Diese Schwankungen werden immer zulasten ihrer Energie und ihrer Gesundheit verbucht.

Entwicklungschance: Charakterzüge in Balance

Hier muss diese Frau lernen, nicht alles so extrem zu sehen, sondern eben mehr Verständnis und Gleichgewicht zu entwickeln. Wenn es der Wassermann-Schütze-Frau gelingt, ihre beiden starken Charaktere einigermaßen aufeinander abzustimmen und mit viel Feingefühl und Lernbereitschaft zu leben, wird sie überhaupt keine Probleme haben, ihre Visionen und Ziele zu realisieren.

Ein jeder hat seine eigene Art, glücklich zu sein,
und niemand darf verlangen, dass man es in der seinigen sein soll.
Heinrich von Kleist

 Wassermann, Aszendent Schütze

Besser geht's nicht

Zwei außergewöhnliche Prägungen bestimmen diesen idealistischen Herrn. Freiheitsliebe und Menschlichkeit sind seine beiden herausragenden Charaktereigenschaften, und mit solcher Mischung lässt sich's gut leben. Als starke Persönlichkeit pfeift der Schütze-Wassermann darauf, was der Zeitgeist sagt – er prägt ihn! Dieser Charakter ist sehr unabhängig, aufrichtig und sozial, human und stets engagiert. Seine positive, optimistische Ausstrahlung wirkt überaus ansteckend. Er ist ein Mann, mit dem man Pferde stehlen kann. Seine Fähigkeiten und Talente sind fantastisch, hinzu kommen sein sicherer Instinkt und sein klarer Geist, strategisches Geschick und sein besonderer Intellekt. Was er auch tut, es wird immer funktionieren.

Ob im Geschäft oder in der Freizeit, er ist bereit, hart zu arbeiten, viel zu investieren und nie aufzugeben. Was immer er in die Hand nimmt oder beginnt – er weiß schon lange im Voraus, dass es beizeiten gelingen wird. In vielen Gesellschaftsbereichen kommt man gern auf ihn zu, bittet um seinen Rat und schätzt seine Ausgewogenheit und seine Persönlichkeit.

Seine Partnerin, seine Kinder und seine Freunde haben für ihn den höchsten Stellenwert. Für seine Lieben tut er alles, denn von ihnen bezieht er die notwendige Wärme und Zuneigung, die er für seine Arbeit und sein Leben täglich braucht.

Die üblichen Neider

Viele Menschen beneiden ihn, viele schätzen ihn, aber einige bekämpfen ihn auch, weil sie es nicht wahrhaben wollen, dass er immer als Sieger vom Platz geht.

Entwicklungschance: weiter so!

Ihn stören diese Neider nicht; da steht er drüber und verschwendet keinen Gedanken daran. Man kann nur sagen: ruhig unbeirrt so weitermachen!

> Um zweierlei beneide ich die Tiere:
> Sie wissen nicht, was an Bösem droht, und sie wissen nicht,
> was über sie geredet wird.
> Voltaire

♀ Fische, Aszendent Schütze
Fernweh und Leidenschaft

Dieser Charakter wird geprägt von außergewöhnlichen Gefühlen und tiefer Leidenschaft, insbesondere für Reisen in die große, weite Welt. Sowohl im Führungsbereich als auch im Familienleben liegen die besonderen Stärken der Fische-Schütze-Frau. Sie ist eine solide Persönlichkeit, die nicht nur herzlich sein kann, sondern auch zupackt. Man kann sie nicht unter Druck setzen, da sie diesen gar nicht erst annimmt. Kontrolle und Bevormundung lehnt sie ab, und alle, die es damit versuchen, werden bei ihr scheitern. Denn Freiraum und Vertrauen sind ihre Schlüsselthemen, und nur wenn diese gegeben sind, kann sie ihre Energie voll zur Entfaltung bringen.

Die Fische-Frau mit Schütze-Aszendent ist mit Fähigkeiten ausgestattet, die häufig ans Übersinnliche grenzen: Instinkt, Weit- und Hellsichtigkeit sind besonders stark ausgeprägt. Außerdem besitzt sie eine lebhafte Fantasie, die ihr auch immer wieder schöne Träume beschert. Ihr Leben wird von Anfang an von Visionen genährt und bestimmt. Menschen bedeuten ihr sehr viel. Mit anderen zu arbeiten und zu kommunizieren ist ein wichtiger Bestandteil ihres täglichen Lebens. Aggressives Verhalten oder Ellbogenmentalität liegen ihr vollkommen fern; sie behauptet sich vielmehr über ihr Gefühl.

Gesellschaft hat für die Fische-Schütze-Frau eine hohe Bedeutung, doch sucht sie sich die Leute aus, die auch ihrem Niveau entsprechen. Ein gewisses Level ist für sie in allen Lebensbereichen sehr wichtig, und sie fordert es auch ein. Es kann gar nicht hoch genug sein für sie – je anspruchsvoller, desto besser. So schätzt sie auch ein gepflegtes Ambiente, Kultur und traumhafte Urlaube.

In der Liebe ist sie außergewöhnlich, halbe Sachen gibt es bei ihr nicht. Sie liebt mit Haut und Haar, mit Leidenschaft und Hingabe. Also braucht sie einen starken Partner mit viel Feingefühl, doch vor allen Dingen muss er sie mit Wärme und Zuneigung verwöhnen. Aus einer idealen Verbindung heraus schöpft sie ihre Zufriedenheit.

Wer sie nicht versteht …
Zeitgenossen, die die Wesenszüge einer Fische-Schütze-Frau nicht richtig einzuschätzen vermögen, werden mit ihr große Probleme haben: Sie ist eine außergewöhnliche Persönlichkeit mit tiefgreifenden Gefühlen.

Entwicklungschance: nicht ärgern, loslassen!

Nun ja, man kann nicht alle Menschen für sich gewinnen. Wer ihr anspruchsvolles Wesen nicht verstehen mag, auf dessen Gesellschaft kann die kluge Fische-Schütze-Frau dann gut und gern verzichten.

♂ Fische, Aszendent Schütze

Fein- und Freigeist

Der Fische-Schütze-Mann ist sensibel, bescheiden und eher introvertiert. Dynamik wie auch bedingungslose Durchsetzungskraft gehören nicht zu seinen herausragenden Eigenschaften. Er glaubt, dies nicht nötig zu haben, weil seine persönlichen Stärken in ganz anderen Bereichen liegen, vor allem in Kreativität, Einfühlungsvermögen und selbstständigem Arbeiten. Er hat darüber hinaus einen sicheren Instinkt, eine starke Intuition sowie eine gewisse Weit- und Hellsichtigkeit. Die Fantasie ist bei ihm überproportional ausgeprägt. Im Beruf und allgemein in der Gesellschaft baut der Fische-Schütze-Mann ausschließlich auf sein Gefühl. Ehrgeiz ist nicht sein Steckenpferd; räumt man ihm aber viel Freiraum ein, bringt er seine Leistung auf unnachahmliche Art. Denn Freiraum ist das, was er dringend braucht; Einengung belastet ihn.

Für ehrliche Mitmenschen ist er bereit, alles zu geben, zu helfen und sie zu unterstützen. In der Liebe ist er zärtlich, romantisch und sucht den Tiefgang. Auch im Freundeskreis kommt es ihm vor allem auf ein tiefes Verständnis und gute Gespräche an.

Viele lose Enden

Als Partner, Vater oder auch als Freund neigt er immer ein bisschen zur Übertreibung. Das sollte er nicht, denn darunter leidet sein Ansehen. Er ist oft auch der große Meister im Pläneschmieden, aber dann verläuft alles im Sand.

Mit seinem Einfluss aus der Geburtsstunde (Schütze) verändert sich der Fische-Wesenskern. Hier entsteht schon eine geballte Motivation und Antriebskraft, nur leider wird sie nicht in vollem Umfang genutzt. Immer wieder beginnt der Fische-Schütze-Mann mit neuen Anläufen, ist zunächst begeistert, seine Motivation lässt aber dann stets wieder rapide nach.

Entwicklungschance: Fokus auf das Wesentliche
Er sollte sich wirklich mehr auf das Wesentliche konzentrieren, statt mit nebensächlichen Petitessen zum einen seine kostbare Zeit zu vergeuden und zum anderen wenig zu erreichen. Hier sollte er sich das gezielte Erlernen mentaler Techniken gönnen und seine schwankenden Verhaltensmuster stabilisieren, um zu konstanten Erfolgen und Ergebnissen zu kommen. Das Können ist nicht das Problem, wichtig ist vielmehr der richtige Einsatz der Talente und Fähigkeiten, von denen er eine Menge hat.

♀ Widder, Aszendent Schütze
Glut und Feuer
Die Widder-Schütze-Frau hat eine feurige, aber sehr harmonische Prägung. Optimismus, Begeisterung, gute Vorsätze und ideelle Ziele sind bei ihr im Überfluss vorhanden. Sie muss sich austoben können, insbesondere im Sport und in ihrer Freizeit findet sie dazu genügend Gelegenheiten und Möglichkeiten, so ist sie sehr zufrieden. Diese Frau ist mutig und entschlossen und hat einen unerschütterlichen Gerechtigkeitssinn. Moral steht bei ihr ganz oben auf der Prioritätenliste.

Sie ist von sich selbst absolut überzeugt und glaubt fest an das Leben und ihren Platz darin. Ihr Ziel ist kein geringeres, als die Welt zu verbessern – oder zumindest einen kleinen Beitrag dazu zu leisten. Diese Frau ist bereit, für ihre gute Sache alles zu geben, auch, sich bis zur Erschöpfung zu verausgaben. Sie schmeißt nie hin, selbst dann nicht, wenn der Kampf verloren scheint. Irgendwie kommt sie immer wieder zurück, überdurchschnittlich oft helfen ihr dabei das Glück und der Zufall. Die Widder-Schütze-Frau besitzt ein überdurchschnittliches Führungspotenzial und die notwendige Verantwortungsbereitschaft. Auch aus Fehlschlägen lernt sie.

Die Arbeiten für Familie und Haushalt delegiert sie am liebsten, allein aus dem Grund, weil ihr die Zeit fehlt. Doch natürlich kocht sie schon mal gern und bewirtet ihre geliebte Familie, gute Freunde und andere Gäste.

Bitte nicht beengen!

Man muss bei dieser Frau bestimmte Spielregeln beachten, darf sie weder bevormunden noch kontrollieren, das mag sie nicht und lässt es auch auf Dauer nicht zu. Nichts stört sie mehr als Einengung und Bevormundung. Wenn das geschieht, verliert sie jegliche Kraft und Energie, und es bricht für sie die Vertrauensbasis zusammen, die sie benötigt, um motiviert bei der Sache zu sein.

Entwicklungschance: selbst für Freiraum sorgen

Vertrauen und Freiraum sind ihr Leben, Lob und Anerkennung zum richtigen Zeitpunkt, wenn es dann auch noch ehrlich gemeint ist, ihre Motivation. Diese Frau kann unheimlich viel bewegen, wenn sie sich den nötigen Handlungsspielraum verschafft!

Glück ist Talent für die Historie
oder das Schicksal.
Novalis

♂ Widder, Aszendent Schütze

Sieben Leben in einem

Eine feurige, aber sehr harmonische Verbindung kommt hier zustande, nämlich zwei Charaktere, die nicht nur Feuer und Begeisterung einbringen, sondern auch noch bereit sind, über die Grenzen hinaus zu handeln, zu kämpfen und niemals aufzugeben. In der Gesellschaft, im Beruf oder wo der Widder-Schütze-Mann sonst noch auftritt, versprüht er Optimismus, Begeisterung und positive Lebensfreude. Er verfügt stets über sehr gute Vorsätze und hat immer ideelle Ziele vor Augen. Auch ansonsten ist bei ihm Talent im Überfluss vorhanden.

Sein Mut und seine Entschlossenheit gehen einher mit seiner Moral und seinem Gerechtigkeitssinn. Er glaubt immer an sich und an die gute Sache im Leben, insbesondere sieht er im Menschen ausschließlich das Positive. Er hat sich die Aufgabe gestellt, die Welt ein Stückchen besser zu machen. Gern geht er hierbei auch große, schwierige Projekte an. Ja, manchmal übertreibt er dabei, er geht oft ein hohes finanzielles Risiko ein. Aber seine Devise heißt hier: »Wer nicht wagt, der nicht gewinnt.« Er beginnt dann einfach von vorn – und beim zweiten Versuch gelingt es meistens auch. Hierauf ist er stolz, und das motiviert ihn, immer wieder das Gleiche zu tun. Er braucht diesen Kick, sein Leben muss stets im Fluss sein.

Auch privat und vor allem im Sport ist er immer in Bewegung. Hier holt er sich den Ausgleich für den beruflichen Stress – und das beherrscht er großartig. Er versteht es, im richtigen Moment abzuschalten und zu genießen. Auf sein Aussehen, insbesondere auf seine Kleidung, legt er gesteigerten Wert. Kann in einem solchen Leben auch noch eine Familie Platz haben? Sie kann, aber vielleicht ein bisschen später …

Überforderung der Mitstreiter

Mit seinen hohen Anforderungen überfordert er seine Mitarbeiter manchmal, sodass Missstimmung aufkommt. Manche sind sogar richtiggehend verzweifelt.

Entwicklungschance: Ansprüche auf dem Prüfstand

Er könnte überlegen, ob er wirklich an jeden diese hohen Ansprüche stellen kann. Er müsste sich vor Augen führen, dass nicht alle sein Niveau und seine Fähigkeiten haben, deshalb sollte er auch hier Verständnis zeigen und akzeptieren, dass seine Wünsche und Anforderungen nicht immer so erfüllt werden können, wie er sich das so vorstellt.

♀ Stier, Aszendent Schütze

Lebensfroh und liebevoll

Eine sensible, bodenständige und auf Harmonie bedachte Frau. Sie gibt und hilft gern und stellt sich selbst nicht in den Vordergrund. Ihr Geben kommt aus tiefstem Herzen und aus voller innerer Überzeugung. Sie ist zwar eher verschlossen und nachdenklich, aber eine sehr gute, strategisch denkende Organisatorin: Sie kann selbst aus nichts etwas machen. Die Stier-Frau mit Schütze-Aszendent ist grundsätzlich zu Höherem berufen. Idealismus und Realismus bringt sie recht gut in Einklang.

Durch den Einfluss des Schützen ist die Stier-Frau zusätzlich ein lebensbejahender Mensch. Sie reist gern und interessiert sich sehr für Kulturelles. Sie legt gesteigerten Wert auf ihr Äußeres und auf Niveau, Ambiente und schönes Essen. Genauso geben ihr eine angenehme Gesellschaft oder eine ansprechende Landschaft sehr viel für ihre Seele.

Grundsätzlich ist sie ein aufgeschlossener und sympathischer Mensch. Familie und Freunde bedeuten ihr viel. Ihre Anerkennung und Zuneigung beflügeln sie; sie zieht ihre ganze Kraft daraus. Es gibt eine Rolle, die ihr gleichsam auf den Leib geschrieben ist: die der geschätzten und beliebten Gastgeberin. Sie genießt die häusliche Idylle und lässt andere großzügig daran teilhaben. Auf sie ist immer Verlass. Familiensinn und Fürsorglichkeit zeichnen sie ebenfalls aus. Die Stier-Schütze-Frau ist treu und erwartet das Gleiche von ihrem Partner. Sie ist sinnlich, zärtlich und romantisch. Doch ihre Träume kreisen auch sehr oft um den finanziellen Aspekt, genauer: um ein Häuschen im Grünen, wo sie ihre große Verbundenheit zur Natur ausleben kann.

Sorgen und Grübeleien

Auch wenn sie immer von ganzem Herzen gibt, ist sie doch gelegentlich verletzt und traurig, wenn wenig zurückkommt. Tatsächlich besteht bei ihr die Gefahr, ausgenutzt zu werden.

Belastungen und Sorgen trägt sie meist mit sich allein aus, ohne dass sie sich anderen gegenüber öffnet und ihre wahren Gefühle zeigt – das ist oftmals ein Fehler. Hinzu kommt ihre wankelmütige Gefühlswelt. Hier leidet sie, weil sie keinen Mittelweg findet: Entweder ist sie vollkommen glücklich oder total traurig.

Entwicklungschance: klar Schiff machen

Um diese Vielzahl an kleineren und größeren seelischen Nöten in den Griff zu bekommen, sollte sie unbedingt die Dienste eines erfahrenen Coachs in Anspruch nehmen. Es wäre doch schade, wenn ihre großen Begabungen von all diesen Sorgen verschüttet würden.

♂ Stier, Aszendent Schütze

Mit dem Füllhorn bedacht

Der Stier-Schütze-Mann kann bei Talenten und Neigungen aus dem Vollen schöpfen. Er ist ein Lebenskünstler, charmant, gefühlsbetont, zwischenmenschlich auf der Höhe und sehr auf Harmonie bedacht. Er ist bodenständig und freundlich, auf ihn kann man sich in allen Bereichen des Lebens verlassen. Ganz wichtig ist bei ihm die finanzielle Sicherheit, sie hat absoluten Vorrang. Zufälle oder so etwas Ähnliches zählen bei ihm nicht, alles ist geplant und wird zielstrebig umgesetzt. Ein gesunder Ehrgeiz, verbunden mit einem daraus resultierenden Erfolg im privaten wie auch im beruflichen Bereich, steht beim Stier-Schütze-Mann ganz vorn. Ein besonderes Faible hat er für Natur und Kultur. Er ist sehr belesen in diesen Bereichen und kennt sich insbesondere auch in der Geschichte sehr gut aus.

Als Liebhaber ist er sinnlich und romantisch veranlagt. Familiensinn und Fürsorglichkeit haben bei ihm einen hohen Stellenwert; das heißt, die Familie, insbesondere seine Kinder, sind ihm heilig. Es gibt aber noch eine Rolle, in der er unübertrefflich ist, nämlich als Gastgeber: Seine Ideen begeistern die Gäste und Freunde immer wieder aufs Neue. Ganz besonders pflegt er die häusliche Idylle, zaubert etwas Feines in der Küche und lässt die anderen daran teilhaben.

Gelegentlich Luftschlösser

Idealismus und Realismus lassen sich beim Stier-Schütze-Mann großartig vereinbaren. Dennoch kann es nicht schaden, darauf zu achten, dass keine Hirngespinste, sprich utopische Ziele, verfolgt werden. Das ist nämlich ein besonderer Punkt, der bei ihm immer wieder in Erscheinung tritt: Oft will er einfach zu viel und ist schwer zu beeinflussen, dann gibt's hin und wieder auch einmal einen Absturz, der ihn nun viel Kraft und Energie kostet.

Entwicklungschance: auf dem Boden bleiben
Natürlich gehört der Stier-Schütze-Mann zu den Aspiranten, die zu Höherem berufen sind; wichtig dabei ist aber für ihn, nicht den Boden unter den Füßen zu verlieren.

♀ Zwillinge, Aszendent Schütze

Patente Eroberin

Die Zwillinge-Frau mit Aszendent Schütze steht mit beiden Beinen im Leben, sie ist eine Eroberin, und ihr Leben wird geprägt von Bewegung, raschen Entscheidungen und schnellen Maßnahmen. Sie ist eine großartige Frau mit Visionen und klaren Vorstellungen vom Leben. Im Beruf steht sie ihren Mann, ihr Ziel: eine Führungsposition mit viel Verantwortung und Kompetenz. Wichtig ist hier der richtige Ton, denn Bevormundung und Kontrolle kann und will sie nicht ertragen. Sie braucht viel Freiraum und hundertprozentiges Vertrauen. Wenn sie das bekommt, läuft sie zur Höchstform auf; denn die Fähigkeit zur schnellen Verwirklichung von Vorhaben scheint ihr in den Genen zu stecken.

Diese Frau bevorzugt sportliche Urlaube mit viel Aktivität und einem wunderschönen Ambiente in tollen Restaurants und schönen Häusern. Sie ist der geborene Genussmensch und steht dazu. In der Gesellschaft mag man die Zwillinge-Schütze-Frau, und das soll auch so bleiben. In ihrem Zuhause beschäftigt sie gern eine Fachkraft, damit sie mehr Zeit für Beruf, Freizeit, für ihre geliebte Familie und für Freunde hat.

Fehlende Mitte
Die Zwillinge-Schütze-Frau gilt als ein unruhiger Geist, der nie richtig zur inneren Mitte findet. Sie ist zudem oft so schnell, dass viele Menschen ihr nicht folgen können. Aus dieser Situation heraus un-

terstellt man ihr dann gern Arroganz. Oft mutet sie sich zu viel zu, wenn es dann nicht nach ihren Wünschen verläuft, ist sie zutiefst verletzt und traurig. Ihre Gefühlswelt kennt das Oben und das Unten. Sie hat aber (noch) kein Mittelmaß. Das heißt, entweder fühlt sie sich »himmelhoch jauchzend« oder »zu Tode betrübt«. Und das kann auf Dauer kein Zustand für sie sein.

Entwicklungschance: mehr Ausgeglichenheit
Die Zwillinge-Schütze-Frau muss lernen, ihre Gefühle in den Griff zu bekommen und sie in eine gewisse Ausgeglichenheit zu führen. Damit erreicht sie weniger Energieverlust und eine höhere Grundstabilität. Ihr Wankelmut bezüglich ihrer Gefühlswelt muss sich stabilisieren. Und sie muss daran denken, dass es viele Menschen gibt, die ihr nicht das Wasser reichen können. Hier darf sie auch einmal einen Gang zurückschalten.

♂ Zwillinge, Aszendent Schütze
Quirlig und ruhelos
Der Zwillinge-Schütze-Mann ist ein Macher, ein fleißiger und über die Maßen zielstrebiger Mann, der aber oft zu oberflächlich und unüberlegt handelt und somit auch viel kaputtmacht. Er neigt eben dazu, sich schnell begeistern zu lassen, überlegt jedoch dabei nicht, welche Kosten und Konsequenzen daraus entstehen. So erleidet er häufig eine Bruchlandung. Oft ist er auf mehreren Baustellen gleichzeitig tätig und bringt keine zum Abschluss.

Häufig überschätzt er auch seine eigenen Fähigkeiten, geht ans Limit seiner körperlichen Leistungsfähigkeit und wird so immer wieder mit gesundheitlichen Problemen konfrontiert. Das sollte sich der Zwillinge-Schütze-Mann unbedingt dick an seine Pinnwand schreiben. Wenn es ihm gelingt, seine Ideenwelt mit Sinn zu erfüllen, wohlüberlegt zu handeln und gelassen aufzutreten – vor allen Dingen aber auch bei einer Sache zu bleiben und sie zu beenden, bevor er etwas Neues beginnt –, dann wird er große Erfolge erzielen und hohe Anerkennung sowie positive Resonanz erfahren.

Dass er reden und begeistern kann, ist jedem hinreichend bekannt, und dass er darüber hinaus ein großer Charmeur ist, weiß man auch allenthalben; also braucht er zu seinem Glück nur noch Diplomatie, Souveränität und ein gewisses Maß an Transparenz und Lockerheit. Seine Familie, seine Partnerin und seine Kinder haben es mit ihm nicht leicht, weil er so gut wie nie zu Hause ist – das sollte er ebenso in Zukunft mehr berücksichtigen. Natürlich wird man ihm dann auch gern seinen Freiraum gewähren, den er braucht wie die Luft zum Atmen.

Kurz vorm Burn-out

»Erholung« ist für diesen Mann ein Fremdwort, sollte aber in seinen Überlegungen immer mehr Gewicht erhalten, denn man muss wissen: Unser höchstes Gut auf dieser Welt ist unsere Gesundheit! Mit nichts, aber auch gar nichts kann man sich diese erkaufen. Man muss sie durch ausreichend Schlaf, regelmäßige Regeneration und eine gesunde Ernährung erhalten.

Entwicklungschance: vom Kopf auf die Füße

Zunächst muss der Zwillinge-Schütze-Mann seine persönliche Entwicklung vorantreiben. Voraussetzung hierfür ist, dass er bereit ist, seine Gewohnheiten und Verhaltensmuster auf den Prüfstand zu stellen, und alte, unbrauchbar gewordene Muster durch neue, hilfreiche ersetzt. Es lohnt sich sehr – für ihn und andere, die dann von seinen tollen Talenten profitieren!

♀ Krebs, Aszendent Schütze
Reiselust und Heimatliebe

Die Krebs-Schütze-Frau ist eine gefühlsbetonte Idealistin mit besonderem sozialem Engagement. Ihrer Reiselust tut das keinen Abbruch. Auf der einen Seite sucht sie also die Abwechslung, den Wandel, die Bewegung und die große, weite Welt, auf der anderen Seite hält es sie in der Heimat und in ihrem gemütlichen »Nest«. Auch im beruflichen Bereich ist die Krebs-Schütze-Frau häufig hin- und hergerissen: Zum einen möchte sie in die Führung, zum anderen zweifelt sie daran, ob sie sich das überhaupt zutrauen kann. Immer wieder kommen diese wechselnden Gefühle hoch und irritieren sie dermaßen, dass sie oft nicht weiß, welchen Weg sie beschreiten soll.

Der Krebs-Schütze-Frau liegt sehr viel an einer intakten und harmonischen Familie, zufriedenen Kindern, einem liebevollen Partner und einer erlesenen Auswahl guter Freunde.

Zwischen Schwarz und Weiß

Ihre Zweifel und Gefühlsschwankungen können bis hin zu Depressionen und Momenten gehen, in denen sie nicht mehr weiß, was sie überhaupt will. Diese Gefühlsschwankungen ziehen sich bei ihr wie ein roter Faden durchs Leben. Dies ist darin begründet, dass dieser Frauentyp eine sehr extreme Gefühlswelt aufweist, die nur das Oben und das Unten kennt. Ein gesundes Mittelmaß ist ihr weder vertraut, noch strebt sie dies an, weil sie gar nicht weiß, wie sie das kontrollieren kann.

Entwicklungschance: zur Mitte finden

Für diese Frau ist es wichtig, zur inneren Mitte zu finden und ein Gleichgewicht herzustellen. Wenn sie das schafft, wird es ihr in Zukunft sehr viel bessergehen. Darum ist es sehr wichtig für sie, mithilfe eines erfahrenen Mentaltrainers ihre alten, unbrauchbar gewordenen Verhaltensmuster durch neue, hilfreiche zu ersetzen. Danach wird ihr Allgemeinbefinden konstanter, zufriedener und positiver sein.

Das wiederum schafft im Leben der Krebs-Schütze-Frau mehr Freude und Zuversicht sowie wesentlich höhere Zufriedenheit. Es geht ihr eben dann einfach besser, und das Ansehen bei den Menschen, Freunden und Bekannten wird nachhaltig steigen.

♂ Krebs, Aszendent Schütze

Fern- und Heimweh

Grundsätzlich ist der Krebs-Schütze-Mann ein sehr reiselustiger Mensch, er kommt aber auch immer wieder gern nach Hause zurück. Denn er wird nie vergessen, wo seine Wiege stand. Er ist eng mit seiner Heimat verbunden. Bei allem Drang nach Freiheit und Weite braucht er doch die häusliche Wärme und das sichere Gefühl, gut behütet zu sein. Er ist ein ruhiger, musikalischer und verlässlicher Mann, liebt das Gemütliche, mag keinen Druck und keine Risiken. Doch der Schütze schießt hier oftmals quer, der verleitet ihn zu Risiken, schnellem Handeln und sogar zu leichten Aggressionen. Gerade diese unterschiedlichen Merkmale in seinen Charakterzügen machen es dem Krebs-Schütze-Mann sehr schwer, einen geeigneten Mittelweg zu finden, der ihn zufrieden und glücklich sein lässt. Dabei ist er mit vielen Talenten und Fähigkeiten ausgestattet. Er muss nur lernen, seine Möglichkeiten ruhig, gelassen und überlegt anzuwenden und einzubringen.

Möge er doch seine herausragenden musikalischen Möglichkeiten nutzen, vor allem seine Entertainer-Qualitäten und sein Gesangstalent! Hier ist er prädestiniert, große Erfolge zu erzielen, ganz ohne Druck! Seine Familie, seine Kinder und seine Freunde schätzen ihn und seine außergewöhnliche Befähigung, nicht umsonst wird er immer bei besonderen Anlässen »engagiert« und bringt Stimmung,

Laune und Freude in die Runde. Wenn er sich auf seine Tugenden besinnt únd auf den Spruch »Schuster, bleib bei deinem Leisten«, hat er seinen Weg gefunden.

Ritt auf der Rasierklinge

Da er den schnellen Erfolg will, geht er entsprechende Risiken ein und stürzt schon mal ab. Weil er oft zu viel zu schnell will, wechselt er öfter das Pferd und reitet in eine andere Richtung. Für seine Mitarbeiter oder auch Kollegen ist das häufig nicht nachvollziehbar.

Er neigt auch dazu, ein wenig zu übertreiben; dies wiederum bringt ihm keine Sympathien und schon gar kein Ansehen ein. Viele wenden sich von ihm ab – zum einen, weil sie bei seiner Geschwindigkeit nicht mitzuhalten vermögen, zum anderen, weil sie seine Handlungen nicht tolerieren können. Auf manche wirkt er dann auch wie ein Angeber und Wichtigtuer.

Entwicklungschance: Tugenden freilegen

Um einen Konsens der beiden unterschiedlichen Prägungen zu finden, sei ihm das Erlernen mentaler Techniken bei einem erfahrenen Coach empfohlen. Durch dieses Training können unbrauchbare durch hilfreiche Verhaltensmuster ersetzt werden.

 Löwe, Aszendent Schütze

Ein Leben in Harmonie

Diese Frau, deren Prägungen sich optimal ergänzen und ausgezeichnet harmonieren, versprüht eine wohltuende Wärme und eine große Herzlichkeit, sie besitzt eine ausgeprägte Selbstsicherheit, die Arroganz nicht nötig hat. Sie tritt authentisch auf und demonstriert viel Überzeugungskraft. Sie strebt stets nach der Erweiterung ihres Horizonts und kann die gewonnene Energie zum Wohle aller einsetzen.

Ihre Lebenseinstellung ist mit tiefem Sinn erfüllt, dafür tritt ihr Ego gern ein wenig in den Hintergrund. Sie hat eine außergewöhnliche Aura und eine fantastische wärmende Ausstrahlung sowie ein perfektes Auftreten. Auf Kleidung legt sie gesteigerten Wert. Sie ist eine Macherin, ja, eine Anführerin, sie geht mit gutem Beispiel voran und erwartet dies auch von ihrem Umfeld. Wann und wo auch immer sie auftritt, ist Bewegung; sie hat Flair und begeistert die Menschen, insbesondere die Männerwelt. Sie ist begehrt, man sucht ihre Nähe und das Gespräch mit ihr.

Als Führungskraft und Managerin arbeitet die Löwe-Schütze-Frau hart. Zum Ausgleich betreibt sie intensiv und regelmäßig Sport, und auch dort gibt sie immer ihr Bestes, um als Siegerin die Arena zu verlassen. Siegen und Gewinnen gehört zu ihrer Lebenseinstellung, und dafür ist sie bereit, alles zu geben und bis zur Erschöpfung zu kämpfen. Kultur und wichtige gesellschaftliche Ereignisse runden ihr Engagement ab. Dort spielt sie ebenfalls eine herausragende und überzeugende Rolle. Freunde und Familie kommen auch nicht zu kurz, denn die Löwe-Schütze-Frau delegiert die Hausarbeit gern an eine Fachkraft, um mehr Zeit zu haben.

Tägliche Überstunden

Überstunden sind bei ihr obligatorisch. Auf der anderen Seite benötigt sie diesen Druck, sie braucht Aktivität, und es soll sich einfach etwas bewegen. Dieser Frauencharakter sucht die Herausforderung und das Ungewisse – und hat überhaupt keine Angst davor, für schwerwiegende Entscheidungen eine Lösung zu finden.

Entwicklungschance: einfach weiter so!

Die Löwe-Schütze-Frau ist mit sich und der Welt im Reinen, sie muss nur auf ihrem eingeschlagenen Weg bleiben, dann wird sich viele Jahrzehnte lang alles zum Guten fügen.

♂ ↗ Löwe, Aszendent Schütze

Energie pur

Hier ist geballte Kraft und Energie am Werk, ebenso Disziplin und Ehrgeiz. Die größten Tugenden des Löwe-Schütze-Mannes sind seine Leidenschaft, sein unbedingter Wille, am großen Rad zu drehen und auch in ausweglosen Situationen nie aufzugeben. Er ist ein Kämpfer und Macher; nichts kann ihm schnell genug gehen, am liebsten würde er alles sofort erreichen. Keiner kann bei seiner Geschwindigkeit mithalten, er ist von Natur aus rasch in der Auffassungsgabe, schnell in der Verwirklichung und hat keine Geduld für langsame Angelegenheiten. Insgesamt ist er ein Mann der Superlative, mit unglaublichen Fähigkeiten und Möglichkeiten.

Nur über eines sollte er nachdenken, nämlich wie er künftig seine Potenziale einsetzt und mit welchem Aufwand er seine Aufgaben und Vorhaben angeht. Da sollte er versuchen, privat wie im Business ein bisschen mehr in zwischenmenschliche Bereiche einfließen zu lassen – und die Menschen werden ihm zu Füßen liegen.

Ungeduld und Erschöpfung

Seine Ungeduld äußert sich oft negativ, indem er nicht nachvollziehbare Anforderungen an seine Kollegen stellt. Er sollte da lieber am Boden bleiben und seine fixen Vorstellungen überdenken, bevor er loslegt und alles rebellisch macht. Dadurch verliert er eine Menge an Sympathien in seinem Umfeld und bei den Mitarbeitern. Kein Wunder, wenn sich dann die Leute von ihm abwenden und ihn auch schon mal einen Spinner oder einen Verrückten nennen. Oftmals wird ihm auch Arroganz und Überheblichkeit nachgesagt, was allzu verständlich ist.

Seine Regenerationsfähigkeit lässt ebenfalls zu wünschen übrig, er erholt sich zu wenig respektive überhaupt nicht, was natürlich in sei-

nem Verhalten oft durch Gereiztheit und Aggression zum Ausdruck
kommt.

Entwicklungschance: das Beste herausholen

Er muss lernen, ruhiger und gelassener zu werden, und seine Talente
und Fähigkeiten sinnvoll und angemessen nutzen – da wird er genauso viel Erfolg haben wie vorher, nur mit dem Unterschied, dass
man ihn ganz anders wahrnimmt. Eine zusätzliche Hilfe wäre für den
Löwe-Schütze-Mann ein gezieltes mentales Training. Damit bekommt er seine defizitären Verhaltensmuster gut in den Griff und
erreicht obendrein noch mehr Souveränität. Auch muss er einfach
öfter an seine Gesundheit denken. Also: regelmäßig Sport treiben
und mit der Familie häufiger etwas unternehmen.

♀ Jungfrau, Aszendent Schütze
Geschenk für die Menschheit

Hier haben wir einen sehr sozial eingestellten Charakter mit wech-
selhafter Gefühlswelt. Die Schütze-Jungfrau wird deshalb auch am
ehesten einen Beruf in der sozialtherapeutischen Richtung suchen
und dort mit großem Erfolg arbeiten. Menschen bedeuten ihr sehr
viel. Für sie sind alle gleich, und das ist gut so. Sie hat immer ein besonderes Gefühl für andere, die in Not sind oder große Probleme
haben. Und sie findet auch stets eine Lösung, um diesen Leuten zu
helfen.

Sie ist eine tolle Frau mit großer Bescheidenheit und einem großen, menschlichen Herz. Speziell die Familie bedeutet ihr sehr viel.
Sie hat es verdient, dass man sie liebt, achtet und in jeder Beziehung
unterstützt. Sie hat viel für die Menschen getan, und sie wird noch
viel für sie tun; aber sie sollte daran denken, dass sie auch einen Anspruch auf Dankbarkeit und Anerkennung hat.

Helferin in Gefahr!

Sie übertreibt es oft mit ihrer Hilfe und bleibt häufig selbst auf der Strecke, fühlt sich unwohl, ausgelaugt und unausgeglichen. Auch in der Familie gibt es Enttäuschungen, weil sie grundsätzlich alles in die Hand nimmt und somit auch die Familienmitglieder verwöhnt. Wenn sie dann doch einmal nein sagt, kommt sofort die erstaunte Antwort: »Bis jetzt hast du das doch immer gemacht ...!« Doch auch ihre Kraft geht irgendwann zu Ende, und dann beginnen die Krankheiten, die sich aufbauen und im schlimmsten Fall mit Depressionen enden. Und so weit sollte diese Frau es nicht kommen lassen. Das hat sie nicht verdient.

Entwicklungschance: Grenzen setzen

Ob in der Arbeit oder in der Familie – die Schütze-Jungfrau muss lernen, den notwendigen Abstand aufzubauen und auch einmal das Wort »Nein« zu gebrauchen. Das fällt ihr sicher schwer, aber das kann und sollte sie lernen, denn die Gefahr, ausgenutzt zu werden, ist bei diesem Typus sehr groß.

Zu Hause sollte sie bisweilen Grenzen setzen und auch die Kinder und den Partner in die Arbeit mit einbinden. Die Schütze-Jungfrau bekommt die Erlaubnis, durchaus ein bisschen egoistischer zu werden und sich auch selbst öfter einmal etwas zu gönnen. Sie hat sich das redlich verdient, und sie muss rechtzeitig davon Gebrauch machen.

♂ Jungfrau, Aszendent Schütze
Faszinierend facettenreich

Der zweckmäßig denkende, überlegte und praktisch veranlagte Jungfrau-Charakter soll sein Leben nach den spontan-idealistischen Schütze-Gesichtspunkten gestalten – ein Wunsch, der sich so mit Sicherheit nicht erfüllen lässt. Beide Prägungen sind gespickt mit Talenten und Fähigkeiten, nur die Denk- und Vorgehensweisen sind völlig unterschiedlich. Hier muss ein Konsens gefunden werden, der beiden Prägungen gerecht wird. Aufgrund der hohen Intelligenz dieses Mannes ist das auch ohne große Schwierigkeiten möglich.

Die Präzision und Disziplin des Jungfrau-Schütze-Mannes sind schon faszinierend. Seine Ziele verfolgt er mit größter Anspannung und tiefem Engagement. Er überlässt nichts dem Zufall und plant alles vorbildlich, sodass immer ein produktives Ergebnis herauskommt. Alles muss bei ihm flott gehen, und es muss immer Aktivität im Spiel sein. Von seinen Mitarbeitern erwartet er Loyalität und die Bereitschaft, Außergewöhnliches leisten zu wollen. Kritik ist ein ganz wunder Punkt in seinem Leben, damit hat er beträchtliche Probleme und kann nur schwer damit umgehen. Deshalb sollte man bei ihm zumindest in diesem Bereich vorsichtig sein und die Kritik entweder überhaupt nicht anbringen oder die richtigen Worte finden. Ansonsten ist er hilfsbereit und auch zu Unterstützungsleistungen immer ansprechbar. Doch für seine Familie und das Privatleben nimmt er sich zu wenig Zeit.

Innerer Widerstreit

Beim Konflikt seiner beiden Prägungen geht es nicht darum, dass ein schwacher und ein starker Charakter vorliegen, sondern es geht um unterschiedliche Handlungsstrategien. So trifft der individuelle und unnahbare Jungfrau-Charakter auf den stürmischen und antriebsstarken Schütze-Aszendenten, der darüber hinaus auch immer wieder die Grenzen auslotet und dadurch auch abstürzen kann, was zu erheblichen Verlusten führt und ganz und gar nicht im Sinne der Jungfrau-Grundhaltung liegt.

Entwicklungschance: hart an sich arbeiten

Er sollte seine Fähigkeiten bündeln und vereinen. Dass dies kein einfacher Prozess ist, liegt auf der Hand, denn über Jahrzehnte angewandte Muster sind nur durch permanentes Training herauszuarbeiten. Aber das ist zu schaffen. Es wird den Jungfrau-Schütze-Mann ein großes Stück nach vorn bringen.

Was er außerdem lernen muss, ist mehr Regeneration, mehr Ruhe und Gelassenheit. Seiner Familie, insbesondere seinen Kindern, sollte er mehr Zeit widmen.

> *Der Langsamste, der sein Ziel nicht aus den Augen verliert,*
> *geht immer noch schneller als der, der ohne Ziel herumirrt.*
> Gotthold Ephraim Lessing

♀ Waage, Aszendent Schütze
Mutige Pionierin

Bei den Prägungen der Waage-Frau mit Aszendent Schütze und ihren charakterlichen Voraussetzungen wird es keine Schwierigkeiten geben, diese miteinander in Einklang zu bringen. Ihre anspruchsvolle Gesinnung im sozialen wie auch im moralischen Bereich spielen hier eine besondere Rolle. Was ganz besonders bei dieser Frau auffällt, ist, dass jeder sie gleich sympathisch findet. Sie hat eine unglaubliche natürliche Ausstrahlung, aber auch den Mut zum Widerspruch, und sie versteckt sich vor nichts, aber auch rein gar nichts.

Viele Menschen, insbesondere Männer, haben mit diesem Typ Frau Probleme, weil sie entweder ihre starke Persönlichkeit nicht akzeptieren wollen oder auch weil sie sich von einer Frau nicht führen lassen möchten. Die Waage-Schütze-Frau selbst hat damit kein Problem, weil sie mitnichten ihre Richtung und schon gar nicht ihren persönlichen Stil verlassen wird, nur weil der eine oder andere nicht mit ihr mithalten kann. Notfalls muss jener dann eben die Konsequenzen ziehen.

Für die Waage-Schütze-Frau spielt das äußere Auftreten genauso eine Rolle wie die inneren Werte eines Partners oder Kollegen. Dass sie gut aussieht, sich außergewöhnlich stilvoll kleidet, das wurde ihr wohl in die Wiege gelegt. Sie ist eine bekennende Reisende und hat ein besonderes Interesse an Kunst und Geschichte. Ihre Exkursionen werden mit Bedacht ausgesucht und sehr abwechslungsreich gestaltet. Es muss unbedingt Aktivität dabei sein.

Als Partnerin ist die Waage-Schütze-Frau nahezu perfekt. Es gibt keine Plattform, auf der sie sich nicht bewegen könnte, deshalb ist es eine große Freude, mit ihr zusammen zu sein – schon fast ein großes Privileg!

Top oder Flop

Leichte Probleme hat sie bisweilen mit ihrer Gefühlswelt, denn hier kennt diese Frau nur »ganz« oder »gar nicht«. Dadurch verliert sie oft einiges an Energie und braucht dann wieder viel Zeit, um dies zu kompensieren.

Entwicklungschance: Gefühlswelt ausgleichen

Mit ihrer Gefühlswelt hauszuhalten und ihre Regungen wohldosiert auszuleben muss das Ziel der Waage-Schütze-Frau sein, um ein energetisches Gleichgewicht auf emotionaler Ebene zu erreichen.

# Waage, Aszendent Schütze
Ganz oben

Bei dieser Kombination wird es keine Schwierigkeiten geben, einen guten Einklang herzustellen. Die Grundmuster sind wohl sehr verschieden, ähneln sich aber in vielen Bereichen und stellen somit eine gegenseitige Stärkung dar. Der Anspruch, den ihr Träger an sich selbst stellt, ist immer sehr hoch, ebenfalls der Anspruch an sein Umfeld – an seine Mitarbeiter und nicht zuletzt an seine Freunde. Der Waage-Schütze-Mann ist ein Mann des Ausgleichs, der Harmonie und des gezielten Erfolgs. Wo er ist und wo er arbeitet, ist mit Erfolg zu rechnen, er kann gar nicht anders.

Der Waage-Schütze-Mann steht mitten im Leben. Ja, er ist ein Macher, einer, der sich gern in die Mitte begibt und Mut zur Veränderung hat; einer, der nicht immer beliebt ist, weil er auch unpopuläre Entscheidungen treffen kann. Im Auftreten hat er dennoch eine sehr sympathische Art. Natürlich gibt es auch eine Handvoll Neider, aber das ist immer so im Leben. Das berührt ihn allerdings nicht, da steht er drüber.

Eine besondere Stärke ist seine deutliche Linie. Er trennt ganz klar das Wesentliche vom Unwesentlichen und verschwendet keine Energie für unausgereifte Vorhaben. Höhenflüge unternimmt er gern, oft ist das der Auslöser, um Großes zu erreichen. Er lässt aber auch seine Mitarbeiter am Erfolg teilhaben. Dass er galant ist, bleibt nicht verborgen. Auch auf der großen Bühne ist er zu Hause, ob als Redner oder als Entertainer: Beides kann er ausgezeichnet. Sportlich ist er sehr ehrgeizig, ob Golf, Tennis oder andere Sportarten: Er macht alles mit Begeisterung und Erfolg. Erfolg ist sowieso sein Schlüsselwort, sein Anreiz, das Vorgegebene immer erreichen zu wollen.

Seine Familie, allen voran natürlich seine Partnerin und seine Kinder, sind sein größtes Glück auf dieser Welt, auf sie ist er mächtig stolz. In seinem Büro wird man immer ein Bild seiner Liebsten stehen sehen.

Oft zu hart

Von seinen Mitarbeitern verlangt er Höchstleistungen und duldet weder Ausreden noch lapidare Entschuldigungen; da ist er hart, zum Teil zu hart.

Entwicklungschance: abwägen lernen

In Sachen Kritik sollte er öfter einmal abwägen und dosierter vorgehen.

♀ Skorpion, Aszendent Schütze

Freiheitsliebende Individualistin

Diese Frau ist ausgesprochen großzügig, tolerant und sehr beweglich. Sie hat eine besondere Befähigung, andere zu begeistern und in ihren Bann zu ziehen. Heiter und zielbewusst strebt sie geistige Ideale an, wobei sich ganz nebenbei der gewünschte Erfolg einstellt. Die Skorpion-Schütze-Frau ist sehr sensibel, fleißig, zielorientiert und handlungsschnell. Ganz wichtig im Umgang mit ihr ist der richtige Ton, der sie entweder für oder gegen den anderen einnimmt.

Wenn man ihre Sprache spricht und versteht, dann hat man wirklich eine verlässliche, treue und vor allem loyale Partnerin, Mutter und Freundin, der nichts zu viel ist und die immer Optimismus ausstrahlt.

Egoismus versus Glaubwürdigkeit

Ein Makel findet sich dennoch in ihrem Verhalten: Durch ihren latenten Egoismus verliert sie manchmal an Glaubwürdigkeit. Das sollte sie rasch ändern. Und ihre Gefühlswelt kann ihr immer wieder einen Strich durch die Rechnung machen. Es gibt bei ihr zunächst nur Schwarz oder Weiß, Oben oder Unten.

Entwicklungschance: sich einpendeln

Sie sollte nicht immer jedes Wort auf die Goldwaage legen und die diversen Sprüche von Freunden, Bekannten, Kollegen und Kolleginnen etwas lockerer und entspannter betrachten und ihre eigenen Entscheidungen darüber treffen, an welchen Stellen sie ihren Egoismus lockern muss.

Ein goldenes Mittelmaß, einen konsolidierten Ausgleich, ein Abfangen ihrer Gefühle in der Mitte – das alles sollte sie schnell lernen, um ihre Energieverluste in Grenzen zu halten. Mehr Lockerheit und Gelassenheit würden den Weg dazu ebnen. Wenn die Skorpion-Schütze-Frau das geschafft hat, dann hat sie gewonnen.

♂ Skorpion, Aszendent Schütze

Faszinierend gefährlich

Nach außen hin wirkt der Skorpion-Schütze-Mann ausgesprochen großzügig, tolerant und sehr beweglich. Freiheit und Individualität verkörpert er perfekt. Aufgrund seines Auftretens und seiner Begeisterungsfähigkeit zieht er andere unwillkürlich in seinen Bann und motiviert sie, auch große Vorhaben anzugehen. Er ist sehr zielbewusst und strebt geistige Ideale an, wobei sich ganz nebenbei auch der gewünschte Erfolg einstellt. Er ist immer wieder bereit, für seine Pläne alles auf eine Karte zu setzen und auf volles Risiko zu gehen. Sehr häufig hat er damit Erfolg, wenngleich er auch immer wieder Rückschläge hinnehmen muss.

In Verhandlungen kann er zynisch und unberechenbar wirken. Sein Gegenüber wird damit entweder über den Tisch gezogen, oder es weiß überhaupt nicht mehr, was es denken soll. Der Skorpion-Schütze-Mann hat die außergewöhnliche Begabung, mit enormer Überzeugung und trotz aller Bedenken der Partner sein Vorhaben durchzuziehen. Seine starke Intuition und sein Vorgefühl ist ihm hier oft eine große Hilfe. Sein Privatleben kommt bei alledem deutlich zu kurz.

Zu hoch gepokert?

Berufliche Rückschläge belasten ihn nicht nur, sondern können ihn auch schon mal an den Rand des Ruins bringen. Nicht selten kommt es vor, dass er durch entsprechende Niederlagen und Einbrüche hohe finanzielle Verluste einfährt und auch andere mit hineinreißt. In diesem Falle kann er dann auch noch arrogant und übersteigert auftreten und alles kleinreden. Natürlich ist er auch sehr eigennützig und egoistisch, was seiner Glaubwürdigkeit manchmal schadet.

Entwicklungschance: das Herz-Ass ausspielen
Um seine unterschiedlichen, nicht besonders harmonischen Muster in den Griff zu bekommen, ist ihm das Erlernen mentaler Techniken wärmstens ans Herz zu legen. Er sollte auch an seine Gesundheit denken, an seine Regeneration und insbesondere an seine Familie, die bei ihm leider oft eine Nebenrolle spielt. Schließlich will er nicht, dass die Kinder bald »Onkel« zu ihm sagen.

Das Morgen sollte immer reizvoller als das Gestern wirken.
Prentice Mulford

Sinn und Nutzen des Einzelcoachings

Ein Einzelcoaching nach der von mir entwickelten PQS®-Methode kann sehr sinnvoll sein, um die in diesem Buch empfohlenen Entwicklungsmöglichkeiten optimal auszuschöpfen. Es bietet sich in jedem Fall an,

- wenn man die berufliche und/oder finanzielle Situation verbessern möchte,
- wenn man aus abhängiger Beschäftigung in eine selbstständige berufliche Tätigkeit wechselt,
- wenn man sich über seine Lebensziele im Unklaren, desorientiert oder unmotiviert ist,

- wenn man mit dem bisher Erreichten unzufrieden ist und an sich selbst zweifelt,
- wenn man Angst hat zu versagen,
- wenn man emotionalen Schwankungen und Sinneskrisen ausgesetzt ist,
- wenn man Probleme hat, seine Zeit effizient und effektiv einzusetzen,
- wenn man zwischen Beruf und Privatleben nicht richtig trennen kann und wenn die Arbeit süchtig macht (Workaholismus, Burn-out-Syndrom),
- wenn man Schwierigkeiten hat, die richtige Balance zwischen Entspannung (Regeneration) und Anspannung (Aktivität) zu finden,
- wenn man Existenzangst hat oder sich zu viele Sorgen um die Zukunft und die finanzielle Absicherung macht,
- wenn man wichtige Familienangehörige, den Lebenspartner oder wichtige Bezugspersonen verloren hat,
- wenn man komplizierte und ungesunde Beziehungen pflegt, die einem nicht guttun,
- wenn man Probleme am Arbeitsplatz mit Mitarbeitern oder Kollegen hat,
- wenn man seine Mitarbeiter besser und effektiver führen möchte,
- wenn man als Firmenchef beziehungsweise Führungskraft seine Mannschaft teamfähiger machen und die Mitarbeiter für Unternehmenszweck und -alltag mehr begeistern möchte,
- wenn man an seinen persönlichen Qualitäten arbeiten und ein stärkeres Selbstwertgefühl entwickeln will,
- wenn man starke Aggressionen hat und diese abbauen möchte.

Kurzum: Ein Einzelcoaching ist immer sinnvoll, wenn man als Person weiter wachsen, sich entwickeln und mehr persönliche und berufliche Zufriedenheit erlangen möchte. Das Einzelcoaching hilft in allen Lebensbereichen, sich selbst und die selbstgesetzten Ziele besser zu verwirklichen.

Was erreiche ich durch das Einzelcoaching?
- Geduld als Schlüssel zum Erfolg,
- die Wahrnehmung von Körpersignalen,
- das Visualisieren von Zielen (den Fokus suchen),
- das Aufladen der Energiereservoirs,
- das Erstellen einer bewussten Wochenbilanz,
- das Kreieren und Trainieren von Suggestivsätzen (mentales Training),
- die Aktivierung von Ressourcen (Potenziale entwickeln),
- das Entwickeln von Entscheidungsfreude,
- das Feedback durch den Coach,
- die Überprüfung von Gebrauchs- und Verhaltensmustern,
- die Erarbeitung von Souveränität (Selbstsicherheit),
- Zufriedenheit und Glück.

Nähere Informationen und die Möglichkeit zum Kontakt finden Sie über:

http://pqs-system.de
www.pqs-erfolgsmethode.de

walter rotter®